# VENETIEN & FRIAUL

Eberhard Fohrer

Die in diesem Reisebuch enthaltenen Informationen wurden vom Autor nach bestem Wissen erstellt und von ihm und dem Verlag mit größtmöglicher Sorgfalt überprüft. Dennoch sind, wie wir im Sinne des Produkthaftungsrechts betonen müssen, inhaltliche Fehler nicht mit letzter Gewissheit auszuschließen. Daher erfolgen die Angaben ohne jegliche Verpflichtung oder Garantie des Autors bzw. des Verlags. Beide übernehmen keinerlei Verantwortung bzw. Haftung für mögliche Unstimmigkeiten. Wir bitten um Verständnis und sind jederzeit für Anregungen und Verbesserungsvorschläge dankbar.

**Text und Recherche**: Eberhard Fohrer
**Lektorat**: Sabine Beyer
**Layout**: Marion Hertle
**Redaktion**: Claudia Martins
**Karten**: Susanne Handtmann, Judit Ladik
**Fotos:** siehe Fotonachweis auf S. 251
**Covergestaltung**: Karl Serwotka
**Covermotive**: oben: Villa Barbaro in Masèr,
unten: Palladios "Basilica" in Vicenza (Fotos: Eberhard Fohrer)

## Was haben Sie entdeckt?

Bitte schreiben Sie uns, wenn Sie Kritik, Verbesserungen, Anregungen oder Empfehlungen haben. Was war Ihre Liebingstrattoria, in welchem Hotel haben Sie sich wohlgefühlt, welchen Campingplatz würden Sie wieder besuchen? Schreiben Sie an:

*Eberhard Fohrer*
*Stichwort "Venetien & Friaul"*
*c/o Michael Müller Verlag*
*Gerberei 19*
*91054 Erlangen*
*eberhard.fohrer@michael-mueller-verlag.de*

ISBN 3-932410-31-9

 Druck: arti grafiche Saturnia, Trento (Italien).

**Aktuelle Infos im Internet unter www.michael-mueller-verlag.de**

**2. überarbeitete und aktualisierte Auflage 2002**

**Reisepraktisches**

**Provinz Verona**

**Provinz Vicenza**

**Provinz Treviso**

**Provinz Belluno**

**Provinz Padua**

**Provinz Venedig**

**Provinz Pordenone**

**Provinz Udine**

**Provinz Gorizia**

**Provinz Triest**

# INHALT


## Venetien und Friaul erleben ... 6

## Anreise ... 11
Mit dem eigenen Kraftfahrzeug ... 11
Mit der Bahn ... 16
Weitere Anreisemöglichkeiten ... 17

## Unterwegs in Veneto und Friaul
Übernachten ... 19
Essen und Trinken ... 19
Einkaufen ... 22
Praktische Informationen ... 23

## Provinz Verona ... 27
**Gardasee** (Lago di Garda) ... 28
Torbole ... 28
Malcésine ... 32
Monte Baldo ... 35
Monte Baldo/Wandern ... 36
Torri del Benaco ... 38
Garda ... 40
Bardolino ... 43
Lazise ... 45
Peschiera del Garda ... 46
**Südlich vom Gardasee** ... 47
Valeggio sul Mincio ... 47
San Martino dell Battaglia ... 49
Custoza ... 51
Etschtal (Valadige) ... 52
Santuario Madonna della Corona ... 53
Chiusa di Verona (Veroneser Klause) ... 53
**Verona** ... 54
Valpolicella-Region ... 70
Soave ... 72

## Provinz Vicenza ... 74
**Vicenza** ... 75
Vicenza/Umgebung ... 82
Monti Bérici ... 83
Bassano del Grappa ... 83
Bassano del Grappa/Umgebung ... 88
Marostica ... 90

## Provinz Treviso ... 91
**Treviso** ... 92
Castelfranco Veneto ... 97
Asolo ... 98
Villa Barbaro bei Masèr ... 100
Nördlich von Treviso ... 103
Conegliano ... 103
Prosecco-Region ... 105
Vittorio Veneto ... 107

## Provinz Belluno ... 109
Große Dolomitenstraße ... 110
Cortina d'Ampezzo ... 111
Cortina d'Ampezzo/Umgebung ... 113
Lago di Pieve di Cadore ... 114
**Belluno** ... 115
Belluno/Umgebung ... 118
Feltre ... 118

## Provinz Padua ... 119
**Padua** (Padova) ... 120
Padua/Umgebung ... 128
Abano Terme ... 128
Colli Euganei (Euganäische Hügel) ... 130
Montagnana ... 132
Este ... 132
Monsélice ... 133

## Provinz Venedig 134

**Venedig** (Venezia) 135
Canal Grande 156
San Marco 157
Dorsoduro 163
San Polo 166
Santa Croce 167
Cannaregio 168
Castello 170
Giudecca und San Giorgio Maggiore 172
**Lagune von Venedig** 173
Die Inseln (Murano, Burano, Torcello u. a.) 173
Chioggia 177
Littorale del Cavallino (Marina di Venezia) 179
Lido di Jesolo 180
Mestre und Margera 182
"Riviera del Brenta" (Brenta-Kanal) 183
Cáorle 186
Bibione 189
Portogruaro 190

## Provinz Rovigo 191

**Rovigo** 192
Adria 193
Küste südlich der Etschmündung 193
Podelta 194
Comacchio, Ferrara 197

## Provinz Pordenone 198

Pordenone 198
Sesto al Reghena 199
Spilimbergo 199

## Provinz Udine 200

**Udine** 200
San Daniele del Friuli 205
Colli Orientali del Friuli 207
Cividale del Friuli 208
**Küste von Lignano bis Grado** 211
Palmanova 211
Lignano 213
Marano Lagunare 214
Aquileia 215
Grado 218

## Provinz Gorizia 222

**Gorizia** (Görz) 223
Collio 225
Gradisca d'Isonzo 226

## Provinz Triest 229

**Riviera Triestina** 230
Duino 230
Schloss und Park Miramare 232
**Triest** (Trieste) 235
Muggia 244
Carso Triestino (Triestiner Karst) 246
Val Rosandra 248

**Alles im Kasten** 250

**Kartenverzeichnis** 251

**Sach- und Personenregister** 252

**Geographisches Register** 253

*Vom Gardasee in den südlichen Alpenausläufern ...*

# Venetien und Friaul erleben

**Von den steilen Zinnen der Dolomiten bis zu den endlosen Lagunen der Adria, vom beliebten Gardasee bis zum menschenleeren Podelta, vom mondänen Wintersportort Cortina d'Ampezzo in die klassizistische Hafenstadt Triest, von den Grappadestillerien in Bassano del Grappa zu den freskengeschmückten Landvillen Palladios – Venetien und Friaul bieten Kontraste pur und gehören zu den vielfältigsten Regionen Italiens.**

Bereits im Mittelalter begann der Aufstieg der Lagunenstadt Venedig zur mächtigen Großmacht, die ihren Einfluss bis weit ins östliche Mittelmeer ausdehnte, seit dem 15. Jh. aber auch zusehends begann, ihr Hinterland einzubeziehen. Die meisten Städte unterwarfen sich schnell, lediglich Padua und Verona mussten erobert werden, Triest stellte sich unter die Schutzherrschaft der Habsburger. Die durch den Asienhandel und Beutezüge im Osten unendlich reich gewordene "Serenissima" wurde damals zum künstlerischen Mittelpunkt im Norden Italiens. Die wichtigsten Architekten, Maler und Bildhauer ihrer Zeit fanden hier Aufträge, wie sie sonst nur Florenz oder Rom boten. Um nur die wichtigsten Namen zu nennen: Bellini, Giotto, Tintoretto, Tiepolo, Tizian, Veronese, Palladio, Canova ... Venedig und sein Festlandsbesitz, die "terra ferma", entwickelten sich so zum wahren Freilichtmuseum und noch heute befinden sich, abgesehen von der Toskana, auf dem Gebiet der ehemaligen Dogenrepublik die meisten Kunstwerke innerhalb Italiens. Trotz erheblicher Bausünden der Moderne, trotz Verkehrschaos, starker Zersiedlung, Flächen deckender Landwirtschaft und starker Industrialisierung ist es immer wieder ein Vergnügen, die Verspieltheit und Reichhaltigkeit der venezianischen

*... hinunter in die weltberühmte Wasserstadt Venedig*

Architektur zu erleben. Doch das Veneto ist keineswegs ein musealer Hort seiner großen Vergangenheit, sondern gleichzeitig die derzeit wohl dynamischste Region Italiens und eine der reichsten des Landes. Wo noch vor wenigen Jahrzehnten über drei Millionen Emigranten der Armut entflohen (mehr als aus Sizilien), grassiert heute ein ausgeprägtes Unternehmerfieber und zieht Investoren in Scharen an, darunter auch viele Einwanderer aus den Balkanländern. Der Drang nach Selbstständigkeit manifestiert sich in der ständig zunehmenden Zahl von Firmengründungen, darunter viele Kleinunternehmen, die sich in die traditionell sowieso schon hohe Zahl von Familienbetrieben einreihen. Das Veneto gehört heute zu den dichtest besiedelten Gebieten am ganzen Stiefel.

Wohin in **Venetien**? Wenn man auf der Autobahn vom Brenner kommend, die Grenze zum Veneto passiert, hat man manchmal das Gefühl. Hier beginnt Italien erst wirklich. Die langen Südtiroler und Trentiner Täler gleiten aus, steile Felshänge treten zurück, sanfte Hügel mit Zypressen und zinnengekrönten Palazzi lösen die schlanken alpenländischen Kirchtürme und Holzdächer ab. Der Wechsel von der grandiosen Bergwelt zu üppig mediterraner Vegetation und verspielter Architektur fasziniert jedesmal aufs Neue. Der Lenz hält früh Einzug, warme Luft drängt aus der Poebene herauf, Zitronen und Oliven gedeihen. Im Sommer halten sich dagegen die Hitzegrade in angenehmen Grenzen, viele Einwohner der Ebene flüchten dann an die kleinen und großen Seen, die in den Einkerbungen ehemaliger Gletscher des südlichen Alpengebiets liegen.

*Verona* ist die erste "echt" italienische Stadt südlich der Alpen. Hier Halt zu machen, stimmt in angenehmer Weise auf das Kommende ein, allein schon wegen der unnachahmlichen südlichen Lebensart, die allabendlich auf der großen Piazza Bra pulsiert, aber auch wegen der einzigartigen römischen Arena, den prächtigen Bauten der Skaliger und der unvergleichlichen Atmosphäre zur Zeit der weltbekannten Opernfestspiele.

*Dem Reiz der Lagunen verfiel schon Hemingway*

Doch Verona bildet lediglich den Auftakt für die ganze Vielfalt des Veneto: Nur einen Katzensprung entfernt locken bereits die berühmten Uferstraßen am *Gardasee*. Südlich des Sees sind die Adelspaläste der Gonzaga in *Mantua* mit ihren herrlichen Wandmalereien einen Abstecher wert. Weiter östlich sollte man nicht auslassen: *Vicenza*, die Stadt des Renaissancearchitekten Palladio, und *Padua* mit den großartigen Giotto-Fresken in der Cappella degli Scrovegni und der Wallfahrtskirche des heiligen Antonius. Südlich von Padua liegt am Fuß der idyllisch grünen *Euganäischen Hügel* die gepflegte Thermalstadt *Abano Terme* mit ihren gediegenen Kurhotels, weiter südlich das kleine *Montagnana* mit einer perfekt erhaltenen Stadtbefestigung, einer der schönsten Europas. Und endlich *Venedig*. Die Lagunenstadt auf Millionen von Eichenpfählen, die durch Handel mit Kaffee und Gewürzen unermesslich reich wurde und deren Einfluss früher das ganze östliche Mittelmeer umfasste, ist natürlich allein eine Reise wert. Doch auch die Umgebung hat viel zu bieten: Am *Brenta-Kanal* kann man prächtige historische Villen besichtigen, nicht weit fährt man in die wohlhabende Einkaufsstadt *Treviso*, in der die Weltfirma Benetton ihren Stammsitz hat, ins hübsche Städtchen *Portogruaro* und in die zahlreichen Badeorte der oberen Adria. Wen vor allem das Meer lockt, der sollte *Cáorle* besuchen, dessen sympathischer historischer Kern direkt neben einem langen Sandstrand liegt – wesentlich mehr Rummel bietet dagegen die "Badegroßstadt" *Lido di Jesolo*. Ein echtes Kontrastprogramm bilden schließlich der geschäftige Fischerhafen *Chioggia* und die eintönige Landschaft des *Podeltas*, wo der Tourismus nur auf kleinster Sparflamme kocht. Dort erkennt man, dass auch Italiens dreckigster Fluss durchaus seine Reize hat.

Östlich von Venetien schließt sich **Friaul-Julisch Venetien** an. Die Grenzregion am oberen Ende der Adria verblasst ein wenig gegen die Farbigkeit und den kulturellen Reichtum der Nachbarregion, ist ein eigenständiges Gebiet mit einer schwierigen Geschichte, kulturell hin- und hergerissen zwischen Venetien, dem Balkan und der österreichisch-ungarischen k.u.k.-Monarchie. Jahrhundertelang umstrittenes Grenzland zwischen der Republik Venedig und den Habsburgern (dazu kam die drohende Türkengefahr), wurde Friaul im 19. Jh. Schauplatz der *Irredenta*, die für die Angliederung der italienischsprachigen Gebiete Österreichs an den neu entstandenen Nationalstaat Italien kämpfte. Im Ersten Weltkrieg schlugen sich Österreicher und Italiener in den zwölf Isonzo-Schlachten die Köpfe ein, Triest wurde im Zweiten Weltkrieg von den jugoslawischen Partisanenarmeen eingenommen, 1947 Freistaat und erst 1954 wieder italienisch. Noch heute träumen einige unverbesserliche Irredentisten davon, die Grenze hinter Triest etwas nach Osten zu verschieben und sich Istrien zurückzuholen.

Vor allem für Österreicher bietet sich über Friaul der schnellste Weg zum Mittelmeer – im Sommer ist die *Riviera Triestina* fest in der Hand von Wienern und Salzburgern, die über die Alpen-Adria-Autobahn im Handumdrehen anreisen können. Das riesige und üppig grüne Lagunengebiet der Küste setzt einen prächtigen Kontrast zu den nahen Alpen, die bei klarem Wetter nicht selten vom Meer aus sichtbar sind, und in den Badeorten *Grado* und *Lignano* ballen sich jeden Sommer Hunderttausende. Im Hinterland lohnt vor allem eine Fahrt über die Weinstraßen des *Collio* und der *Colli Orientali del Friuli*, die im sanft-hügligen Alpenvorland durch einige der besten Anbaugebiete Italiens führen. Ebenfalls eine Tour wert ist die schon deutlich slowenisch geprägte Hügellandschaft des *Triestiner Karst*, ein herrliches Wandergebiet ist das *Val Rosandra* an der slowenischen Grenze. Von den Städten lohnen in erster Linie *Udine* und *Triest* einen Besuch, vor allem in der Hauptstadt erkennen Wiener so manches wieder: die monumentale klassizistische Architektur, die Caféhäuser, das Wiener Schnitzel und den Strudel. Ein echtes kulturelles Highlight ist schließlich *Aquileia* mit dem größten frühchristlichen Mosaikboden Europas, hübsch ist auch die Weinstadt *Cividale del Friuli*.

*In vielen venezianischen Palazzi verbergen sich einzigartige Kunstwerke*

Und schließlich kann man im Veneto und Friaul **kulinarisch** eine Menge genießen. Die venetische Küche ist leicht und lebt vom Meer: Frischer Fisch und Meeresfrüchte stehen immer auf der Speisekarte, dazu werden hausgemachte Pasta oder Polenta serviert. Im Friaul pflegt man dagegen mehr die deftigen und bodenständigen Varianten, die Einflüsse der nördlichen und östlichen Nachbarn erkennen lassen. Und wer weiß es schließlich nicht zu schätzen, dass an den Voralpenhängen hervorragende Weine gedeihen, die an den "strade del vino" überall genussvoll degustiert werden können – gehaltvoll-fruchtiger Amarone di Valpolicella, prickelnder Prosecco, erdiger Terrano ...

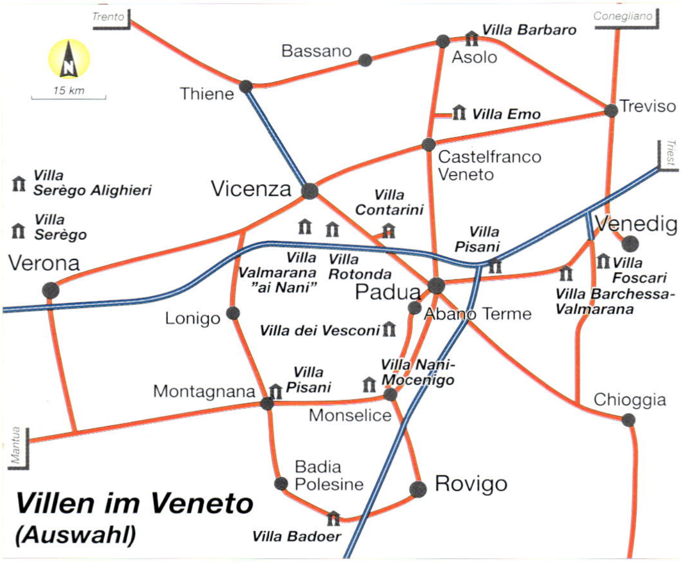


## Venezianische Villen: halb Schloss, halb Bauernhof

Zu den bedeutendsten Zeugnissen venezianischer Kultur gehören die zahlreichen Villen des Veneto. Sie entstanden, als im 15. Jh. die venezianische Expansion im östlichen Mittelmeer an ihre Grenzen stieß und die reiche Lagunenstadt begann, ihren Einfluss weit ins Hinterland auszudehnen. Große Ländereien vom Meer bis hinauf zu den Alpen wurden damals quasi kolonisiert, und jede vermögende venezianische Familie investierte in einen honorigen Landsitz mitsamt Wirtschaftsgebäuden – einerseits um eine Alternative zum Stadtpalazzo in der feuchten Lagune zu besitzen, andererseits um die teilweise brachliegenden Landstriche wirtschaftlich zu erschließen. Vom 15. bis ins 19. Jh. wurden mehrere tausend Villen errichtet, manche besonders reiche Dynastien besaßen gar Dutzende davon, teilweise handelte es sich sogar um richtige Schlösser. Architektonisch richtungsweisend wurde dabei *Andrea Palladio* (→ S. 77), der mit seinem klassizistischen Baustil gleichermaßen repräsentative wie wohnliche Objekte für die Oberschicht schuf. Aber auch bei der Ausstattung sparte man nicht. So findet man einige der schönsten Freskenmalereien ihrer Epochen in diesen Landhäusern, bestes Beispiel ist die Villa Barbaro in Masèr bei Asolo (→ S. 100).

Erst als mit der napoleonischen Besetzung das Ende der Republik Venedig eingeläutetet wurde, fand die Villenkultur ihr Ende. Heute stehen viele der ehemaligen Prachtbauten leer, sind vernachlässigt und heruntergekommen. Doch in den letzten Jahrzehnten wurden immer mehr Villen restauriert und stehen nun gegen Eintrittsgebühr für eine Besichtigung offen.

*Gondelparkplatz in Venedig*

# Anreise

## Mit dem eigenen Kraftfahrzeug

**Mit dem eigenen Fahrzeug sind Venetien und Friaul von Süddeutschland und Österreich leicht in einem Tag zu erreichen. Wer allerdings ganz bis Venedig vordringen will, sollte besser eine Zwischenübernachtung einplanen.**

Wer aus bzw. über Süddeutschland anreist, wird in aller Regel die Brenner-Autobahn (A 22) benutzen bzw. die parallel verlaufenden Staatsstraßen. Der *Gardasee* an der Nordgrenze des Veneto ist so von München aus leicht in 4–5 Stunden zu erreichen, *Verona*, die erste größere Stadt des Veneto, in ca. 6–7 Stunden. Jedoch kann in den Sommermonaten das hohe Verkehrsaufkommen einen Strich durch die Rechnung machen. Vor allem zu Beginn von Ferienzeiten sind Staus an der Tagesordnung: die Auffahrt zum Brenner und die Mautstation von Sterzing gelten als besonders anfällige Punkte. Die Staatsstraßen sind oft ebenfalls überlastet. Kenner fahren die Strecke deshalb gerne nachts und kommen so unter Umständen deutlich rascher voran. Hören Sie in jedem Fall Verkehrsfunk, um etwaigen Überraschungen rechtzeitig begegnen zu können.

▸ **Anfahrt per Autobahn**: ab *München* die A 8 und A 93 in langer Schleife über Rosenheim und Kufstein nach *Innsbruck*, weiter auf der A 13 über den Brenner; ab *Stuttgart* zunächst die A 8, danach die A 7 bis Autobahnende, dann Landstraße mit häufig sehr zähem Verkehr zum Grenzübergang Pfronten Reutte, im Weiteren über den Fernpass (1209 m) auf die Auffahrt Mötz der Inntal-Autobahn (A 12) nach *Innsbruck*, weiter Brenner-Autobahn.

## Vor der Reise

**AutoZüge**: Wer sich die lange Tour durch deutsche Lande und über die Alpen nicht zumuten, gleichzeitig einen aktiven Beitrag für den Umweltschutz leisten will, für den bieten die AutoZüge (früher: Autoreisezüge) eine brauchbare Alternative: ab Hamburg, Hannover, Köln und Neu-Isenburg (Frankfurt) fahren sie nach *Bozen* und *Verona*, ab Berlin nur nach Bozen. Vor allem für Familien mit Kindern ein stressfreier, wenn auch nicht ganz billiger Einstieg. Auch Motorradfahrer können die Angebote wahrnehmen. Da die Kapazitäten begrenzt sind, empfiehlt sich in der Hauptreisezeit sehr frühzeitige Buchung. Weitere Details in der Broschüre "AutoZug Katalog" oder unter "DB AutoZug Servicetelefon" 0180/5241224 (tägl. 9–21 h) bzw. im Internet: www.bahn.de

**Kennzeichen D**: Das bisher obligatorische ovale D-Schild ist für PKW mit neuen Euro-Nummernschildern innerhalb der EU keine Pflicht mehr. Auch die Schweiz hat sich dieser Regelung angeschlossen.

**Papiere**: Mitzunehmen sind der nationale Führerschein *(patente di guida)*, der Fahrzeugschein *(libretto di circolazione)* und die *grüne Versicherungskarte*, die bei Schadensfällen verlangt wird.

**Versicherung**: Anzuraten ist bei neuen Fahrzeugen eine vorübergehende *Vollkaskoversicherung*, da die Deckungssummen italienischer Haftpflichtversicherer sehr niedrig sind. Bei Diebstahl springen Voll- und Teilkasko ebenfalls ein. Auch einen *Auslandsschutzbrief* sollte man abschließen – alle Automobilclubs und Versicherer bieten ihn an. Erstattet werden die Versandkosten von Ersatzteilen, der Heimtransport von Fahrzeug und Personen, eventuell anfallende Übernachtungskosten, Verschrottung, Überführung (im Todesfall) und einiges mehr. Genaue Bedingungen bei der jeweiligen Gesellschaft erfragen. Jahrespreise liegen zwischen 32 und 40 €.

Welche Gebühren fallen an? Seit 1997 sind alle österreichischen Autobahnen und Schnellstraßen gebührenpflichtig, 2000 wurden die Preise erstmals deutlich erhöht – die *Zehn-Tages-Vignette* kostet für PKW derzeit ca. 7,70 €, eine *Zweimonatsvignette* ca. 22 € (Wochenvignette gibt es nicht). Erhältlich sind die Vignetten bei den Automobilclubs, an grenznahen Raststätten und direkt an der Grenze. Separat gezahlt werden muss allerdings weiterhin hinter Innsbruck die Auffahrt zum Brenner mit der eindrucksvollen, 820 m langen und 190 m hohen *Europabrücke* (Besichtigungstipp: gleich nach der Brücke Raststätte mit Parkplatz!), Kostenpunkt für PKW ca. 8,20 €. Auch die italienischen Autobahnen sind mautpflichtig, Kostenpunkt vom Brenner bis Ausfahrt "Lago di Garda Nord" für PKW ca. 9 €, bis "Verona Nord" ca. 12 €.

▸ **Bundes- und Staatsstraßen:** Um die österreichische Maut zu sparen, kann man für den Transit zwei "Schleichwege" nutzen – *den Zirler Berg* und den *Reschenpass* (siehe im Folgenden). Allerdings wird man dafür in der Regel einiges mehr an Zeit benötigen. In Italien verläuft neben der gebührenpflichtigen Autobahn die Staatsstraße *SS 12*. Auch hier ist man oft recht lange unterwegs, da viele LKW die gebührenfreie Strecke nutzen und zahlreiche Ortschaften durchquert werden.

• *Über den Zirler Berg*: Von München die **Starnberger Autobahn** nach **Garmisch-Partenkirchen** nehmen, Autobahnende 17 km vor Garmisch, auf Landstraße weiter zum Grenzübergang **Mittenwald/Scharnitz**. Abenteuerlich ist dann die Fahrt den **Zirlerberg** hinab ins Inntal (15 % Gefälle, in umgekehrter Richtung für Gespanne verboten!), alle paar hundert Meter steile Auslaufspuren, beeindruckender Blick aufs Tal und Innsbruck. Zum Ende des Bergs hin Vorsicht: wenn man auf dieser Straße bleibt, gerät man unweigerlich auf die Inntal-Autobahn! Man muss deshalb vorher nach **Zirl**

*Die imposante Europabrücke – über 800 m lang und 190 m hoch*

abbiegen und auf der **B 171** nach Innsbruck fahren. Dort nimmt man die **alte Brennerstraße (B 182)** durchs reizvolle Eisacktal hinauf zum Brenner. In den Ortschaften unbedingt Fuß vom Gaspedal, die Bewohner leiden unter dem ständigen Durchgangsverkehr.

• *Über den Reschenpass*: schöne, aber etwas umständliche Strecke über Garmisch-Partenkirchen, aus Schwaben kommend über Kempten und Füssen. Von Garmisch aus umfährt man das Zugspitzmassiv westlich und hält sich in Richtung **Fernpass** (1209 m). Nach dem Pass kurvt die steile Bergstraße hinunter zum **Schloss Fernstein** am hübschen gleichnamigen See, eine dunkelgrüne Wasserfläche inmitten von Nadelwäldern (gute Stelle zum Rasten bzw. Zwischenübernachtung, Hotel und Campingplatz vorhanden). In **Nassereith** links ab nach Innsbruck oder rechts und durch zwei kilometerlange Tunnels ein Hochtal hinauf zur italienischen Grenze am **Reschenpass** (1504 m). Kurz nach der Grenze der lang gestreckte **Reschensee**, danach der **Valentino-See**. In einer langen Schleife geht es nun den attraktiven **Vinschgau** hinunter nach **Meran** und weiter auf einer neuen Schnellstraße nach **Bozen**, dort Auffahrt auf die Autobahn A 22 oder weiter auf der Staatsstraße.

## Alternativen

Wer die Brenner-Autobahn verlassen will, findet im Folgenden drei interessante Varianten für die Anreise ins Veneto.

▸ **Von Brixen nach Cortina d'Ampezzo:** Kurz vor *Brixen (Bressanone)* die SS 49 Richtung Osten nehmen und das *Pustertal (Val Pusteria)* entlang. Über das freundliche Städtchen *Bruneck (Brunico)* – Tipp: gemütliche Kaffeepause in der Altstadt – geht es parallel zum Fluss Rienz. Kurz nach dem See von *Welsberg (Monguelfo)* lohnt ein Abstecher zum *Pragser Wildsee* . Mit seinem tiefgrünen Wasser zwischen mächtigen Berghängen gilt er neben dem Karer See (→ Große Dolomitenstraße, S. 110) als schönster See der Dolomiten. In *Toblach (Dobbiaco)* biegt man nach Süden

*"Alt Stazione" – Mautkarte entnehmen*

ins enge und fast völlig unbesiedelte *Höhlensteintal (Val di Landro)* ab und überquert kurz nach dem *Dürrensee (Lago di Landro)*, der direkt an der Straße liegt, die Grenze zum Veneto. Nach Cortina d'Ampezzo sind es von hier noch knapp 20 km (→ S. 111).

- **Von Bozen nach Cortina d'Ampezzo**: Herrliche Tour auf der "Großen Dolomitenstraße" ab *Bozen (Bolzano)* quer durch die Dolomiten. Langwierig zu fahren, aber wunderschön. An der Grenze zum Veneto Möglichkeit zur Seilbahnfahrt auf den *Sass Pordoi* (2950 m). Details zur gesamten Strecke im Kapitel "Provinz Belluno", S. 110.
- **Von Trento nach Bassano del Grappa**: Über die beiden Badeseen *Lago di Caldonazzo* und *Lago di Lévico* geht es das lang gezogene Valsugana entlang, reizvolle Panoramen öffnen sich immer wieder. Erster lohnender Stopp im Veneto ist die Grappastadt *Bassano del Grappa* mit vielen reizvollen Zielen in der Umgebung.

## Anreise aus Österreich

Wer aus den östlichen Landesteilen kommt, erreicht das Friaul ab *Villach* auf der **Alpen-Adria-Autobahn A 23** schnell und problemlos, Fahrtzeit bis zur Adriaküste ca. 1,5 Std. Die Autobahn führt über *Tarvisio* (Grenzübergang), *Tolmezzo* und *Udine* und trifft bei *Palmanova* auf die **A 4** – diese führt nach Osten bis *Triest*, Richtung Westen rasche Fahrt nach *Mestre/Venedig* und *Padua*. Variante: in *Tarvisio* nach **Slowenien** abzweigen, bei *Bovec* erreicht man den Isonzo, immer dem Fluss nach und bei *Gorizia* über die Grenze ins Friaul. Slowenien hat derzeit die billigsten Benzinpreise Europas, grüne Versicherungskarte ist obligatorisch. Aus dem Westen Österreichs fährt man am besten über die *Brennerroute* bzw. die oben beschriebenen Ausweichstrecken.

## Anreise aus der Schweiz

Die **Autobahn N 2** durch den gebührenfreien *St.-Gotthard-Tunnel*, mit 16,3 km längster Straßentunnel durch die Alpen (im Jahr 2001 Schauplatz eines tragischen Unglücks), weiter auf malerischer Strecke mit bereits prächtiger mediterraner Vegetation auf einem Damm über den Luganer See zum schweiz./ital. Grenzübergang *Chiasso*. Unmittelbar nach der Grenze geht es an *Como* vorbei, nach *Milano* zügige Fahrt auf der A 9, weiter auf der A 4 durch die flache Poebene bis *Verona*.

## Rund um den italienischen Verkehr

- *Autobahnen*: Italienische Autobahnen sind **gebührenpflichtig**. Den Zahlungsverkehr erleichtert die magnetische **Viacard**, erhältlich bei den Automobilclubs, an Grenzübergängen und großen Raststätten. Für Karteninhaber gibt es an den Zahlstellen Extraspuren, dort werden die Beträge automatisch abgebucht. Auf den meisten Autobahnteilstücken (z. B. Brenner – Verona) kann mittlerweile auch mit den gängigen **Kreditkarten** gezahlt werden.

- *Höchstgeschwindigkeit*: **innerorts** – 50 km/h; **außerorts** – PKW, Motorräder und Wohnmobile bis 3,5 t 90 km/h, Wohnmobile über 3,5 t 80 km/h, PKW mit Anhänger 70 km/h.
Auf **Schnellstraßen** (zwei Spuren in jeder Fahrtrichtung) – PKW, Motorräder und Wohnmobile bis 3,5 t 110 km/h, Wohnmobile über 3,5 t 80 km/h, PKW mit Anhänger 70 km/h.
Auf **Autobahnen** – PKW und Wohnmobile bis 3,5 t 130 km/h, Motorräder bis 149 ccm verboten, darüber 130 km/h, Wohnmobile über 3,5 t 100 km/h, PKW mit Anhänger 80 km/h.

- *Weitere Verkehrsvorschriften*: vor dem **Anhalten** und **Wechseln der Fahrspur** rechtzeitig blinken; **Abschleppen** auf Autobahnen verboten; **Straßenbahnen** haben grundsätzlich Vorfahrt; in Orten mit guter **Straßenbeleuchtung** ist Standlicht erlaubt, in **Tunnels und Galerien** grundsätzlich Abblendlicht einschalten; **0,8-Promille-Grenze**; ein **Gegenstand**, der auf dem Wagendach transportiert wird und über das Wagenende hinausragt (z. B. Surfbrett oder -mast) muss mit dem dafür vorgeschriebenen 50 x 50 cm großen, rot-weiß gestreiften Aluminiumschild (kein Kunststoff!) abgesichert werden, sonst Risiko einer Geldstrafe. Erhältlich im deutschen Fachhandel, in Italien an Tankstellen.

- *Pannenhilfe*: **Notrufsäulen** stehen in regelmäßigen Abständen an den Autobahnen.
Der **Straßenhilfsdienst** des italienischen Automobilclubs ACI ist in ganz Italien rund um die Uhr unter ✆ 116 zu erreichen. Die Pannenhilfe ist kostenpflichtig.
**Polizeinotruf/Unfallrettung** in ganz Italien rund um die Uhr, ✆ 113.
**Deutschsprachiger Notrufdienst** des ADAC ganzjährig in Mailand unter ✆ 02/ 661591.

- *Häufige Verkehrsschilder*: **accendere i fari** = Licht einschalten; **attenzione uscita veicoli** = Vorsicht Ausfahrt; **deviazione** = Umleitung; **divieto di accesso** = Zufahrt verboten; **lavori in corso** = Bauarbeiten; **parcheggio** = Parkplatz; **rallentare** = langsam fahren; **tornante** = scharfe Kurve; **senso unico** = Einbahnstraße; **strada senza uscita** = Sackgasse; **tutti direzioni** = alle Richtungen; **zona disco** = Parken mit Parkscheibe; **zona a traffico limitato** = Bereich mit eingeschränktem Verkehr; **zona pedonale** = Fußgängerzone; **zona rimorchio** = Abschleppzone.

- *Stadtverkehr und Parken*: Die historisch gewachsenen Stadtzentren Italiens mit ihren engen und verwinkelten Gassen sind dem hohen Verkehrsaufkommen in keiner Weise gewachsen. Fast überall hat man inzwischen drastische Maßnahmen ergriffen: Ganze Altstadtzentren sind zeitweise oder ständig für den Autoverkehr **gesperrt** (zona a traffico limitato), nur autorisierte Fahrer und Anwohner dürfen dort parken.
Am besten fährt man auf einen der meist gebührenpflichtigen, oft auch bewachten **Parkplätze**, die rund um die alten Stadtkerne angelegt sind. Urlaubern ist es jedoch gestattet, mit dem PKW vor Altstadthotels vorzufahren und auszuladen. Manchmal bekommt man dann vom Hotel einen **Anwohner-Parkausweis** ausgehändigt. Über eigene Garagen verfügen nur Hotels ab der teuren Drei-Sterne-Kategorie aufwärts. In einer **zona disco** kann man mit Parkscheibe 1–2 Std. parken, oft gibt es auch **Parkuhren**. An **schwarz-gelb markierten Bordsteinen** dürfen nur öffentliche Verkehrsmittel parken!

- *Kraftstoff*: Die Preise für Kraftstoff liegen geringfügig höher als bei uns (Stand 2001). **Bleifrei** (senza piombo) ca. 1,12 € (95 Oktan), **Super** (super) ca. 1,09 € (97 Oktan), **Diesel** (gasolio) ca. 0,9 €.
- *Tankstellen*: an **Autobahnen** Tag und Nacht geöffnet, sonst in der Regel von 7–12 und 15–20 h (sonntags geschl). Häufig gibt es **Zapfautomaten**, an denen Sie während der Siestapause oder nachts mit einem unzerknitterten 10.000- oder 50.000-Lire-Schein tanken können (ab 2002 in Euro). Kreditkarten werden häufig akzeptiert.

## Mit der Bahn

**Bahnfahren in Italien ist preiswert, das Streckennetz in Veneto und Friaul ist abgesehen von den Alpenregionen relativ gut ausgebaut und wird durch ein engmaschiges Bussystem ergänzt. Allerdings sind die Badeorte an der Adria nur per Bus zu erreichen.**

Die *Brenner-Linie* über Innsbruck, Bozen, Trento und Verona ist neben der *Gotthard-Linie* aus der Schweiz das wichtigste Einfallstor in den Süden. Nach Venedig gibt es häufige Direktzüge und Kurswagen ab BRD, CH und A, z. B. mehrmals täglich ab Basel, München und Wien. Allerdings muss man ordentlich Sitzfleisch mitbringen – von München nach Verona fährt man beispielsweise 7–8 Stunden.

### Tipps und Tricks für Bahnreisende

- In Deutschland sind die Bahnpreise hoch. Kosten senken helfen die zahlreichen Sonderangebote der DB und verschiedene nationale und internationale Bahnpässe.
- Am Fahrkartenschalter sagt man: **"Un biglietto (due biglietti) per Verona (Venezia, Trieste ...), solo andata (andata/ritorno)"** – "einen Fahrschein (zwei Fahrscheine) nach Verona (Venedig, Triest ...), einfache Fahrt (hin und zurück)"
- Bevor man den Bahnsteig betritt, muss man sein Zugticket an einem der Automaten **entwerten**, die an den Zugängen aufgestellt sind. Andernfalls gilt man als potenzieller "Schwarzfahrer" – und das kann einiges kosten!
- **Zuschlagspflichtige IC-Züge** sind auf den aushängenden Fahrplänen mit gestrichelter Linie gekennzeichnet (Zuschlag = supplemento).
- Auf den Fahrplänen immer die Spalte "Servizi diretti e annotazioni" beachten, dort ist vermerkt, ob der betreffende Zug nur **werktags** ("si effetua nei giorni lavorativi") oder nur **feiertags** ("si effetua nei festivi") fährt.
- Wenn der Fahrkartenschalter geschlossen ist, gibt es die Zugtickets in der Regel in der **Bahnhofsbar** oder im **Zeitschriften-** bzw. **Tabacchi-Laden**.
- Auf kleineren Bahnhöfen hängen oft zusätzlich die Abfahrts-/Ankunftszeiten der **nächstgrößeren Bahnhöfe** bzw. Städte aus – nicht verwechseln!
- Oft werden noch in letzter Minute die **Gleise gewechselt**. Bis zuletzt auf Durchsagen und Mitwartende achten, außerdem immer noch einmal fragen, bevor man in einen Zug steigt.

Die Zugdichte in Italien ist hoch und die Preise sind günstig. Faustregel: je länger die Fahrt, desto günstiger der Preis pro Kilometer (Beispiel: 100 km kosten ca. 6 €, 250 km ca. 12 €). Aus den Fahrplänen bzw. Kursbüchern sollte man sich immer den geeigneten Zug heraussuchen: Die Nahverkehrszüge **Locale** (L) bzw. **Regionale** (R) sind langsam und halten an jeder Station. Etwas flotter bewegen sich **Diretto** (D) und **Interregionale** (IR), die aber ebenfalls häufig halten. Der **Espresso** (E) ist

*Bahnfahren im Veneto – häufig verkehrende Züge und erfreulich peiswert*

dagegen durchweg schnell. Am schnellsten fahren die komfortablen **Inter/Eurocity-Züge** (IC/EC), allerdings mit teils erheblichen Zuschlägen. Die Stars unter den italienischen Zügen sind schließlich der mit spezieller Kurvenneigung konstruierte **CIS** (Pendolino) und der **Eurostar** (ES). Diese Züge besitzen oft nur Wagen erster Klasse, die Platzreservierung ist dort obligatorisch ("prenotazione obligatoria") und in Fahrplänen mit eingerahmtem "R" vermerkt.

## Weitere Anreisemöglichkeiten

- **Bus**: Die Deutsche Touring GmbH bietet mit ihren "Europabussen" Fahrten in die venetischen Thermalbadeorte *Abano Terme* und *Montegrotto Terme*.

• *Auskünfte/Buchung*: in allen **DER-Reisebüros** sowie bei **Deutsche Touring GmbH**, Am Römerhof 17, PF 900244, D-60486 Frankfurt/M., ✆ 069/7903240. Internet: www.Europabus.de

- **Mitfahrzentralen**: Preisgünstige Lösung für Fahrer und Mitfahrer – erstere sparen Benzinkosten, letztere kommen ein ganzes Stück billiger als mit der Bahn über die Alpen. Vor allem in Groß- und Universitätsstädten der Bundesrepublik existieren mittlerweile rund 100 Mitfahrzentralen (MFZ), die Fahrer und Mitfahrer vermitteln.

- **Flugzeug**: Tägliche Flüge nach *Venedig* bietet Alitalia von München, Frankfurt und Düsseldorf, ebenfalls täglich wird die Route München – *Verona* bedient. Auch Lufthansa, Swissair und Austrian Airlines fliegen Städte im Veneto an, ebenso Meridiana, Eurowings, Air Dolomiti u. a. Der Haken dabei ist, dass die meisten Flugverbindungen nur mit Umsteigen in Mailand funktionieren. Details in den Flugplänen, die man sich schicken lassen kann, bzw. in IATA-Reisebüros. Bei einem Nahziel wie Oberitalien sollte man allerdings aus ökologischen Gründen möglichst auf einen Flug verzichten. Auch Pauschalreisen nach Oberitalien werden in der Regel nicht mit Flug, sondern mit Autoreisezug, Zug, Bus oder Anfahrt mit eigenem PKW angeboten.

▶ **Fahrrad**: Dafür bieten sich Venetien und Friaul geradezu an – wenn man über den Brenner ist, geht es bis in die Poebene ständig bergab und auch hinüber zur Adria herrscht durchweg flaches Terrain vor. Unterwegs kann man an einem oder mehreren der Alpenseen bequem Stopp machen. Um die großen Lagunen entlang der brettflachen Küste gibt es zahllose *Radwege*. Im Podelta sind mittlerweile mehrere hundert Kilometer für Radfahrer ausgebaut.

*Schweißtreibendes Vergnügen – mit dem Rad über die Alpen*

• *Fahrradtransport per Bahn*: Wer nicht über die Alpen strampeln will, kann den Drahtesel auch per Bahn mitnehmen. Es ist allerdings nicht mehr möglich, ein Fahrrad als Gepäckstück aufzugeben und es dann einige Tage später am Zielbahnhof abzuholen. Die Bahn bietet über ihre Internetseite (www.bahn.de) mit den Fahrradinformationen einen Link zur italienischen Bahn. In deutscher Sprache sucht man sich die Strecke zu dem gewünschten Zielort aus. Ob Fahrräder mitgenommen werden können, ist in den italienischen Fahrplänen angegeben. Fahrräder in Radtaschen dürfen in allen italienischen Zügen (Ausnahme: Hochgeschwindigkeitszug "Pendolino") mitgenommen werden.

**Durchgehende Züge mit Fahrradmitnahme** müssen rechtzeitig vorher reserviert werden. Achtung jedoch: Die Reisezugauskunft der Deutschen Bahn auf der Internet-Fahrradseite berücksichtigt NICHT das Fahrrad! Man muss mit der gedruckten Zugauskunft persönlich zur DB-Reiseauskunft gehen. Auch in vielen **Bummelzügen** ist Fahrradmitnahme möglich. Vorteil: Diese sind auch in der Ferienzeit selten überfüllt, allerdings können so für eine Fahrt von Süddeutschland nach Oberitalien bis zu 17 Stunden Fahrtzeit vergehen. Beispiel: München-Mittenwald-Innsbruck-Brenner-Verona, immer mit Umsteigen und Aufenthalt.

Empfehlenswert: Immer einen Riemen oder eine Schnur dabei haben, um das Rad im Zug zu sichern. Für alle Fälle sollte man auch in der Lage sein, alles Gepäck in einem Stück am Mann zu tragen.

**Tipp**: Infos zum Radtransport in europäischen Zügen erhält man vom 1.3.-30.11. über die "Radfahrer-Hotline" der DB, ✆ 01805/151415 (Mo–Fr 8–18 h, Sa 8–12 h). Dort kann man auch buchen.

# Übernachten

**In Veneto und Friaul gibt es Unterkünfte aller Art – vom stilvollen Landhotel in einer historischen Villa bis zur einfachen Pension im düsteren Stadtpalazzo. Gerade abseits der großen Städte findet man oft gepflegte und reizvolle Adressen, die allerdings meist ihren stolzen Preis haben. Campingplätze liegen zahlreich an der Adriaküste und am Gardasee, sonst sind sie eher rar gesät.**

Allein *Venedig* besitzt mehr als 200 Hotels, jedoch eines teurer als das andere, denn die Preise in Venedig sind die höchsten am italienischen Stiefel. In der Hochsaion ist die Lagunenstadt trotzdem solide ausgebaucht, so dass sich eine Vorausbuchung dringend empfiehlt. (Dies ist auch online möglich, z. B. über www.venere.it, → S. 25). Viel Geld kann man außerdem sparen, wenn man sich am Festland einquartiert und nach Venedig hineinpendelt – möglichst mit der Bahn, denn Parken ist fast genauso teuer wie Schlafen. Als Standort bietet sich vor allem das nahe *Padua* an.

*Verona* besitzt ebenfalls zahlreiche Unterkünfte, die vor allem an Wochenenden während der Opernsaison nicht selten völlig ausgebucht sind. In den Adriaorten *Lido di Jesolo*, *Càorle*, *Bibione*, *Lignano* und *Grado* gibt es natürlich Hotels und Pensionen wie Sand am Meer. Auf Stil wird hier inmitten des touristischen Massenbetriebs allerdings nicht immer Wert gelegt, umso mehr auf Funktionalität. Der *Gardasee* ist mit gepflegten Unterkünften aller Kategorien gut bestückt, auch hier sollte man während der Ferienzeit mit einer Vorausbuchung auf Nummer Sicher gehen (online z. B. über www.telmec.it). Hauptsächlich Kururlauber quartieren sich in *Abano Terme* ein, wo sämtliche Hotels Thermalpools besitzen.

- *Campingplätze*: gehäuft an der Küste **östlich von Venedig**, um **Lido di Jesolo**, **Cáorle**, **Bibione**, **Lignano** und **Grado**. Im Inland findet man Zeltplätze z. B. bei **Verona**, **Vicenza** und **Cortina d'Ampezzo**, vor allem aber am Ufer des **Gardasees**.
- *Jugendherbergen*: in **Venedig**, **Verona**, **Vicenza**, **Padua**, **Montagnana** und **Monsélice** (südlich von Padua). Die einzige Jugendherberge im Friaul liegt bei **Schloss Miramare** in der Nähe von Triest.

# Essen und Trinken

**Die Küche des Veneto gilt als leicht und bekömmlich. Die opulenten Fleischgerichte der benachbarten Region Emilia-Romagna fehlen hier, der Speisezettel ist vielmehr von den zwei beherrschenden geografischen Gegebenheiten geprägt – der Poebene und dem Meer. Im östlich benachbarten Friaul spürt man dagegen bereits deutlich slowenische, österreichische und ungarische Einflüsse.**

Als führende Handelsmacht des Mittelmeers kam Venedig als erste europäische Stadt mit den Gewürzen aus Übersee in Berührung. Aber auch Mais, Reis und rote Bohnen wurden hier erstmals auf den Kontinent eingeführt und bald in großem Maßstab angebaut. Jahrhundertelang beherrschte die Republik Venedig den größten Teil der Poebene, die sich ideal zum Reisanbau eignet. Dementsprechend ist die Liste der venezianischen Reisgerichte endlos, mindestens sechzig Rezepte gibt es, allen voran *risi e bisi* – Reis und junge Erbsen, in einer Fleischbouillon gekocht. *Risotto con scampi* (Hummerkrabben aus der Lagune), *riso e tripe* (mit Kutteln) oder *risotto al nero di seppie* (Reis mit einer Soße aus der schwarzen Tinte vom

Tintenfisch) sind einige weitere Variationen. Die typische schwarze Tintenfischsoße wird auch zu anderen Speisen serviert, z. B. zu schmalen Bandnudeln, den *tagliolini al nero di seppie*.

Die zweite Grundlage der venezianischen Küche ist *polenta*, der weiße oder gelbliche Maiskuchen bzw. -brei, der zu vielen Gerichten als Beilage gereicht wird, z. B. in gerösteten Scheiben zum berühmten *fegato alla veneziana* (Leber mit Zwiebeln), ein inzwischen weltweit verbreitetes Gericht, das angeblich in Venedig erfunden wurde. Auch *pasta e fasoi* (auch: *pasta e fagioli*) sollte man unbedingt einmal kosten – die herzhaft-dicke Suppe aus Nudeln und dicken roten Bohnen sättigt und schmeckt.

Zu den typischen Fischen des Veneto zählt der *stoccafisso* oder *baccalà*, der Stockfisch (Kabeljau). Trotz seiner norwegischen Herkunft gibt es zahlreiche Spezialitäten auf dieser Basis, z. B. *baccalà mantecato* (pürierter Stockfisch mit einer Art

*Täglich frischer Fisch aus der Adria*

weißer Sahnesoße) oder *baccalà alla vicentina* (mit diversen Gewürzen in Milch gekocht). Ansonsten ist der *brodetto* (auch: *broeto*) bekannt und beliebt, eine üppige Suppe aus Fisch und Meeresgetier, eigentlich eher ein Fischgulasch. Und auch *fritto misto* (in Olivenöl gebackene Fische und Scampi, serviert mit Polenta) ist in der Volkstradition stark verankert.

Das venezianische Perlhuhn *faraona* steht im ganzen östlichen Oberitalien auf der Speisekarte. Von den einheimischen Gemüsen ist vor allem der knackig-rote, leicht bittere Salat *radicchio trevigiano* ein Begriff, der in Treviso seinen Ursprung haben soll. Im Gegensatz zum rosenförmigen Radicchio von Chioggia in der Lagune von Venedig hat er längliche Blätter. Die venezianischen Desserts sind weitgehend von der österreichischen Besatzungszeit geprägt, aus Verona stammt der berühmte *pan d'oro*, ein federleichtes Backwerk mit zartem Vanillegeschmack.

An der Küste der Nachbarregion Friaul-Julisch Venetien dominieren natürlich ebenfalls Fischgerichte – *sarde* bzw. *sardoni in saor (savor)* sind in Zwiebeln und Es-

"Logenplatz" an der Rialto-Brücke

sigsud eingelegte Sardinen/Sardellen, ebenfalls begehrt sind die Muscheltiere namens *granzevola* (Meeresspinne).
Im Friaul gibt es aber auch zahlreiche Gerichte, die Einflüsse der früheren Herrscher (Friaul gehörte lange zur Habsburger Monarchie) und Nachbarn verraten: *jota*, die schwere Suppe aus Bohnen, Kohl und Speck, stammt aus dem Kärntner Bergland, weiterhin gibt es *cevapcici* und *Gulasch*, *Knödel*, *Prager Schinken*, *Strudel* und *Wiener Schnitzel*. Eine typisch friaulische Spezialität des Inlands ist die Gersten-/Bohnensuppe *minestra di orzo e fagioli*. Der zarte luftgetrocknete *prosciutto San Daniele* wird in der gleichnamigen Stadt nordwestlich von Udine produziert – nach dem Parmaschinken gilt er als die Nr. 2 der norditalienischen Schinkenproduktion. Häufig als Dessert serviert wird *gubana*, ein grappagetränkter Nusskuchen mit Rosinen. Natürlich ist auch die berühmte *Wiener Sachertorte* nicht unbekannt und manche Leckereien sind slowenischen Ursprungs, z. B. *presnitz* (Mandeltorte), *putizza* und *pinza*. Ein typisches Utensil der Friaul-Gastronomie ist übrigens der "Fogher", ein Grillofen, der mitten in der Küche steht und gleichzeitig wärmt. Man sieht ihn noch in vielen Restaurants und Wohnhäusern.

**Tipp**: Wenn Sie die traditionelle Küche der Region oder des Ortes, wo Sie sich gerade befinden, kennen lernen wollen, sollten Sie einmal eine "Osteria" besuchen. Dort werden die alten Rezepte oft sorgfältig gepflegt und fantasievoll aufbereitet, gleichzeitig erhalten Sie eine umfangreiche Auswahl regionaler Weine. Viele Adressen finden Sie im praktischen Reiseteil unter den jeweiligen Orten.

▸ **Weine des Veneto und Friaul:** Die Veneto-Weine gehören zu den bekanntesten Italiens, doch dank der zahlreichen Massenabfüllungen (Quantität statt Qualität) genießen nicht alle den allerbesten Ruf. Faustregel: Die Weine der Hügel sind denen

der Ebene deutlich überlegen – deshalb immer auf die "kontrollierte" bzw. "kontrollierte und garantierte" Ursprungsbezeichnung (DOC bzw. DOCG) achten.
Ein besonders edler Tropfen ist der gehaltvolle *Amarone* aus dem Valpolicella-Gebiet. Nach dem Chianti der meistverkaufte Wein Italiens ist der milde weiße *Soave* aus dem Gebiet zwischen Verona und Vicenza – für viele der italienische Weißwein schlechthin. Hier muss man allerdings sorgfältig auswählen, um Qualität zu finden. Massenweise produziert wird der dunkle fruchtige Rotwein *Valpolicella* von Verona, von dem es leider viel Verschnitt und minderwertige Sorten gibt. Weitgehend von guter Qualität sind die *Prosecco-Schaumweine* aus dem Gebiet nördlich von Treviso zwischen Valdobbiadene und Conegliano – doch in der Ebene wird bereits massenhaft Billig-Prosecco ohne DOC produziert. Beliebt, wenn auch meist ohne DOC-Siegel, ist der leichte rote *Bardolino*, der am Ostufer des Gardasees wächst und hauptsächlich von Touristen genossen wird. Fast gänzlich unbekannt sind dagegen bei uns die Weine der *Colli Berici* und *Colli Euganei*, die meist offen verkauft werden (es gibt aber auch DOC-Weine) und deren Anbaugebiet in den Hügeln vulkanischen Ursprungs südlich von Vicenza und Padua liegt.
In den Regionen *Colli Orientali del Friuli* und *Collio*, dem Hügelland an der slowenischen Grenze um die Städte Cividale del Friuli und Gorizia (Görz), wachsen die trockenen Weißweine des Friaul, die von Kennern zu den besten Italiens gezählt werden: *Pinot grigio*, *Tocai friulano*, *Chardonnay*, *Picolit* u.a. Im Karst, dem Hinterland von Triest, werden der strohgelbe *Malvasia Istriana* und der herbe rote *Terrano* produziert. Weitere Friauler Rotweine sind der *Merlot*, der *Tacelenghe*, der *Schioppettino* und der rare *Pinot nero*.

**Tipp**: Jeder größere Ort in Venetien und Friaul besitzt mindestens eine Weinstube, "Osteria" oder "Enoteca" genannt. Dort können Sie in angenehmer Atmosphäre die besten Weine der Region kennenlernen. Nicht entgehen lassen sollte man sich auch einen Besuch in einer der vielen Dutzend Weinschenken des Triestiner Karst. "Osmizze" werden sie genannt, weil früher den Bauern von den Grundbesitzern für acht Tage das Recht zugestanden wurde, den Wein direkt ab Hof zu verkaufen (Osmica = acht, slowenisch). Wenn der neue Wein kredenzt wird (Dezember bis Mai), erkennt man die Weinstuben an einem draußen aufgehängten Zweig (frasca) oder einem kleinen Licht.

# Einkaufen

**In mancher Hinsicht sind Venetien und Friaul ein Einkaufsparadies, das gilt vor allem für Mode, Kunsthandwerk und den kulinarischen Bereich. Auch macht das Einkaufen hier wirklich Spaß – der Tante Emma-Laden um die Ecke ist noch nicht ausgestorben und beim Stöbern in den engen Altstadtgassen wird man manche Entdeckung machen.**

Kulinarische Mitbringsel werden überall reichlich angeboten. In den zahllosen Delikatessenläden läuft einem das Wasser im Munde zusammen. Natürlich lohnt unbedingt die Mitnahme eines guten Tropfens aus einer der zahlreichen *enoteche* (Weinhandlung mit Verkostung). Gebäck und oft auch fantasievolle Nudelsorten bekommt man in der *pasticceria* (Konditorei). Der berühmte *Schinken* aus San Daniele (Friaul) wird in ganzen Keulen, aber auch in handlichen Geschenkpackungen verkauft, die erlesensten Sorten von Grappa werden in Bassano del Grappa destilliert.

*Mundgeblasenes Glas aus Murano*

Kunsthandwerk aller Sparten findet man gehäuft in Venedig, denn die Lagunenstadt ist seit langem ein Zentrum für Künstler und Kunsthandwerker aus aller Welt. Speziell fantasievolle *Karnevalsmasken* und *marmoriertes Papier*, *Spitzen* von der Insel Burano und *mundgeblasenes Glas* aus Murano gehören zu den meistproduzierten Stücken – wobei allerdings etwas Sachkenntnis erforderlich ist, denn vieles stammt leider mittlerweile aus Fernost. Bassano del Grappa ist neben seinen Schnäpsen auch bekannt für seine *Keramik*, Vicenza für die *Goldkunst* seiner Juweliere, Triest für seine zahlreichen *Antiquitätenläden*. Schließlich kann man in Verona *Schuhmode* aller Art einkaufen, denn die Stadt von Romeo und Julia gilt als eine der Schuhmetropolen Italiens.

- Tipp für Mode- und Preisbewusste: Der **Schlussverkauf** (*saldi*) im Juli/August und Februar bringt radikale Preisnachlässe von 50 % und mehr!
- Einkauf direkt bei der **Fabrik** kann deutlich Geld sparen helfen. Viele renommierte Firmen bieten ihre Produkte auch direkt an. Schilder "Punto vendita diretto" weisen den Weg.
- Reich bestückte **Antiquitätenmärkte** finden regelmäßig in den meisten größeren Orten statt, Hinweise dazu in den jeweiligen Texten.

# Praktische Informationen

▸ **Ärztliche Versorgung:** Die meisten niedergelassenen Ärzte behandeln nur gegen Barzahlung, Ihre heimische Krankenkasse erstattet die Kosten gegen Rechnung aber ganz oder anteilig zurück (je nach Kasse verschieden). Urlauber mit so genanntem "Auslandskrankenschein" E 111 (erhältlich bei Ihrer Krankenkasse) werden in staatlichen Krankenhäusern und bei einigen wenigen Ärzte, die dem staatlichen Gesundheitssystem angeschlossen sind, kostenfrei behandelt. Jedoch müssen Sie vorher das Formular E 111 beim Gesundheitsamt *Unità Sanitaria Locale* (USL) vorlegen (Österreicher das Formular SE 100-07) und erhalten einen italienischen Krankenschein. In den Sommermonaten wird in den meisten Urlaubsorten an Gardasee und Adria eine Sanitätsstation betrieben, die *Guardia Medica Turistica*. Ohne Krankenschein kostet eine Behandlung dort ca. 16 €, ein Hausbesuch 26 €, ein Rezept 5,50 €.

▸ **Geld**: Ab dem Jahr 2002 gilt auch in Italien der *Euro*, d. h. ein etwaiger Geldwechsel fällt dann nur noch für Schweizer an. Mit ec-Karte und Geheimnummer müssen Sie keine einzige Bank betreten, um an Euro zu kommen, denn in allen größeren Orten gibt es *Geldautomaten* (Bedienungsanleitung auf Wunsch in deutsch). Kosten entstehen vor Ort keine, vom heimischen Konto werden pro Abhebung ca. 3,30 € abgebucht. Für das Einlösen von *Reiseschecks* müssen Sie am Bankschalter vorstellig werden, Wartezeiten sind hier die Regel, eine kleine Gebühr wird ebenfalls meist fällig.

▸ **Information**: Italien betreibt in Deutschland drei Fremdenverkehrsämter, in Österreich und Schweiz je eines. Jede Provinz des Veneto und Friaul besitzt ein Verkehrsamt, das für die gesamte Provinz zuständig ist (APT = Azienda di Promozione Turistica). Zusätzlich verfügen alle Städte und touristisch bedeutsamen Orte über eigene Informationsstellen (Details in den jeweiligen Texten). Oft sprechen die Mitarbeiter Deutsch.

**Service-Nummer**: In Deutschland kann unter der gebührenfreien Nummer 00800/00482542 Infomaterial zu allen Regionen Italiens angefordert werden (Mo–Fr 8–20, Sa/So 9–14 h).

• *Italienische Fremdenverkehrsbüros*: Da sie chronisch überlastet sind, erhält man hier oft nicht die erforderliche Hilfe.

**Deutschland**, Kaiserstr. 65, D-60329 Frankfurt/M., ✆ 069/237430, ℻ 232894, E-Mail: ENIT-ffm@t-online.de

Karl-Liebknecht-Str. 34, D-10178 Berlin, ✆ 030/2478397, ℻ 2478399, E-Mail: ENIT-berlin@t-online.de

Goethestr. 20, D-80336 München, ✆ 089/531317, ℻ 534527, E-Mail: ENIT-muenchen@t-online.de

**Österreich**, Kärntnerring 4, A-1010 Wien, ✆ 0900/970228, ℻ 0043/1/5050248, E-Mail: ENIT-wien@aon.at

**Schweiz**, Uraniastr. 32, CH-8001 Zürich, ✆ 0041/1/2113031, ℻ 2113885, E-Mail: ENIT@bluewin.ch

• *Fremdenverkehrsämter der Provinzen*:

**APT di Verona**, Piazza delle Erbe 38, I-37122 Verona. ✆ 045/8068680, ℻ 8003638, Internet: www.tourism.verona.it, E-Mail: info@tourism.verona.it

**APT di Vicenza**, Piazza Duomo 5, I-36100 Vicenza. ✆ 0444/544122, ℻ 325001, Internet: www.ascom.vi.it/aptvicenza, E-Mail: aptvicenza@ascom.vi.it

**APT di Treviso**, Via Toniolo 41, I-31100 Treviso. ✆ 0422/540600, ℻ 541397, Internet: www.sevenonline.it/tvintorno, E-Mail: tvintorno@sevenonline.it

**APT di Padova**, Riviera de Mugnai 8, I-35137 Padova. ✆ 049/8767911, ℻ 650794, Internet: www.padovanet.it/apt, E-Mail: apt@padovanet.it

**APT di Venezia**, Castello 4421, I-30122 Venezia. ✆ 041/5298711, ℻ 5230399, Internet: www.provincia.venezia.it/aptve & www.turismovenezia.it, E-Mail: aptve@provincia.venezia.it & apt-06@mail.regione.veneto.it

**APT delle Prealpi e Dolomiti Bellunesi**, Piazza Tre Martiri 8, I-32100 Belluno. ✆ 0437/940083, ℻ 940073. Internet: www.provincia.belluno.it, E-Mail: turismo@provincia.belluno.it

**APT di Rovigo**, Via J.H. Dunant 10, I-45100 Rovigo. ✆ 0425/361481, ℻ 30416, Internet: www.apt.rovigo.it, E-Mail: apt-14@mail.regione.veneto.it

**APT di Pordenone**, Corso Vittorio Emanuele 38, I-33170 Pordenone. ✆ 0434/21912, ℻ 523814;

*Ein Anruf aus Venedig*

## Veneto und Friaul im Internet

Neben den erwähnten Websites der Tourismusämter gibt es eine Vielzahl weiterer Seiten, die Informationen über Veneto und Friaul bieten. Kleine Auswahl im Folgenden, weitere Seiten finden im praktischen Reiseteil unter den jeweiligen Orten und auf der Website **www.michael-mueller-verlag.de**

**www.enit.it**: Die Seite des italienischen Fremdenverkehrsverbands bietet die Rubriken "Museen", "Hotels" und "Ereignisse" zu zahlreichen Städten im Land.

**www.emmeti.it** (oder: **wel.it**): weitere Site zum ganzen Land, aufgegliedert nach Regionen. Hinweise zu Museen, Hotels, Restaurants u. a.

**http://turismo.regione.veneto.it**: die offizielle Seite der Region Veneto, viele Adressen, Unterkünfte etc.

**www.venere.it**: Mehr als 120 Hotels in Venedig, dazu weitere in anderen Orten von Venetien und Friaul, online buchbar.

**www.museionline.it**: Hinweise zu allen wichtigen Museen – Öffnungszeiten, Eintrittspreise, aktuelle Veranstaltungen und Ausstellungen.

**www.venivebeach.it**: das Portal der Badeorte an der nördlichen Adria. Infos zu den einzelnen Orten und Unterkünfte (online zu buchen).

**APT di Udine**, Piazza Primo Maggio 7, I-33100 Udine. ✆ 0432/295972, 📠 504743;

**APT di Gorizia**, Via Diaz 16/Ecke Corso Verdi, I-34170 Gorizia. ✆ 0481/386225, 📠 386277.

**APT di Trieste**, Via San Nicolò 20, I-34121 Trieste. ✆ 040/6796111, 📠 6796299, Internet: www.triestetourism.it, E-Mail: info@triestetourism.it

• *Informationsbüros der Badeorte*: **APT Jesolo e Eraclea**, Piazza Brescia 13, I-30017 Jesolo. ✆ 0421/370601, 📠 370608, Internet: www.jesolo.it, E-Mail: info.apt@jesolo.it

**APT di Bibione e Caorle**, Viale Aurora 101, I-30020 Bibione. ✆ 0431/442111, 📠 439997; Internet: www.bibionecaorle.it, E-Mail: apt-04@mail.regione.veneto.it

**APT di Lignano**, Via Latisana 42, I-33054 Lignano Sabbiadoro. ✆ 0431/71821, 📠 70449, 899278, Internet: www.aptlignano.it, E-Mail: info@aptlignano.it

**APT di Grado**, Viale Dante Alighieri 72, I-34073 Grado. ✆ 0431/899220, 📠 899209, Internet: www.aptgrado.com, E-Mail: aptgrado@tin.it

▸ **Museen, Sehenswürdigkeiten und Kirchen**: Museen und sonstige Sehenswürdigkeiten kosten fast immer Eintritt (meist zwischen 1 und 6 €). Wer nachweislich unter 18 oder über 65 ist, erhält in staatlichen Museen freien Eintritt, Schülern und Studenten wird oft Ermäßigung gewährt. Der Besuch von Kirchen ist in der Regel frei, nur in Verona und Venedig kosten die wichtigsten Kirchen mittlerweile Eintritt. Die Gelder werden zur Restaurierung und zum Erhalt der Kunstschätze verwendet.

• *Öffnungszeiten*: **Kirchen** sind etwa von 7 h früh bis 12 h mittags offen. Dann wird unbarmherzig geschlossen und frühestens gegen 15, oft erst 16 h wieder aufgemacht, um bis 19 oder 20 h geöffnet zu bleiben. Sonntags während der Messen ist keine Besichtigung möglich. Manche Kirchen sind bis auf die Gottesdienstzeiten ständig geschlossen.

Die Öffnungszeiten von **Museen** und **Sehenswürdigkeiten** sind je nach Saison unterschiedlich und werden nicht selten mehrmals im Jahr geändert. Einzige Konstante ist, dass staatliche Museen montags fast immer geschlossen haben und man sie an den übrigen Tagen zwischen 9–14 h meist geöffnet findet.

▸ **Telefon**: Von allen öffentlichen Telefonen kommt man gut in die Heimat durch. Die Apparate funktionieren alle mit *magnetischen Telefonkarten* (carta telefonica), erhältlich für ca. 2,60 bzw. 5,20 € in Tabak- und Zeitschriftenläden, manchmal auch in Rezeptionen von Hotels und Campingplätzen. Vor dem Gebrauch muss die vorgestanzte Ecke abgebrochen werden. Die verbrauchten Beträge liest der Apparat von der Karte ab, bis sie leer ist. Eine zweite Karte kann man nachschieben, ohne dass das Gespräch unterbrochen wird. Die Gültigkeitsdauer der Karten ist meist auf ein oder zwei Jahre begrenzt.

Es gibt auch *internationale Telefonkarten* (scheda telefonica internazionale), die etwa 10 € kosten. Damit kann man bis zu 6 Std. in Europa telefonieren. Diese Karten führt man nicht ins Telefon ein, sondern man wählt eine kostenlose Nummer (numero verde), die auf der Karte vermerkt ist – sowohl fürs Festnetz (rete fissa) wie fürs Handy (cellulare). Danach gibt man die Geheimnummer ein, die ebenfalls auf der Karte vermerkt ist. Vor jedem Gespräch wird das Guthaben angesagt.

Hinweise für *Handybesitzer*: Wenn Sie in Italien angerufen werden, zahlt der Anrufer nur die Kosten innerhalb seines Landes. Für die internationalen Gebühren wird der Handybesitzer selber zur Kasse gebeten. Für den, der längere Zeit in Italien bleibt, lohnt sich deshalb eventuell der Kauf einer italienischen SIM-Karte von einer der vier italienischen Mobiltelefongesellschaften (TIM = Telecom Italia, Omnitel, Blu und Wind). Sie kostet ca. 50 €, hat allerdings auch ein Gesprächsguthaben in derselben Höhe. Man bekommt damit eine italienische Nummer und muss die Gespräche, die aus dem Ausland kommen, nicht mitfinanzieren.

**Vorwahlen**: Wenn Sie **aus Italien** anrufen: Bundesrepublik Deutschland = 0049; Österreich = 0043; Schweiz = 0041, dabei die Null der Ortsvorwahl weglassen. Wenn Sie **nach Italien** anrufen wollen: aus der BRD 0039, aus Österreich 040, aus der Schweiz 0039. Achtung: Die **Null der Ortsvorwahl** muss mitgewählt werden! Wenn Sie in Italien **innerhalb eines Fernsprechbereichs** (Provinz, Großstadt etc.) telefonieren, müssen Sie ebenfalls die Ortskennziffern mitwählen – also innerhalb der Provinz Verona 045, in der Provinz Venezia 041 etc. Dies gilt auch für Gespräche innerhalb einer Stadt!

*Östlich vom Gardasee steigt der Monte Baldo bis über 2000 m hoch empor*

# Provinz Verona

**Nach Venedig und den Badeorten an der Adriaküste zählt die Provinz Verona die meisten Gäste im Veneto. Das liegt natürlich zunächst daran, dass Verona vom Brenner kommend fast nicht zu umgehen ist. Wenn man das Etschtal entlangfährt und sich nicht seitwärts in die Berge schlägt, trifft man zwangsläufig auf die Stadt von Romeo und Julia, die zudem mit dem einzigartigen Opernfestival in der römischen Arena eine hochkarätige internationale Attraktion aufweist.**

Größter Anziehungspunkt des Veroneser Gebiets ist aber der einzigartige *Gardasee*, dessen Ostufer bis auf einen kleinen Zipfel im Nordosten in seiner gesamten Länge zu Venetien gehört – abgesehen von einigen bescheidenen Alpengewässern der einzige See der Region. Doch auch in der Provinz Verona gibt es Ecken, wohin sich selbst im Hochsommer nur eine Handvoll Touristen "verirrt", z. B. das hüglige Weinbaugebiet *Valpolicella* nördlich von Verona. Einen reizvollen Kontrast zur überlaufenen Stadt findet man außerdem im idyllischen kleinen Weinbaustädtchen *Soave*.

| | |
|---|---|
| Gardasee | S. 28 |
| Etschtal | S. 52 |
| Verona | S. 54 |
| Valpolicella | S. 70 |
| Soave | S. 72 |

# Gardasee (Lago di Garda)

## – Venetischer Teil –

Am Ostufer des beliebtesten italienischen Urlaubssees spielt sich ein Großteil des touristischen Geschehens ab – vom steilwandigen Norden um *Torbole* und *Malcésine* bis zum flachen Süden um *Bardolino* gibt es kaum unerschlossene Ecken. Campingplätze ziehen sich zu Dutzenden das gesamte Ufer entlang. Trotzdem findet man viel Reizvolles, darunter das herrliche Bergmassiv des *Monte Baldo* oberhalb von Malcésine und die prähistorischen Felszeichnungen am *Monte Luppia* bei Garda. Der schmale Nordzipfel des Sees ist Europas populärste Windsurfzone, der kleine Ort *Torbole* (Südtirol-Trentino) ihr Ballungszentrum.

• *Anfahrt*: Wer zur nördlichen Seehälfte will, nimmt auf der A 22 südlich von Rovereto die Ausfahrt **Rovereto Sud – Lago Garda di Nord** und kommt auf der meist viel befahrenen SS 240 in 30 Min. über den Sattel von Nago nach Torbole bzw. Riva.
Die südliche Seehälfte wird über **Affi – Lago Garda di Sud** (9 km nördlich von Verona) schnell erreicht.
Falls das Ziel direkt am Südufer liegt, bleibt man auf der Autobahn und wechselt am Autobahnkreuz kurz hinter Verona Nord auf die A 4 Richtung Mailand, die dicht am südlichen Seeufer entlangführt, Ausfahrt bei **Peschiera**.

# Ostufer von Nord nach Süd

## Torbole

(ca. 1800 Einwohner)

**Das Mekka aller Windsurfer liegt an der Nordostecke des Sees. Eigentlich handelt es sich nur um eine Handvoll Häuser unterhalb steiler Felsen, umgeben von einer stetig wachsenden Zahl von Hotels.**

Ein ganzer langer Strandabschnitt ist für das windige Vergnügen reserviert, die Hotels und Campingplätze sind mit Brettverleih und Surfcentern völlig auf ihre sportlichen Gäste eingestellt. Und auch Mountainbiker treffen sich gerne in Torbole, denn die umliegenden Berge bieten – wie beim Nachbarort Riva – exzellente Möglichkeiten. Dementsprechend lockere "jugendliche" Atmosphäre herrscht im Ort.

Landeinwärts der viel befahrenen Durchgangsstraße liegt das winzige "Altstadtviertel" mit der kleinen Piazza Vittorio Veneto (Casa Alberti mit Gedenktafel an Goethe: "Heute habe ich an der Iphigenie gearbeitet ...") und einer einzigen bescheidenen Fußgängergasse, hinter der steile Hänge aufsteigen. Am See findet man das Hafenbecken, wo sich gegenüber der ehemaligen österreichischen *Zollstation* nette Lokale und Cafés etabliert haben. Etwas erhöht steht die Pfarrkirche *Sant'Andrea*, ein einstündiger Spaziergang führt vom obereren Ortsrand hinauf ins ruhige Dorf *Nago* mit der Burgruine des Castel Pénede.

Gardasee
2 km
Trento
Lago di Tenno
Arco
Pieve di Ledro
Molina di Ledro
Lago di Ledro
Riva
Nago
Torbole
Rovereto
Pregasina
M. A. di Nago
Limone sul Garda
Tremòsine
Vèsio
Navene
Lago d'Idro
Pieve
Tratto Spino
Pregàsio
Malcèsine
Tignale
Campione del Garda
Madonna di Monte Castello
Gàrdola
Cassone
Cima Valdritta
Assenza
Lago di Valvestino
Porto di Brenzone
Brenzone
M. Maggiore
Magugnano
Castelletto di Brenzone
Gargnano
Villa
Bogliaco
Cecina
Gaino
Prada
Madonna della Corona
Pai
Toscolano-Maderno
Spiazzi
Fasano del Garda
San Zeno di Montagna
Barbarano
Gardone Riviera
Torri d. Benaco
Albisano
Caprino Veronese
Salò
Porto Portese
Isola di Garda
Costermano
Marciaga
Raffa
San Felice del Benaco
Punta San Vigilio
Garda
Montinelle
Affi
Solarolo
Gardoncino
Bardolino
Soiano di Lago
Manerba del Garda
Cavaion Veronese
Moniga del Garda
Padenghe sul Garda
Cisano
Calmasino
Lazise
Adige
Maguzzano
Sirmione
Desenzano del Garda
Lonato
Brescia
Rivoltella
Colombare
Pacengo
Bussolengo
Peschiera del Garda
Castelnuovo di Verona
Verona
San Martino della Battaglia
Castiglione delle Stiviere
Mantua

## Der Gardasee: Traumziel aller Windsurfer

Fast täglich zuverlässiger Wind, nach dem man die Uhr stellen kann, nur wenige Stunden Fahrt von Süddeutschland, Süßwasser statt Salzwasser – alles Gründe, die für den Gardasee sprechen. Tatsächlich gilt der Lago die Garda, speziell der Norden um Riva und Torbole, als eins der besten Surfreviere der Welt: In der schmalen "Düse" am Nordende des Sees spürt man nachdrücklich jede Brise, hier kann man Tempo machen und sich im Speed-Rausch aalen, aber auch unerfahrene Neulinge kommen auf ihre Kosten. Frühmorgens geht's meist gemächlich mit dem *Vento* los – der Alpenwind aus den Bergen im Norden ist oft nur ein mildes Lüftchen (nicht immer!) und gut für Anfänger geeignet. Er flaut gegen Mittag ab, und die *Ora* setzt unvermittelt und heftig aus Süden ein, meist gegen 13 h. Sie entsteht, wenn die Luft über dem Nordende des Sees von der Sonne aufgeheizt nach oben steigt. Das Vakuum wird dann durch heranströmende Luftmassen aus der Poebene aufgefüllt – die Ora. Dieser Wind ist es, weswegen die Surfcracks kommen: Er hat die Kraft, die Riggs pfeilschnell über den See zu tragen – und auf den Wellenbergen kann man meterhoch springen. Leider fällt er aus, wenn vormittags Wolken das Aufheizen der Luft verhindern. Doch an windreichen Nachmittagen ist der See schnell mit Tausenden von Segeln bevölkert, ein märchenhafter, fast unwirklicher Anblick ...

*Nachmittags kommt die Ora*

• *Surfcenter*: **Vasco Renna Surf Center** (Fanatic), zentrale Lage im Parco Pavese, direkt hinter dem Surfstrand im Ort. ✆ 0464/505993, ℻ 506254, Internet: www.vascorenna.com

**Lido Blu Surf Center**, im gleichnamigen Hotel an der Sarca-Mündung (→ Übernachten). ✆ 0464/506349, ℻ 505931, Internet: www.surflb.com

**Surfzentrum Marco Segnana** (Bic), am Lido Foci di Sarca (Nordseite der Sarca-Mündung). ✆/℻ 0464/505963, Internet: www.surfsegnana.it

**Conca d'Oro Windsurfing Center**, etwa 1 km südlich von Torbole in Richtung Malcésine. ✆ 0464/506251, ℻ 505016, Internet: www.thex.it/conca

### *Anfahrt/Verbindungen/Information*

• *Anfahrt/Verbindungen*: Am nördlichen Ortsende liegen mehrere gebührenpflichtige **Parkplätze**, außerdem parkt man in langer Reihe an der Uferstraße Richtung südlicher Ortsausgang. Kostenlose Abstellmöglichkeit auf dem Parkplatz **Panorama** oberhalb vom Ortskern (auf Schilder achten).

• *Information*: **APT**, Via Lungolago Verona 19, gut ausgestattetes Büro am südlichen Ortsausgang. Mo–Sa 9–12, 15–19 h, So 10–12, 16–19 h. ✆ 0464/505177, ℻ 505643, Internet: www.garda.com und www. gardatrentino.de, E-Mail: aptgarda@anthesi.com

## Ein gewaltiges Unternehmen

In der ersten Hälfte des 15. Jh. rangen die Mailänder Visconti mit den Venezianern um die Herrschaft am Gardasee. Die Mailänder Flotte beherrschte damals den See, denn den Venezianern war es nicht möglich, ihre Kriegsschiffe aufs Wasser zu bringen. Die Mailänder hatten den Fluss Mincio, der vom Südende des Gardasees in den Po fließt, mit einem schweren Damm gesperrt (→ Borghetto di Valeggio sul Mincio, S. 49). So kam es im Februar 1439 zu einem schier unglaublichen Kraftakt: Die Venezianer transportierten ihre Flotte vom Etschtal quer über die Berge nach Torbole! Dort, wo sich heute die SS 240 von der Autobahnausfahrt Lago di Garda Nord (bei Rovereto) zum Gardasee hinüberzieht, wurden 2000 Ochsen und Pferde eingesetzt, um sechs Galeeren, zwei Galeonen und 26 Kriegsbarken über den Pass von Nago zu wuchten. Den Steilhang nach Torbole hinunter überwand die Flotte an Seilen hängend auf gefällten Baumstämmen und plumpste endlich glücklich in den See. Der immense Aufwand – Dauer zwei Wochen, Kosten umgerechnet über eine halbe Million Euro – lohnte sich: Nach mehreren Seeschlachten waren die Venezianer Herren des Sees, die Flotte der Mailänder wurde vor Lazise versenkt. Eine Dokumentation des Unternehmens ist in der Burg von Malcésine zu sehen.

*Übernachten*

**** **Lido Blu**, komfortables Haus direkt am Surfstrand, bestens auf Surfer und Badegäste eingerichtet, Hallenbad und Sauna, Zimmer mit TV, Föhn und Minibar. DZ mit Frühstück ca. 130–140 €. ✆ 0464/505180, 505931, E-Mail: lidoblu@anthesi.com

*** **Villa Stella**, Via Strada Grande 42, gepflegtes Haus mit Garten und Pool, weit zurück von der Durchgangsstraße, ruhige Lage. Zimmer piccobello, Bike-/Surf-Depot, Gymnastikraum, Lift. DZ mit reichhaltigem Frühstücksbuffet ca. 70 €. Die kommunikative Ehefrau des Hausherrn stammt aus Holland. ✆ 0464/505354, 505053.

** **Casa Nataly**, Piazza Alpini 10, in der Altstadt, freundliche und saubere Pension,

ruhig, Zimmer mit Balkon und teils Seeblick, Surf- und Bikegarage. DZ mit Frühstück ca. 50 €. ✆ 0464/505341, ✆ 506223.
** **Santa Lucia**, Via Santa Lucia 12, gut versteckt am oberen Ortsende, am Beginn des Fußwegs nach Nago, herrlich ruhig. Das beliebte Haus liegt in einem üppigen Garten mit kleinem Pool, einfache Zimmer z. T. mit Balkon. DZ mit Frühstücksbuffet ca. 50 €. Ostern bis Anfang November. ✆ 0464/505140, ✆ 505509.
* **Ischia**, an der Ausfallstraße Richtung Riva, 13 einfache Zimmer, Parkplatz und Garten, DZ mit Frühstück ca. 55 €. ✆ 0464/505146.
Die drei Campingplätze am Ort sind zu 90 % mit Surfern belegt, z. B. ** **Europa** direkt am Surferstrand, außerdem * **Al Porto** und * **Al Cor**, beide ebenfalls nah am See.

*Essen/Nachtleben*

**Centrale**, Piazza Vittorio Veneto, wenige Meter abseits der Durchgangsstraße in der kleinen Altstadt, hier isst man gut, gemütlich und preiswert, immer voll. Mi geschl.
**Al Pescatore**, Via Segantini 11, an der ruhigen Fußgängergasse, die an der Piazza Vittorio Veneto beginnt, hübsch zum Draußensitzen, gute Fischküche, z. B. die gegrillte Seeforelle versuchen. Mi geschl.
**La Terrazza**, verglaste Veranda am Strandbeginn, interessante Speisekarte, auf der u. a. Wels, Barsch, Stör und Hecht angeboten werden. Man versucht, an alte kulinarische Traditionen der Region anzuschließen. Sehr beliebt. Di geschl.
**Surfer's Grill**, Via Sarca Vecchio 8, Nähe Minigolfplatz. Überdachtes Terrassenlokal, Pasta und Grillspezialitäten, bekannt für üppige Portionen. Mo geschl.
• *Nachtleben*: nicht gerade der Bär los, Surfer gehen meist früh schlafen – allerdings, die Ora kommt erst mittags ...
**Cutty Sark**, Via Pontalti 2 (bei Piazza Vittorio Veneto), "the surfer's rest", großer, mit viel Holz und Nautikutensilien ausgestatteter Pub, beliebtester Surfertreff am Ort. Im Sommer tägl. 20–2 h, sonst Mo geschl.
**Moby Dick**, Via Matteotti 60 (Durchgangsstraße), bei Walter unter der efeuberankten Fassade mit üppiger Galionsfigur sitzt man gemütlich und trinkt Weißbier. Im Sommer tägl. 20–2 h, sonst Mi geschl.
**Conca d'Oro**, schicke "In"-Disco im Surf-Center am Jachthafen, etwas außerhalb in Richtung Malcésine. Do-So 22–4 h.

▸ **Lido Foci del Sarca** (Arco Lido): von Torbole in Richtung Riva, besonders schöner Strandabschnitt nördlich der Mündung des Fiume Sarca. Ein asphaltierter Weg führt von der Durchgangsstraße parallel zum Fluss hinunter zum großen *Bic-Surfzentrum* von Marco Segnana und den Campingplätzen *Lido di Arco* und *Maroadi*. Satte Rasenflächen machen den Aufenthalt hier angenehm.

## Malcésine

(ca. 3500 Einwohner)

**Einer der malerischsten Orte am See – vielleicht hat das auch Johann Wolfgang von Goethe so empfunden, als er sich hier niederließ, um das Kastell abzumalen und dabei fast als vermeintlicher österreichischer Spion verhaftet worden wäre. Die Stelle, an der der Geheimrat damals saß, ist heute mit einer Gedenkplakette verziert.**

Alt-Malcésine zieht sich den Hang eines Hügels hinauf, der zum See hin steil abfällt. Auf der Spitze thront ein weitläufiges *Skaligerkastell*, dessen Wehrmauern sich tief hinunterziehen, eine Besichtigung lohnt. Darunter erstreckt sich ein Gewirr von engen, teils holprigen und sehr steilen Pflasterwegen, kleinen Plätzen und überwölbten Durchgängen – immer wieder landet man unversehens in einer Sackgasse oder am Seeufer. Südlich benachbart das hübsche große Hafenbecken, von dem man Bootsausflüge aller Art unternehmen kann.
Malcésine ist natürlich völlig touristisch, in den schmalen Gassen drängen sich die Urlauber, ein Laden reiht sich an den anderen, die Restaurants versuchen sich gegenseitig durch noch "gemütlichere" Aufmachung zu übertrumpfen. Trotzdem wur-

*Die Silhouette von Malcésine – eine der markantesten am See*

de die dichte Atmosphäre des Orts durch den Massenbetrieb nur wenig angeknackst – man kann sich in Malcésine wohl fühlen.

Unmittelbar hinter Malcésine steigt der mächtige Kamm des *Monte Baldo* an, ein ungemein schönes Ziel für Freunde herrlicher Panoramen, für Wanderer und Botaniker.

• *Anfahrt/Verbindungen*: Das enge Zentrum ist für den motorisierten Verkehr gesperrt, eine Reihe gebührenpflichtiger **Parkplätze** liegt oberhalb der Durchgangsstraße um die zentrale **Busstation**.

• *Information*: **IAT**, an der Via Capitanato 6–8, die vom Hafen nordwärts in die Altstadt führt. Stadtpläne mit Hotels und Campingplätzen, Wanderkarten, Veranstaltungskalender u.v.m. Mo–Sa 9–13, 15–18 h, So geschl. ✆ 045/7400044, ✆ 7401633, Internet: www.malcesine.com

**Unterkunftsvermittlung** an der Gardesana beim Busstopp. Mo–Sa 9.30–20 h, So 10–13, 16–19 h. ✆ 045/7400373

• *Übernachten*: Viele Hotels verfügen über Swimmingpools, eingezeichnet in der Gratiskarte des Tourist-Info. Ohne HP oder VP ist in der Hauptsaison meist nichts zu machen.

*** **Alpi**, Località Campogrande, beliebtes Haus in zentraler Lage, oberhalb der Durchgangsstraße, trotzdem ruhig. Geführt von einer freundlichen Südtirolerin, behaglich rustikale Einrichtung, schöner Garten mit Olivenbäumen, großer Pool. DZ mit Frühstück je Saison 72–90 €, HP meist obligatorisch. ✆ 045/7400717, ✆ 7400529.

** **Erika**, Via Campogrande 8, wenige Meter von der Durchgangsstraße, sehr sauberes und gepflegtes Haus mit modernen Zimmern und Tiefgarage, freundliche Leitung, gutes Frühstück. DZ mit Frühstück ca. 57–93 €. ✆/✆ 045/7400451.

** **Europa**, am Lido Paina, nördlich vom Zentrum, direkt am See. Ruhig, großer Garten, beliebt bei Wassersportlern (Surfen, Segeln). DZ mit Frühstück ca. 62–92 €, auch Apartments (3–4 Pers.). ✆ 045/7400022, ✆ 6570245, Internet: www.Malcésine2000.net/hotel.europa., E-Mail: hotel.europa@infopoint2.com

** **Lago di Garda**, Piazza Matteotti 1, alteingeführtes Haus mitten im Zentrum, blumengeschmückte Balkons über den Köpfen der Spaziergänger. DZ mit Frühstück ca. 40–52 €. ✆ 045/7400633, ✆ 7400246.

** **Panorama**, Val di Monte 9, hoch über Malcésine mit herrlichem Blick auf den See, geführt von deutscher Wirtin mit italienischem Mann. Pool, Tennis, Ristorante, Parkplatz. DZ mit Frühstück ca. 40–80 €. ✆ 045/7400171, ✆ 7400608.

* **Villa Nadia**, Via Carera, im Grünen, ruhiges, familiär geführtes Haus mit Garten und Garage, Zimmer z.T. mit Balkon o. Terrasse, auch Apartments erhältlich. DZ mit Frühstück ca. 42–60 €. ✆/℻ 045/7400088.

Zahlreiche Campingplätze um den Ort, z. B. nördlich * **Tonini** (der zentrumsnächste Platz), * **Campagnola** und * **Claudia**, Richtung Süden * **Panorama** und * **Bellavista**.

• *Essen*: Die Lokale sind in der Saison stark besucht – nach dem Essen wird man schnell mit der Rechnung konfrontiert. Um 18.30 h sollte man losgehen, um noch genügend Auswahl zu haben. Preiswerter als in Malcésine isst man in Cassone, dem nächsten kleinen Ort südlich.

**La Pace**, wunderbar beschauliche Atmosphäre an der kleinen versteckten Piazza Magenta (Porto Vecchio) direkt am See, Seeblick und gute Fischgerichte. Di geschl.

**Taverna dei Capitani**, Corso Garibaldi 2, im düsteren Gewölbe speist man wie in einer alten Burg, dahinter ein schön begrünter Hof.

**Gondoliere**, an der Piazza Matteotti auf einer Terrasse im ersten Stock. Schmackhafte Fisch- und Fleischgerichte, dazu freundlicher Service. Von Lesern empfohlen.

**Lido Sopri**, einfaches Strandlokal in herrlicher Panoramalage am Ende der südlichen Uferpromenade (Beginn von Val di Sogno). Auf den satten Rasenflächen kann man Liegestühle und Sonnenschirme leihen.

**Lido Paina**, nördlich vom Zentrum, schöne Lage direkt am See, neben dem gleichnamigen Strand, Blick auf die Burg. Umkleidekabinen, Sonnenschirme, Liegestühle.

**Tiroler Speckstube**, oberhalb von Campagnola im Grünen, eine Asphaltstraße zweigt etwas nördlich vom Hotel "Sailing Center" hügelwärts ab. Echte Alternative zur lauten Gardesana unten: rustikales Lokal im Olivenhain, große grüne Wiese mit groben Holztischen und Kinderspielgeräten – ideal für Familien, viel Luft und Platz. Das Essen muss man sich selber an der Theke abholen: Hühnchen vom Spieß, Schweinshaxe, Würstel, Speck etc. Ab Mittag durchgehend geöffnet.

• *Weinstuben* (Enoteche): **Osteria da Lupo**, Piazza Don Qirico Turazza, Weinstube an einem stimmungsvollen Platz der Altstadt.

**Bottega del Vino**, Corso Garibaldi 19, gemütlicher Abendtreff, hier kann man Gardasee-Weine, Grappa und Liköre kaufen – oder sie gleich an Ort und Stelle trinken.

• *Nachtleben*: Man trifft sich in den Cafés um das malerische Hafenbecken, danach geht's vielleicht noch in die viel besuchte "In"-Disco **Corsaro** nördlich unterhalb der Burg, Via Paina 17 (bis 3 h).

**Rockcafé**, Vicolo Porticchetti 16, kleiner populärer Pub unter einem düsteren Torbogen, bis 2 h nachts.

• *Markt*: jeden Sa-Vormittag an der zentralen Piazza Statuto unterhalb der Durchgangsstraße.

**Sehenswertes:** Das *Skaligerkastell* ist die große Sehenswürdigkeit von Malcésine. Das weitläufige Gemäuer besteht aus Unter- und Oberburg, mehreren Innenhöfen und dem markanten, 33 m hohen Turm. Im unteren Komplex ist das sehr informative *Museo del Baldo e de Garda* untergebracht, das die Flora und Fauna des Monte-Baldo-Gebiets zeigt und mit vielen Fotos und Schautafeln Entstehung, Geologie und Geomorphologie des Gardasees erklärt. Als nächstes erreicht man an der Nordseite des Kastells einen *Aussichtsbalkon* mit herrlichem Blick seeaufwärts. Treppen führen hinauf zur ehemaligen Pulverkammer, heute als *Goethe-Zimmer* eingerichtet mit den Skizzen, die der Dichter hier angefertigt hat. Im oberen Saal sind Utensilien des Fischfangs und venezianische Schiffsmodelle ausgestellt, im hinteren Raum wird der spektakuläre Schiffstransport der Venezianer über den Pass von Nago dokumentiert (→ Kasten S. 31), der zur Vertreibung der Mailänder Visconti vom See führte.

*Öffnungszeiten/Preise*: **Skaligerkastell** – April bis Okt. tägl. 9–19 h; Eintritt ca. 2,20 €, Kinder 0,55 €.

*Der Abstieg ist beschwerlich, das Panorama überwältigend*

# Monte Baldo

**Mit über 2000 m das höchste Bergmassiv am Gardasee, lang gestreckt und mächtig flankiert es die gesamte obere Hälfte des Ostufers und trennt den See vom benachbarten Etschtal. Während die unteren Lagen dicht bewaldet oder mit Olivenhainen bedeckt sind, zeigen sich die Gipfelregionen vom Wind glatt geschoren und kahl. Nur eine dünne Gras- und Heidenarbe gibt es hier oben, jedoch gesprenkelt mit zahllosen Blumen.**

Das Besondere: Der Monte Baldo ragte in der Eiszeit aus dem ihn umgebenden Gletschermeer heraus, war oberhalb von 1200 m nie von Eis bedeckt. Seine Hänge gelten als Pflanzenparadies. Was hier wächst, hat teilweise Ursprünge, die Jahrmillionen zurückgehen. Mehr als 600 Pflanzenarten wurden katalogisiert, darunter zahlreiche Raritäten, die es nur hier gibt. "Botanischer Garten Italiens" wird der Berg deshalb auch genannt.

Eine Fahrt mit der hübschen roten Kabinenbahn (Funivia) von Malcésine zum Gipfel *Tratto Spino* in 1760 m Höhe ist ein Muss. Die Talstation liegt direkt in Malcésine, wenige Meter von der Durchgangsstraße. An der Mittelstation *San Michele* (572 m) muss man umsteigen – nicht wenige wandern von hier hinauf, andere machen den Rückweg vom Gipfel zu Fuß (→ unten). In jedem Fall sollte man sich einen wolkenlosen Tag für die Tour aussuchen.

• *Anfahrt*: Die **Seilbahn** verkehrt im Sommer tägl. 8–18.45 h (sonst 8–16.45 bzw. 8–17.45 h), Abfahrten alle halbe Stunde, in der Hochsaison auch häufiger. Hin-/Rückfahrt ca. 10,50 €, nur bis Mittelstation 5 €. Ermäßigung für Familien ab 4 Pers. (Ausweis), Kinder von 1–1,40 m, Gruppen ab 20 Pers. (hin/ rück bis zum Gipfel ca. 7,50 €). Bis zur Mittelstation kann man auch mit dem **PKW** hinauffahren, die Weiterfahrt per Seilbahn kostet dann nur noch 7,30 €.

▸ **San Michele**: Die Mittelstation der Seilbahn ist benannt nach der kleinen Kirche, die in der Nähe steht (beschildert). Dort befindet sich auch ein "Trimm-Dich-Pfad" von 1,5 km Länge. Auf der Terrasse der populären *Locanda Monte Baldo* kann man eine Stärkung zu sich nehmen und gegebenenfalls hier übernachten (✆ 045/7400612).

▸ **Tratto Spino**: Die Sicht vom Gipfel ist unbeschreiblich – fast wie auf dem Dach der Alpen fühlt man sich hier oben. Langgestreckt liegt das blaue Band des Sees tief unten, eingebettet in majestätische Bergketten, die bis zum Horizont reichen. Bunte Farbtupfer setzen oft die zahlreichen Drachenflieger, die die hervorragende Thermik an den Hängen des Monte Baldo nutzen und langsam zum See hinunterkreisen. Dazu die klare Luft, das Grün der Wiesen auf weiß-grauem Kalkfels, die intensive Sonneneinstrahlung – all das übt eine erhebende Wirkung aus. Den besten Seeblick hat man von dem felsigen Vorsprung, der unmittelbar nördlich der Seilbahnstation liegt, ein Schild lädt ein zum Panoramaspaziergang.
Wenn man in Richtung des langgestreckten Kamms in Richtung Norden blickt, erkennt man eine Straße, die östlich unterhalb vom Monte Altissimo heraufkommt und als Schotterpiste bis zum Gipfel La Colma führt. Dies ist die "Strada Panoramica del Monte Baldo", die vom Etschtal heraufkommt (→ S. 52).

• *Essen*: Wenige Schritte von der Seilbahnstation liegt das rustikale Berglokal **La Baia dei Forti** (ganzjährig geöffnet). In der **Seilbahnstation** selbst gibt es eine Bar mit Snacks und Getränken, lecker ist der Apfelstrudel.
500 m von der Station liegt das Gasthaus **La Capannina**, 30 Fußminuten in Richtung Monte Altissimo das Rifugio/Ristorante **Bocca di Navene**.

Für **Mountainbiker** bedeutet der Monte Baldo einen einsamen Höhepunkt. Wenige Meter von der Seilbahnstation werden Mountainbikes vermietet, Reservierung erwünscht (✆ 045/7400089). An der Abfahrtsstelle erhält man eine Wegekarte und kann die 1800 m Höhe in verschiedenen Varianten überwinden – besonders reizvoll ist die Fahrt zum Monte Altissimo (Rifugio Damiano Chiesa) und von dort weitgehend in Schussfahrt hinab bis Torbole.
Man kann aber auch sein Bike mit der Seilbahn hinauftransportieren lassen (allerdings nur 12 Räder auf einmal). Einfache Fahrt kostet für Fahrer plus Bike ca. 12,50 €. Weitere Infos und Reservierung bei der Talstation, ✆ 045/7400206.

## Monte Baldo/Wandern

Die Möglichkeiten sind in dem riesigen Massiv natürlich schier unerschöpflich. Besonders reizvoll und nicht sonderlich anstrengend sind die Wanderungen entlang des Kamms nach Süden und Norden.

▸ **Vom Tratto Spino zur Punta Telegrafo**: Weg 651 führt in etwa 4 Std. Richtung Süden zum Monte Maggiore (2200 m), meist *Punta Telegrafo* genannt, mit dem gleichnamigen Rifugio (eigentlich: Rif. Gaetano Barana). Bis zur Cima Valdritta (2218 m) mit herrlichem Seeblick geht man auf einem schmalen Pfad, dann folgt ein ehemaliger Militärweg. Seinen hübschen Rufnamen erhielt der Gipfel, als Napoleons Späher von hier aus den französischen Truppen in der Poebene Lichtsignale gaben. Ans Rifugio ist die Chiesetta di Santa Rosa angebaut. Von Juni bis September kann man hier übernachten (✆ 045/7731797).
**Tipp**: Richtung Süden kann man auf dem viel begangenen Weg 658 in etwa 1 Std. zur Gipfelstation der *Costabella-Schwebebahn* wandern und nach San Zeno di Montagna hinunterfahren, dort weiter per Bus.

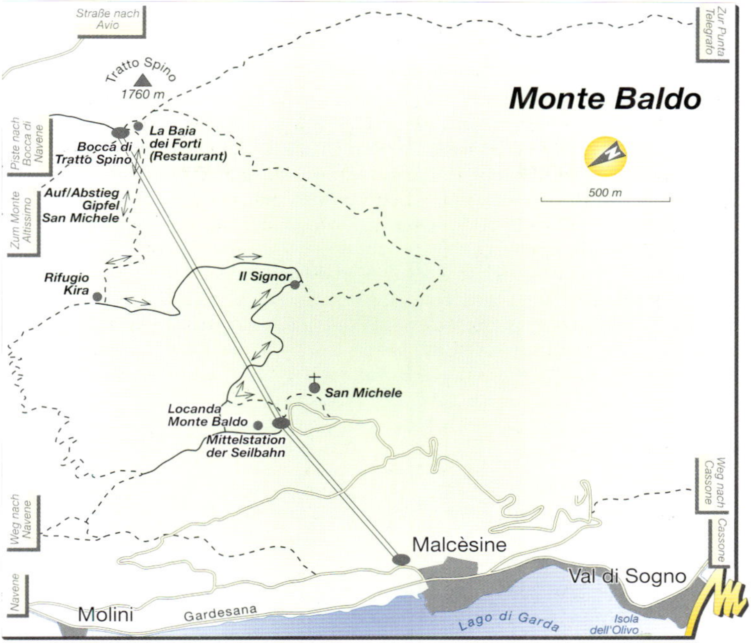




▸ **Vom Tratto Spino zum Monte Altissimo**: Richtung Norden führt der Weg 651 in etwa 3 Std. entlang des Kamms zum viel besuchten Rifugio Damiano Chiesa am *Monte Altissimo* (2079 m). Auch dort kann man Juni bis September übernachten (✆ 0464/867130).

**Tipp**: Anstatt zur Seilbahnstation zurückzuwandern, kann man vom Monte Altissimo den schönen Weg 632 nach Norden nehmen, der nach etwa 4 km auf eine Asphaltstraße nach Torbole mündet.

▸ **Abstieg vom Tratto Spino nach San Michele**: Dafür gibt es mehrere Varianten, die gebräuchlichste (auch für den Aufstieg) ist folgende. Man geht zunächst zum Sattel *Bocca di Tratto Spino* (auch: Bocca Tredes Pin) südlich unterhalb der Seilbahnstation, dort zeigt ein Wegweiser mit der Aufschrift "San Michele" Richtung Nordwest schräg den Hang hinunter. Man verfolgt den gut zu erkennenden Weg, der allmählich abfällt und die gesamte Westseite von La Colma passiert. Man unterquert die Seilbahn und erreicht nach ca. 20 Min. ein Waldstück. Kurz darauf trifft man auf die schöne Hochebene *La Prada*, die wie eine Höhenterrasse über dem See liegt. 40 Min. nach Aufbruch sieht man ein Schild "Rifugio Kira, Rest. + San Michele". Parallel zum Hang läuft der Weg jetzt über saftige Weiden nach Norden, mehrere Gatter werden passiert. Nach 50 Min. erreicht man das Rifugio Kira, das mit seiner einladenden Terrasse gut geeignet ist für eine ausgiebige Rast. Hervorragend ist hier der selbst gemachte Joghurt aus frischer Kuhmilch.

Durch ausgedehnten Nadelwald geht es nun auf einem breiten Fahrweg hinunter in Richtung San Michele, allerdings ist er mit großen Steinen gepflastert und nicht sonderlich angenehm zu laufen. Kurz vor San Michele weist ein Wegweiser vom Hauptweg nach links zur "Funivia" in einen schmalen Pfad. Hier erreicht man in wenigen Minuten die Seilbahnstation (geradeaus geht es in 1,5 Std. nach Navene). Insgesamt braucht man etwa 2–2,5 Std. für die Strecke vom Gipfel nach San Michele. Da es ständig bergab geht, oft auf unangenehmem Grund, sind gut eingelaufene Wanderschuhe und Kondition ein Muss!

Von San Michele nach Malcésine ist man weitgehend auf Asphaltstraßen unterwegs, Dauer ca. 1,5 Std.

## Von Malcésine nach Torri del Benaco

Unmittelbar südlich von Malcésine bietet sich ein schönes Bild kleiner, vorgelagerter Inseln, danach verläuft die Straße fast durchgehend dicht am Wasser – begleitet von einer ununterbrochenen Folge kleiner Campingplätze, Pensionen und Hotels, dazwischen eine Reihe von Dörfern, von denen vor allem *Casteletto* mit seinem malerischen Hafenbecken auffällt. Die touristische Infrastruktur ist wegen der guten Bademöglichkeiten an der flachen Küste hier besonders dicht. Selbst in der Hochsaison sollte man noch problemlos Platz finden, auch viele preiswerte Privatunterkünfte bieten sich an. Zum Baden und Surfen geht man einfach über die Straße!

## Torri del Benaco

(ca. 2600 Einwohner)

Einer der weniger frequentierten Orte am See. Die flache Altstadt wird von einer langen Hauptgasse durchzogen, südlich davon das hübsche Hafenbecken und die stolze *Skaligerburg*, in der ein sehenswertes Museum untergebracht ist, außerdem an der Südmauer eins der letzten funktionsfähigen Zitrusgewächshäuser am See. Die Kirche *SS. Pietro e Paolo* am Nordende der Altstadt besitzt eine prächtige Orgel aus dem 18. Jh., benachbart steht der bullige *Berengar-Turm*. Lange, schmale Kiesstrände liegen südlich und nördlich vom Ort unterhalb der Durchgangsstraße – die Lido Bar am Südstrand wird abends zur viel besuchten Disco.

Ein Abstecher nach *Albisano* hinauf lohnt wegen des fantastischen Blicks auf den See. "Balcone del Garda" nannte der Dichter Gabriele d'Annunzio diesen Aussichtspunkt.

• *Anfahrt/Verbindungen*: Regelmäßige Autofähren gehen nach **Maderno** am Westufer.

• *Information*: **IAT**, Via Fratelli Lavanda 3, Nähe Skaligerkastell. Große Auswahl an Material. Mo–Sa 9–13, 15–19 h, So geschl. ✆ 045/7225120, ℻ 6296482, Internet: www.comune.torridelbenaco.com, E-Mail: comune@torridelbenaco.com

**Hotelinformation** am großen Parkplatz beim südlichen Ortsausgang. Di-So 13–20 h, Mo geschl. ✆ 045/6296482, ℻ 6299527.

• *Übernachten*: *** **Gardesana**, traditionsreiches Haus direkt am Hafenbecken, im 15. Jh. als Sitz der Ratsversammlung der umliegenden Gardasee-Gemeinden erbaut, vis-à-vis steht die Skaligerburg. Geschmackvoll nostalgisch eingerichtete Zimmer mit Aircondition, schöne Speiseterrasse, Parkplatz. DZ mit Seeblick (im obersten Stock am besten) und Frühstücksbuffet ca. 90–140 €, hinten hinaus günstiger. ✆ 045/7225411, ℻ 7225771, E-Mail: gardesana@easynet.it

*** **Europa**, Via d'Annunzio 13, oberhalb vom südlichen Ortsausgang am Hang. Hübsches Haus mit großem Olivenhain und Pool, sehr ruhige Lage. Stammgäste loben das exzellente Essen. DZ mit Frühstück ca. 70–110 €, in der Saison nur Halbpension. ✆ 045/7225086, ℻ 6296632, E-Mail: info@europatorri.com

*Blick auf den Hafen von Torri del Benaco*

** **Baia dei Pini**, nördlicher Ortsrand, gemütliches älteres Haus direkt am Strand, Zimmer mit Balkons, schöner Blick. Bike- und Surfbrettverleih im Garten. Straße noch in Hörweite. DZ mit Frühstück ca. 62–92 €. ✆ 045/7225215, ℻ 722595.

* **Belvedere**, familiär geführtes Albergo mit schönem Blick und großem Garten, etwas oberhalb der Gardesana an der Straße nach Albisano. Mit Garage. DZ mit Frühstück ca. 43–50 €. ✆ 045/7225088.

Die zwei einfachen Campingplätze * **Oliveti** und * **San Remo** liegen in Terrassen am südlichen Ortsausgang über der Gardesana.

• *Essen*: Vor der Altstadt kann man idyllisch direkt an der Seepromenade essen, z. B. auf der über den See gebauten Plattform des **La Grotta**.

Das Hotel **Gardesana** bietet zu gehobenen Preisen hervorragende Küche mit Blick auf Kastell und Hafen – Hummer, Fischsuppe, marinierte Krebse, Leber auf venezianische Art u. a. Di geschl. (außer im Sommer).

**Osteria da Ago e Rita**, etwas nördlich außerhalb, direkt an der Gardesana. Traditionelle Küche zu günstigen Preisen, z. B. *pinzimonio* (Dippschale mit Saisongemüse), danach leckere Pasta, zum Schluss Parmaschinken mit frisch gebackenen Brötchen. Nur abends, Mi geschl.

**Panoramico**, im winzigen Örtchen Crero, nördlich von Torri oberhalb der Gardesana. Herrlicher Seeblick, allerdings steile Zufahrt, nur wenige Parkplätze.

• *Markt*: jeden Mo entlang der Hauptgasse.

**Sehenswertes:** Das *Museum* in der Burg beherbergt anschauliche Sammlungen zur traditionellen Gardasee-Fischerei (Netze, Reusen und andere Fanggeräte, dazu eine alte "Gardaseegondel") und zur Olivenverarbeitung (u. a. altrömische Ölpresse im Garten). Im Obergeschoss eine Dokumentation von Felszeichnungen aus prähistorischer und historischer Zeit mit umfangreichen Erläuterungen auf deutsch. Man hat Tausende dieser stilisierten Bilder auf den Bergen um den Gardasee entdeckt, u. a. beim nahen Örtchen Crero und am Monte Luppia bei Garda. Außer dem Museum kann man noch weitere Teile der Burg besichtigen und auf die Wehrmauern und Türme hinaufklettern.

In *Crero*, nördlich von Torri del Benaco, unmittelbar oberhalb der Gardesana (→ Essen), ist ein Fußweg zu den Felszeichnungen markiert, man läuft nur wenige Minuten.

Öffnungszeiten/Preise: **Skaligerkastell** – April/Mai und Okt. Di–So 9.30–12.30, 14.30–18 h, Juni–Sept. Di–So 9.30–13, 16.30–19.30 h, Mo geschl.; Eintritt ca. 2,55 €, ermäß. 1,10 €.

▶ **Punta San Vigilio**: markante Landzunge zwischen Torri del Benaco und Garda, von der Durchgangsstraße über eine Zypressenallee zu erreichen (Auto am Parkplatz abstellen und zu Fuß weiter bis zum schmiedeeisernen Tor, dort links). In der exklusiven *Locanda San Vigilio* aus dem 16. Jh. mit einem der besten Restaurants am Gardasee übernachteten schon Otto Hahn, Winston Churchill und Prinz Charles. Wunderschön ist der kleine, steingefasste Hafen neben dem Haus, auf dessen schmaler Mole man beschaulich unter Weinranken sitzt und zu gehobenen Preisen die exquisiten Antipasti und Salate der hauseigenen Bar kosten kann (Di geschl.).
In der Nähe findet man auch die *Baia delle Sirene*, einen der beliebtesten Badeplätze der Region mit Rasen unter alten Olivenbäumen, kostet allerdings bis zu 6 € Eintritt (Duschen, Umkleidekabinen, Tischtennis u. a.).

*Südlich der Punta San Vigilio treten die Berge allmählich zurück, und der Lago di Garda weitet sich zum breiten Südteil mit grünen Wiesen, Weinbergen, Olivenbäumen und sanften Hügeln. Gewaltig wie ein Meer wirkt hier der See – vom gegenüberliegenden Ufer sieht man nichts, falls nur etwas Dunst in der Luft liegt. Die Orte sind flach, ohne die verwinkelte Struktur von Malcésine.*

## Garda

(ca. 3600 Einwohner)

**Viel besuchter Ferienort in idealer Lage, nach Süden und Norden geschützt durch steile Bergrücken mit üppiger mediterraner Vegetation und Zypressen.**

An der prächtigen langen Promenade reihen sich zahlreiche Cafés, Restaurants und Gelaterie, gleich dahinter erstreckt sich der stimmungsvoll verwinkelte Altstadtkern mit überwölbten Wegen und zwei Tortürmen, zwischen denen die Hauptgasse verläuft. Die Bademöglichkeiten gehören zu den besten am Ostufer – eine lange Strandzone zieht sich südlich bis ins benachbarte Bardolino, nördlich bis zur Landzunge San Vigilio.

• *Anfahrt/Verbindungen*: großer gebührenpflichtiger Parkplatz an der Durchgangsstraße, von dort 2 Min. in die Altstadt.

• *Information*: **APT**, Via Don Gnocchi 23, ein Stück landeinwärts der Durchgangsstraße. Mo–Sa 9–13, 15–18 h, So 9–13 h. ✆ 045/6270384, ℻ 7256720, Internet: www.aptgardaveneto.com, E-Mail: aptgarda@infogarda.com

• *Übernachten*: *** **Flora**, Via Giorgione 27, landeinwärts der Gardesana, sehr gepflegtes Haus mit großem Park, zwei Pools und zwei Tennisplätzen. Moderne Zimmer, guter Service, deutsch-italienische Leitung. DZ mit Frühstück ca. 82–175 €. ✆ 045/7255348, ℻ 7256623.

*** **Roma**, Lungolago Regina Adelaide 26, familiär geführtes Hotel an der Uferpromenade, ordentliche Zimmer, z. T. Seeblick. DZ mit Frühstück ca. 42–100 €. ✆ 045/7255025, ℻ 6270266.

*** **Astoria**, Via Verdi 1, ebenfalls an der Uferpromenade, gepflegtes Haus mit gemütlichem Garten, hervorzuheben ist die Dachterrasse. DZ mit Frühstück ca. 64–75 €. ✆ 045/7255278, ℻ 7255731.

** **San Marco**, Largo Pisanello, am Südende der Promenade, kurz vor dem Badestrand. Schmuckes Haus mit grünen Fensterläden, innen sehr behaglich, Frühstücks/Aufenthaltsraum ähnelt einer Gemäldegalerie, davor Restaurantterrasse. DZ mit Frühstück ca. 72–86 €. ✆ 045/7255008, ℻ 7256749.

** **Ancora**, Via Manzoni 7, kleineres Haus im Ortskern, Nähe Promenade. DZ mit Frühstück ca. 55–67 €. ✆ 045/7255202.

Zwischen Garda und dem südlich benachbarten Bardolino liegen mehrere große und gut ausgestattete **Campingplätze** direkt am Strand (→ Bardolino).

*Ruhiges Plätzchen bei Garda*



• *Essen*: Garda ist kein Pflaster für Feinschmecker, besser isst man außerhalb.

**Bella Venezia**, Vicolo del Pio 8, gemütliche kleine Bar/Trattoria in einer schmalen Gasse der Altstadt.

**Fregoso**, malerischer Winkel direkt neben dem nördlichen Torturm.

**Stafolet**, Via Poiano 12, Straße nach Costermano nehmen, kurz vor dem Ort rechts ab (beschildert). Ganz gemütlich speist man hier im Grünen, weitab vom Rummel am See. Mo geschl.

**La Casa degli Spiriti**, Straße nach Costermano nehmen und links in die Via Monte baldo (beschildert). Das alte Weingut am Ende der Straße hat einen verglasten Speiseraum mit wunderschönem Seeblick. Nur abends, Mo geschl.

**La Val**, im Valle dei Molini (kurz vor Costermano links), das abgelegene "Mühlental" besitzt nur eine Schotterpiste, auf der man gut 2 km fahren muss, bevor man den freundlichen Gasthof erreicht. Die Preise sind günstiger als in Garda. Abends ab 18.30 h, Di geschl.

• *Markt*: jeden Fr 6–15 h an der Uferfront.

**Sehenswertes:** Der gotische *Palazzo dei Capitani* steht mit seinen schönen Spitzbogenfenstern und Blumenschmuck an der zentralen Piazza der Seefront. Einst residierte hier der venezianische Statthalter, heute ist eine Bar/Taverna untergebracht. Sehenswert ist außerdem der Kreuzgang des früheren Klosters *Chiostro della Pieve*, angebaut an die Kirche Santa Maria Maggiore im südlichen Ortsbereich, direkt an der Durchgangsstraße. Auf dem Felsen *Rocca di Garda* oberhalb vom Ort stehen die Ruinen einer frühmittelalterlichen Burg, zu erreichen mit einem Spaziergang von ca. 40 Min. In *Costermano*, einer weit verstreuten Siedlung in den Hügeln hinter Garda, liegt am Ortsende einer der größten deutschen Soldatenfriedhöfe in Italien (beschildert).

*Öffnungszeiten*: **Chiostro della Pieve** – tägl. 9–12, 16–19 h.

## Faszinierende Relikte: Felszeichnungen am Monte Luppia

Der 416 m hohe Monte Luppia schließt die Bucht von Garda nach Norden ab. An seinem Hang wurde ein Großteil der berühmten Zeichnungen entdeckt, die von Malcésine bis Garda in zahlreiche Felsen des Monte Baldo-Massivs eingeritzt sind. Seit Anfang der sechziger Jahre hat man etwa 3000 davon entdeckt (→ Crero, S. 39). Wenn man hautnah vor den einfachen Bildern steht, kann man kaum glauben, dass einige von ihnen bereits in der Bronzezeit um 2000 v. Chr. entstanden, also gut 4000 Jahre alt sind!

Warum hier diese Vielzahl von Zeichnungen? Die einleuchtendste Vermutung ist vielleicht, dass es weitgehend Hirten waren, die ihre Herden auf die Hochalmen am Monte Baldo trieben und sich an den vielen Felsplatten künstlerisch versuchten, um sich die Zeit zu vertreiben. Sie ritzten vor allem das ein, was sie gut kannten und vielleicht tagtäglich von ihrer hohen Warte aus sahen: Schiffe nämlich. Aber auch Reiter auf Pferden, bewaffnete Krieger, Lanzen, Menschen und Ornamente sind thematisiert.

In einer anregenden kleinen Wanderung kann man einige der Steinzeichnungen besuchen, hin und zurück braucht man etwa 1,5 Std. reine Gehzeit.

**Wegbeschreibung**: Wir starten unsere Wanderung am landseitig gelegenen Autoparkplatz bei der Punta San Vigilio (in der Hauptsaison gebührenpflichtig). Hier steigt ein Weg südostwärts zwischen Ölbäumen leicht den Hang hinauf, nach 5 Min. hält man sich links, kurz danach nochmals links. Nach wenigen Minuten treffen wir auf einen gepflasterten Fahrweg, die alte Straße (Strada dei Castei) von Garda nach Torri del Benaco.

Es geht die Straße nach links, nach einigen Kurven trifft man rechts auf einen Abzweig, der mit einer Metallschranke gesichert ist. Diesen Weg hinauf bis zu einem Querweg, dort links durch dicht wuchernde Waldvegetation, entlang einer 90 cm hohen, efeuüberwachsenen Mauer. Wir treffen auf eine Kreuzung, hier den schmalen Weg halbrechts hinauf zu den "Rupestri".

Nach wenigen Minuten passiert man links ein Haus, kurz danach liegt der erste Bilderfels rechts am Weg, die "Pietra delle Griselle" – Blickfang ist hier das große Schiff mit Masten und Strickleitern (Griselle). Weiter oben auf der Platte sind schwerttragende Menschen und Lanzen eingraviert.

Es folgen noch mehrere Felsplatten mit Schiffszeichnungen und anderen kleinen Einritzungen, berühmt ist die "Pietra dei Cavalieri" mit einer Reihe von reitenden Kriegern, die Lanzen tragen.

Tipp für den Rückweg: Wenn man wieder auf der "Strada dei Castei" ist, kann man sie in Richtung Garda bis zum Ende verfolgen. Durch schöne Olivenhaine steigt sie hinunter und mündet etwa 700 m östlich vom Parkplatz, der der Ausgangspunkt unserer Wanderung war, auf die Gardesana (rot-weiß-rot beschildert: Crero, Castei Monte Luppia). Von hier kommt man entlang der viel befahrenen Gardesana zum Parkplatz oder nach Garda.



## Bardolino

(ca. 6200 Einwohner)

Beliebter Ferienort mit freundlicher Altstadt, in den breiten, weitgehend rechtwinkligen Gassen kann man gemütlich bummeln. Am See lange Promenade zwischen zwei weit vorspringenden Halbinseln – schön zum Spazierengehen oder Radeln, am Wasser entlang kommt man bis Garda, in der anderen Richtung sogar bis Peschiera del Garda an der Südostecke des Sees. Badestrände gibt es zu beiden Seiten des Orts, teils sind sie gebührenpflichtig.

Bardolino ist bekannt für den gleichnamigen Rotwein, ein einfacher süffiger Tropfen, der in den Plantagen um den Ort wächst und den man an der dortigen Weinstraße überall kaufen kann.

• *Anfahrt/Verbindungen*: großer Parkplatz an der Durchgangsstraße, bei der Kirche San Severo.

• *Information*: **IAT**, direkt an der Gardesana, Piazzale Aldo Moro 5. Mo–Sa 9–13, 15–19 h, So 9–13 h. ✆ 045/7210078, ✆ 7210872.

**Unterkunftsvermittlung**, gleich neben der Informationsstelle. Mo, Mi–Sa 9–19.40, Di 10–16.40, So 10–13 16–19.40 h. ✆ 045/6210654, ✆ 6228014, Internet: www.gardanews.it/aba, E-Mail: hotel-camping@gardanews.it

• *Übernachten*: *** **Quattro Stagioni**, Borgo Garibaldi 25, mitten in der Altstadt, doch sehr ruhig, herrlicher Garten mit üppiger mediterraner Vegetation und elegantem Pool, großer schattiger Parkplatz. Einrichtung z.T. mit Antiquitäten, gemütlich. DZ mit Frühstück ca. 68–95 €. ✆ 045/7210036, ✆ 7211017, Internet: www.hotel4stagioni.com, E-Mail: info@hotel4stagioni.com

** **Villa Letizia**, Lungolago Cipriani, an der Uferstraße südlich vom Zentrum, gemütlicher Familienbetrieb, aufmerksam geführt, gute Küche. Über die Straße zum Strand, hölzerner Badesteg. DZ mit Frühstück ca. 72–95 €, meist Pflicht zur HP. ✆ 045/7210012, ✆ 6210165.

** **Fiorita**, Via Solferino 49, freundliches und ruhiges Haus in einer engen Seitengasse, 100 m von der Anlegestelle. Mit Garage. DZ mit Frühstück ca. 42–73 €. ✆ 045/7210197.

* **Valbella**, Via San Colombano 38, nettes Haus mit Garten in den Hügeln 2 km vom Zentrum. Wunderschöner Seeblick, Parkplatz. DZ mit Frühstück ca. 36–55 €. ✆ 045/6212483.

• *Camping*: Vor allem nördlich von Bardolino liegen einige große und gut ausgestattete Campingplätze mit langen Badezonen. Achtung: Die meisten von ihnen akzeptieren keine Motorradfahrer!

** **Comunale**, der stadtnächste Platz, schmaler Strand mit Badesteg, nur z.T. schattige Stellplätze. ✆ 045/7210051, E-Mail: ragioneria@gardanews.it

** **Continental**, schattiger Platz mit Pappeln und Ölbäumen, davor schöne Strandzone mit Grasböschung. ✆ 045/7210192, ✆ 7211756.

*** **Serenella**, großes Gelände, gut beschattet durch Laubbäume, großer Pool mit Kinderbecken, Kinderspielplatz, 250 m langer Strand. ✆ 045/7211333, ✆ 7211552.

** **La Rocca**, riesiger Platz südlich unterhalb der Rocca von Garda, durch die Gardesana in zwei Teile getrennt. Großer Pool und Kinderbecken, 300 m Strand. ✆ 045/7211111, ✆ 7211300.

• *Essen*: **Al Giardino delle Esperidi**, Via Goffredo Mameli 1, kleine, feine Enoteca mit Dachgarten und Plätzen im Hinterhof unter einer Pergola. Einfallsreiche Küche, Menü um die 30 €. Mo geschl.

**Il Portichetto**, Piazza Catullo, wenige Meter vom Hafen bei kleinem Torbogen. Bekannt für seine leckeren selbst gemachten Nudeln, außerdem *lumache* (Schnecken) und natürlich *trota* (Seeforelle). Mi geschl.

*Die hübschen Gassen Bardolinos sind während der Siesta fast ausgestorben*

**Da Memo**, Piazza Statuto, netter, kleiner Platz zum Sitzen, durchschnittliches Angebot, u. a. kalte Platten und Pizza.

**Al Commercio**, Via Solferino 1, man isst im Garten hinter dem Haus, reichhaltiges Angebot, z. B. Schnecken mit Kräutersoße und Polenta mit Pilzen. Di geschl.

**La Cantina di Franciscus**, Via Verdi 11, südlicher Ortsbereich, die große Osteria ist ein viel besuchter Treffpunkt. Mo geschl.

• *Nachtleben*: **Hollywood**, Via Montavoletta 11, populäre Disco etwas landeinwärts vom Zentrum. Do–So. Internet: www.hollywood.it

• *Shopping*: jeden Do riesiger **Markt** an der Promenade.

**Il Coccio**, Borgo Garibaldi 52, bei Sergio und Riccardo Vellini werden Keramikkacheln, Vasen und Teller fantasievoll bemalt.

**Guerrieri-Rizzardi**, Piazza Guerrieri 1, große, alteingeführte Weinkellerei am Platz vor dem südlichen Stadttor. Mo-Fr 8–12, 14.30–17.30, Sa 8.30–12.30 h.

## Im Bardolino-Land

Hinter Bardolino und Cisano beginnt die Heimat des roten Bardolino. Die kleinen schmalen Straßen sind überall von Rebfeldern flankiert und nennen sich oft "strada del vino" (beschildert). Im Informationsbüro gibt es Adressen der Winzer, die ihre Weine im Direktverkauf anbieten, aber eigentlich muss man nur die Augen aufmachen und wird fündig. Fahren Sie z. B. von Cisano hinauf nach *Calmasino*, dort kann man in zahlreichen Kellereien den Bardolino und andere Tropfen erwerben, z. B. in der "Cantina Valletti" oder in der "Villa Belvedere". Von der Straße nach Camalsino zweigt gleich im ersten Teil der Straße links die Via Costabella ab, dort liegt das Weingut der Gebrüder Zeni. Das "Museo del Vino" zeigt hier alle Utensilien zur Weinherstellung, danach gibt's eine Gratis-Kostprobe (Mai–Okt. tägl. 9–13, 14–18 h; Eintritt frei).

**Sehenswertes:** Die große, lang gestreckte Fußgängerzone Piazza Matteotti führt vom Hafen zur klassizistische Pfarrkirche. Im rückwärtigen Bereich des Orts steht die angenehm schlichte romanische Kirche *San Severo* aus einfachen Bruchsteinquadern, im Inneren verblasste Fresken aus dem 12. Jh. Das alte Kirchlein *San Zeno* steht versteckt in einem Hof, landeinwärts der Durchgangsstraße.
Im Nachbarort Cisano präsentiert das *Museo dell'Olio* anhand vieler Exponate die Geschichte der Olivenölgewinnung.

*Öffnungszeiten*: **Museo dell'Olio** – 9.30–12.30, 15–19, So 9–12.30 h, Mi und So nachm. geschl.; Eintritt frei.

## Lazise

(ca. 5700 Einwohner)

Sehenswerter kleiner Ort innerhalb einer prächtig erhaltenen Stadtmauer mit Wehrtürmen und drei Toren, benachbart eine große *Skaligerburg* (keine Besichtigung möglich). Viel Platz auf der breiten Promenade. Dort befindet sich auch der kleine Hafen, wo nebeneinander eine alte venezianische Zollstation *(Dogana Veneta)* und die romanische Kirche *San Nicolo* stehen. Langer Strand (mit Eintritt) südlich vom Ort, Richtung Norden kann man gebührenfrei ins Wasser hüpfen.
Großer Anziehungspunkt ist 3 km südlich der Wasserpark *Canevaworld* mit seinen Riesenrutschen, einer Mittelalter- und einer Rockzone.

• *Information*: **IAT** am Hafen rechts, neben Hotel Alla Grotta. Mo–Sa 9–13, 15–19 h, So 9–13 h. ✆ 045/7580114, ℻ 7581040.

• *Übernachten*: *** **Miralago**, Lungolago Marconi 16, gepflegtes Haus am See, von den Zimmern mit kleinen Balkonen herlicher Seeblick, Parkplatz, Ristorante. DZ mit Frühstück ca. 72–110 €. ✆ 045/7580015, ℻ 7581189.

** **Alla Grotta**, wunderbare Lage im Hafen, schlichte, saubere Zimmer, im Gewölbe unten beliebtes Ristorante. DZ mit Frühstück ca. 77 €. ✆ 045/7580035, ℻ 7580840.

** **Sirena**, Via Roma 4/6, großes Haus am Nordende der Promenade, Pool im Garten, Parkplatz, Ristorante, Seeblick. DZ mit Frühstück ca. 66–93 €. ✆ 045/7580094, ℻ 6470597.

** **Santa Marta**, Via Sentieri 13, ca. 1 km südlich vom Ortszentrum, Einfahrt von der Gardesana aus, Garage. Das große Anwesen liegt zwischen Weinreben und Obstbäumen, solide eingerichtete Zimmer, großer Garten, nette Frühstücksterrasse. Schnell ist man am Strand unten. DZ mit Frühstück ca. 60–85 €. ✆ 045/ 7580026, ℻ 7580639.

* **Campagnola**, Via Pergolana 5, am nördlichen Ortsausgang, direkt an der Gardesana. Kleines Albergo in einem großen Garten, Parkmöglichkeit für PKW. DZ ca. 36–52 €. ✆ 045/7580012.

• *Camping*: ** **Comunale**, der einzige Platz nördlich vom Zentrum, nur durch die Promenade vom See getrennt. ✆ 045/ 7580020, ℻ 7580549.

** **Du Parc** liegt unmittelbar südlich vom Ortskern, direkt am 300 m langen Strand. Weiter südlich findet man die großen, gut ausgestatteten Plätze ** **Spiaggia d'Oro**, **** **La Quercia** und *** **Ideal**. Motorradfahrer sind hier nicht zugelassen.

**** **Piani di Clodia**, moderner, großzügig angelegter Platz, erst vor wenigen Jahren eröffnet, macht einen sehr guten Eindruck und wird aufmerksam geführt. Tolle Poolanlage mit fünf Becken und Rutschen, Uferzone teils Kiesstrand, teils naturbelassen, schön zum Spazierengehen. Vermietung von Bungalows und Mobil Homes. ✆ 045/ 7590456, ℻ 7590939, Internet: www.pianidiclodia.it, E-Mail: info@pianidiclodia.it

• *Essen*: **Il Porticciolo**, Lungolago Marconi 22, gutes Fischrestaurant mit großer, schattiger Terrasse an der nördlichen Promenade. Di geschl.

**La Forgia**, Via Calle 1, Seitengasse der Uferpromenade, Fischspezialitäten, gegrillt auf einer alten schmiedeeisernen Herdplatte. Mo geschl.

**Al Cenacolo**, an der landeinwärts gerichteten Schmalseite der Piazza Vittorio Emanuele. Stimmungsvoller historischer Innenraum mit Holzdecke, Kamin und Säulenbögen, daneben großer ruhiger Garten.

• *Shopping*: **La Meridiana**, Via Casara di Sotto 1, Besichtigung der Weinkellerei Lamberti mit Kostprobe. ✆ 045/7580034.

*Am Seeufer zwischen Bardolino und Lazise*

**Gardaland – Lass Dich überraschen ...**

Der riesige Vergnügungspark nördlich von Peschiera ist **der** Anziehungspunkt am südlichen Gardasee – Achterbahnen, Karussells, Wildwasserfahren und Afrika-Safari zwischen Tal der Könige, Grand Canyon, Merlins Burg, Flying Island und Korsarenschiff. Für jeden etwas, der die ca. 20 € (Erw.) bzw. 16,50 € (Kind) zahlen will (1. April – 30. September tägl. 9.30–18.30 h, Ende Juli – Mitte September bis Mitternacht, dann mit nächtlichen Lasershows).

## Peschiera del Garda

(ca. 9000 Einwohner)

**Die Altstadt in einer venezianischen, später von den Österreichern ausgebauten Festung mit baumbewachsenen Bastionen und Mauern in Form eines fünfeckigen Sterns liegt unmittelbar in der Mündung des Mincio-Flusses und ist völlig von Wasser umgeben. Hier hielt sich im 19. Jh. hartnäckig der letzte österreichische Widerstand gegen die Freiheitskämpfer in Oberitalien.**

Abgesehen von den eindrucksvollen Militäranlagen (weitgehend Sperrgebiet) gibt es in der geschäftigen Stadt mit ihren großen Werften, aber auch erheblichem Fremdenverkehr wenig Sehenswertes. Die einfachen Altstadtgassen hat man schnell durchbummelt. Die Bademöglichkeiten sind jedoch recht gut: Einen langen Strand findet man westlich vom Ortskern, weitere Strände gibt es im nördlichen Ortsbereich.

• *Anfahrt/Verbindungen*: **Bahn**, Peschiera liegt an der Bahnlinie Venedig–Verona–Milano (ab Verona ca. 20 Min.).

• *Information*: **IAT** am zentralen Piazzale Betteloni am Hafen, viel Prospektmaterial, Stadtpläne. Mo–Sa 9–13, 16–20 h, So 9–13 h. ✆ 045/7551673, ℻ 7550381.

• *Übernachten*: ** **Bell'Arrivo**, Piazza Benacense, ganz zentral in der Altstadt, DZ mit Frühstück ca. 60–80 €, schwimmende Caféterrasse am Kanal neben dem Haus. ✆ 045/6401322, ℻ 6401311, Internet:

www.hotelbellarrivo.it, E-Mail: info@hotelbellarrivo.it

** **Campanello**, ruhige Lage beim Camping dell'Uva, direkt am Kiesstrand, ca. 3 km nördlich vom Zentrum. DZ mit Frühstück ca. 50–87 €. ✆ 045/7550253, ℻ 6446182, E-Mail: campanello@gardanet.it

Etwa zehn Campingplätze im näheren Umkreis. Der nächste ist *** **Camping Cappuccini** am Strand westlich vom Zentrum, weitere Plätze liegen benachbart und nördlich der Stadt, gut sind *** **Camping del Garda** und der große **** **Bella Italia**.

• *Essen*: **Al Canal**, Piazza Arilicense, Pizzeria in schöner Lage am Kanal, der die Altstadt umschließt.

**La Barcaccia**, etwas außerhalb, Hausboot das auf dem Mincio-Fluss festgemacht ist. Fisch- und Meeresspezialitäten.

**Enoteca Baccus**, Via Bergamini 26, gemütlich-rustikale Weinstube hinter dem Dom. Di und im Sept. geschl.



▸ **Santuario Madonna del Frassino:** bekanntes Wallfahrtszentrum wenige Kilometer südlich der Stadt (gut beschildert). Die prunkvoll ausgestattete Kirche wurde im 16. Jh. zum Dank für die Muttergottes errichtet, die hier als lichtumflutete Statue in einem Eschenbaum erschien und damit einen Bauern vor einer Giftschlange gerettet haben soll. Neben der Kirche ein Franziskanerkloster mit zwei großen Kreuzgängen, die mit Szenen aus dem Leben verschiedener Heiliger bemalt sind. Ihre Wände sind über und über mit rührenden Danksagungen an die Muttergottes bedeckt.

*Öffnungszeiten*: tägl. 6.20–12, 14.30–19.30 h.

# Südlich vom Gardasee

**Hier geht es schnurstracks in die Poebene, begleitet von der Grenze zur Region Lombardei. Der Mincio, einziger Abfluss des Gardasees, schlängelt sich von Peschiera del Garda 50 km weit nach Süden bis zur Kunststadt Mantua, die bereits in der Lombardei liegt, und mündet wenig später in den Po.**

Die ruhige, hüglige Landschaft mit Wiesen und Weinfeldern lässt heute nicht mehr ahnen, dass hier vor über hundert Jahren erbitterte Kämpfe stattfanden – die italienischen Befreiungskriege gegen die Österreicher. Doch auf Spuren der Schlachten trifft man noch überall. Die wichtigsten Erinnerungsstätten liegen allerdings in der Lombardei, nämlich *San Martino della Battaglia* und *Solferino*, dessen Name zum Symbol geworden ist.

▸ **Valeggio sul Mincio:** Die kleine, im Zentrum recht hübsche Stadt liegt am Ostufer des Mincio, etwa 8 km südlich von Peschiera del Garda. Eine große Skaligerburg dominiert das Ortsbild, doch Hauptsehenswürdigkeit ist der einzigartige, 500.000 qm große "Parco Giardino Sigurtà". In den Ortsteil Borghetto auf der anderen Flussseite führt der "Ponte Visconti", ein einzigartiges Relikt aus dem Mittelalter.

▸ **Parco Giardino Sigurtà:** Anfang der Vierziger erwarb der Pharmaindustrielle Dottore Giuseppe Carlo Sigurtà (1898–1983) am Nordrand von Valeggio preisgünstig ausgedehnte Ländereien, die damals sehr trocken und unfruchtbar waren. Laut der Gründungslegende stieß er durch reinen Zufall darauf, dass er mit dem Kauf auch das hundertjährige Recht erworben hatte, das Land mit Wasser aus dem Mincio zu bewässern. So gelang es dem Dottore in vierzigjähriger Arbeit, das hüglige Terrain in eine wunderschöne Abfolge fruchtbarer mediterraner Landschaften mit prächtiger Wald- und Wiesenflora und kleinen Teichen zu verwandeln. Besonders malerisch ist dabei auch der Blick auf die nahe Skaligerburg. Signore Sigurtà starb 1983, der Park wird nun von Familienangehörigen geführt. Er zählt heute zu den schönsten Gartenanlagen Europas.

Besichtigung nur zu Fuß, per Fahrrad, Golfmobil, Elektrodreirad ("Biga") oder mit der neu eingerichteten Bimmelbahn, die das Gelände in einer guten halben Stunde durchquert. Betreten der Grünflächen sowie Picknick auf ausgeschilderten Plätzen ist erlaubt.

*Öffnungszeiten/Preise*: **Parco Giardino Sigurtà** – März bis Nov. tägl. 9–19 h, Eintritt ca. 8 €, Kinder/Jugendliche (6-14 J.) ca. 5,20 €, Senioren (über 65 J.) ca. 6,30 €, Bahnfahrt ca. 1,60 €. Tel. 0456/371033, Fax 370959, Internet: www.sigurta.it

*Er wird diese Schrecken hoffentlich nie erleben müssen*

## Entsetzliches Sterben: Die Schlacht von Solferino und San Martino

Am 24. Juni 1859 prallen im Moränengürtel südlich vom Gardasee die Heere der Franzosen und Piemontesen (Italiener) auf die Truppen der Österreicher– 150.000 Mann und 360 Kanonen gegen 135.000 Mann und 400 Kanonen im Kampf um das von den Habsburgern besetzte Oberitalien. Zwei Schwerpunkte der Schlacht gibt es: den Raum San Martino und den Hügel von Solferino weiter südlich. Es gelingt den vereinigten französisch-italienischen Divisionen, die Österreicher entscheidend zu schlagen. Der schweizerische Kaufmann Henri Dunant war damals dem französischen Kaiser und Oberbefehlshaber Napoleon III. nachgereist, da er von ihm Hilfestellung bei seinen verlustreichen Geschäften in Algier erhoffte. In Castiglione delle Stiviere wartet er den Verlauf der Kämpfe ab. Danach betritt er das Schlachtfeld. Neben den 25.000 Toten liegen dort mehr als 10.000 Verwundete und Schwerverwundete in ihrem Blut – ohne ärztliche und pflegerische Hilfe sind viele von ihnen dem Tod geweiht. Tief getroffen beschließt Dunant, fortan seine ganze Energie dafür zu verwenden, eine internationale Rettungsorganisation zu gründen, die in Kriegshandlungen neutral bleibt und sich um die Versorgung der Verletzten beider Seiten kümmert – das "Rote Kreuz" ist geboren.

Etwas außerhalb von San Martino della Battaglia thront auf einer Anhöhe das *Monumento della Battaglia*, ein 74 m hoher, trutziger Turm, der in eindrucksvollen Wandgemälden die blutige Geschichte der italienischen Einigungsbewegung darstellt und von dessen Plattform man an klaren Tagen eine herrliche Fernsicht hat. Hinter dem Turm steht das Kriegsmuseum *Museo della Battaglia*, und vorne an der Zufahrtsstraße kann man zum *Ossario* (Gebeinhaus) hinübergehen, wo über tausend Gefallene der Schlacht von Solferino und San Martino ruhen – makaber ist der Anblick der fein säuberlich gesammelten Schädel und Gebeine. Die Soldaten der Vielvölkermonarchie Österreich stammten u. a. aus Russland, Rumänien, Ungarn, Polen, Jugoslawien und der Tschechoslowakei.

Im Ortskern von Solferino steht das *Museo Storico Risorgimentale* mit den Relikten des Krieges von 1859. Daneben führt eine Zypressenallee hinauf zur *Chiesa Ossario* (Beinhaus), bis zur Decke gestapelt ruhen darin die Gebeine der Gefallenen aller Nationen ("Feinde im Kampfe, im Frieden des Grabes wie Brüder"), Büsten erinnern an die bei Solferino gefallenen französischen Generale. Auf den Burghügel zieht sich eine steile Straße hinauf, oben liegt die große rechteckige *Piazza Castello*, umgeben von neueren Burggebäuden, mittendrin die Kirche *San Nicola*. Etwas erhöht erhebt sich die *Rocca*, ein mittelalterlicher Vierecksturm mit Kriegsrelikten. Er wird "Spia d'Italia" (Spion von Italien) genannt, denn von der exponierten Hügelspitze konnte man weit ins österreichisch besetzte Gebiet hineinsehen. Durch eine Zypressenallee kommt man hinüber zum *Memoriale croce rosso internazionale*, an dem auf Marmortafeln sämtliche Mitgliedsländer des Roten Kreuzes eingraviert sind.

Wer ein weiteres Interesse an der Thematik hat, kann im nahen Castiglione delle Stiviere ein *Rot-Kreuz-Museum* besichtigen (Via Garibaldi 50).

• *Öffnungszeiten/Preise*: **Monumento** und **Museo della Battaglia** – tägl. 9–12, 14–17 h; Eintritt ca. 3,20 €, Kinder 1,55 €;
**Museo Storico Risorgimentale** – Di–So 9–12, 14–18 h, Mo geschl., Eintritt ca. 1,55 €, Kinder 0,80 €.
**Rocca** – Di–So 9–12, 14–18 h, Mo geschl. Eintritt ca. 1,55 €, Kinder 0,80 €.
**Rot-Kreuz-Museum** – Di–So 9–12, 15–19 h, Mo geschl. Eintritt ca. 1,55 €, Kinder 1 €.

▸ **Borghetto di Valeggio sul Mincio**: Der winzige historische Vorort am Westufer des Mincio besitzt ein eindrucksvolles Monument des ausgehenden 14. Jh. – der 600 m lange *Ponte Visconti* zieht sich als gewaltiges Backsteinbauwerk über den Mincio, die Straße nach Solferino führt darüber. Was heute als Brücke dient, war allerdings ursprünglich ein gigantischer Staudamm. Der Visconti-Herrscher Giangaleazzo hatte nämlich 1393 die perfide Idee, das Wasser des Mincio zu stauen und so den schützenden See um die weiter südlich gelegene Gonzagastadt Mantua trocken zu legen. Der Plan wurde damals aus bis heute nicht geklärten Gründen nicht vollendet. Doch nicht einmal fünfzig Jahre später erwies sich der Damm als unüberwindliches Bollwerk gegen die Venezianer, die ihre Kriegsflotte den Mincio hinauf in den Gardasee schicken wollten. Die Kriegsherren der Serenissima mussten sich deshalb eine ziemlich tollkühne Idee ausdenken, um ihre Schiffe doch noch in den See zu bekommen (→ Kasten S. 31).

Unterhalb der Brücke liegt eine malerische alte Mühle, mittelalterliche Häuschen begrenzen den Wasserlauf – und in gleich zwei Flusslokalen kann man idyllisch essen.

*Gewaltiges Bauwerk – der mittelalterliche Ponte Visconti*

• *Übernachten*: ** **Faccioli**, Via Tiepolo 8, historische Herberge, in den Risorgimento-Kriegen als Truppenquartier genutzt, idyllisch ruhige Lage mitten im Weiler Borghetto. DZ mit Frühstück ca. 72–95 €. ✆ 045/6370605, ℻ 6370571.

• *Essen*: **San Marco**, in Borghetto, großes Lokal direkt unterhalb der Visconti-Brücke (östliches Flussufer). Schöne, schattige Terrasse unter alten Bäumen, im Wasser tummeln sich fette Forellen und Enten. Sehr lecker hier die süßen *tortellini di zucca* (mit Kürbisbrei gefüllte Tortellini), eine Spezialität der Region. Portionen allerdings überschaubar. Mo und Di geschl.

**Antica Locanda del Mincio**, ebenfalls in Borghetto, ein echtes Stück Tradition – zu Recht viel gelobt in zahlreichen Gourmetführern. Das weithin bekannte Ristorante liegt ein Stück weiter flussabwärts, noch jenseits der Mühle, jedoch auf der Westseite (Brücke benachbart). Man sitzt an einem sehr lauschigen Fleckchen unter Linden direkt am Fluss – oder bei schlechtem Wetter im prachtvollen historischen Innenraum. Zu den Spezialitäten zählen Mincio-Aal und andere Flussfische, außerdem natürlich ebenfalls die handgefertigten Tortellini mit Kürbisbrei. Mi-Abend und Do geschl.

**Borsa**, in Valeggio, Via Goito 2. Populäres Stadtlokal mit ausgezeichneter Küche, bekannt für vielfältige Nudelgerichte, auch hier sind die Kürbis-Tortellini ein Tipp. Preislich im Rahmen. Di-Abend und Mi geschl.

• *Shopping*: großer **Antiquitätenmarkt** jeden vierten Sonntag auf der Piazza C. Alberto.

• *Sport*: Mountainbikes bei **Foroni Motors**, Via Circonvallazione Sud 10, ✆ 045/7950733.

**Wasserpark Cavour**, in Ariano, 2 km von Borghetto auf der Westseite des Mincio. 5 Pools, darunter ein großes, seeförmiges Becken mit Sandstrand, lange Rutsche mit drei Spuren, Tennis, Kinderspielplatz u. a. ✆ 045/7950904, ℻ 6370618.

**Tipp**: 1993 wurde die 600-Jahr-Feier des Ponte Visconti begangen. Seitdem wird alljährlich im Juni eine etwa 1,5 km lange Doppelreihe von Tischen über die gesamte Brücke gestellt und ein opulentes Festmahl namens "cena del nodo d'amore" veranstaltet. Etwa 4200 Personen werden dabei verköstigt, die u. a. 600.000 Tortellini verspeisen – ein höchst eindrucksvolles Spektakel und immer monatelang im Voraus ausverkauft (Auskünfte im Informationsbüro).

**Custoza**: wenige Kilometer nordöstlich von Valeggio, Schauplatz zweier Schlachten und Standort eines monumentalen Beinhauses – 1848 siegten hier die Österreicher unter Feldmarschall Radetzky, 1866 unter Erzherzog Albrecht gegen die aufständischen Italiener. Der Ort liegt inmitten einer großen, fruchtbaren Landwirtschafts- und Weinbauregion, weithin sichtbar überragt von einem kunstvoll gestalteten *Obelisk* auf einem Hügel. Man kann zunächst zur Spitze hinaufklettern und genießt einen umfassenden Blick nach allen Seiten. Auf der Brüstungen sind die Richtungen markiert, in der bekannte Orte liegen, z. B. Verona, Mantua u. a. Im Keller sind Tausende von Gebeinen zu riesigen Stößen aufgestapelt, ein wirklich unglaublicher Anblick.

*Öffnungszeiten*: **Ossario** – Nov. bis Febr. 9–12, 14–16 h, März und Okt. 9–12, 14.30–17 h, April bis Sept. 9–12, 15.15–19 h. Eintritt frei.

*Üppige Wandfresken in der Sala di Psiche*

## Mantua (Mantova): Zentrum der Renaissancekunst

Bereits in der Lombardei, aber nur knapp 40 km südlich vom Gardasee, liegt die ehemalige Residenzstadt der Gonzaga-Herzöge auf einer Halbinsel im Flussknie des Mincio. Kunstliebhaber sollten einen Abstecher einplanen, denn die verschwenderisch geschmückten Palazzi der Stadt waren seinerzeit bedeutende Zentren der Renaissance und noch heute sind hier einige der schönsten Meisterwerke dieser Epoche zu betrachten: die herrlichen Fresken von Andrea Mantegna (1431–1506) im Palazzo Ducale und die fantastisch-allegorische Ausstattung des Palazzo del Te.

**Palazzo Ducale:** Die gewaltige Ausdehnung des Komplexes mitten im Stadtzentrum, der aus zahlreichen Gebäudeflügeln verschiedenen Alters besteht, ist von außen kaum zu erahnen. Eine Besichtigung ist teuer, lohnt aber dennoch, um einen Eindruck von der Prachtentfaltung der Renaissance- und Barockfürsten zu bekommen. Nur ein Bruchteil der vielen hundert Räume kann besucht werden, unbestrittener Höhepunkt ist die "Camera degli Sposi" mit den Fresken Mantegnas. Zwei Großbilder mit Themen aus dem Leben der Gonzaga beherrschen die Wände des Raums. Doch man sollte auch nach oben blicken. Dort sieht man in verblüffender Perspektive eine kreisrunde Öffnung, von dessen Rand freundlich lächelnde Mädchen und Puttenengel auf den Betrachter herunterschauen.

**Palazzo del Te:** Der im 16. Jh. weit außerhalb der damaligen Stadt erbaute Palast (ca. 20 Min. zu Fuß ab Palazzo Ducale) sollte ursprünglich nur eine Villa werden, in der sich Federico II. di Gonzaga zu vergnügen gedachte. Der Architekt und Innenausstatter Giulio Romano aber schoss weit über dieses Ziel hinaus. Er entwarf einen eleganten, für seine Zeit hochmodernen Palast, dessen lang gestreckte Flügel sich heute inmitten eines großen grünen Parks ausbreiten. Im Inneren schuf Romano eine Vielzahl fantastisch-allegorischer Fresken, die zu den Glanzstücken des italienischen Manierismus gehören. Faszinierend ist vor allem die nach oben wie eine Kuppel zusammenlaufende "Sala dei Giganti", die von einem einzigen großen Gemälde eingenommen wird, der "Rebellion der Giganten" (nach Ovid): Die Giganten, riesige bärbeißige Knurrhähne mit finsteren Gesichtern, werden unter einem Inferno zusammenstürzender Bauten begraben, ausgelöst durch den Blitze schleudernden Zeus. Von einem Rundbau hoch oben blicken die olympischen Götter fasziniert auf das himmlische Strafgericht herunter.

• *Öffnungszeiten/Preise*: **Palazzo Ducale** – nur mit Führung, Dauer etwa 1 Std., Di–Sa 9–14, 14.30–18 h, So 9–14, Mai bis September auch 16–22 h, Mo geschl.; ca. 6 €. **Palazzo del Te** – Di–So 9–18 h, Mo 13–18 h; ca. 6 €, Schül./Stud. ermäß.

# Etschtal (Valadige)

**Von Südtirol kommend bildet das Etschtal die Haupteinfallschneise ins Veneto. "Val Lagarina" heißt der südliche Talabschnitt, etwa von Trento bis Verona.**

Zwischen Monte Baldo, die Lessinischen Berge und das bekannte Weinanbaugebiet Valpolicella drängen sich Autobahn, Staatsstraße und Bahnlinie ins Flusstal. Gemächlicher und reizvoller als auf der Autobahn fährt man auf der SS 12, spätestens bei "Rovereto Sud" sollte man wechseln.

▸ **Monte Baldo**: Mächtig türmt sich das lang gestreckte Bergmassiv westlich vom Etschtal mehr als 2000 m hoch. Auf der "Strada Panoramica del Monte Baldo" kann man mit dem eigenen Motorfahrzeug hinauffahren. Man startet in *Mori* an der SS 240 (Trentino/Nähe Rovereto), fährt dann über Brentonico und San Giacomo bis zum Sattel *Bocca di Navene* (Aussichtspunkt) zwischen Monte Altissimo und La Colma. Hier endet der Asphalt. Weiter zur Bergstation der Seilbahn, mit der man nach Malcésine am Gardasee hinunterfahren kann (→ S. 35), führt eine 2 km lange Schotterpiste, die aber für den motorisierten Verkehr gesperrt ist.

▸ **Castello di Avio**: Das eindrucksvolle mittelalterliche Schloss thront mit seinem mächtigen Bergfried 260 m hoch über dem Etschtal bei Sabbionara. In den Innenräumen, vor allem im ehemaligen Wächterhaus, sind schöne Fresken des 14. Jh. erhalten. Zu erreichen ab Autobahnausfahrt Ala–Avio.

*Öffnungszeiten/Preise*: Febr bis Sept. Di-So 10-13, 14-18 h, Okt. bis Dez. 10-13, 14-17 h, Mo geschl.; Eintritt ca. 3,10 €, Kinder (4-12) 2,10 €.

*Die Veroneser Klause, geschichtsträchtiges Nadelöhr nördlich von Verona*

▸ **Santuario Madonna della Corona**: Wallfahrtskirche in schwindelnder Höhe über dem Etschtal, mit ihren Nebengebäuden klebt sie 774 m hoch wie ein Adlernest in der überhängenden Felswand. Als im 16. Jh. eine wundertätige Marienstatue auftauchte, begann man mit dem Bau des Heiligtums, seitdem wurde es mehrfach umgebaut und vergrößert. Im Inneren stellt man beeindruckt fest, dass die Kirche direkt in den Fels hineingehauen ist. Die 70 cm hohe, aus Stein gehauene Statue der Madonna, die den toten Jesus beweint, thront über dem Hauptaltar. An der rechten Seitenwand zeigen schlichte Ölbilder hinter Glas, wo die Madonna schon überall geholfen hat. Mehrmals täglich finden Gottesdienste statt, auch in deutscher Sprache. Vom Untergeschoss der Kirche führt eine *heilige Treppe* nach oben, die Bußfertige auf Knien hinaufrutschen. Ebenfalls unter der Kirche liegt der *Sepolcreto degli Eremiti*, hier ruhen die Knochen verstorbener Möche in durchsichtigen Glasvitrinen.

• *Anfahrt*: Autobahnausfahrt **Affi – Lago di Garda Sud** nehmen und über **Caprino Veronese** nach **Spiazzi** fahren. Dort parkt man in langer Reihe entlang der Straße und steigt zur Kirche in ca. 20 Min. zu Fuß hinunter, vorbei an einer Reihe von Kreuzwegstationen mit lebensgroßen Figuren. Von Juni bis September gibt es auf dieser Straße auch **Pendelbusverkehr** (April, Mai und Oktober an Sonn- und Feiertagen).

• *Fußweg*: Viele Pilger klettern vom tief unterhalb liegenden Örtchen **Brentino** einen anstrengenden Büßerweg hinauf, "Via Crucis" genannt. Dauer ca. 1,5 Std.

• *Shopping*: großer Samstagsmarkt in **Caprino Veronese**.

▸ **Chiusa di Verona und Umgebung**: Die "Veroneser Klause", auch "Berner Talenge" genannt (Bern im alten deutschen Sprachgebrauch = Verona), ist ein schmaler Durchbruch der Etsch in den letzten Alpenfelsen nordwestlich von Verona, südlich davon laufen die Moränenhügel in der Poebene aus. Was sich heute als Nadelöhr für SS 12, Bahnlinie und die höher gelegte Autobahn zeigt, war früher prädestiniert für Hinterhalte und Schlachtengemetzel. Kaiser Friedrich Barbarossa wurde hier von den Veronesern umzingelt und konnte nur mit Hilfe des Bayernherzogs

Otto von Wittelsbach entkommen, Napoleon Bonaparte schlug im Januar 1797 an dieser Stelle mit seiner zahlenmäßig unterlegenen Armee die Österreicher empfindlich. Später errichteten die Österreicher nicht weniger als acht Festungen in diesem Gebiet, eine davon ist ein mächtiger Rundbau bei *Rivoli Veronese* westlich oberhalb der Klause, benannt nach dem General Wohlgemut (nicht zu besichtigen). Tipp: In dem hoch gelegenen Örtchen, nach dem die Rue de Rivoli in Paris benannt ist, gibt es ein von Signore Zerbini liebevoll betreutes "Museo Napoleonico", wo man die Schlacht von 1797 anhand von Relikten, Modellen und Karten eingehend studieren kann.

Südlich der Klause, um *Volargne* und *Sant'Ambrogio di Valpolicella*, wird der berühmte rotschimmernde Marmor "Rosso Veronese" abgebaut, der in der ganzen Welt geschätzt ist. Auch die römische Arena in Verona wurde aus ihm errichtet. Zahlreiche Werkstätten liegen an der SS 12 entlang der Etsch, früher verlief hier die Römerstraße Claudia Augusta Padana. Von den Bergen oberhalb von *Sant'Ambrogio* genießt man einen herrlichen Blick auf Gardasee und Poebene, z. B. von San Giorgio di Valpolicella (→ Valpolicella-Region).

- *Anfahrt*: Autobahnausfahrt **Affi – Lago di Garda Sud**. Wer auf der SS 12 kommt und nach Rivoli möchte, muss bei Domegliara auf die westliche Flussseite wechseln.

- *Öffnungszeiten/Preise*: **Museo Napoleonico** – März bis Okt. 9.30–12, 15.30–18.30 h, Mo und Mi nur nach Vereinbarung mit Signore Zerbini, ✆ 045/7281799. Eintritt ca. 1,60 €.

# Verona

(ca. 262.000 Einwohner)

**Die Eingangspforte des Veneto – Veronas Altstadt ist bildschön und besitzt einige bedeutende Bauten, u. a. eine riesige römische Arena, die noch heute für Opernaufführungen genutzt wird. Die wohlhabende Stadt ist eine der elegantesten Norditaliens, man besitzt Lebensqualität und stellt seinen Reichtum gern zur Schau.**

Das alte Zentrum schmiegt sich in einen tiefen Bogen der Etsch. Mit den malerischen Mittelalter-Gässchen, prächtigen Kirchen und historischen Palazzi ist es zum Spazierengehen wie geschaffen. Weite Teile der Innenstadt wurden zu Fußgängerzonen umgewandelt.

Zentraler Platz und beliebter Treffpunkt ist die Piazza Bra mit ihrer altrömischen Arena. Größte Attraktion der Stadt sind die hier allsommerlich stattfindenden Opernaufführungen: Die unvergleichliche Stimmung unter freiem Himmel, hervorragende Akustik und tolle Beleuchtung garantieren ein unvergessliches Kunsterlebnis. Weiterer Konzentrationspunkt ist die altertümliche Piazza dell'Erbe mit ihrem sehenswerten Markt und den malerisch verblichenen Palazzi. Gleich nebenan liegt die Piazza dei Signori, das mittelalterliche Verwaltungszentrum, mit der prunkvollen Szenerie alter städtischer Repräsentationsbauten. Nur ein paar Schritte sind es von hier zur Etsch, die mit ihrem breiten Bett das historische Zentrum von drei Seiten begrenzt. Auch den Hügel von San Pietro auf der anderen Seite sollte man unbedingt mal erklimmen – herrlicher Blick auf die Stadt.

## *Anfahrt/Verbindungen*

- *PKW*: Verona liegt nur wenige Kilometer vom Gardasee und ganz zentral im Schnittpunkt der Autobahnen A 22 vom Brenner (Ausfahrt Verona Nord) und der A 4 Mailand-Venedig (Ausfahrt Verona Sud).

An vielen Stellen der Innenstadt kann man

*Auf der Piazza Bra – Blick auf die mächtige Arena*

an Parkuhren oder mit Parkscheibe bis zu einer Stunde parken, z. B. an der schattigen Alleestraße **Corso Porto Nuova** oder am **Stradone Porta Palio** beim Skaliger-Kastell. Kostenlos und ohne Zeitbeschränkung kann man seinen PKW an der Stadtmauer in der **Via Città di Nimes** beim Bahnhof (15 Min. ins Zentrum) und beim weiter westlich gelegenen **Stadion** abstellen. Zur Besichtigung von **San Zeno Maggiore** kann man direkt vor der Kirche gebührenpflichtig parken. **Parkhäuser** gibt es an der Piazza Citadella (Nähe Piazza Bra) und in der benachbarten Via Bentegodi.

Die Altstadt darf zu folgenden Zeiten nicht befahren werden: Mo–Fr 7–10.30 und 13.30–16.30 h. Ausgenommen ist jedoch die Zufahrt zu Hotels.

• *Bahn*: Verona ist wichtiger Verkehrsknotenpunkt für die Linien Brenner-Bologna-Florenz und Mailand-Venedig. Häufige Verbindungen dorthin (stündlich IC-Züge), wie auch über die Alpen nach Innsbruck und München.

Bahnhof **Stazione Porta Nuova** liegt ca. 20 Fußminuten von der zentralen Piazza Bra (den Corso Porta Nuova entlang). Die Busse 11, 12, 13 (sonntags 91 und 98) fahren ab Plattform A zur Piazza Bra, die Busse 21, 22, 23 und 24 ab Plattform D zum Castelvecchio (Skaligerkastell).

• *Flug*: Der Flughafen **Aeroporto Valerio Catullo di Villafranca/Verona** liegt 10 km südwestlich von Verona, an der Straße nach Villafranca (Nähe Autobahn). Vom Flughafen fährt man per APT-Bus (alle 20 Min. von 6.10–23 h, ca. 3,60 €) oder Taxi zur Busstation Porta Nuova beim Hauptbahnhof in Verona. Auskunft Flughafen: ✆ 045/8095666.

• *Bus*: **AMT-Busse** verkehren in der Stadt, Info-Material im Tourist-Büro. Bustickets für ca. 0,85 € an allen Tabacchi-Ständen, bei den Kiosken im Bahnhof gibt es Tagespässe (Biglietto Giornaliero) für ca. 2,60 €. In der Innenstadt wird man allerdings meist zu Fuß laufen. Sonntags verkehren andere Busse als werktags.

**APT-Busse** fahren ab Bahnhofsvorplatz in die Umgebung, z. B. zum Gardasee und nach Brescia.

• *Taxi*: rund um die Uhr zu buchen unter ✆ 045/532666. Standplätze am **Hauptbahnhof** (✆ 045/8004528) und an der **Piazza Bra** (✆ 045/8030565).

• *Fahrrad*: **El Pedal Scaligero,** Fahrradverleih an der Ecke Piazza Bra/Via Roma (Südwestecke der Piazza). Kostenpunkt 1 Std. ca. 4,20 €, 2 Std. 6,30 €, 1 Tag ca. 11,40 €. Auch Inline Skaters und Kickboards. ✆ 3335367770.

## *Information*

Die **APT Verona** (Azienda Promozione Turistica) hat drei ganzjährig geöffnete Informationsstellen:
1) Via degli Alpini 11, in der Stadtmauer an der Südseite der Piazza Bra, Nähe Rathaus. Di–Sa 9–19, Mo 13–19, So 9–15 h. Man spricht Deutsch. ✆ 045/8068680, ℻ 8003638;
2) Piazza XXV Aprile (Bahnhof Porta Nuova), ✆/℻ 045/8000861;
3) Aeroporto di Verona (Flughafen), ✆/℻ 045/8619163.
Zu haben sind u. a. kostenlose Stadtpläne, Busfahrpläne und Unterkunftslisten mit Öffnungszeiten/Eintrittspreisen aller Museen und Sehenswürdigkeiten.
**Internet**: www.tourism.verona.it, E-Mail: info@tourism.verona.it; das Internet-Café "Internet Train" liegt in der Via Roma 17, zwischen Arena und Castelvecchio.

## *Übernachten*

Die Veroneser Hotelpreise sind hoch, vor allem in der Opernsaison. Schon die allereinfachsten Häuser verlangen 40 € aufwärts für ein DZ, Mittelklasse kostet mindestens 75 € aufwärts. An Operntagen sind die Unterkünfte in ganz Verona ausgebucht – dann muss man nehmen, was man kriegen kann. Im Notfall findet man eine ganze Reihe höherpreisiger Häuser am langen Corso Porta Nuova, der direkt zur Piazza Bra führt. Auch Privatzimmer werden vermietet (DZ ab 25 €), aufgeführt unter "Bed & Breakfast" im Unterkunftsverzeichnis des Informationsbüros

**Tipp**: Zimmervermittlung in Hotels bietet "CAV" (Cooperativa Albergatori Veronesi), die Vereinigung der Veroneser Hoteliers, Via Patuzzi 5. Mo–Sa 9–19, So 14–19 h. ✆ 045/8009844, ℻ 8009372.

**** **Accademia (19)**, Via Scala 12 (Seitenstraße der Fußgängerzone Via Mazzini), gediegenes und komfortables Haus, wenige Meter von der Piazza dell'Erbe, zentral und ruhig. Zimmer mit Teppichböden, Aircondition, Mini-Bar, TV und Telefon, Garage im Hotel. DZ mit Frühstück ca. 150–230 €. ✆ 045/596222, ℻ 8008440, Internet: www.accademiavr.it

*** **Giulietta e Romeo (24)**, Vicolo Tre Marchetti 3, direkt hinter der Arena, historischer Palazzo mit modernem Innenleben, erst vor wenigen Jahren vollständig renoviert, schallgedämpfte Zimmer mit Kirschholzmobiliar, Teppichboden, Air-Condition, Mini-Bar, TV und Telefon, von einigen Zimmern Blick auf die Arena. Mit Garage. DZ mit Frühstück ca. 75–160 €. ✆ 045/8003554, ℻ 8010862, Internet: www.giuliettaeromeo.com, E-Mail: info@giuliettaeromeo.com

*** **Bologna (23)**, Piazzetta Scalette Rubiani 3, an der Nordwestecke der Piazza Bra, nahe am Beginn der Fußgängergasse Via Mazzini. Alter Palazzo in zentraler, nicht ganz ruhiger Lage, teilweise Blick auf die Piazza Bra, im Erdgeschoss das stadtbekannte Ristorante Rubian. Die geräumigen DZ mit Air-Condition kosten je Saison mit Frühstück ca. 100–160 €. ✆ 045/8006830, ℻ 8010602, Internet: www. italiaabc.it, E-Mail: hotelbologna@tin.it

** **Aurora (17)**, ideale Lage direkt an der Piazza dell'Erbe, einfach und sauber, große Frühstücksterrasse mit Blick auf die malerische Piazza. 22 Zimmer, großteils auch mit Platzblick. Personal ist freundlich und spricht Deutsch. DZ mit üppigem Frühstücksbuffet ca. 75–110 €. Von mehreren Lesern als gut befunden. ✆ 045/594717, ℻ 8010860.

** **Sanmicheli (31)**, Via delle Valverde 2, etwas außerhalb der Altstadt, 5 Min. zur Arena, vorm Haus nicht ganz leise Verkehrsstraße und kleine Grünanlage, sehr anständige und solide Ausstattung, unten nette Frühstücksecke. DZ je nach Saison DZ 55–85 €, Frühstück extra. ✆ 045/8003749, ℻ 8004508.

** **Mazzanti (9)**, Via Mazzanti 6, Seitengässchen der Piazza dei Signori, mitten im Herzen der Altstadt, malerisch-verwinkeltes Haus mit engen Treppen, kleine schlichte Zimmer, sauber. DZ mit Frühstück ca. 52–100 €, unten gut geführtes Ristorante. ✆ 045/8006813, ℻ 8011262.

** **Locanda Armando (32)**, Via Dietro Pallone 1, östlich der Arena, 20 Zimmer mit TV, Parkmöglichkeit. DZ mit Bad ca. 68–85 €, mit Etagendusche 62–68 €, Frühstück extra. ✆ 045/8000206, ℻ 8036015.

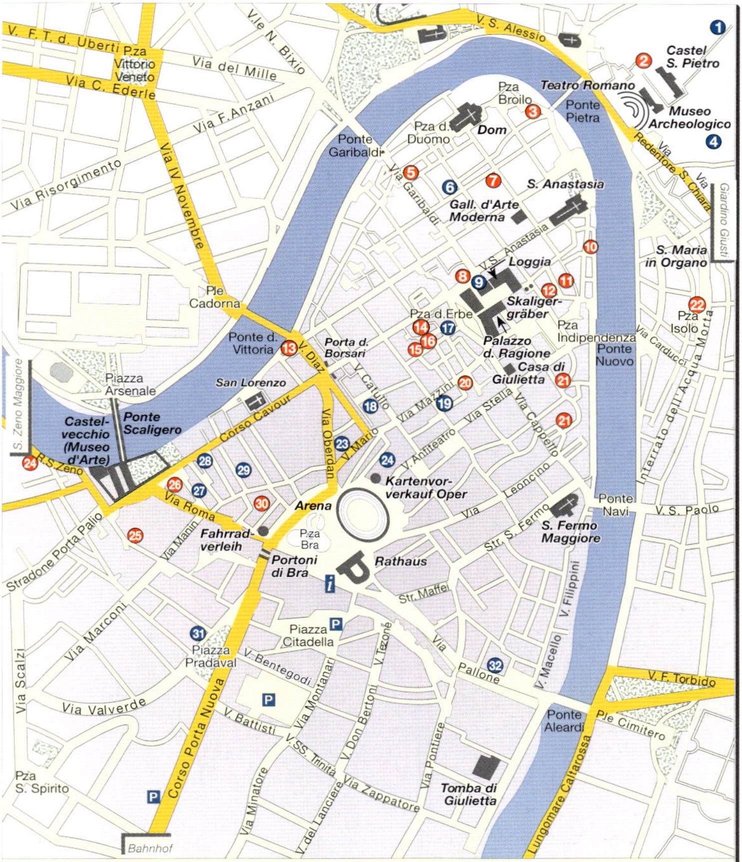


## Übernachten

1 Camping Castel San Pietro
4 Jugendherberge
6 Casa della Giovane
9 Mazzanti
17 Aurora
18 Locanda Catullo
19 Accademia
23 Bologna
24 Giulietta e Romeo
27 Ciopeta
28 Al Castello
28 Cavour
31 Sanmicheli
32 Locanda Armando

## Essen und Trinken

2 Re Teodorico
3 La Torretta
5 Pane e Vino
7 Osteria al Duomo
8 Maffei
10 Osteria Sottoriva
11 Vini e cucina da Luciano
12 Osteria al Duca
13 Enoteca Brigliadoro
14 Da Oreste
16 12 Apostoli
15 Osteria La Vecete
20 Bottega del Vino
21 Il Desco
22 Trattoria all'Isolo
24 Vesuvio
25 L'Oste Scuro
26 Locanda di Castelvecchio
30 Liston

200 m

**Verona**

* **Cavour (28)**, Vicolo Chiodo 4/b, ruhige Seitengasse zwischen Arena und Skaliger-Kastell, sympathisches Haus mit ordentlicher Ausstattung, sogar mit Parkplatz. DZ mit Bad um die 65–87 €, Frühstück extra. ✆ 045/590166, ✆ 590508.

* **Al Castello (28)**, Corso Cavour 43, kleines Haus schräg gegenüber vom Skaliger-Kastell, laut, aber sonst okay, nette Trattoria im Erdgeschoss, neun Zimmer. DZ mit Bad und Frühstück ca. 77–90 €. ✆ 045/8004403.

* **Ciopeta (27)**, Vicolo Teatro Filarmonico 2, ebenfalls zwischen Arena und Kastell, freundlich geführt, nur acht Zimmer mit Etagendusche. DZ mit Frühstück ca. 42–70 €. ✆ 045/8006843, ✆ 8033722, E-Mail: ciopeta@iol.it

* **Locanda Catullo (18)**, Via Valerio Catullo 1, Seitengasse der Fußgängerzone Via Mazzini, preiswerte Pension im dritten Stock eines Altstadthauses, alteingeführt und wegen des günstigen Preises oft ausgebucht. DZ mit Bad ca. 37–64 €, mit Etagendusche 32–53 €. ✆ 045/8002786, ✆ 596987, E-Mail: locandacatullo@tiscali.it

• *Jugendherbergen*: **Ostello Verona (4)** (IYHF) in der Villa Francescati, Salita Fontana del Ferro 15. Alte Renaissance-Villa mit tollen Fresken und super Palmengarten auf der anderen Seite der Etsch am Hang unterhalb vom Castell San Pietro, sehr sauber, gut in Schuss und freundliche Atmosphäre, Übernachtung incl. Frühstück ca. 12 €/Pers., Schließzeit 23.30 h (für Opernbesucher länger), Schlafsäle werden um 17 h geöffnet (man kann sich aber schon früher anmelden und Gepäck abgeben). Die JH ist **der** Traveller-Tipp in Verona, deshalb häufig voll. Trotzdem kommt man dank der großzügigen jungen Leitung meist noch in Behelfslagern auf den Fluren unter. Außerdem ist es möglich, im herrlichen Park der Herberge für ca. 6 € zu **zelten** und die Sanitäranlagen mitzubenutzen sowie Frühstück zu bekommen. Abends gutes und preiswertes Essen (für Vegetarier Sondermenüs). Zu Fuß über den Ponte Nuovo und links halten, dann der Beschilderung folgen und den Straßenverlauf über Treppen abkürzen. Ab Bhf. Bus 73 über Ponte Nuovo bis Piazza Isolo, dort beschildert (abends 20–23 h und So Bus 90 Richtung San Michele). 100 Betten, ganzjährig geöffnet. ✆ 045/590360, ✆ 8009127.

**Casa della Giovane (6)**, Via Pigna 7, schlichte, kirchlich geführte Unterkunft, zentral in der Altstadt, Nähe Dom. Nur für Mädchen und Frauen, ca. 11,50 €/Pers. im Dreibettzimmer, ca. 13 €/Pers. im DZ. Schließzeit 23 h (ausgenommen Opernbesucher). ✆ 045/596880, ✆ 8005449.

• *Camping*: * **Castel San Pietro (1)**, idyllische Lage in den Mauern des Kastells hoch über der Stadt, an der Nordseite der Etsch beschildert. Einfacher, in Terrassen versetzter Platz, alles mit Weinranken überwuchert, schattig, große Barterrasse, ruhig. Sanitär schlicht, für den mangelnden Komfort entschädigt vielleicht der Blick über das historische Verona. Älteres, hilfsbereites Platzwart-Ehepaar. Ab Bahnhof werktags Bus 41 Richtung Valdonega/Torricelle bis Via Nievo (kurz nach Ospedale Maggiore), sonntags Bus 90 Richtung San Michele bis Via San Stefano beim Ponte Pietra. Von beiden Stationen jeweils noch ca. 5 Min. zu Fuß (beschildert). ✆ 045/592037.

*** **Romeo e Giulietta**, Via Bresciana 54, ca. 5 km außerhalb Richtung Gardasee an der SS 11, großer Rasenplatz unter hohen Bäumen, gute Sanitäranlagen, Swimmingpool (im Sommer geöffnet). Ohne eigenes Fahrzeug ungünstig, Schließzeit strikt 23 h (bei Opernaufführungen muss man das Auto auf einem Parkplatz vor der Schranke abstellen). Sehr organisationsfreudiger Besitzer. APT-Bus ab Bahnhof Richtung Peschiera (Haltestelle gegenüber vom Platz, dem Fahrer Bescheid sagen), der letzte Bus fährt aber schon gegen 20 h. ✆ 045/8510243.

## *Essen/Unterhaltung*

Verona verfügt über eine beachtliche Gastronomie mit einigen Spitzenlokalen, die schon vom Michelin mit Sternen bedacht wurden. In der Altstadt findet man aber auch einige preisgünstige Trattorie bzw. Osterie, in denen man häufig die besondere Veroneser Spezialität *pastissada de caval* (Gulasch aus Pferdefleisch) kosten kann. Ihre Ursprünge gehen angeblich zurück auf einen legendären Zweikampf zu Pferd zwischen Ostgotenkönig Theoderich und Germanenführer Odoaker.

**Il Desco (21)**, Via Dietro San Sebastiano 7 (zu erreichen ab Via Cappello, Nähe Piazza Indipendenza), einer der Sterne am Veroneser Gourmet-Himmel. In einem schön restaurierten Benediktinerkloster des 17. Jh. wird leichte und elegante Küche in der Art der "nuova cucina italiana" kredenzt, u. a. fantasievolle Fischgerichte, Jakobsmuscheln auf

Petersilienpüree und je nach Saison gefüllte Tortellini und andere Nudeln. Das Gebotene hat seinen Preis, Menü um die 60–90 €. Reservierung unter ✆ 045/595358. So/Mo (im Sommer nur So und zweite Junihälfte geschl.

**12 Apostoli (16)**, Vicolo Corticella San Marco 3 (von Piazza dell'Erbe die Via Pelliciai nehmen). Prächtiges altes Gewölbe mit Fresken aus dem 17. Jh., lange Familientradition, geführt von den Brüdern Gioco. Sehr teuer, lohnend schon wegen Service und Ambiente, dazu raffinierte Fleischküche Veroneser Art mit täglich wechselnden Menüs, Spezialität des Hauses die *terrina di funghi al forno* (überbackene Steinpilze) und *salmone in crosta* (überbackener Lachs). Menü gut 45–65 €. So abend und Mo geschl., außerdem drei Wochen im Juni.

**Re Teodorico (2)**, elegant und ebenfalls nicht billig, aber die schönste Lage der Stadt, große Terrasse direkt am Castel Pietro auf der nördlichen Flussseite. Menü um die 35–70 €. Mi geschl.

**Maffei (8)**, stimmungsvoll zwischen hohen Säulen im Innenhof des Palazzo Maffei, direkt an der Piazza dell'Erbe. Ebenfalls gehobene Preisklasse, Menü ca. 32–45 €. Mo-Mittag geschl., außer Juli/August.

**L'Oste Scuro (25)**, Vicolo San Silvestro 10, Seitengasse der Via D. Manin, Nähe Kastell. Kleine, hübsch aufgemachte Osteria, in der man ganz unter Veronesern sitzt. Gute Fischgerichte und Meeresspezialitäten, Menü um die 40–60 €. Mo-Mittag und So geschl., ebenso im August.

**Locanda di Castelvecchio (26)**, Corso Cavour 49, genau gegenüber dem Skaliger-Kastell, mit vielen Spiegeln und Gemälden im antiken Stil aufgemacht, typische Veroneser Küche wie *pasta e fagioli*, kundiger Service. Auch Sitzplätze auf der Gasse neben dem Haus. Mi-Mittag und Di geschl.

**Pane e Vino (5)**, Via Garibaldi 16, gepflegte Osteria mit lebhafter, freundlicher Atmosphäre, zu Recht sehr beliebt. Traditionelle Küche wie *pastissada de caval, baccalà con polenta* (Stockfisch) und *fegato di vitello* (Kalbsleber). Mittags und abends (warme Küche bis 22.30 h), keine Sitzplätze im Freien. So geschl.

**Bottega del Vino (20)**, Via Scudo di Francia 3, nur wenige Schritte seitlich der Fußgängerzone Via Mazzini, eins der interessantesten und gemütlichsten Lokale Veronas, wunderschöne alte Weinprobierstube, holzgetäfelt und farbenfroh ausgemalt. Vorne treffen sich die Männer zu einem Glas Wein und lesen in Ruhe ihre Zeitung, während man hinten an einigen wenigen, weiß gedeckten Tischen essen kann – Tortellini, Polenta, Risotto u. ä., dazu einen Schluck aus dem mehr als üppigen Weinkeller, in dem auch seltene Tropfen vorrätig sind. Nicht billig, aber sein Geld wert. Di geschl., außer Juli/August.

*Ruhepause vor dem Dom*

**La Torretta (3)**, Piazza Broilo 1, wenige Meter vom Ponte Pietra, sympathisches Terrassenlokal auf einer ruhigen Piazza, schön zum Sitzen. So geschl. (Mo in Juli/August).

**Liston (30)**, Via Dietra Liston 19, nur zwei Ecken hinter der Piazza Bra, Opernbesucher stärken sich unter einer Markise an der ruhigen Seitengasse gerne vor dem Vier-Stunden-Marathon, gute Küche u. nicht mal teuer, Pizza und prima Vorspeisenbuffet. Mi geschl.

**Impero**, Piazza dei Signori, an einem der bekanntesten und schönsten Plätze der Stadt, immer voll mit Touristen, abends Harmonikaspieler.

*Unvergessliches Erlebnis – Opernabend in Verona*

## Festivalsommer in Verona

Weltberühmt ist das 1913 zum hundertsten Geburtstag von Giuseppe Verdi initiierte **Opernfestival**, das seitdem alljährlich in der Arena von Verona stattfindet. Von Ende Juni bis Anfang September kommen hier alle zwei bis drei Tage die großen Klassiker zur Aufführung: Von Verdi z. B. Aida, Rigoletto, La Traviata und Nabucco, von Puccini Turandot und Tosca, Bizet ist meist mit Carmen vertreten, während Prokofievs Ballett Romeo e Giulietta sozusagen am Originalschauplatz aufgeführt wird. Ein Opernabend in der Arena von Verona gehört mit Sicherheit zu den beeindruckendsten Musikerlebnissen, die unsere Welt zu bieten hat! Vor allem Verdis Melodien haben bis heute nichts von ihrem suggestiven "Ohrwurmcharakter" verloren. In seinem umfangreichen Werk spiegelt sich aber auch die nationalstaatliche Einigung Italiens wider.

Preise: von ca. 20–22 € für *gradinata non numerata* (unnummerierte Stufenplätze aus Stein ganz hinten und oben) über 83–93 € für *gradinata numerata* (nummerierte Rangplätze näher am Geschehen) bis zu den sündhaft teuren Plätzen im "Parkett": *poltrona numerata* (2. Parkett) bzw. *poltronissima numerata* (1. Parkett) für 100–110 bzw. 140–150 € (Freitag/Samstag jeweils die teureren Preise). Bis 24 Stunden vor Beginn kommen auf alle Preise 15 % Vorverkaufsgebühr dazu. Tipp: Die billigsten Plätze sind nicht unbedingt die schlechtesten, denn dort bekommt man viel mehr von der volkstümlichen, lebendig-italienischen Atmosphäre mit als im eher sterilen Parkett!

Die Vorstellungen beginnen um 21 h und dauern bis zu vier Stunden und länger! Ausgeruht kommen, Sitzpolster mitbringen und viel Ausdauer (Polster kann man auch gegen Gebühr ausleihen). Nach jedem Akt ca. 20 Min. Pause. Glasflaschen und Getränke in Dosen darf man nicht mit hineinnehmen, Plastikflaschen sind erlaubt. Getränke werden auch für teures Geld in der Arena angeboten. Falls es regnet, werden Eintrittskarten zurückerstattet, wenn die Aufführung noch nicht begonnen hat – sobald ein paar Takte gespielt wurden, gibt es kein Rückgaberecht mehr.

• *Informationen*: **Ente Arena**, Piazza Bra 28 (direkt am Torbogen Portoni di Bra), ✆ 045/8005151, ℻ 8013287, Internet: www.arena.it

- *Vorbestellung/Kartenvorverkauf*: Theaterkasse in der Via Dietro Anfiteatro 6/B (schmale Gasse hinter der Arena). Mo–Fr 9–12, 15.15–17.45, Sa 9–12 h. Vorbestellung mit Kreditkarten über ✆ 045/8005151.
Vorbestellung unter Beifügung des entsprechenden Betrags (Scheck oder Postanweisung) und Angabe des Termins, des gewünschten Platzes und der Anzahl der Personen auch schriftlich. Wer über Reisebüros in D, A oder CH bucht, muss meist erheblichen Aufschlag zahlen.

- *Abendkasse*: ebenfalls Via Dietro Anfiteatro 6 – aber immer mit dem Risiko behaftet, dass ausverkauft ist! Juli–September an Tagen ohne Vorstellung 10–17.45 h, an Tagen mit Vorstellung 10–21 h.

*"Aida" wird jedes Jahr aufgeführt*

Auf jeden Fall schon vormittags kommen, nummerierte teure Plätze sind dann oft noch vorhanden. Die preiswerten unnummerierten Plätze sind meist von Schwarzhändlern aufgekauft, die die Karten vor dem Büro für ca. 25–30 € anbieten.

Zweites großes Stadtfestival ist von Anfang Juni bis Anfang September der Veroneser **Theatersommer** (estate teatrale veronese). Im römischen Theater am Colle di San Pietro werden moderne Ballett-Choreografien aufgeführt, es gibt ein Shakespeare-Festival sowie Jazzkonzerte mit international renommierten Musikern. Preise ca. 8–22 €. Information unter ✆ 045/8077500, Internet; www.comune.verona.it, E-Mail: spettacolo @comune.verona.it; Kartenverkauf: Palazzo Barbieri, Via degli Alpini 2, ✆ 045/ 8066485 (Mo–Sa 10.30–13, 16–19 h, außerdem an Sonntagen mit Vorstellungen), sowie an der Abendkasse im Theater.

- *Preiswert*: **Vini e cucina da Luciano (11)**, Via Trota 3/a, von den Skaliger-Gräbern die Straße runter und an der kleinen, ruhigen Piazzetta Chiavica ein paar Schritte nach rechts. Einfacher Speiseraum und viele (hauptsächlich junge) Gäste, da wirklich unübertrefflich günstig. So und im Juli geschl.

**Osteria al Duca (12)**, Via Arche Scaligeri 4, im angeblichen Haus des Romeo, gepflegtgemütliche Osteria der alten Art, sehr erfreuliche Küche, Festpreismenü um die 12 €. Serviert wird u. a. die Veroneser Spezialität *pastissada de caval con polenta*. So geschl.

**Vesuvio (24)**, Piazzetta Portichetto/Rigaste San Zeno, einfache Pizzeria westlich vom Castelvecchio, Tische direkt an der Etsch, sehr beliebt an heißen Tagen, viele junge Leute.

**Trattoria all'Isolo (22)**, Ostseite der Etsch, in der Nähe der Jugendherberge. Kleine bodenständige Trattoria mit traditioneller Küche und fairen Preisen. Mi-Abend geschl.

**Gallo**, Via Sant'Alessio 40, gute und günstige Pizzeria, von Lesern empfohlen.

**Brek**, großes Self-Service-Lokal direkt an der Piazza Bra (Nr. 20), für die Lage preisgünstig, kein Coperto. Sa geschl.

- *Außerhalb*: **Ciccarelli**, im Ortsteil Madonna di Dossobuono, 8 km südwestlich vom Zentrum (Straße nach Villafranca di Verona und Mantua). Tipp! Hochgelobte, fast schon legendäre Trattoria, seit vielen Jahren Garant für echte Veroneser Küche zu mittlerweile nicht mehr niedrigen Preisen. Mit eigenem Fahrzeug unbedingt lohnend. Fr-Abend und Sa geschl. Da sehr beliebt, Reservierung angebracht unter ✆ 045/953986.

- *Cafés/Bars*: hauptsächlich an der Piazza Bra und der Piazza dell'Erbe.

**Dante**, Piazza dei Signori, Veronas Traditionscafé, ehrwürdiger Innenraum mit Marmortischchen, dunkelroten Samtpolstern, schwarzem Lack und viel Stuck. Auch draußen viel Platz. Hier vielleicht mal *pan d'oro* kosten, den berühmten Kuchen des Veneto. Mo geschl.

**Al Ponte**, Via Ponte Pietra 26/a, wenige Meter vom Ponte Pietra, gemütliche Bar mit kleiner, blumengeschmückter Terrasse direkt an der Etsch. Mi geschl.

• *Weinstuben* (Osterie/Enoteche): Die Umgebung von Verona gehört zu den größten Weinbaugebieten im Veneto. Jeden Montag wird in der Handelskammer Italiens größte Weinbörse abgehalten. Dementsprechend besitzt Verona eine Menge kleiner ursprünglicher Osterie, in denen sich hauptsächlich Einheimische auf einen Schluck treffen.

*Kühle Erfrischung auf der Piazza dell'Erbe*

**Bottega del Vino (20)**, herrliche Inneneinrichtung, exzellente Auswahl und zentrale Lage (→ oben).

**Osteria al Duomo (7)**, Via Duomo 7/a, hübsche Einheimischenkneipe, in der es oft hoch hergeht, mittwochs Livemusik, zum Essen Polenta, Tortellini und Gnocchi. Geöffnet 10 h vormittags bis 1 h nachts. Do geschl.

**Osteria La Vecete (15)**, Via Pellicciai 32, alteingesessene, jedoch jüngst modernisierte Osteria in zentraler Lage. Nett zum Sitzen im Gewölbe, auch von Einheimischen gerne besucht. So geschl.

**Osteria Sottoriva (10)**, urige Osteria unter den Arkaden der Via Sottoriva (Nr. 9/b), vor allem am Sa-Vormittag trinkt hier jeder Mann des volkstümlichen Viertels sein Gläschen. So-Abend und Mo geschl.

**Da Oreste (14)**, Vicolo San Marco in Foro 7, etwas versteckt südwestlich der Piazza dell' Erbe, sympathische kleine Weinhandlung mit Stehtresen und einer Handvoll Sitzgelegenheiten, zur Straße hin weit offen. Mo geschl.

**Enoteca Brigliadoro (13)**, Via San Michele alla Porta 4, wenige Schritte vom Ponte della Vittoria. Solide eingerichtete Enoteca mit Sitzgelegenheiten, man kann Wein trinken, dazu Käse und Wurstspezialitäten kosten, im Anschluss gute Tropfen preiswert kaufen. So geschl.

• *Eis*: **Fratelli Savoia**, Via Roma 1, im Säulengang des Teatro Filarmonico (neben dem Stadttor an der Südseite der Piazza Bra), bei Ennio und Marco gibt's das beste Eis der Stadt.

• *Sonstiges*: **La Casa di Giulietta**, Via Cappello 21, Pasticceria neben dem Haus der Julia, Riesenauswahl an Gebäck.

**Enoteca** (Istituto Enologico Italiana), Via Sottoriva (Nr. 7/b), große Weinhandlung mit Probierstube (9.30–12.30, 15.30–19.30 h, Mo geschl.).

• *Nachtleben*: **Highlander Pub**, Via Leoncino 11, "Scottish Pub" mit riesiger Auswahl an Biersorten.

**Grace**, Stradone Provolo Antonio 24, die einzige Disco im Zentrum liegt in der Nähe des Castelvecchio. Geöffnet Mi, Fr und Sa 21–4 h.

## Shopping

Zahlreiche Modeboutiquen und Schuhgeschäfte findet man in den Fußgängerzonen *Via Mazzini* und *Via Cappello*, Antiquitäten kauft man im Domviertel, u. a. am *Corso Sant'Anastasia* und in der *Via Sottoriva*. Ein täglicher Markt findet auf der *Piazza dell'Erbe* statt (sonntags hat nur ein Teil der Stände offen). Der größte Markt der Stadt läuft jeden Samstag am *Piazzale Olimpia* beim Stadion. Außerdem jeden dritten Samstag im Monat *Antiquitäten- und Flohmarkt* auf der Piazza San Zeno.

# Sehenswertes

**Bereits in römischer Zeit war Verona dank seiner beherrschenden Lage am Fuß der Alpen ein wichtiger Stützpunkt. Auf Reste von Toren, Straßen und Gebäuden aus dieser Zeit trifft man überall in der Stadt. Im Mittelalter baute das machtlüsterne Geschlecht der Skaliger Verona zu seiner Residenzstadt aus, die Venezianer prägten mit aufwendigen Palästen und massiven Verteidigungsanlagen die folgenden Jahrhunderte. Später kamen die Österreicher, die die Stadt zum wichtigsten Stützpunkt ihres Festungsvierecks in Oberitalien (Verona, Mantua, Legnago und Peschiera) machten.**

Das alte Zentrum wurde im Weltkrieg zwar schwer beschädigt (u. a. sprengten die fliehenden deutschen Truppen alle Brücken), danach aber wieder sorgfältig restauriert und ist von modernen Zweckbauten fast völlig verschont geblieben. Dank aufwendiger Pflege der historischen Bausubstanz wirkt die Innenstadt sehr gepflegt und geschmackvoll.

- Für alle wichtigen **Kirchen** Veronas muss Eintritt bezahlt werden. Etwa 1,55 € kostet jeweils die Besichtigung von Dom (mit Baptisterium und Ausgrabung), Sant'Anastasia, San Zeno, San Fermo und San Lorenzo, für ca. 5,20 € erhält man ein Sammelticket, das zum Eintritt in alle fünf genannten Kirchen berechtigt. Die Kirchen sind geöffnet Mo–Sa 9–18 h, So 13–18 h.
- Für ca. 11,50 € kann man die **Verona Card** erwerben. Sie gilt drei Tage lang (nicht übers Wochenende) und bietet freien Eintritt in allen Museen und Kirchen sowie kostenfreie Benutzung der Stadtbusse.
- Jeden ersten Sonntag im Monat **freier Eintritt** in Skaliger-Kastell, Museo Maffeiano Lapidario, Römischem Theater und Grab der Julia, die Arena kostet an diesem Tag 1 €. **Schüler** und **Studenten** zahlen in den meisten Sehenswürdigkeiten ermäßigte Preise.
- **Stadtrundfahrten** per Bus Anfang Juli bis Anfang September 3 x tägl. außer Montag (Dauer ca. 90 Min., ca. 11 €), Treffpunkt vor dem Palazzo Gran Guardia (Piazza Bra). Weitere Infos im Tourist-Büro.

**Piazza Bra**: am Eingang zur Altstadt, wunderschöner weiter Platz mit großflächigen Straßenlokalen, aufwendigen Palästen aus mehreren Epochen und der prächtigen Arena, dem größten Amphitheater nach dem Kolosseum in Rom. Trotz der völlig unterschiedlichen Bauten, die von der Antike bis zum letzten Jahrhundert reichen, ist es immer wieder ein Erlebnis, die großzügige Konzeption des Platzes zu genießen – 2000 Jahre Geschichte vom Kaffeetisch aus! Abends ist alles festlich illuminiert, ein kräftiger *Springbrunnen* sprudelt in der zentralen Parkanlage.

Die äußere Mauer der um 50 n. Chr. erbauten *Arena* war ursprünglich drei Stockwerke hoch, sie wurde durch Erdbeben fast vollständig zerstört, nur an der Nordwestecke steht noch ein kleines Stück mit vier Arkadenbögen. Ausgezeichnet erhalten ist dagegen der zweistöckige Innenring. Das Amphitheater bietet mit seinen zahlreichen Sitzreihen Platz für über 22.000 Zuschauer. Vom obersten Rang herrlicher Blick auf die malerisch vergammelten Häuser mit Schindeldächern und kleinen Gärten, an der kleinen *Piazza Mura Gallieno* ein Rest der alten römischen Stadtmauer.

*Im Durchgang zum Haus der Julia haben sich ganze Generationen verewigt*

Der Torbogen *Portoni del Bra*, der dunkle klassizistische Palazzo *Gran Guardia*, das archäologische *Museo Maffeiano Lapidario* in der Nr. 28 gleich nach dem Torbogen und Reste der mittelalterlichen *Stadtmauer* schließen die Piazza nach Süden hin ab. Im Südosten hinter der Parkanlage steht das große ockerfarbene *Rathaus* mit seiner klassizistischen Säulenfassade (unter österreichischer Regierung erbaut), auf den Stufen kann man das Platzpanorama kostenfrei genießen. Im Norden beginnt neben der Arena die *Via Mazzini*, die wichtigste Fußgängerzeile Veronas, und führt zur Piazza dell'Erbe.

• *Öffnungszeiten/Preise*: **Arena** – Di–So 9–18 h, in der Opernsaison nur 8–15.30 h, Mo geschl., Eintritt ca. 3,20 €, Schül./Stud. ca. 2,10 €; **Museo Maffeiano Lapidario** – Di–So 9–14.30 h, Mo geschl., Eintritt ca. 2,10 €, Schül./Stud. 1,05 €.

**Via Mazzini/Via Cappello/Via Leoni**: der größte Fußgängerbereich der Stadt. Die *Via Mazzini* ist sozusagen das Schaufenster Veronas, abends lebendige "Passeggiata", vorbei an Edel-Boutiquen.

Nach etwa 400 m trifft man auf die *Via Cappello* – linker Hand die Piazza dell'Erbe, rechts auf Nr. 23 die ständig umlagerte Casa Capuletti, besser bekannt als *Casa di Giulietta*. Hier, heißt es, lebte das Mädchen, das Shakespeare in seinem Schauspiel "Romeo und Julia"" verewigte. Durch einen von ganzen Touristengenerationen bis zur Unkenntlichkeit verschmierten Durchgang gelangt man in den hübschen gotischen Hof mit einer an bezeichnenden Stellen blank geriebenen Bronzestatue der Julia. Darüber kann man andachtsvoll den berühmten *Balkon der Julia* bestaunen (übrigens eine moderne Rekonstruktion), den Romeo einst im Mondschein auf einer Leiter erklettert haben soll, um Julia seine Liebe zu gestehen. Das Innere des Hauses lohnt dagegen weniger. Details über den von vielen Dichtern verwendeten Stoff erfährt man aus den Tonbandautomaten im Durchgang.

Weiter in Richtung Fluss wird die Via Cappello zur Via Leoni. Man kommt an der römischen *Porta Leona* vorbei, im Untergrund der Straße *römische Ausgrabungen*. Am Ostende der Via Leoni direkt an der Etsch (Nähe Ponte Navi) *San Fermo Maggiore*, eine eindrucksvolle gotische Kirche mit niedriger Holzdecke und zahlreichen Resten von mittelalterlichen Wandfresken, darunter blutrünstige Szenen aus dem Leben des heiligen Fermo (z. B. links hinten). Im Untergrund eine ältere romanische Kirche, auf die der gotische Bau aufgesetzt wurde.

Öffnungszeiten/Preise: **Casa di Giulietta** – Di–So 9–18.30 h, Mo geschl., Eintritt ca. 2,60 €, Schül./Stud. 1,05 €.



## Romeo und Julia

*"But soft! What light through yonder window breaks? It is the east, and Juliet is the sun! ... It is my lady; o, it is my love!"* (Akt II, Szene II). So schildert Shakespeare die Liebe Romeos zu Julia, die sich dereinst in Verona zugetragen haben soll. Das Schauspiel birgt viel menschliche Tragik: Gegen den Willen ihrer Eltern, die erbittert miteinander verfeindet sind, erklären sich die beiden jungen Menschen ihre Liebe. Doch aufgrund einer tückischen Hinterlist wähnt Romeo die schlafende Julia tot und begeht voller Verzweiflung Selbstmord – Julia wacht auf, sieht den Sterbenden und tötet sich ebenfalls.

Beide Gestalten sind historisch nicht überliefert, lediglich die Namen ihrer Familien. Romeo gehörte den Montecchi an, Julia den Capuleti. Zugetragen haben soll sich die Geschichte im 13. Jh. Aus dieser Zeit, als das Geschlecht della Scala (Skaliger) zur beherrschenden Macht in Verona aufstieg, sind tatsächlich zahlreiche blutige Familienfehden bekannt. Der Stoff "Romeo und Julia" wurde seit Anfang des 16. Jh. zigmal von Literaten verwendet, bis ihn Shakespeare 1593 in seinem Drama "Romeo and Juliet" unsterblich machte.

**Piazza dell'Erbe**: malerischer Mittelpunkt der Altstadt, Obst- und Gemüsestände unter pittoresken Sonnenschirmen, Tauben-, Ziervögel- und Kaninchenzüchter, sogar ein Scherenschleifer geht noch seiner Arbeit nach. An der Ostseite gemütliche Cafés und Pizzerien, an einigen Fassaden erkennt man noch alte Hochwassermarken von Überschwemmungen durch die Etsch.

Im Marktgewühl fallen einige historische Denkmäler auf: Ständig umlagerter Mittelpunkt ist das *Capitello*, ein Marmorbaldachin auf vier Säulen, unter dem früher die Ratsherren und der Bürgermeister gewählt wurden – heute vor allem als Ruhepunkt erschöpfter Touristen begehrt, die sich mit dem eiskalten Wasser, das hier hervorsprudelt, geschwollene Füße und trockene Gaumen kühlen. An der südlichen Schmalseite eine hübsche gotische *Marktsäule*, am Nordende eine venezianische *Herrschaftssäule* mit dem Markuslöwen, die anzeigt, dass Verona unterworfen war. Interessant außerdem der schöne *Marktbrunnen* mit der Madonna Verona, einer grazilen Frauenstatue, die ein Spruchband aus Metall in Händen hält, das die Pracht Veronas preist.

Von den Palästen ringsum sind beachtenswert der *Palazzo Maffei* an der Nordseite mit barocken Statuen auf der Balustrade, die benachbarte *Torre del Gardello* aus dem 14. Jh. (wenn man hier den geschäftigen Corso Porta Borsari Richtung Westen geht, kommt man zum alten römischen Stadttor *Porta Borsari*) und an der Ostseite die *Case Mazzanti* mit ihren verblassten Fasadenfresken. Ein hoher Durchgang, in dessen Wölbung eine einsame Walrippe (!) baumelt, führt zur Piazza dei Signori. Die 83 m hohe *Torre dei Lamberti* überragt die Szene.

**Piazza dei Signori** (Piazza Dante): das frühere Machtzentrum der Stadt mit den wichtigsten öffentlichen Gebäuden – Rathaus, Skaliger-Residenz, Gerichtsgebäude und Sitz des Stadtrats. Ein äußerst stil- und würdevoller Platz, der von den alten Palazzi vollständig eingeschlossen ist und fast wie ein Innenhof wirkt. Im Zentrum mit strenger Denkermiene, Adlerblick und markantem Profil *Dante Alighieri*, der berühmte Dichter der "Divina Commedia" ("Göttliche Komödie") – er selbst nannte sie übrigens nie "Die Göttliche", sondern einfach La Commedia. Dante war Gast der Skaliger, nachdem er als kaisertreuer Ghibelline aus dem guelfischen (päpstlich gesinnten) Florenz fliehen musste. Benannt nach ihm ist das älteste Café Veronas in der Nordwestecke der Piazza.
Rechter Hand steht der *Palazzo della Ragione*, in dessen harmonischem Innenhof eine verwitterte gotische Freitreppe zum Portal der Amtsräume im ersten Stock führt (nicht zugänglich). Unter dem hohen Laubengang im Erdgeschoss Zugang zur 83 m hohen *Torre dei Lamberti* – schweißtreibender Aufstieg auf 368 Stufen oder per Lift, herrlicher Blick über Verona.
Durch einen Bogen mit dem Palazzo della Ragione verbunden ist der *Palazzo dei Tribunali*, das Gerichtsgebäude mit massivem Backsteinturm. Im Durchgang unter dem Bogen hat man beim Bau einer Tiefgarage die Reste einer römischen Straße entdeckt und mit Glas überdacht. Auch im Innenhof des Gerichts sind Rundöffnungen im Boden verglast, man erkennt einen römischen Mosaikboden und Reste eines mittelalterlichen Turms.
An der rückwärtigen Seite der Piazza erhebt sich der zinnengekrönte *Palazzo Scaligero*, früher die Residenz der Skaliger, heute Sitz der Präfektur und Polizei. Die daneben sich anschließende *Loggia del Consiglio* gilt als schönste Säulenhalle ihrer Art, hier versammelte sich im 15. Jh. der Rat der Stadt.
Ein ganz kurioses Schmuckstück ist die kleine versteckte Seitengasse *Via Mazzanti* (links von Caffè Dante). Inmitten abenteuerlicher Hausungetüme steht hier ein Brunnen aus römischen Säulen. Mittels noch teilweise erhaltener Seilkonstruktionen wurden hier von den umliegenden Wohnungen Eimer hinuntergelassen, um das kostbare Nass zu schöpfen.

*Öffnungszeiten/Preise*: **Torre dei Lamberti** – Di–So 9–18.30 h, Mo geschl., Lift ca. 2,10 €, zu Fuß 1,55 €, Schül./Stud. 1,05 €.

**Skaliger-Gräber und Casa di Romeo**: Gegenüber vom Palazzo Scaligero thronen die reich verzierten gotischen Gräber der Skaliger, des einflussreichsten Herrschergeschlechts der Region. Über hundert Jahre hielten sie die Stadt unter ihrer Knute, nicht viel Gutes wird von den edlen Herren mit ihren bezeichnenden Hundenamen berichtet.
Hinter dem schmiedeeisernen Gitter sieht man die beiden Gräber von *Mastino II.* ("Dogge") und *Cansignorio* ("Leithund"), gotisch himmelstürmend mit zahlreichen Spitzbögen, Baldachinen und Statuen. Über dem Eingang der kleinen romanischen Kirche *Santa Maria Antica* das Grab von *Cangrande I.* ("Großer Hund"), gekrönt von einer eindrucksvollen Reiterstatue, deren Pferd bis zu den Fesseln mit einer schweren Kampfdecke bedeckt ist. Die Statue ist allerdings nur eine Kopie, Original im Skaliger-Kastell (→ unten).
Eine Ecke weiter, Via Arche Scaligeri 4, findet man das angebliche *Haus des Romeo*, ein düsterer Backstein-Palazzo mit Zinnen und einer empfehlenswerten Trattoria (→ Essen).

*Täglicher Markt auf der Piazza dei Signori*

**Grab der Julia**: etwas ungünstige Lage südlich der Altstadt, Via del Pontiere. In der Krypta der ehemaligen Kirche *San Francesco al Corso* mit schönem Kreuzgang steht der so genannte "Sarkophag Julias" – Romantiker aus aller Welt kratzen sich hier gerne ein Krümelchen ab, um es als Souvenir mitzunehmen. Benachbart das *Museo degli Affreschi*, in dem von Wänden abgelöste Fresken aus dem 14.–16. Jh. aufbewahrt werden.

Öffnungszeiten/Preise: Di–So 9–18.30 h, Mo geschl., Eintritt ca. 2,60 €, Schül./Stud. 1,05 €.

## Nördliche Altstadt

Das Viertel im Etsch-Bogen ist touristisch noch kaum entwickelt. Als schönster und ursprünglichster Straßenzug zieht sich die *Via Sottoriva* parallel zum Fluss. Auf der einen Seite ein breiter Laubengang, in dem sich urige Weinkneipen verstecken, gegenüber haben die Antiquitätenhändler Veronas ihre Läden. An der Uferpromenade machen Schautafeln darauf aufmerksam, dass hier im Mittelalter dutzende von "schwimmenden Mühlen" in der Etsch verankert waren und die starke Strömung für das Mahlen von Korn nutzten.

**Sant'Anastasia**: mächtige gotische Backsteinkirche im Bogen der Etsch, von Dominikanern im 13.-15. Jh. erbaut, die Fassade blieb jedoch unvollendet. Das Innere ist düster, mächtig und hoch, Rundsäulen tragen das Kreuzrippengewölbe. An den ersten Pfeilern krümmen sich schmerzverzerrte Bucklige unter der Last der Weihwasserbecken, in den Seitenkapellen reich ausgestattete Altäre mit Fresken und Skulpturen. An der rechten Chorwand großes Fresko "Das Jüngste Gericht", in der *Cappella Giusti* (linkes Querschiff) das berühmte Fresko "Der heilige Georg und die Prinzessin" von Pisanello mit verblüffend realistischer Darstellung der spätmittelalterlichen Welt.

Über dem Tor an der linken Seite des Vorplatzes das *gotische Grabmal des Castelbarco*, eines Adligen des 14. Jh., daneben die kleine Kapelle *San Pietro Martire* (auch: San Giorgetto), die vollständig mit Fresken ausgemalt ist. Gewidmet ist sie dem heiligen Peter von Verona, der im 13. Jh. lebte und Schutzpatron der Kölner Bierbrauer ist.

*Öffnungszeiten*: **San Pietro Martire** – Di–So 10–12.30, 16–19.30 h, Mo geschl.

**Duomo**: nicht weit von Sant'Anastasia. Der ursprüngliche, romanische Bau wurde später gotisch umgebaut, der strahlend weiße Turm erst im 20. Jh. fertig gestellt. Das Fassadenportal besitzt bemerkenswert schöne Reliefs. Im hohen dreischiffigen Innenraum viele architektonische Details und Wandmalereien, in der ersten Kapelle links "Mariä Himmelfahrt" (1535) von Tizian.
Links vom Dom romanischer Kreuzgang mit römischen Fußbodenmosaiken im Untergrund, außerdem die kleine Kirche *Sant'Elena* und das Baptisterium *San Giovanni in Fonte* mit einem herrlichen achteckigen Taufbecken.

## Westlich vom Zentrum

Am Rand der mittelalterlichen Stadt sorgte das große Skaliger-Kastell für Schutz. Die Stadtmauer zog sich von dort südlich entlang der Piazza Bra bis zur Etsch auf der Ostseite Veronas.

**San Lorenzo**: romanische Kirche zwischen Etsch und Corso Cavour, zu erreichen durch einen gotischen Torbogen, die schmale Fassade ist flankiert von zwei Rundtürmen. Im Inneren Freskenfragmente und Steinsarkophage, die zwei Apsiden befinden sich eigentümlicherweise im östlichen Querschiff.

**Castelvecchio**: Das große mittelalterliche Backstein-Kastell der Skaliger ist direkt ans Ufer der Etsch gebaut. Der massive Wehrbau beherbergt im Innenhof das *Museo di Castelvecchio*, eine bedeutende und umfangreiche Kunstsammlung mit Skulpturen, Gemälden und Fresken der Veroneser und Venezianischen Schule, darunter Pisanello, Bellini, Tintoretto, Mantegna und Tiepolo, aber auch die eindrucksvolle Originalstatue vom Grab des Cangrande I.
An der Rückseite sollte der eindrucksvolle *Ponte Scaligero* als schneller Fluchtweg über die Etsch dienen. Die massive Backsteinbrücke mit Zinnenbastionen wurde im Zweiten Weltkrieg von fliehenden deutschen Truppen gesprengt und musste völlig neu aufgebaut werden.

*Öffnungszeiten/Preise*: Di–So 9–18.30 h, Mo geschl., Eintritt ca. 3,30 €, Schül./Stud. ca. 1,05 €.

**San Zeno Maggiore**: an einem weiten freien Platz (Parkplatz) eine der schönsten romanischen Kirchen Oberitaliens, ausgesprochen ästhetischer Bau, elegant und leicht. Die Fassade im warmen Gelbton gehalten, die Längsseite rot-weiß gestreift. Links der Turm der angeschlossenen Abtei, rechts der hohe frei stehende Glockenturm.
Das Portal ist von prächtigen Steinreliefs umrahmt, die bekannte Szenen aus der biblischen Geschichte und der Schöpfungsgeschichte darstellen, links oben z. B. der Judaskuß und die Reise nach Betlehem. Das berühmte *Bronzeportal* stammt aus dem 12. Jh. und besitzt 48 Relieffelder, die auf den hölzernen Untergrund genagelt sind (Altes und Neues Testament, Wunder des heiligen Zeno).
Das tieferliegende Innere ist fast leer und wirkt feierlich, massive Pfeiler und Säulen stützen das hohe Kielgewölbe, Licht fällt fast nur durch die Rosette in der Fassade. Überall an den Wänden Reste von *Fresken*, die leider teilweise von Besuchern

*Der Ponte Pietra – einzige erhaltene Römerbrücke in Verona*



voll gekritzelt sind, vor allem im erhöhten Chor über der Krypta. Der *Chor* ist zum Hauptraum durch Statuen von Christus und den Aposteln abgeschlossen, über dem Altar ein berühmtes *Triptychon* von Mantegna. Links die berühmte, verschmitzt schmunzelnde Statue des dunkelhäutigen (?) heiligen Zeno (14. Jh.), genannt "San Zeno che ride" ("der lacht").
Seitlich der Kirche schöner *Kreuzgang* mit filigranen Doppelsäulen und zahlreichen Grabmälern.

## Nördlich der Etsch

Mit wenigen Schritten kommt man vom Dom zum großen Etschbogen an der Nordspitze der Landzunge – herrlicher Blick auf den zypressenbestandenen Hügel an der anderen Flussseite. Hinüber über den *Ponte Pietra*, die einzige erhaltene römische Brücke (von deutschen Truppen gesprengt, jedoch wieder rekonstruiert) und zwischen alten Häusern, Bäumen, Treppen und Gärten hinauf zum *Kastell San Pietro* aus dem letzten Jahrhundert (nicht zu besichtigen). Für die Mühe wird man mit einem wunderschönen Blick über ganz Verona belohnt.
An den Hang unterhalb des Kastells schmiegt sich ein *römisches Theater* mit seinen erhalten gebliebenen Bühnenaufbauten. Das ehemalige Kloster San Girolamo darüber ist vom Theater mit Lift zu erreichen und beherbergt in den Räumen um den Kreuzgang ein bescheidenes *Archäologisches Museum* mit Skulpturen und einigen schönen Mosaiken.
Etwas südlich vom Hügel steht die gotische Kirche *Santa Maria in Organo*. Die untere Hälfte der unvollendeten Fassade ist ganz mit Marmor verkleidet, im Inneren reiche Renaissance-Ausstattung, Fresken und frühmittelalterliche Krypta. Berühmt sind die einzigartigen Intarsienarbeiten am Chorgestühl, geschaffen vom Mönch Fra Giovanni da Verona.

Etwa 200 m weiter liegt versteckt hinter dem Palazzo Giusti der berühmte *Giardino Giusti*, angelegt im 15. Jh. von der Familie Giusti, in dem sich schon Goethe beeindruckt zeigte. Der hervorragend erhaltene und gepflegte Renaissancegarten wird beherrscht von einer schnurgeraden Zypressenallee, auf mehreren Terrassen erstreckt sich ein Labyrinth aus Kieswegen, sorgfältig beschnittenen Buchsbaumhecken, schlanken Säulenzypressen und Marmorskulpturen. Am höchsten Punkt der Anlage der Maskeron, eine mächtige steinerne Maske.

• *Öffnungszeiten/Preise*: **Römisches Theater und Archäologisches Museum** – Winter Di–So 9–15 h, Sommer 9–18.30 h, Mo geschl., Eintritt ca. 2,60 €, Schül./Stud. ca. 1,05 €.
**Giardino Giusti**, Winter tägl. 9 h bis Sonnenuntergang, Sommer tägl. 9–20 h, Eintritt ca. 4,30 €, Schül./Stud. 1,60 €.

# Verona/Umgebung

## Valpolicella-Region

**Malerisches Weinbaugebiet an den Hängen der Lessinischen Berge nördlich von Verona. Die üppig grüne Szenerie des "Tals der vielen Keller" (val/poli/cella) mit seinen Rebflächen, Zypressen, Oliven-, Kirsch- und Pfirsichbäumen bietet einen erholsamen Kontrast zu Verona und seiner stark zersiedelten näheren Umgebung.**

Enge, teils sehr kurvige und steile Straßen führen durch die Hügellandschaft, die touristisch nur wenig erschlossen ist. In den von Nord nach Süd verlaufenden Tälern von *Fumane*, *Marano* und *Negrar* findet man die besten Lagen, bei den meisten Winzern kann man direkt einkaufen und auch degustieren. Die bekanntesten Tropfen sind der "Valpolicella", der kräftige und geschmackvolle "Amarone" und der schwere, süße "Recioto".
Im Valpolicella stehen aber auch dutzende von prächtigen historischen Villen, erbaut von begüterten Veroneser Familien, die hier ihre Ländereien und Weingüter hatten. Zu den besonderen Schmuckstücken zählt die vom berühmten Renaissance-Architekten Palladio erbaute *Villa Serègo* in Pedemonte.

**Tipp**: Bei Gargagnago di Valpolicella, 17 km nordwestlich von Verona, liegt die große Villa Serègo Alighieri mit ihren Weinbergen. Bereits 1353 erwarb sie Dante Alighieris Sohn Pietro. Conte Pieralvise, der heutige Besitzer, ist ein direkter Abkömmling des Dichters, mittlerweile in zwanzigster Generation. Seine Weine können in der Villa verkostet und gekauft werden, er vermietet auch Ferienwohnungen (→ Übernachten).

▸ **Pedemonte:** 12 km nordwestlich von Verona. Die *Villa Serègo* ist die einzige Villa im Veroneser Raum, die von Palladio (→ S. 77) stammt. Sie ist unvollendet, geplant war ein Riesenbau von fast militärischer Strenge gewesen, der die umgebende Landschaft wohl ziemlich verunstaltet hätte. Höchst eindrucksvoll wirken die kolossalen ionischen Säulen aus schweren unbearbeiteten Steinen, die einen doppelgeschossigen Säulengang tragen.
*Öffnungszeiten*: Besichtigung nur von außen nach Vereinbarung unter ✆ 045/7701345.

▸ **San Giorgio di Valpolicella:** kleiner Weiler oberhalb von Sant'Ambrogio di Valpolicella im Etschtal (→ S. 54). Hier oben genießt man einen traumhaften Ausblick bis hinüber zum Gardasee und kann eine schöne romanische Kirche aus dem 13. Jh. mit Freskenresten, achteckiger Taufkapelle und Kreuzgang besichtigen. Gleich neben der Kirche finden Sie eine nette Trattoria (→ unten).

▶ **Parco delle Cascate:** Beim kleinen Dorf *Molina*, etwa 30 km nördlich von Verona, stürzen am Kreuzungspunkt dreier Täler mehrere tosende Wasserfälle vom Berg, früher betrieben sie Mühlen. Ein beschilderter Fußweg führt vom Ortsende hinunter ins Flusstal – Vorsicht jedoch, nach Regenfällen ist er stark verschlammt und extrem rutschig. 1996 wurde hier außerdem das *Museo Botanico della Lessinia* eröffnet, in dem etwa 300 verschiedene Pflanzenarten der Region ausgestellt und katalogisiert sind.

• *Öffnungszeiten/Preise*: **Parco delle Cascate** – April bis September tägl. 9–19.30 h, sonst nur vormittags an Sonn- und Feiertagen. Eintritt ca. 3,20 €.
**Museo Botanico della Lessinia** – Juli/August tägl. 9.30–12.30, 15–18 h, übrige Monate Di u. Do 9.30–12.30, So 9.30–12.30, 15–16 h. Eintritt ca. 1,60 €. Geöffnet außerdem nach Vereinbarung ✆ 045/7720185.

▶ **Bosco Chiesanuova:** 30 km nördlich von Verona. Die beliebte Winter- und Sommerfrische der Veroneser gruppiert sich um eine hübsche Piazza, es gibt sechs Hotels, einen Zeltplatz und mehrere Restaurants. Informationsbüro an der Piazza della Chiesa 34, ✆/℻ 045/7050088 (ganzjährig geöffnet).

Provinz Verona

## Übernachten und Essen im Valpolicella

• *Übernachten*: **** **Villa del Quar**, Via Quar 12, bei Pedemonte, 11 km nordwestlich von Verona. Stilvoll-elegantes Landhotel mit ebensolchem Restaurant. Garten mit saftig-grünem Rasen, Palmen und schönem Pool, außerdem Sauna und Fitnessraum. DZ mit Frühstück ca. 230–260 €. ✆ 045/6800681, ℻ 6800604, Internet: www.integra.fr, E-Mail: villadelquar@c-point.it
**Foresteria Serègo Alighieri**, bei Gargagnago, an der Straße von Pedemonte nach Sant'Ambrogio. Der Conte Pieralvise Serègo Alighieri vermietet acht gut eingerichtete Apartments für 2–4 Pers. in den ehemaligen Stallungen seines großen Anwesens. Preis ab ca. 100 €. ✆ 045/7703622, ℻ 7703523, Internet: www.seregoalighieri.it, E-Mail: serego@easynet.it
*** **Valpolicella International**, Via Beethoven 3, San Pietro in Cariano. Größeres Haus mitten im Grünen, mit Garten und Garage. DZ ca. 50–85 €, Frühstück extra. ✆/℻ 045/7703555.
* **Alla Pesa**, Via della Contea, Pedemonte. Trattoria mit Zimmervermietung, neun Zimmer, DZ ca. 32–40 €. ✆ 045/7701143.
* **Camping Branchetto**, kleiner Platz in der Località Branchetto bei Bosco Chiesanuova, ganzjährig geöffnet. ✆ 045/6784029.

• *Essen*: **Alla Ruota**, in Mazzano bei Negrar, Via Proale 6. Beliebtes Ausflugslokal mitten im Weinbaugebiet, gute Fleischgerichte und hausgemachte Pasta. Mo-Abend und Di geschl.
**Da Bepi**, in Marano di Valpolicella (links der Durchgangsstraße). Die seit über siebzig Jahren von Familie Lonardi geführte Trattoria ist weithin bekannt für ihr *agnello in Amarone* (Lamm in Amarone-Wein geschmort). Dort kann man auch für ca. 15 € einen hervorragenden Amarone direkt vom Erzeuger kaufen. Di geschl.
**Dalla Rosa Alda**, in San Giorgio di Valpolicella. Bei Signora Alda isst man gemütlich, z. B. einen kräftigen *brasato all'Amarone*, dazu gibt es gute lokale Weine. So-Abend und Mo geschl.

**Tipp**: In der "Enoteca della Valpolicella" in Fumane kann man die Weine von zahlreichen Produzenten des Valpolicella verkosten und/oder zum Essen probieren. Im Sommer Sitzplätze im Freien. So-Abend und Mo geschl., außerdem zwei Wochen im August. ✆ 045/6839146.

*Malerisches Gemäuer – die Skaligerburg von Soave*

## Soave

(ca. 6200 Einwohner)

Ruhiges, harmonisch wirkendes Städtchen am Weg von Verona nach Vicenza, nahe der Autobahn, Ursprungsort des bekannten Weißweins. Das Zentrum ist vollständig von einer perfekt erhaltenen Mauer mit 24 Türmen umgeben, und eine prächtige alte *Skaligerburg* beherrscht das Stadtbild. Dementsprechend ist Soave ein populäres Ausflugsziel, jedoch selten überlaufen – ein Abstecher lohnt. Zur Erntezeit am dritten Sonntag im September findet das "Fest der Traube" (Festa dell'Uva) statt.

Von der Säulenloggia des *Palazzo di Giustizia* steiler Aufstieg zur Burg zwischen grünen Gärten (auch Auffahrt mit Auto möglich), innerhalb der hohen Backsteinmauern ist jedoch nicht mehr viel erhalten: zwei grasbewachsene Innenhöfe und einige Gebäude. Die ausgemalten Räume sind mit alten Himmelbetten, dunklem Holzmobiliar und historischen Rüstungen ausgestattet –sehr anschaulich wird das Ritterleben vorgeführt. Vom Zinnengang herrlicher Blick auf Stadt und Poebene.

*Öffnungszeiten/Preise*: **Castello di Soave** – Winter Di–So 9–12, 14–16 h, Sommer Di–So 9–12, 15–18 h, Mo geschl., Eintritt ca. 3,60 €.

• *Information*: **Pro Loco**, Via Roma 2, in der schnurgeraden Hauptstraße, die am südlichen Stadttor beginnt. Umfangreiches Prospektmaterial und guter Stadtplan. Fr 9.30–12.30, Sa/So 10–12.30, 15.30–18 h. ✆/℻ 045/7680648.

• *Übernachten/Essen*: * **Al Gambero**, Corso Vittorio Emanuele 5, wenige Meter vom Südtor der Stadtmauer, feines und architektonisch gekonnt gestaltetes Fischlokal, faire Preise, Di-Abends und Mi geschl. Auch ordentliche Zimmer werden hier vermietet, die einzige Übernachtungsmöglichkeit in der Altstadt. DZ mit Frühstück ca. 43–60 €. ✆/℻ 045/7680010.

**Lo Scudo**, Via San Matteo 46. Gehobener Gastronomiebetrieb in einem ehemaligen Kloster, der wunderbare Fischküche kreiert. Einen Versuch wert sind z. B. die *trota in carpione* (marinierte Forelle) und das Risotto

### Soave – Massen- oder Qualitätswein?

Seit vielen Jahren gilt der strohgelbe Soave als einer der beliebtesten italienischen Weißweine, die Absatzmöglichkeiten waren und sind riesig. Nur wenige der über 3000 Winzer im Soavegebiet konnten deshalb in den vergangenen zwei Jahrzehnten der Versuchung widerstehen, große Mengen zu produzieren. Dies ging sogar soweit, dass spezielle "Klone" der Soave-Traube Garganega speziell für die Erzeugung großer und größter Erträge gezüchtet wurden. Das Ergebnis waren meist charakterlose Tropfen, deren hervorstechendstes Merkmal ihre Neutralität war. Der Ruf des Soave hat darunter gelitten.

Glücklicherweise haben nicht alle Winzer diesen Weg verfolgt. Einige wenige arbeiten seit Jahren daran, die Mengen gering, die Qualität ihres Soave dafür hoch zu halten. Dies bezahlt man zwar in der Regel mit höheren Preisen, die jedoch durch Aroma und Charakter durchaus gerechtfertigt sind. Seit vielen Jahren für konstant hohe Qualität bürgt beispielsweise der Name *Leonildo Pieropan*, dessen Weinberg direkt hinter der Burg liegt. Anfangs wurde er für seine Strategie der konsequenten Ertragskontrolle belächelt, inzwischen erzielen seine Weine doppelt so hohe Preise wie die der Durchschnittswinzer.

mit Steinpilzen. Menü 32–50 €. So-Abends und Mo geschl.

**Hostaria La Torre**, gepflegte Pizzeria und "Bigoleria" am Ende des Corso Vittorio Emanuele beim westlichen Nordtor. Pasta (besonders lecker sind die *bigoli*), Polenta und Dolci sind hier hausgemacht.

**Locanda Colla**, gutes Lokal mit lokalen Spezialitäten in Villanova di San Bonifacio, südlich der Autobahn. Von Lesern empfohlen. So geschl.

• *Weinlokale*: **Casablanca**, zentral an der Via Roma, gute Auswahl an Tropfen aus dem Veneto und anderen Regionen.

• *Weinverkauf*: **Cantina Sociale**, Via Roma 47, gleich nach dem südlichen Stadttor. Genossenschaftliche Vereinigung seit 1898. Mo–Fr 8.30–12.30, 14.30–18.30, Sa 9–12 h.

**Enoteca del Soave**, ganz zentral an der Via Roma 19 (Mi geschl.), im Gässchen daneben die **Cantina del Castello**, Conte Pittora 5.

**Leonildo Pieropan**, Via Camuzzoni 3, der Vorkämpfer für einen "besseren" Soave (→ Kasten) hat sein Anwesen ebenfalls direkt an der Hauptstraße, schräg gegenüber der Säulenloggia, wo man zur Burg hinaufsteigt. Geführt wird das Weingut heute von Nina und Teresita Pieropan. Mo–Fr 9–12.30, 14.30–18, Sa 9–12.30 h.

### Was haben Sie entdeckt?

Bitte schreiben Sie uns, wenn Sie Kritik, Verbesserungen, Anregungen oder Empfehlungen haben. Was war Ihre Liebingstrattoria, in welchem Hotel haben Sie sich wohlgefühlt, welchen Campingplatz würden Sie wieder besuchen? Schreiben Sie an:

*Eberhard Fohrer*
*Stichwort "Venetien & Friaul"*
*c/o Michael Müller Verlag*
*Gerberei 19*
*91054 Erlangen*
*eberhard.fohrer@michael-mueller-verlag.de*

*Allesbeherrschender Blickfang – Palladios "Basilica" im Zentrum von Vicenza*

# Provinz Vicenza

| | |
|---|---|
| Vicenza und Umgebung | S. 75 |
| Monti Bérici | S. 83 |
| Bassano del Grappa und Umgebung | S. 83 |


**Die Werke des Renaissance-Architekten Andrea Palladio sind es in erster Linie, die Besucher nach Vicenza und in dessen Umgebung ziehen.**

Doch die Stadt besitzt auch zahlreiche Monumente aus Mittelalter und Gotik, außerdem das erste Theatergebäude Europas nach der Antike. Die stille Hügellandschaft der *Monti Bérici* südlich der Stadt bietet sich anschließend für schöne Überlandtouren an. Im Norden der Provinz lohnt außerdem unbedingt ein Stopp in *Bassano del Grappa*, der Stadt der Grappadestillerien, in deren Umgebung ebenfalls viel Sehenswertes zu finden ist. Tipp hierzu: Wer von Norden kommend nach Venedig nicht die übliche Route entlang des Etschtals und über Verona nehmen will, kann bei Trento ins *Valsugana* abzweigen, das Tal des Flusses Brenta, und erreicht Bassano als erste größere Stadt des Veneto.

# Vicenza

(ca. 110.00 Einwohner)

**Auf der Autobahn nur ein Katzensprung von Verona. Viel Industrie ballt sich an der Peripherie. Das sollte aber nicht abschrecken: Das Zentrum ist ausgesprochen hübsch und kompakt, es gibt zahlreiche interessante Bauten. Dennoch findet man hier einen erholsamen Kontrast zum Touristenrummel in Verona.**

Vicenza ist die Stadt *Andrea Palladios* (1508–1580). Im 16. Jh. entwickelte er einen neuen klassizistischen Baustil, der bald die gesamte europäische Architekturentwicklung beeinflusste. Seine zahlreichen Bauten prägen noch heute das Stadtbild, ebenso findet man aber auch prächtige gotisch-venezianische Palazzi, einige interessante Kirchen und das berühmte Teatro Olimpico, das erste Innenraum-Theater Europas. 1994 wurde Vicenza verdientermaßen in die UNESCO-Liste für das Weltkulturerbe aufgenommen, die World Heritage List.

Vicenza gilt als eine der reichsten Städte Oberitaliens. Wichtigster Wirtschaftszweig ist die Textilindustrie, im Zentrum fallen die zahlreichen Juweliere und Goldschmiede auf.



## Anfahrt/Verbindungen/Information

• *Anfahrt/Verbindungen*: **PKW**, Vicenza liegt an der A 4 von Verona nach Venedig. Das *centro storico* ist für den Verkehr gesperrt, gebührenpflichtig parken kann man z. B. auf Parkplätzen an der Via Cairoli und am Corso San Felice (beide westlich vom Zentrum), am Viale Verdi (Nähe Bahnhof) und am Canove Vecchie und Piazza Matteotti beim Teatro Olimpico (östlicher Zentrumsbereich). Kostenfreie Stellplätze findet man vielleicht südlich der Innenstadt, am Weg zur Basilica di Monte Bérico.

**Bahn**, Bahnhof liegt südwestlich vom Zentrum. Man geht von dort den Viale Roma geradeaus bis Piazzale Roma, dann rechts durch die Porta Castello auf die Hauptstraße der Altstadt, den Corso Palladio.

**Bus**, Station für Busse in die Umgebung linker Hand vom Bahnhof (wenn man rauskommt) am Viale Milano.

**Fahrradverleih**, tägl. 8–20 h an der Gepäckaufbewahrung vom Bahnhof (ca. 5,50 €/Tag) und in der Jugendherberge (→ Übernachten).

• *Information*: **APT** im Eingang zum Teatro Olimpico an der Piazza Matteotti 12. Es gibt ein ausführliches Unterkunftsverzeichnis zur Stadt und Provinz Vicenza, Stadtpläne (eingezeichnet sind u. a. Hotels und Bauten von Palladio) und verschiedene deutschsprachige Broschüren zu den Sehenswürdigkeiten, z. B. zu den Villen Palladios im Umkreis von Vicenza. Im Sommer Mo–Sa 9–13, 14.30–18 h, So 9–13 h. ✆ 0444/320854, ℻ 327072, Internet: www.ascom.vi.it/aptvicenza, E-Mail: aptvicenza@ascom.vi.it

## Übernachten (Karte Seite 80)

In der Altstadt findet man erfreulicherweise vier Hotels, jeweils mit Parkmöglichkeit.

*** **Castello (8)**, Contrà Piazza Castello 24, Nähe Dom, neueres gepflegtes Haus. Aufgang, Frühstücksraum und Lobby in Altrosa gehalten, solide-funktional möblierte Zimmer mit Teppichböden, reservierte Parkplätze um die Ecke. DZ mit Frühstück ca. 60–125 €. ✆ 0444/323585, ℻ 323583, Internet: www.hotelcastello.net, E-Mail: mail@hotelcastello.net

Unmittelbar westlich der Basilika liegen die folgenden zwei Adressen. Parken darf man als Hotelgast in der Gasse vor den Hotels.

** **Due Mori (6)**, Contrà do Rode 26, alter Palazzo, innen durchgängig renoviert, schlichte, teils geräumige Zimmer mit Fliesenböden und Ventilator, hübscher Frühstücksraum, ruhig. DZ um die 45–75 €, Frühstück extra. ✆ 0444/321886, ℻ 326127.

** **Vicenza (7)**, Stradella dei Nodari 5–7, schräg gegenüber vom Due Mori die Gasse hinein, ganz zentral, hübsch altertümlich eingerichtet, schöne schmiedeeiserne Balkons.

DZ mit Bad ca. 40–60 €, mit Etagendusche 35–50 €, Frühstück extra. ✆/📠 0444/321512.

** **Palladio (5)**, Contrà Oratorio dei Servi 25, auf der anderen Seite der Basilika, freundlich geführtes Albergo mit kleinem, gemütlichem Salon/Frühstücksraum, ebenfalls sehr ruhige Ecke. DZ mit Bad ca. 50–90 €, mit Etagendusche ca. 40–60 €, Frühstück extra. ✆ 0444/321072, 📠 547328.

** **San Raffaele (13)**, Viale X Giugno 10, schöne Lage an der Auffahrt zur Basilica am Monte Bérico, mit Garten und Parkplatz. DZ mit Bad ca. 40–70 €, kein Frühstück. ✆ 0444/ 545767, 📠 542259.

• *Außerhalb*: **** **Villa Michelangelo** in Arcugnano, 10 Autominuten von Vicenza in der idyllischen Landschaft der Monti Bérici. Das komfortable und geräumige Hotel in einem großen Park verfügt über stilvoll eingerichtete Zimmer mit Aircondition, außerdem Restaurant und Hallenbad. DZ mit Frühstück ca. 110–190 €. ✆ 0444/550300, 📠 550490, Internet: www.hotelvillamichelangelo.com

** **Villa Raphael**, ebenfalls in Arcugnano, Via Santa Giustina 6. Besonders schöne Lage, gute Küche, großer Garten. DZ mit Frühstück ca. 63-80 €. Tel. 0444/270222, Fax 280660.

* **Locanda Paradiso**, in Perarolo, Via San Bernardino 64. DZ ca. 35-50 €, kein Frühstück. Tel. 0444/550030, Fax 272140.

• *Jugendherberge*: **Ostello Olimpico (3)**, Viale Giuriolo 7–9. Kürzlich eröffnetes Hostel am Fluss Bacciglione, nicht weit vom Teatro Olimpico. Übernachtung ca. 14 €/ Pers. im Mehrbettzimmer, mit Fahrradverleih, Internetzugang und TV. ✆ 0444/ 540222, 📠 547762, Internet: www.hostels-aig.org, E-Mail: ostello.vicenza@tin.it

• *Camping*: **** **Vicenza**, Wiesenplatz unmittelbar bei der Autobahnausfahrt Vicenza Est, etwa 5 km außerhalb, nur mit eigenem Fahrzeug zu empfehlen. Stellplätze z.T. beschattet, Sanitäranlagen geräumig, Waschmaschinen, Tennisplatz, Minigolf. Angeschlossen ist ein Motel. April – September. ✆ 0444/582311, 📠 582434.

Stellplatz für **Wohnmobile** an der Via Bassano, am Busparkplatz bei Fußballstadion (südöstlich vom Stadtzentrum). ✆ 0444/300814.

## *Essen & Trinken/Unterhaltung (Karte Seite 80)*

**Vecchia Guardia (10)**, Contrà Pescherie Vecchie, direkt im Zentrum, zwei Ecken von der Basilika. Der Platz, an dem **man** isst – populäres Freiluftlokal mit guter traditioneller Küche, Spezialität ist *baccalá alla Vicentina con polenta*. Auch der Innenraum ist gemütlich und beliebt. Do geschl. Daneben kann man im **Al Paradiso** gut Pizza essen.

**Al Pestello (1)**, Corte Santo Stefano 3, Nähe Chiesa Santa Corona, hübsches kleines Lokal mit Flaschengalerie, viel Holz und Tiffanylampen, auch einige Tische draußen auf der ruhigen Seitenstraße. Gute lokale Küche. So geschl.

**I Monelli (11)**, Contrà Ponte San. Paolo 13, wenige Schritte südlich der Basilica (→ Stadtplan). Hier isst die Jugend, Osteria mit lockerer und fröhlicher Atmosphäre, nicht teuer. Leider keine Sitzplätze im Freien. Mo geschl.

**Il Cursore (12)**, Contrà Pozzetto 10, weitere beliebte Osteria südlich der Basilica, ebenfalls hauptsächlich junge Gäste, auch einige Plätze im Freien. Di geschl.

• *Außerhalb vom Zentrum*: **Nuovo Cincia e Valerio (2)**, elegantes Lokal an der Piazzetta Porta Padova 65/67 (östlich vom Zentrum), **die** Adresse in Sachen Fisch. Von Hummer bis Muscheln und Edelfisch gibt's hier alles, nicht billig, trotzdem meist gut besucht. Menü ca. 25–45 €. So-Abend und Mo geschl.

**La Vecchia Fattoria**, an der Durchgangsstraße von Torri di Quartesole, nicht weit vom Campingplatz. Große, sehr beliebte Pizzeria in einer ehemaligen Fabrik, mehrere Räumlichkeiten, mit Holz und Bambus wunderbar ausstaffiert. Beachtliche Auswahl an Pizzen, außerdem Fischspezialitäten. Di geschl.

• *Self-Service*: **Righetti (9)**, Contrà Commandante Giuseppe Fontana, Seitengasse bei der Apsis vom Dom, Self-Service in einem düsteren Palazzo mit dunkler Holztäfelung, aber nicht ungemütlich und das Essen reichhaltig. Sa/So geschl.

• *Cafés*: **Gran Caffè Garibaldi**, beliebtes Terrassencafé an der Nordwestecke der Piazza dei Signori.

**L'Antica Offelleria della Meneghina**, Contrà Cavour 18, gleich gegenüber vom Café Garibaldi, historisches Café mit Inneneinrichtung des 19. Jh., in dem leckeres Gebäck aus eigener Produktion kredenzt wird.

• *Nachtleben*: **Antica Casa della Malvasia (4)**, Contrà delle Morette 5, versteckt in einem Gäßchen zwischen Basilica und Corso Andrea Palladio. Alt eingesessene Osteria, die heute von jungen Leuten besucht wird,

## Palladio: Wegbereiter für den Klassizismus

1508 wird der Handwerkerfamilie di Pietro in Padua ein Sohn geboren, der zunächst den Beruf des Steinmetz erlernt, sich aber auch bald mit der Baukunst beschäftigt. Beim Bau eines Landhauses wird der adlige Mäzen Giangiorgio Trissino auf den begabten jungen Mann aufmerksam und beginnt ihn zu fördern. Palladio, so nennt sich dieser mittlerweile, beschäftigt sich intensiv mit den Schriften des antiken Architekten Vitruvius, die für die Renaissance wegweisend sind – später wird er sogar die Bücher des Vitruv aus dem Lateinischen ins Italienische übersetzen. Aufträge erhält Palladio hauptsächlich von den adligen Familien der Stadt. Seine erste Villa baut er mit 32 Jahren, einige Jahre später erhält er nach einer Ausschreibung unter den führenden Architekten seiner Zeit den Auftrag, den zusammengebrochenen Palazzo della Ragione in Vicenza neu zu konzipieren. Die Arbeit an der von ihm so genannten "Basilica" wird ihn bis zu seinem Tod immer wieder beschäftigen. Nach Palladios Plänen werden fortan im gesamten Veneto Villen errichtet. Allein in Vicenza und Umgebung lässt er etwa zwanzig Landhäuser und Palazzi bauen. Hierbei hat er eine durchaus delikate Aufgabe zu bewältigen: Seit der Unterwerfung Vicenzas unter die Herrschaft Venedigs im 15. Jh. kann der einheimische Adel seine Macht ausschließlich in der Politik der Heimatstadt geltend machen. Die Interessen des Adels sind dabei nur durch unbedingte Loyalität untereinander gewährleistet – jede größere Streitigkeit hätte der Besatzungsmacht Venedig in die Hände gespielt. Palladio muss also sowohl dem Wunsch der Bauherren nach Individualität genüge tun, darf andererseits aber keinesfalls zu prachtvoll und ausgefallen bauen, um nicht gegen das Gleichheitsprinzip aller Adligen zu verstoßen.
Palladios Stil kennzeichnen strenge Klarheit und das Streben nach vollendeter Harmonie. Auf der Grundlage Vitruvs kreiert er einen eigenen Stil, den so genannten *Palladianismus*, und wird damit maßgebendes Vorbild für den Klassizismus.

viel Stimmung, gute chiceti (Apettithappen), gelegentlich Livemusik. Bis 2 h nachts geöffnet, So abends und Mo geschl.

**Osteria Grottino**, lockerer Jugendtreff im Souterrain der Basilica (Südseite), man sitzt mit seinem Glas auf den Stufen zur Basilica, gute Bier- und Weinauswahl, auch hier gelegentlich Livemusik. Bis 2 h nachts geöffnet, So geschl.

## Sehenswertes

**Die "Stadt Palladios" ist ein architektonischer Genuss, zudem ist das historische Zentrum für den Verkehr völlig gesperrt, was ihm enorm guttut. Fantastischer Höhepunkt ist die Piazza dei Signori mit der "Basilica".**

Um allerdings Enttäuschungen vorzubeugen: Die Palazzi Palladios wurden so oft nachgeahmt, dass man immer wieder das Gefühl hat, man hat das alles schon mal gesehen. Zudem entspricht der damals revolutionäre klassizistische Renaissancestil nicht unbedingt unserem heutigen Schönheitsideal. Dies tun schon eher die ebenso zahlreichen älteren Bauten im gotisch-venezianischen Stil mit ihren oft filigranen und anmutigen Fassaden.

Zum Erholen von der geballten Ladung Kultur findet man am Fluss südlich vom Zentrum einige hübsche Ecken und Brückchen, die an Venedig erinnern.

**Kombitickets für Vicenzas Sehenswürdigkeiten**: Für Basilica Palladiana, Teatro Olimpico, Pinakothek (Palazzo Chiericati) sowie Archäologisches und Naturwiss. Museum (Kirche Santa Corona) kann man die **Vicenza Musei Card** erwerben (ca. 6,80 €, Schül./Stud. 3,70 €). Wenn man noch das Museo del Risorgimento e della Resistenza am Monte Bérico (Villa Guiccioli) ansehen will, kostet das Ticket ca. 8 € (Schül./Stud. 4,20 €). Weiterhin gibt es die **Vicenza Musei e Palazzi Card**, die für ca. 10,50 € (Schül./Stud. 7,80 €) zusätzlich Zutritt zum Palazzo Barbaran da Porto und den Gallerie di Palazzo Leoni Montanari gewährt, sowie die **Vicenza e le Ville Card**, mit der man außerdem die Villa Valmarana "ai Nani" und die Villa Rotonda besichtigen kann (ca. 21 €, Schül./Stud. 17 €). Erhältlich sind die Kombitickets im Teatro Olimpico. Einzeln kostet der Eintritt meist jeweils ca. 3,20 €, Palazzo Barbaran da Porto ca. 5,20 €, die Basilica 1,05 €.

**Piazza dei Signori:** Das prachtvolle Zentrum der Stadt zeigt sich weit und offen. Tagsüber eher beschaulich, herrscht hier abends das pralle Leben.

Platzbeherrschend ist die so genannte *"Basilica"*, ein Monumentalwerk Palladios, flankiert vom 80 m hohen, leicht schief stehenden *Torre di Piazza*. Der unermüdliche Baumeister ummantelte das morsche Backsteingemäuer des zentralen Palazzo della Ragione in jahrzehntelanger Arbeit vollständig mit einer eleganten, doppelstöckigen Marmorloggia. Vor allem in der oberen Hälfte des Baus kontrastiert der rosa-weiß gemusterte Marmor wirkungsvoll mit dem mächtigen grünen Wölbungsdach. Die imponierenden Ausmaße der Basilica werden einem voll bewusst, wenn man an der Nordwestecke in den ersten Stock hinaufsteigt und den fast fußballfeldgroßen Innenraum betrachtet – seine völlige Leere harmoniert herrlich mit dem hohen, geschwungenen Holzdach in Form eines Schiffskiels. Goethe befand, es sei "nicht möglich, den Eindruck zu beschreiben, den die Basilika von Palladio macht ...". In den Gängen unten liegt ein Juwelierladen neben dem anderen, auch ein Café lädt zum Verschnaufen ein.

An der Nordseite der Piazza dominiert die *Loggia del Capitaniato*, der ehemalige Sitz des venezianischen Statthalters in Vicenza, ein weiteres Werk Palladios mit reichem Figurenschmuck, zu erkennen an den hohen Arkadenöffnungen und Rund-

*Mittelpunkt Vicenzas – die "Basilica"*



säulen. Am Ostende der Piazza ragen zwei schlanke Säulen empor, gekrönt mit dem venezianischen Löwen und dem Erlöser. Hier schließt sich die *Piazza delle Biade* mit der Kirche Santa Maria dei Servi an. An der Südseite der Basilika die *Piazza dell'Erbe*, der historische Marktplatz der Stadt – jeden Vormittag kann man hier um den mittelalterlichen Turm Obst, Gemüse und Blumen kaufen. Ein großer allgemeiner Markt findet dienstags und donnerstags zwischen Basilica und Dom statt.
*Öffnungszeiten/Preise*: **Basilica** – Di–So 9–17 h, Mo geschl., ca. 1,05 €.

**Dom**: großer Backsteinbau, der bei Bombenangriffen im letzten Krieg schwer beschädigt, aber wieder weitgehend rekonstruiert wurde. Das helle Innere ist schlicht gehalten, auf den Seitenaltären diverse Gemälde alter Meister.

**Corso Andrea Palladio**: Die lange schnurgerade Hauptgeschäftsstraße ist Fußgängerzone und durchzieht die gesamte Altstadt. Sie besticht durch ihre noble Konzeption – ein historischer Palazzo folgt dem anderen, weitgehend kann man unter breiten, schattigen Laubengängen spazieren.
Im Westen beginnt die Straße an der *Piazza Castello* mit einem Backsteintor, letzter Rest einer früheren Skaligerburg. Unvollendet, aber hübsch ist der schmalbrüstige *Palazzo Porto Breganze* an der Südseite der Piazza, ein typischer Palladiobau. Ein paar Schritte weiter, am Corso Palladio 13, steht der ebenfalls von Palladio entworfene *Palazzo Bonin Longare*. Weitere Renaissancepaläste findet man z. B. unter den Nummern 45 und 47. Ein filigran-anmutiger Bau reinster venezianischer Gotik ist dagegen der *Palazzo Braschi* (Nr. 67). Das *Rathaus* (Nr. 98) auf der anderen Straßenseite stammt wieder von Palladio. Besonders eindrucksvoll ist schließlich der *Palazzo da Schio* (Nr. 147), ebenfalls von Palladio, mit seinen verspielten Fassadendetails, im Durchgang und Hof sind antike Architekturfragmente und Inschriften untergebracht.

Vicenza
250 m
Treviso
Teatro Olimpico
Pza. XX Settembre
Contrà S. Domenico
C. Padova
Autobahn
Contrà S. Pietro
C. S. Marco
Contrà Pedemuro S. Biagio
S. Corona
S. Stefano
Contrà Porti
Pal. Da Schio
Corso Palladio
Pal. Chiericati (Museo)
Pza. Matteotti
Corso A. Fogazzaro
Contrà Cantarane
S. Lorenzo
V. Montagna
S. Giacomo
Loggia del Capitaniato
Pza. dei Signori
S. Maria dei Servi
Pza. Biade
C. Cabianca
Basilica
Pza. Erbe
C. S. Paolo
Fiume Bacchiglione
Viale Giuriolo
Viale Margherita
Pta. Castello
Ple. Roma
Dom
Contrà Busa S. Michele
V. Loy
Contrà d. Piarda
Pal. Breganze
Contrà Mure Pallamaio
Piazzola Gualdi
Viale Roma
Viale Dalmazia
Viale Eretenio
Contrà S. Caterina
BUS
Bahnhof
Viale Venezia
V. X Giugno
Ple. Fraccon
Viale Risorgimento Nazionale
Villa Rotonda
Viale Dante
Fiume Retrone
Fusinato
Viale Arnaldo
Viale X Giugno
Villa Michelangelo; Monti Berici
Basilica di Monte Bérico
Übernachten
3 Jugendherberge
5 Palladio
6 Due Mori
7 Vicenza
8 Castello
13 San Raffaele
Essen und Trinken
1 Al Pestello
2 Cincia e Valerio
4 Antica Casa della Malvasia
9 Righetti
10 Vecchia Guardia
11 Monelli
12 Il Cursore

Im Osten endet der Corso an der großen *Piazza Matteotti*. Der prachtvolle, von Palladio entworfene *Palazzo Chiericati* mit seiner langen Loggia und der statuengeschmückten Fassade beherbergt eine Pinakothek mit Gemälden der venezianischen Schule. Schräg gegenüber eine der größten Sehenswürdigkeiten Vicenzas, das Teatro Olimpico.

*Öffnungszeiten/Preise*: **Pinakothek** – Di–So 9–17 h, Juli/August 9–19 h, Eintritt ca. 3,20 €.

**Teatro Olimpico:** das älteste Innenraum-Theater Europas, 1580 erbaut. Von außen gänzlich unscheinbar, Eingang im begrünten Hof, rechts davor Tourist-Information. Der prachtvolle Innenraum wurde von Palladio nach dem Vorbild antiker griechischer Theater entworfen: Die hölzernen Zuschauerränge ziehen sich halbkreisförmig um die Bühne mit einer hohen, statuengeschmückten Wand, in den Öffnungen sind in raffinierter Technik Straßen angelegt, die sich scheinbar perspektivisch in den Hintergrund ziehen. 1584 wurde mit dem "Ödipus" von Sophokles eröffnet, und noch heute finden Aufführungen und Konzerte statt.

*Öffnungszeiten/Preise*: Di–So 9–17, Juli/August 9–19 h, Eintritt ca. 3,20 €.

*Im Teatro Olimpico*

**Contrà Porti:** An dieser geschwungenen Seitenstraße, die vom Corso Palladio nach Norden abzweigt, stehen einige besonders prächtige Palazzi. Der *Palazzo Cavalloni-Thiene* (Nr. 6–10), gleich zu Beginn rechts, ist im gotisch-venezianischen Stil erbaut und wird seit 2001 umfassend restauriert. Der benachbarte Renaissancebau *Palazzo Thiene* (Nr. 12) fällt durch sein reich verziertes Portal und die schönen Fresken im Obergeschoss auf, abends wird die Fassade wirkungsvoll illuminiert. Die gotische *Casa Sperotti-Trissino* (Nr. 14) besitzt mehrere filigrane Balkone.

Der *Palazzo Barbaran da Porto* auf der linken Seite (Nr. 11) stammt von Palladio und kann besichtigt werden. Nicht zugänglich ist leider der harmonische Arkadenhof des *Palazzo Porto Breganze* (Nr. 17), immerhin kann man die eleganten gotischen Fenster betrachten. Als schönster gotisch-venezianischer Palast der Stadt gilt der *Palazzo Colleoni-Porto* (Nr. 19). Der *Palazzo Iseppo da Porto* (Nr. 21) wird wieder Palladio zugeordnet.

*Öffnungszeiten/Preise*: **Palazzo Barbaran da Porto** – Di–So 10–18 h, Eintritt ca. 5,20 €, Schül./Stud. und Pers. über 60 ca. 3,60 €.

**Santa Corona:** helle und geräumige Backsteinkirche, die dem Dominikanerorden gehört. Im Inneren einige wertvolle Gemälde, z. B. die anmutige Taufe "Christi von Bellini" (vorne links) und die "Anbetung der Könige" von Veronese (dritter Altar rechts), die schon Goethe bewundert hat. Die Gemälde können gegen Lireeinwurf beleuchtet werden.

Im benachbarten Kreuzgang ist das Archäologische und Naturwissenschaftliche Museum Vicenzas untergebracht.

*Öffnungszeiten/Preise*: **Museum** – Di–So 9–17, Juli/August 9–19 h, Eintritt ca. 3,20 €.

## Vicenza/Umgebung

- **Basilica di Monte Bérico**: große Kreuzkuppelbasilika auf einem Hügel südlich vom Zentrum, ein etwa 1 km langer Arkadengang führt hinauf, oben wunderbarer Blick auf die Stadt. Im byzantinisch prächtigen Inneren mit viel Goldprunk und Gemälden eine *Marienstatue*, die daran erinnert, dass hier 1428 die Muttergottes einer Bäuerin erschien und das sofortige Ende der Pest ankündigte, wenn man ihr hier ein Heiligtum weihe – Anlass für den Bau der Kirche. Heute ein viel besuchtes Pilgerziel mit bedeutenden Kunstwerken, darunter eine "Pietà" von Montagna (in der Kapelle rechts neben der Apsis) und die "Cena di San Gregorio Magno" (Abendmahl Gregors des Großen) von Veronese im Refektorium, gemalt 1572.

  *Anfahrt/Verbindungen*: ab Zentrum läuft man ca. 30 Min., Busse fahren ab Busstation Nähe Bahnhof, für PKW sind reichlich Parkplätze vorhanden.

- **Museo del Risorgimento e della Resistenza**: eindrucksvolle Ausstellung in der Villa Giuccioli, 10 Fußminuten südlich der Basilica – vom Kampf gegen die Habsburger bis zum antifaschistischen Widerstand im Zweiten Weltkrieg.

  *Öffnungszeiten/Preise*: Di–So 9–17, Juli/August 9–19 h, Eintritt ca. 3,20 €.

- **Villa Valmarana "ai Nani"**: Von der Zufahrtsstraße zur Basilika zweigt eine Straße zu dieser äußerlich schlichten Villa vom Ende des 17. Jh. ab, von der Basilika geht man ca. 15 Min. zu Fuß. Die Nani (= Zwerge) stehen als groteske Figuren auf der Gartenmauer. Die Legende erzählt, dass die Besitzer ihre zwergwüchsige Tochter mit einer ausschließlich aus "Liliputanern" bestehenden Dienerschaft umgaben, damit das Kind sich seiner Kleinwüchsigkeit nicht bewusst wurde. Doch vergebens: Als das Mädchen in einem unbewachten Moment einen schönen jungen Mann von natürlicher Größe vorbeireiten sah, erkannte sie die Unabänderlichkeit ihres Schicksals und nahm sich das Leben. Giambattista Tiepolo schmückte Mitte des 18. Jh. die *Palazzina* (Haupthaus) mit fantasievoll-mythologischen Fresken aus, die eher rustikal-volkstümliche Bildfolgen in der *Foresteria* (Gästehaus) schuf sein Sohn Giandomenico.

  *Öffnungszeiten/Preise*: Mitte März bis Anfang November Di–So 14.30–17.30 h, Mi, Do, Sa und So auch 10–12 h, Mo geschl.; Eintritt ca. 5,20 €.

*Perfekte Symmetrie – Villa Rotonda*

**Villa Rotonda**: Wenn man von der Villa Valmarana die Straße etwa 200 m weiter den Hügel hinunterläuft (mit dem Wagen die SS 247 nehmen), kommt man zu dieser eleganten Villa, einem der letzten und berühmtesten Werke Palladios, erbaut um 1566. Der streng symmetrische Bau mit quadratischem Grundriss besitzt ein auffälliges Kuppeldach, das einen kreisrunden Saal überwölbt, und je ein ionisches Säulenportal an allen vier Seiten. Die Kombination von Viereck und Kreis war ein beherrschendes Gestaltungselement der Renaissance. Der Innenbereich ist mit Skulpturen und Fresken verschwenderisch ausgestattet, thematisch sind sie vor allem der antiken Mythologie und Götterwelt entlehnt.

Öffnungszeiten/Preise: Mitte März bis Anfang November **Garten** Di–Do 10–12, 15–18 h, **Villa** nur Mi 10–12, 15–18 h; Eintritt Garten ca. 2,60 €, Villa ca. 5,20 €.

## Monti Bérici

Üppig grünes Hügelland südlich von Vicenza. Ausgangspunkt ist die Basilica di Monte Bérico, von dort beschauliche Fahrt durch kleine, ruhige Dörfer ohne Tourismus. Ein Ziel der Fahrt könnte die Festungsstadt *Montagnana* mit ihrer perfekt erhaltenen Stadtmauer sein (→ Padua/Umgebung).

- Übernachten/Essen & Trinken: In Arcugnano liegen das komfortable **** **Hotel Villa Michelangelo** und die ** **Villa Raphael**, in Perarolo das preisgünstige * **Paradiso** (→ Vicenza/Übernachten). Zu empfehlen ist außerdem weiter südlich in Grancona das ** **Isetta** (DZ ca. 42 €, Frühstück extra, ✆ 0444/889521, ℻ 889992), wo man auch sehr gut isst (Di abends und Mi geschl.).

Provinz Vicenza

# Bassano del Grappa

(ca. 40.000 Einwohner)

**Malerisches Städtchen am Südfuß der Alpen, dort wo die Brenta in die breite venezianische Ebene fließt. Berühmt vor allem wegen seiner überdachten Brücke aus Holz, aber auch wegen seiner Keramikproduktion, der zahlreichen Grappa-Brennereien und vieler weiteren Leckereien wie getrocknete und eingelegte Steinpilze, weißer Spargel, Honig und manches mehr.**

Ein Abstecher lohnt – und sei es nur um eine Grappa zu kosten, um einzukaufen oder in einer Osteria an der Brenta einen Abend zu verbringen. Der Name der Stadt hat übrigens nichts mit dem berühmten Tresterschnaps zu tun, sondern leitet sich vom Monte Grappa ab. Dieser steht nördlich der Stadt, war im Ersten Weltkrieg hart umkämpfte Verteidigungsstellung der Italiener und ist heute quasi Nationalheiligtum.

### Anfahrt/Verbindungen/Information

- Anfahrt/Verbindungen: **PKW**, nur ein kleiner Teil der Altstadt ist für den Verkehr gesperrt. Parken kann man z. B. am Viale delle Fosse, der östlich die Stadtmauer umzieht. Auch im Zentrum sind genügend Stellplätze mit Parkuhren vorhanden.
  **Bahn**, Bahnhof östlich vom Zentrum, die Via Chilesotti führt geradeaus ins Zentrum, bequeme Fußentfernung.
  **Busse** fahren ab Piazzale Trento, beim Viale delle Fosse.
- Information: Largo Corona d'Italia 35, etwas versteckt in einer Passage beim breiten Viale delle Fosse. Großes Angebot an Material über Bassano und Umgebung. Mo–Fr 9–12.30, 14–17, Sa 9–12.30 h. ✆ 0424/524351, ℻ 525301.

### Übernachten

In Zentrumsnähe gibt es keine preiswerten Unterkünfte, das einzige günstige Hotel liegt 15 Fußminuten außerhalb.

**** **Belvedere (8)**, Piazzale Generale Giardino 14, komfortables Haus östlich der Altstadt mit Blick auf die Stadtmauer. Stark befahrene Straße vor dem Haus. Mit Garage. DZ mit Frühstück ca. 80–160 €. ✆ 0424/529845, ℻ 529849, Internet: www.bonotto.it, E-Mail: belvederehotel@bonotto.it

## Alles Grappa: Die Grappa-Brenner von Bassano del Grappa am Monte Grappa ...

Grappa (Mehrzahl: Grappe, fem.) nennt man den hochprozentigen Schnaps, der aus den Trauben- und Stängelresten, die nach der Weinproduktion übrigbleiben, dem so genannten "Trester", durch Destillieren hergestellt wird. Der Beiname "del Grappa" im Namen Bassano bedeutet nun jedoch nicht, dass hier den maestri grappaioli, den fleißigen Schnapsbrennern der Stadt also, ein Denkmal gesetzt wurde, sondern lediglich, dass Bassano am Fuß des Monte Grappa liegt. Tatsächlich hat "die Grappa" rein gar nichts mit dem nahen Berg zu tun, sondern leitet sich von "grappolo" (= Traube) her. Nichtsdestotrotz ist Bassano schon seit Jahrhunderten eine Hochburg der Grappa-Destillateure, die hier die fantasievollsten Kreationen hervorbringen: Limonen, Marosticakirschen, Pflaumen, Brombeeren, Minze – aromatischer schmeckt die Grappa nirgendwo. Ihre Ursprünge sind allerdings ungeklärt: Stammt sie vielleicht aus dem Orient, oder wurde sie gar von Mönchen als Heilmittel gegen die Pest erfunden, die 1630 Bassano befiel? Man weiß es nicht, muss es auch nicht wissen, wenn man bei "Nardini" am Ponte degli Alpini sitzt und "un grappin" oder eine "tajadela" (Verschnitt) schlürft ...

*** **Victoria (15)**, Viale Diaz 33, modernes, sehr gepflegtes Haus, zwar an einer lauten Verkehrsstraße, aber schallisoliert. Nett eingerichtete Zimmer mit TV, Frigobar und Klimaanlage. Familiär geführt, hauseigener Parkplatz, 5 Fußminuten in die Altstadt. DZ ca. 60–75 €, Frühstück extra. ✆ 0424/503620, ℻ 503130, Internet: www.hotelvictoria.bassano.com, E-Mail: victoriahotel@pn. intnet.it

*** **Al Castello (4)**, Piazza Terraglio 20, am Platz vor der Burg, fast am höchsten Punkt der Stadt, das einzige Hotel in der Altstadt. Kleineres Haus mit schönem Blick über die Stadt. Unten Frühstücksraum und beliebtes Café mit samtrosa Stühlen, Zimmer solide möbliert, teils recht kleine Bäder. DZ ca. 45–75 €, Frühstück extra. Wirtin tendiert bereits in der Nebensaison zu Höchstpreisen. Parkmöglichkeit vorhanden. ✆/℻ 0424/228665.

** **Alla Favorita (16)**, Via Sa. Giorgio 49, 15 Fußminuten westlich der Altstadt. Preiswerteste Unterkunft der Stadt, DZ mit Bad und Frühstück ca. 47–65 €. Mit Parkplatz. ✆ 0424/502030, ℻ 503327.

• *Jugendherberge*: **Ostello della Gioventù Fondazione Don Cremona**, Via Chini 6, südlich vom Zentrum. Kleines Haus mit 24 Betten, Übernachtung pro Pers. ca. 15 €, Frühstück ca. 3,50 €. ✆ 0424/522032, ℻ 522362, E-Mail: cremona@nsoft.it

• *Außerhalb*: **** **Villa Palma**, in Mussolente, Via Chemin Palma 30, ca. 5 km östlich von Bassano, am Weg nach Asolo. Gediegene Villa aus dem 18. Jh. mit herrlichem Garten, Zimmer mit Stilmobiliar perfekt eingerichtet, auf Wunsch kann PC und Fax angeschlossen werden. Exklusiv und nobel. Dementsprechend die Preise, DZ mit Frühstück je nach Saison ca. 110–160 €, Suiten (teils mit Jacuzzi-Bädern) teurer. ✆ 0424/577407, ℻ 87687, E-Mail: villapalmasrl@tin.it

### Essen & Trinken/Unterhaltung/Shopping

• *Essen*: **Al Sole-da Tiziano (7)**, Via Vittorelli 41, Traditionslokal mit schwerem, geschnitztem Mobiliar, lokale Küche, viel mit Polenta und Pilzen, im Frühjahr auch Spargel, hausgemachte Nudeln. Menü 40–60 DM. Mo geschl.

**Da Renzo al Ponte (1)**, Via Volpato 60, populäres Fischlokal am Westufer der Brenta, wenige Meter unterhalb der überdachten Brücke, Blick auf Fluss und Brücke, im Sommer viele Plätze im Freien. Mo-Abend und Di geschl.

**Ottone (14)**, Via Matteotti 40–50, schönes altes Ristorante im Laubengang, seit 1870 in Betrieb. Die weit gefächerte Speisekarte bietet *baccalà alla vicentina, fegato alla Venezia,*

aber auch Gulasch. Sehr beliebt, hat Atmosphäre.

**Ponte Vecchio (10)**, Via Angarano 14, gemütliches Lokal mit kleiner Terrasse an der Westseite der überdachten Brücke. Die Veneto-Gerichte Polenta mit Pilzen, *baccalà alla vicentina* und *pasta e fagioli* gehören auch hier zu den Standardangeboten, Pizza ist ebenfalls zu haben. Mo geschl.

**Da Amedeo (6)**, Via Vendramini 20 (führt von der Piazza Garibaldi zur Burg). Sympathische kleine "osteria con cucina", zwei winzige Speiseräume, Speisekarte gibt's nicht, dafür Empfehlungen vom Padrone. Gute und preiswerte Küche. Mo geschl.

**Al Giardinetto**, Via Fontanelle 30, etwas nördlich außerhalb. Schöner Garten und leckere, bodenständige Küche. Di-Abend und Mi geschl.

• *Osterie und Bars*: **Terraglio (3)**, an der Piazza vor dem Kastell, hübsch und authentisch im alten Stil aufgemacht, viel Holzmobiliar, auch Sitzplätze im Freien.

**Antica Osteria (5)**, Via Matteotti 7, wenige Schritte unterhalb vom Terraglio, vor der Tür steht man mit seinem Glas in geselliger Runde, hinten gibt's auch ein paar Tische. Mo geschl.

**Antica Bar (13)**, Via Menarola 3, kleine Weinkneipe zwischen Piazza della Libertà und Alpini-Brücke. Bei Fabio, einem Schankwirt par excellence, sind erstaunlich gute Weine im offenen Ausschank zu kriegen, die Preise pro Glas sind moderat. Die alten Holzbalken an der Decke machen die Wirtsstube urgemütlich. Mi geschl.

**Al Saiso (12)**, lockere Birreria/Bruschetteria direkt vor dem Ponte degli Alpini, zu Popmusik lässt man sich die lecker belegten Bruschette (geröstete Brotscheiben mit Beilagen) schmecken. Vor der Tür gerade mal zwei Tische.

**Ca' Brando (2)**, beliebter Treffpunkt in toller Lage rechts unterhalb der überdachten Brücke, direkt am Wasser. Nicht nur Wein, sondern auch "birra in botte" wird hier gerne getrunken. Di-Fr nur abends, Sa/So ab mittags, Mo geschl.

• *Grapperie*: **Nardini (11)**, direkt im Brückenkopf, stimmungsvolle Wein- und Grappastube des ältesten und größten Grappaproduzenten der Stadt, als Dekoration schwere Destillierkessel – der richtige Platz, um ein Gläschen zu kosten bzw. einen guten Tropfen mitzunehmen, z. B. den leckeren Kräuterlikör *Rabarbaro*. Schon Hemingway hat sich hier gelabt.

**Bassanina (8)**, Piazza Angarano, 100 m westlich der Brücke, gemütliches Lokal, wo man diverse Grappe und Weine kosten kann, z. B. "l'amaro del ponte". Do geschl.

• *Cafés*: **Danieli**, Piazza Garibaldi, viel besuchtes Café vor der Loggia der Kirche San Francesco, hinter der Außenterrasse eine originelle Front mit gotischen Fenstern.

**Orientale**, Piazza Garibaldi 20, hier duftet es zuckersüß, spezialisiert auf Crêpes, Fruchtsalat und Joghurt, außerdem Eis in zahlreichen Sorten. Di geschl.

**Mozart**, Via Vittorelli 39, behagliche Salonatmosphäre im Herzen der Stadt.

• *Shopping*: im Umkreis der Brücke jede Menge reich bestückter Feinkostläden, z. B. **Bottega del Porcino**, Via Crestano Menapola 21 (bei Piazza Montevecchio), sowie üppig ausstaffierte Keramikshops (oft auch sonntags geöffnet). Zahlreiche Keramikateliers im Ortsteil **Nove**.

## Sehenswertes

Im freundlichen und überschaubaren Zentrum findet man einige schöne alte Plätze, Renaissancepalazzi und Gassen mit Laubengängen. Am lang gestreckten *Piazzale della Libertà* missfällt allerdings zunächst die riesenhafte Kirche San Giovanni im typischen Renaissancestil.

An der benachbarten *Piazza Garibaldi*, überragt von einem mittelalterlichen Turm, steht die Kirche *San Francesco* aus dem 14. Jh. Äußerlich eine recht grobe Backsteinstruktur, in der Eingangsloggia sind jedoch schöne alte Fresken erhalten – kürzlich restauriert wurde die *Madonna mit Kind* von Martinelli, rechts daneben eine Verkündigungsszene. Der schlichte, hohe Innenraum mit Holzdecke ist weitgehend kahl, Freskenreste geben allerdings einen Eindruck von früheren Zeiten. Am Altar ein wertvolles bemaltes Kruzifix.

Neben der Kirche betritt man den großen Kreuzgang eines ehemaligen Franziskanerklosters. Das hier untergebrachte *Museo Civico* zeigt archäologische Funde der Region sowie griechische und apulische Keramik, eine Schriftensammlung der alteingesessenen Druckerfamilie Remondini sowie zahlreiche Entwürfe und Skizzen des berühmten klassizistischen Bildhauers Antonio Canova aus dem nahen Possagno (→ Provinz Treviso), besitzt außerdem eine umfangreiche Pinakothek mit über 500 Gemälden, darunter 17 Werke des einheimischen Malers Jacopo del Ponte, genannt Jacopo Bassano.

Am höchsten Punkt der Stadt umfassen die Mauern des *Kastells* ein uriges Durcheinander von Häusern und Baustilen, darunter den wiederholt umgebauten *Dom*. Seitlich verläuft der *Viale dei Martiri* an der Stelle der ehemaligen Stadtmauer zum nördlichen Stadttor *Porta delle Grazie*. Der schöne Blick, der sich hier nach Norden auf den Monte Grappa und die Hochebene von Asiago hin auftut, wird durch die Erinnerung an ein Massaker des Zweiten Weltkriegs getrübt. An den Steineichen entlang der Straßen Viale delle Fosse, Viale Venezia und des aufgrund dieses Ereignisses umbenannten Viale dei Martiri wurden am 26. September 1944 31 junge Widerstandskämpfer erhängt, die Bäume sind markiert. Nördlich vom Zentrum kann man direkt am Brentaufer in der Via Cà Erizzo 7 das *Museo Storico della Grande Guerra* besichtigen, das den Ersten Weltkrieg aus italienischer Sicht thematisiert.

*Idyllisch – die Weinschenke Ca' Brando an der Brenta*



Vom Piazzale della Libertà kommt man über die hübsche *Piazza Montevecchio* mit dem gleichnamigen, jüngst restaurierten Palazzo zum *Palazzo Sturm* in der Via Ferracina direkt an der Brenta. In dem prächtigen Haus mit seinen opulenten Stuckverzierungen und Deckenfresken ist eine wertvolle Keramiksammlung untergebracht.

• *Öffnungszeiten/Preise*: **Museo Civico** – Di–Sa 9–18.30, So 15.30–18.30 h, Mo geschl.
**Museo della Ceramica** – April bis Okt. Di–Sa 9–12.30, 15.30–18.30, So 15.30–18.30 h, Mo geschl., Juni bis Sept. zusätzlich So 10–12.30 h, Nov. bis März nur Fr 9–12.30 und Sa/So 15.30–18.30 h.
Sammelticket für beide Museen ca. 4,20 €.
**Museo Storico della Grande Guerra** – Mai bis Sept. nur So 10–12.30, 15–19 h.

**Ponte degli Alpini:** Wahrzeichen Bassanos und Höhepunkt der Stadtbesichtigung ist zweifellos die überdachte Holzbrücke, traditionell auch "Ponte Vecchio" genannt. Ihre vier Fundamente sind als Schiffsbüge konstruiert und zerteilen die rauschende Brenta. Ursprünglich bereits Anfang des 13. Jh. erbaut, musste sie infolge von Kriegen und Überschwemmungen mehrfach neu konstruiert werden, u. a. 1569 vom berühmten Architekten Palladio (→ Vicenza). An den Hausfassaden zum Fluss sind noch die Spuren der Artillerie aus den Napoleonischen Kriegen zu erkennen. Das letzte Mal wurde der Ponte Vecchio im Zweiten Weltkrieg zerstört und danach von den italienischen Gebirgsjägern (Alpini) wiederaufgebaut, wo sein jetziger Name herrührt. Die breite Fußgänger- und Fahrradbrücke dient heute gleichermaßen als Übergang wie als beliebter Treffpunkt.

Im Umkreis haben sich zahlreiche Osterie und Grapperie etabliert. Noch vor der Brücke lädt die Destillerie von Jacopo Poli (seit 1898) ein, ihr liebevoll aufgemachtes *Museo della Grappa* zu besuchen. Vor hundert Jahren baute der Großvater des heutigen Besitzers die Dampfmaschine einer Lokomotive zur Destillieranlage um. In mehreren Räumen sind kupferglänzende Destillierapparate und eine historische

Bibliothek zur Grappaproduktion zu besichtigen, danach gibt es eine Grappa auf Kosten des Hauses. Im Brückenkopf links findet sich die Verkaufs- und Probierstube des führenden Grappahersteller *Nardini* (seit 1779): Sein "Acquavit di puro graspa" wird alljährlich in Millionen von Flaschen abgefüllt und in alle Welt exportiert. Am jenseitigen Brückenkopf rechts die Bar "Al Ponte Vecchio" mit Holzbalkon hoch über der Brenta. Im Untergeschoss bewahrt das *Museo degli Alpini* Memorabilien zur Brücke, erinnert aber auch an die heftigen Schlachten des Ersten Weltkriegs am Monte Grappa.

*Öffnungszeiten/Preise*: **Museo della Grappa** – tägl. 9–13, 14–19.30 h, Eintritt frei; **Museo degli Alpini** – Di–So 8.30–20 h, Mo geschl.

## Bassano del Grappa/Umgebung

Hinweis: **Possagno**, der Geburtsort des Bildhauers Antonio Canova, das bezaubernde Städtchen **Asolo** sowie die Palladio-Villen in **Masèr** und **Fanzolo** gehören bereits zur Provinz Treviso (S. 91ff).

▸ **Monte Grappa:** Der 1776 m hohe Berg nördlich von Bassano gilt als Symbol des italienischen Verteidigungswillens. 1917/18 tobten hier erbitterte und letztendlich siegreiche Abwehrschlachten der Italiener gegen die österreichisch-ungarische Armee, denn das Grappa-Massiv war die letzte Verteidigungslinie vor der venezianischen Ebene. Im *Sacrario Militare di Cima Grappa*, einer monumentalen Gedenkstätte auf der Cima Grappa, sind die sterblichen Überreste von 12.600 Italienern aufbewahrt, mehr als 10.000 Österreicher ruhen nordöstlich des Römischen Tores (Portale Roma). Die *Galleria Vittorio Emanuele III*, ein 5 km langer Tunnel, ist ein eindrucksvoller Überrest der militärischen Befestigungen, in einer ehemaligen Kaserne ist außerdem ein *Museum* eingerichtet.

- *Öffnungszeiten/Preise*: **Tunnel** und **Museum** – Okt. bis Mitte Mai tägl. 10–12, 13.30–16 h, Mitte Mai bis Sept. tägl. 9–12, 14–17 h, Eintritt frei.
- *Information*: in **Romano d'Ezzelino**, Via U. Foscolo 9, c/o Colombara Correr. ✆ 0424/392952, ℻ 36427, Internet: www.montegrappa.net
- *Übernachten*: * **San Giovanni**, Via Collalto 28, Località Colli Alti (Solagna). Preiswerte Übernachtung, 16 Zimmer mit Bad, DZ ca. 36–43 €, Restaurant. Zum Hotel gehört das privat geführte "Museo Roberto Favero 1915–18" mit Relikten der Schlachten um den Monte Grappa (zu besichtigen während der Öffnungszeiten der Bar). ✆ 0424/558005, ℻ 816042.

▸ **Hochebene von Asiago:** Der "Altopiano dei Sette Comuni" (Hochebene der Sieben Gemeinden) ist ein hügliges Plateau mit Wiesen und Nadelwäldern in etwa 1000 m Höhe, etwa 30 km nordwestlich von Bassano del Grappa. Bayerische Bauern und Handwerker besiedelten im 12. Jh. die einsame Ebene, ihre Mundart – das Zimbrische – wird hier noch heute gesprochen. Im Ersten Weltkrieg war das Hochplateau hart umkämpft, ein großer Soldatenfriedhof mit 50.000 Gefallenen liegt am Ostrand von Asiago. Heute ist die Hochebene als Sommerfrische beliebt, Wanderer und Mountainbiker finden alte Soldatenpfade, in den Almbetrieben gibt es milden Asiago-Käse, ein Sessellift fährt auf den *Monte Caberlaba* (1222 m).

*Information*: **APT Altopiano di Asagio**, in Asiago, Via Stazione 5, ✆ 0424/462221, ℻ 462445.

*Der hölzerne Ponte degli Alpini überquert malerisch die Brenta*

## Marostica

(ca. 13.000 Einwohner)

**Das malerische Örtchen wenige Kilometer westlich von Bassano liegt am Fuß des Monte Pausolino. Es ist gänzlich von Mauern aus der Skaligerzeit eingeschlossen, die sich bis zur Hügelspitze hinaufziehen. Im Frühling umgibt ein Meer von Kirschbäumen das Städtchen.**

Den Eingangsbereich zur Stadt bildet das zinnenbewehrte *Castello Inferiore* mit dem Stadttor *Porta Vicentina*, einem mächtigen, efeuumrankten Turm und einem malerischen Innenhof. Heute sind in der Torburg Rathaus und Informationsbüro untergebracht. Hinter dem Stadttor öffnet sich die weite *Piazza Marostica*, landesweit berühmt für das in geraden Jahren am zweiten Sonntag im September stattfindende *Schachspiel* mit Menschen in historischen Kostümen des 15. Jh. als Schachfiguren (Eintrittspreise ca. 10–50 €). Wenn man am oberen Ende der Piazza neben dem Turm des Palazzo Doglione weiter in Richtung Hügel geht, trifft man auf die *Chiesa del Carmini*. Links davon windet sich zwischen Zypressen und Oliven ein Fußpfad zum *Castello Superiore* an der Hügelspitze hinauf.

Im nahen Dörfchen *Molvena* hat die Jeansfirma "Diesel" ihren Anfang genommen, deren wichtigster Absatzmarkt Deutschland ist.

• *Information*: **Associazione Pro Marostica**, im Castello Inferiore, liebevoll ausgestattet mit Plakaten und Fotos zum Schachspiel. Reichhaltiges Prospektmaterial vorhanden, außerdem kann man Tickets für das Schachspiel vorbestellen. 10–12, 15.30–18 h. ✆ 0424/72127, ℻ 72800, Internet: www.telemar.it/marostica.htm, E-Mail: promarostica@telemar.it

• *Übernachten/Essen & Trinken*: *** **Due Mori**, Corso Mazzini 73, geschmackvoll restaurierter Palazzo, das einzige Hotel innerhalb der Stadtmauern. DZ ca. 80–110 €, Frühstück extra. Mit Restaurant. ✆ 0424/471777, ℻ 73693, Internet: www.duemori.it, E-Mail: info@duemori.com

*** **La Rosina**, Valle San Floriano, Contrà Marchetti 4. Seit 1917 auf einem Hügel nördlich außerhalb mit Blick auf das Tal des heiligen Florian. Gepflegte DZ mit Frühstück ca. 70–75 €. Edles Ristorante mit gehobener Veneto-Küche im Wechsel der Jahreszeiten: *risi e bisi, pasta e fagioli, baccalà, coniglio al forno* u.v.m. Preislich korrekt. Mo und Di geschl., außerdem drei Wochen im August. ✆ 0424/470360, ℻ 470290, E-Mail: larosina@telemar.it

**La Madonnetta**, Via Vaienti 21 (westliche Seitengasse der großen Piazza). Urige Osteria mit Wänden voller Sinnsprüche, hinten kleiner offener Hof. Der Platz, um gänzlich unter Einheimischen "un'ombra" (Gläschen Weißwein) zu nehmen.

**Pigato**, hübsches Café mit kleinem Hof, westlich neben der Torburg.

• *Shopping*: **Casa del Parmigiano**, Piazza Marostica 25 (linke Platzseite), aufmerksam geführter Delikatessenladen, Schwerpunkt auf Käse. **Antiquitätenmarkt** an jedem ersten Sonntag im Monat.

• *Feste*: Außer der berühmten Schachpartie gibt es alljährlich Anfang Juni ein großes Volksfest, das den **"marosticane"**, den Kirschen von Marostica, gewidmet ist.

Das **Schachspiel von Marostica** geht auf das Jahr 1454 zurück: Damals hielten gleichzeitig zwei Adlige um die Hand der Tochter des Burgherren Taddeo Parisio an. Eigentlich hätte ein Zweikampf die Entscheidung bringen müssen, doch Parisio wollte sich mit keiner der zwei Parteien verfeinden – so hatte er den Einfall mit der Schachpartie. Das Spiel fand an einem Feiertag auf dem Burgplatz statt, festlich gekleidete Menschen strömten aus nah und fern herbei, und damit alle das Geschehen verfolgen konnten, nahmen die beiden Ritter ihre weiß und schwarz gewandeten Begleitsoldaten als Schachfiguren – und so wird das Schachspiel noch heute ausgeführt. Ein großes Rahmenprogramm mit mehreren hundert Mitwirkenden ergänzt das eigentliche Spiel. Die Kostüme der Spieler kann man im Rahmen von Führungen im Castello Inferiore besichtigen (tägl. 9–12, 15–18 h, ca. 1,10 €).

*Flüsse und Kanäle prägen Treviso und sein Umland*

# Provinz Treviso

**Treviso ist von Venedig aus die nächste aller historischen Städte der "terra ferma". Sie unterwarf sich schon im 14. Jh. der Serenissima und diente den Venezianern quasi als Brückenkopf bei ihren Landkäufen und Eroberungen bis hin zu den Voralpen. Die Altstadt mit ihren Kanälen ist reizvoll und bietet vor allem um den Fischmarkt viele Gelegenheiten, in traditionellen Osterie einzukehren.**

Die Ebene zwischen Treviso und Mestre, einst Vorgarten Venedigs genannt, ist heute weitgehend von Industrie geprägt, doch im nördlichen Hinterland lohnen ausgiebige Entdeckungstouren. Hier findet man zahllose venezianische Villen und Landhäuser, darunter die *Villa Barbaro*, die wohl berühmteste Villa Palladios. Das kleine Hügelstädtchen *Asolo* ist seit Jahrhunderten eine bevorzugte Sommerfrische für Weltenbummler und Poeten, im nahen *Possagno* kann man das eindrucksvolle Museum des Bildhauers Antonio Canova besichtigen. Und schließlich liegt hier die üppige *Prosecco-Region* mit ihren Weinstraßen, wo nach Herzenslust degustiert werden kann.

| | |
|---|---|
| Treviso | S. 92 |
| Castelfranco Veneto | S. 97 |
| Asolo | S. 98 |
| Villa Barbaro | S. 100 |
| Possagno | S. 102 |
| Conegliano | S. 103 |
| Prosecco-Region | S. 105 |
| Vittorio Veneto | S. 107 |

*Gemütliches Plätzchen im Zentrum von Treviso*

21.1.2017

# Treviso

(ca. 87.000 Einwohner)

**Wohlhabende Stadt mit hübschem Zentrum innerhalb eines intakten Rings von Mauern und Bastionen. Stimmungsvolle Plätze, Häuser mit verblassten Wandmalereien, rauschende Wasserläufe mit Mühlrädern und lange Laubengänge, in denen sich eine schicke Boutique an die andere drängt.**

Treviso liegt am Zusammenfluss der Flüsse Sile und Botteniga, zusätzlich durchziehen zahlreiche Kanäle und Bäche die Stadt. Wasser ist das beherrschende Element, auf das man immer wieder trifft. Ein Höhepunkt ist der malerische Fischmarkt auf einer Flussinsel. Dass die Stadt als wichtigster Knotenpunkt für den deutschen Nachschub im Zweiten Weltkrieg durch Bombenangriffe der Alliierten fast völlig zerstört wurde, kann man dank der hervorragenden Restaurierungsarbeiten heute kaum mehr wahrnehmen. Doch Treviso besitzt nicht nur eine beschauliche Altstadt, sondern ist auch bedeutendes Wirtschaftszentrum: Die Weltfirma Benetton hat hier ihren Stammsitz. Als Touristenziel ist Treviso noch nicht entdeckt, es gibt nur eine Handvoll Hotels und lediglich an Wochenenden wird es voller, wenn die Kauflustigen von weither zum Schaufensterbummel kommen.

## *Anfahrt/Verbindungen/Information*

- *Anfahrt/Verbindungen*: **PKW**, gebührenpflichtige Parkplätze im Zentrum (z. B. Domplatz und Piazza Vittoria), mit etwas Glück kann man innerhalb der Stadtmauern auch kostenlos parken.

**Bahn**, jede halbe Stunde Verbindungen nach Venedig und Udine, stündlich nach Padua. Bahnhof liegt südlich vom Sile, man überquert den Fluss und kommt in wenigen Fußminuten ins Stadtzentrum.

**Bus**, Provinzbusse fahren ab Lungosile Mattei 21 (wenn man vom Bahnhof in die Stadt geht, kurz vor dem Fluss Sile links).

• *Information*: **APT**, Piazzetta del Monte di Pietà 8, an der Piazza dei Signori hinter dem Palazzo del Podestà (→ Sehenswertes). Mo 9–12.30 h, Di–Fr 9–12.30, 14.30–18.30 h, Sa/So 9.30–12.30, 15.30–18 h. ✆ 0422/547632, ℻ 419092, Internet: www.sevenonline.it/tvapt, E-Mail: tvapt@sevenonline.it

## Übernachten

Treviso ist kein billiges Pflaster und auf Touristen kaum eingestellt. Im Zentrum gibt es nur eine einzige Unterkunft, dafür liegen zwischen Bahnhof und Altstadt zwei exzellente ****-Hotels fast unmittelbar nebeneinander.

**** **Continental (11)**, Via Roma 16, gediegene Eleganz in historischem Ambiente, in der Halle unten weiche Teppiche, gemütliche Polstermöbel und sehenswerte Bar, die Zimmer teils mit Antiquitäten ausgestattet, TV, Aircondition, Minibar. DZ ca. 130–160 €. ✆ 0422/411216, ℻ 55054, Internet: www.sevenonline.it/continental, E-Mail: continental@sevenonline.it

**** **Carlton (12)**, Largo di Porta Altinia 15, auf der Südbastion der alten Stadtmauer, direkt am Fluss Sile, kürzlich vollständig renoviert, edles Marmorstyling, Zimmer modern, TV, Minibar. Schöne Gartenterrasse mit Blick zum Fluss, Parkplatz. DZ ca. 125–160 €. ✆ 0422/411661, ℻ 411620, Internet: www.hotelcarlton.it, E-Mail: info@ hotelcarlton.it

** **Campeol (3)**, Piazza Ancilotto 5, ganz zentral hinter der Piazza dei Signori, vis-à-vis vom Ristorante Beccherie (→ Essen), wo man auch das Frühstück einnimmt. 14 ordentliche Zimmer, DZ mit Bad ca. 78 €. Wegen des Hotelmangels oft "completo". Rezeption nicht immer besetzt, dann im Restaurant nachfragen. ✆/℻ 0422/56601.

• *Außerhalb*: ***** **Villa Condulmer**, bei Mogliano Veneto, Località Zerman, 12 km südlich (SS 13 nach Mestre/Venedig nehmen), nach Venedig ist es nur ein Katzensprung. Ein Schmuckstück – herrliche Veneto-Villa des 18. Jh. mit großem Park, Liegewiese und nierenförmigem Swimmingpool. Lobby und z.T. auch Zimmer mit Wandmalereien und historischem Mobiliar. Gutes Restaurant, Tennis. DZ mit Frühstück ca. 200 €, Suite 240–290 €. ✆ 041/457100, 📠 457134, E-Mail: condulme@tin.it

**Castello Giustinian**, 10 km südöstlich, eine Handvoll DZ und Ferienwohnungen im prächtigen alten Schloss von Roncade (17. Jh.) und in den Wehrtürmen der Anlage. Eine Allee mit barocken Statuen führt zur Villa, wo Hausherr Claudio Ciani Bassetti Wein produziert. Die Kellereien kann man besichtigen. Ehepaar Bassetti spricht Deutsch. DZ ca. 72–95 €. Im Sommer fühlen sich auf dem Anwesen allerdings auch Mücken wohl. ✆ 0422/708736, 📠 840964, Internet: www.castellodironcade.com, E-Mail: vcianib@tin.it

## *Essen & Trinken (Karte Seite 93)*

In Treviso gibt es eine ganze Reihe von interessanten und stimmungsvollen Lokalen, darunter um den Fischmarkt auch einige typische Osterie im alten Stil, wo man zu einer *ombra* (Glas Weißwein) leckere Kleinigkeiten (*cicheti)* – wie Käse- oder Wursthappen, Calamari, Fisch und Fleischbällchen kosten kann.

**Alle Beccherie (2)**, Piazza Ancilotto 10, seit den dreißiger Jahren geführt von Familie Campeol, feines, gutbürgerliches Lokal mit traditioneller Küche, z. B. *risi e bisi*, *faraone al forno* oder *baccalà con polenta*. So abends und Mo geschl.

**Toni del Spin (1)**, Via Inferiore 7, nur wenige Meter weiter, sehr gemütlich: Holzboden, schwere Balken, warmes Licht und freundliche Atmosphäre – eine Trattoria aus dem Bilderbuch. Hier schmecken Fleischgerichte wie *coniglio in taglia al rosmarino* (Kaninchen) oder *stinco di maiale con polenta* (Schweinshaxe), natürlich auch der traditionelle *baccalà*. So und Mo-Mittag geschl.

**Due Mori (4)**, Via Palestro 10, ebenfalls gleich um die Ecke, eins der ältesten Lokale der Stadt (dokumentiert seit 1616). Heute groß und volkstümlich mit bunt gemischtem Publikum und lockerer Stimmung, einige Backsteinsäulen tragen den Raum, u. a. reichhaltiges Salatbuffet. Di-Abend und Mi geschl.

**Alla Colonna (5)**, Via Campana 27, ehemaliges Traditionslokal, in dem sich im 19. Jh. die Literaten und Intelektuellen der Stadt trafen. In der Mitte des hohen Speisesaals eine Steinsäule, von der das Lokal seinen Namen hat, vor der Tür windgeschütze Terrasse. Hat Atmosphäre, ebenso wie die dazu gehörige Enoteca im Laubengang. So-Abend und Mo geschl.

**All'Oca Bianca**, Vicolo della Torre 7, Seitengässchen der Hauptgasse Calmaggiore (neben Nr. 10 einbiegen). Nettes Lokal mit Bildern an den Wänden, keine Plätze im Freien. Do geschl.

**Belvedere (8)**, Piazza B. Burchiellati 48 (nördliche Altstadt). Leserempfehlung: "Unauffälliges Wirtshausschild (immer gutes Zeichen!), schöne Gartenlaube, flottes Wirtsehepaar. 'Speisekarte' wird täglich neu geschrieben, Preise sehr günstig – kein Wunder also, mittags isst dort halb Treviso."

• *Self-Service*: **Brek (9)**, Corso del Popolo 25/Viale Cadorna, unten Self-Service, oben Ristorante – beides ausgezeichnet und vielseitig, viele Salate, kräftige Fleischgerichte. Mo geschl.

• *Osterie und Enoteche*: **Al Dante (10)**, Piazza Garibaldi 6, traditionelle Osteria, schönes Plätzchen am Zusammenfluss von Sile und Botteniga, man kann draußen sitzen oder drinnen die oft ausgelassene Stimmung genießen. Gute Auswahl an ortstypischen Speisen – und natürlich Wein... Sa-Mittag und So geschl.

**Odeon alla Colonna**, Vicolo Rinaldi, seitlich der Via Campana an einem Kanal. Enoteca in einem wunderschönen breiten Laubengang, gehört zum benachbarten Restaurant gleichen Namens (→ Essen). So-Abend und Mo geschl.

**Muscoli's (7)**, Via Pescheria 23 (Do geschl.), und **Al Calice d'Oro (6)**, Via Pescheria 5 (So geschl.), liegen beide an der Straße zum Fischmarkt. Hier kehren die Marktverkäufer ein, dementsprechend herzhaft ist das Angebot – von Kuttelsuppe bis Meeresgetier.

**Trevisi**, Via Trevisi 6, ebenfalls Nähe Fischmarkt, mit wunderhübscher kleiner Terrasse (So und im August geschl.).

**Sehenswertes:** Weniger spektakuläre Einzelbauten beeindrucken in Treviso als vielmehr die geschlossene Gesamtkomposition des "centro storico" innerhalb der Stadtmauern, das nach den schweren Bombenangriffen im Krieg vollständig wie-

*Treviso – die Stadt der Fresken*



der aufgebaut wurde. Etwa dreihundert Bauwerke sind mit Fresken geschmückt, was Treviso den Beinamen "urbs picta" (bemalte Stadt) eingetragen hat. Allerdings sind die meisten stark verblasst und recht unscheinbar geworden.

Repräsentativer Mittelpunkt der Stadt ist die *Piazza dei Signori* mit dem gotischen *Palazzo dei Trecento*, in dessen geräumiger Loggia gleich drei Cafés nebeneinander liegen. In der oberen Fassadenhälfte sieht man eine im Mauerwerk rundum laufende Markierung, die zeigt, wie stark der Palast 1944 durch Fliegerbomben zerstört wurde. Nach dem Krieg wurde er wieder aufgebaut, die historischen Fresken im Inneren konnten gerettet werden (Besichtigung nur im Rahmen von Ausstellungen im Palast). An der Längsseite der Piazza steht der *Palazzo del Podestà*, eine neugotische Konstruktion des 19. Jh. An der Rückseite findet man auf der Piazza San Vito die beiden Kapellen *Santa Lucia* und *San Vito*, in denen verschiedene mittelalterliche Fresken und Gemälde erhalten sind.

Die von Laubengängen gesäumte Hauptgasse namens *Calmaggiore* führt von der Piazza dei Signori zum Dom. Unter der Straße wurde ein Teil des altrömischen "Castrum" ausgegraben, das hier einst lag (Mi 9–12 h, Zugang im Silberwarengeschäft "Argenteria Marza, Nr. 8). In der benachbarten Passage namens Galleria della Strada Romana steht die *Fontana delle Tette*, eine Frauengestalt mit üppigen Brüsten, aus denen heute Wasser sprudelt – früher sollen hier neusgewählte Bürgermeister die Einwohner mit Rot- und Weißwein aus dem Busen bewirtet haben.

Der siebenkuppelige Dom *San Pietro* wirkt mit seiner überdimensionalen klassizistischen Vorhalle eher monumental als schön, immerhin dienen die Stufen abends der Jugend von Treviso als beliebter Treffpunkt. Er wurde mehrfach umgebaut, vom mittelalterlichen Ursprung ist bis auf die Löwen am Fuß der Treppen kaum noch etwas zu spüren. Unmittelbar daneben stehen das *Baptisterium* aus dem 12. Jh. und der Glockenturm, alles aus schlichtem Backstein erbaut. Im Innenraum finden

*Auf der Piazza dei Signori*

sich in der *Cappella Malchiostro* (am Ende des rechten Seitenschiffs) Fresken des frühen 16. Jh. von Pordenone, die in ihrer ausgeprägten Plastizität den Vorbildern Michelangelos in der Sixtinischen Kapelle nachempfunden sind, sowie die "Verkündigung", eins der schönsten Altarbilder von Tizian.

Äußerlich eindrucksvoller ist die gewaltige Backsteinkirche *San Nicolò* mit langen, schmalen Fenstern und der dreifachen Apsis, eins der wichtigsten Werke der italienischen Gotik. Die stämmigen Rundpfeiler im hohen Innenraum tragen Fresken von Tommaso da Modena (14. Jh.), an den Seitenwänden hängen große Ölgemälde. Im benachbarten *Seminario*, einem ehemaligen Dominikanerkloster, das heute als Priesterseminar fungiert, findet man einen schönen Kreuzgang und Kapitelsaal mit weiteren Fresken von Tommaso, die Dominikanermönche an ihren Schreibtischen darstellen.

Das *Museo Civico Luigi Bailo* am Borgo Cavour 22 beherbergt eine archäologische Abteilung mit Funden der Region und eine Gemäldegalerie, u. a. mit Werken von Tiepolo und dem "Porträt des Sperone Speroni" von Tizian.

Keinesfalls versäumen sollte man schließlich den Fluss *Botteniga* mit seinen Uferwegen, gemütlichen Bänken und einigen schönen alten Wasserrädern – noch Anfang des 19. Jh. gab es über sechzig davon in Treviso. Ebenfalls am Botteniga trifft man auf eine der malerischsten Flecken der Stadt: den Fisch- und Gemüsemarkt *Pescheria* auf einer kleinen Insel, die über eine Brücke zu erreichen ist. Jeden Dienstag- und Samstagvormittag findet außerdem nicht weit entfernt ein riesiger *Wochenmarkt* mit Textilien, Schuhen, Haushaltsartikeln und Lebensmitteln statt, nämlich am Piazzale Burchiellati, Borgo Mazzini und auf der Piazza Matteotti im nordöstlichen Bereich vom Zentrum.

• *Öffnungszeiten/Preise*: **Seminario** – Sommer Mo–Fr 8–18 h, Winter Mo–Fr 8–12.30, 15–17.30 h, Eintritt frei. **Museo Civico** – Di–Fr 9–12.30, 14.30–17 h, Sa/So 9–12, 15–19 h, Eintritt ca. 1,60 €

Museo Santa Caterina !

*Ein Wassergraben umgibt die ummauerte Altstadt von Castelfranco Veneto*



# Westlich von Treviso

## Castelfranco Veneto

(ca. 30.000 Einwohner)

**Mittelalterliche Festungsstadt mit vollständig erhaltener Backsteinmauer, Wassergräben und fünf Wachtürmen, errichtet von Treviso im 12. Jh. als Bollwerk gegen das nahe Padua. Wer sich damals innerhalb der Mauern niederließ, erhielt kostenlosen Wohnraum und Befreiung von allen Abgaben, musste sich allerdings bereit erklären, die Stadt gegen Angreifer mit der Waffe verteidigen.**

Zu sehen gibt es im kleinen Zentrum mit seinen streng rechtwinkligen Straßenzügen nicht viel. Castelfranco ist allerdings Geburtsort des Malers *Giorgione* (1478–1510), der der venezianischen Renaissancemalerei entscheidende neue Impulse gab – vor allem die Freiheit der Fantasie und die lebendig-naturalistische Darstellung – und mit Tizian die Werkstatt von Bellini besuchte. Bereits in jungen Jahren starb er an der Pest. Nur eine Handvoll seiner Werke sind erhalten, darunter gut geschützt hinter Glas in der rechten Chorkapelle des klassizistischen *Doms* das geheimnisvoll lichtdurchflutete Altarbild "Pala di Castelfranco", eine thronende Madonna mit den Heiligen Franziskus und Liberalis. Letzterer, dargestellt in glänzender Rüstung, ist der Stadtpatron von Treviso. Giorgiones angebliches Geburtshaus, die *Casa di Giorgione*, steht linker Hand vom Dom, enthält aber bis auf eine "Chiaroscuro"-Malerei, die Giorgione zugeschrieben wird, nichts Besonderes.

*Öffnungszeiten/Preise*: **Casa di Giorgione** – Di–So 9–12, 15–18 h, Mo geschl., Eintritt ca. 1,60 €.

• *Information*: an der Hauptstraße, Via F.M. Preti 66, Nähe Porta Vicenza (Westtor). Mo–Fr 8.30–12.30, 15–19 h, Sa 8.30–12.30 h, So geschl.

• *Übernachten*: **** **Alla Torre**, Piazzetta Trento e Trieste 7, renovierter Palazzo neben Uhrturm und Osttor der Stadtmauer, mit Garage. Gepflegte Zimmer, die z.T. die Stadtmauer als Wand haben. DZ ca. 80–95 €. ✆ 0423/498707, ℻ 498737, Internet: www.sevenonline.it/hotellatorre, E-Mail: hotellatorre@sevenonline.it

*** **Roma**, Via Fabio Filzi 39, modern und gut ausgestattet, Parkplatz. DZ ca. 67–80 €. ✆ 0423/721616, ℻ 721515, Internet: www.sevenonline.it/albergoroma, E-Mail: albergoroma@sevenonline.it

** **Alla Speranza**, Borgo Vicenza 11/13. Einfaches Albergo in zentraler Lage, mit Parkplatz. DZ ca. 50 €. ✆ 0423/494480, ℻ 491460.

• *Essen & Trinken*: **Alle Mura**, Via Preti 69, etwas feineres Lokal beim westlichen Stadttor, spezialisiert auf Fisch und Meeresfrüchte. im Sommer kann man hier zu gehobenen Preisen auch schön im Freien essen. Do geschl.

▶ **Villa Emo**: große Palladio-Villa am Ortsrand von *Fanzolo di Vedelago* bei Castelfranco Veneto, Via Stazione 5. Der venezianische Adelige Leonardo di Giovanni Emo ließ sie zwischen 1555 und 1565 errichten und noch heute ist sie in Familienbesitz. Von Leonardo Emo wird auch berichtet, dass er der erste war, der in Oberitalien ein fremdartiges, aus Amerika stammendes Getreide namens Mais anbaute. Der Grundstock für die Polenta war damit gelegt.

In ihrem Aufbau – ein Haupthaus, konzipiert als klassische Säulenhalle mit dem Familienwappen im Giebel, flankiert von zwei lang gestreckten Seitenflügeln mit Laubengängen und Taubentürmen, die als Speicher für Mais, Stallungen und Weinkeller dienten – ähnelt die Villa Emo sehr dem Meisterwerk Palladios, der berühmten Villa Barbaro (→ S. 100), wirkt aber nicht so verspielt wie diese, sondern ist eher streng und schlicht gehalten. Im Gegensatz zum funktionell gehaltenen Äußeren stehen jedoch die Innenräume, die vollständig mit opulenten Fresken von Giambattista Zelotti sowie historischem Mobiliar ausgestattet sind. Samstags und sonntags kann man im Park der Villa zusätzlich ein *Bauernmuseum* besuchen.

Aus Gründen des Denkmalschutzes scheiterte vor einiger Zeit der Versuch, die Villa als Hotel und Restaurant zu nutzen.

*Öffnungszeiten/Preise*: November – März Sa/So 14–18 h, April – Okt. Mo–Sa 15–19, So 10–12.30, 15–19 h, Eintritt ca. 5,30 €.

## Asolo

(ca. 7000 Einwohner)

**"Città dei cento orizzonti – "Stadt der hundert Horizonte" – wird das reizvolle Hügelstädtchen in üppig grüner Umgebung genannt, etwa 17 km östlich von Bassano. Über dem Ort thront weithin sichtbar die mächtige Ruine der Rocca, deren Ursprünge mindestens bis in römische Zeit zurückreichen.**

Dutzende von historischen Villen liegen im Umkreis der Stadt, denn die schöne Lage und das milde Klima haben seit jeher künstlerische Naturen angezogen: Während der Frührenaissance vereinte die Venezianerin Caterina Cornaro (1454–1510), vorübergehend Königin von Zypern, Literaten und Künstler an ihrem Hof, im 19. Jh. lebten hier der englische Romantiker Robert Browning (1812–1889) und die Schauspielerin Eleonora Duse (1858–1924), die bekannteste Mimin ihrer Zeit und zeitweise Geliebte des exzentrischen Dichters Gabriele d'Annunzio. Viele weitere folgten: der venezianische Komponist Malipiero, die Forscherin Freya Stark und andere, meist finanziell unabhängige Weltenbummler.

Auch heute ist die romantische Atmosphäre des Städtchens mit seinen duftenden Gärten, den herrschaftlichen Villen und arkadengesäumten Palazzi, den engen

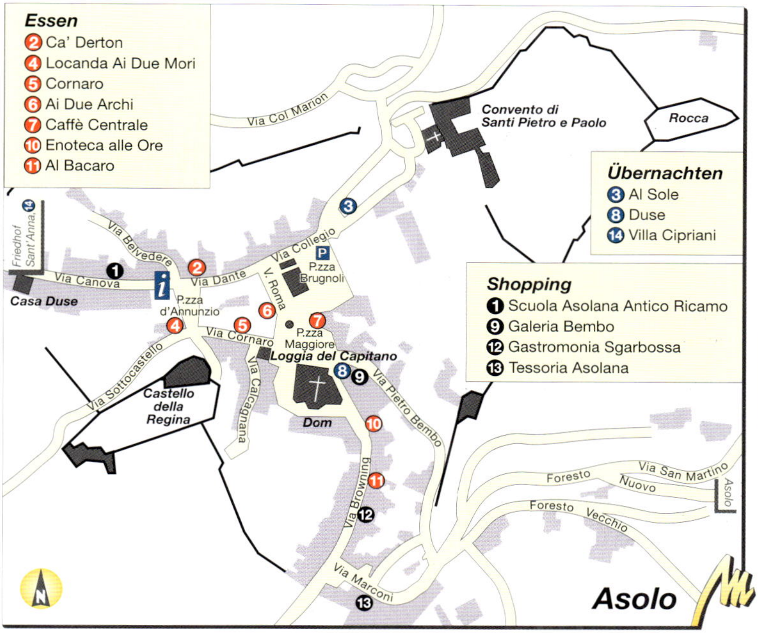


Pflastergässchen und offenen Plätzen nicht verloren gegangen. Doch der starke Verkehr lässt dieses Urteil nur mit Abstrichen zu. Autofahrer haben ihre liebe Not in Asolo: Zu- und Abfahrt wird mittels Ampelschaltung geregelt, denn die einzige Zufahrtsstraße ist für zwei PKW nebeneinander zu schmal. Bis auf einen einzigen, stets überlasteten Parkplatz an der zentralen Piazza Brugnoli gibt es außerdem so gut wie keine Parkmöglichkeit und so dröhnen unablässig Autokarawanen auf der Suche nach einem Stellplatz durch den Ort (Tipp: versuchen Sie, noch vor der Ampel, die die Zufahrt regelt, am Straßenrand zu parken). Besonders zur Zeit des einmal im Monat stattfindenden Antiquitätenmarktes ist Asolo einem heftigen Massenandrang ausgesetzt.

**Tipp:** Ein großer, immer sehr gut besuchter Antiquitätenmarkt, der zu den bekanntesten in Italien gehört, findet für jeweils zwei Tage am zweiten Wochenende jedes Monats auf der zentralen Piazza Garibaldi statt.

• *Information*: **Pro Loco** im Rathaus an der Piazza d'Annunzio 3. Mo–So 9–12.30, 15–18 h, Mo geschl. ✆ 0423/529046, 📠 524137.

• *Übernachten*: Asolo ist ein viel besuchtes Tagesausflugsziel, übernachtet wird eher weniger, denn es gibt ausschließlich hochpreisige Unterkünfte.

***** **Villa Cipriani (14)**, Via Canova 298. Nobelunterkunft in einer historischen Villa, wunderschöner Garten, behagliche Zimmer, z.T. mit Terrasse, hervorragendes Restaurant, toller Blick, jede Menge Prominenz. DZ ca. 255–420 €, Frühstück extra. ✆ 0423/523411, 📠 952095, Internet: www.sheraton.com, E-Mail: giampaolo-burattin@sheraton.com

*Das Haupthaus der Villa Barbaro*

## Die Villa Barbaro: geniales Meisterwerk Palladios

Die elegante, lang gestreckte Villa beim Örtchen Masèr, wenige Kilometer östlich von Asolo, ist eins der Hauptwerke Palladios und gilt als eine der schönsten Villen Venetiens. 1557–58 erbaute er sie im Auftrag der Brüder Daniele und Marcantonio Barbaro, zweier hochkarätiger venezianischer Politiker, deren besonderes Interesse der Kunst galt. Mit Daniele verband Palladio eine enge Freundschaft, und die Villa Barbaro war ihr gemeinsam konzipiertes Objekt: eine palastähnliche Villa, die genussvolles und repräsentatives Wohnen ermöglichte, gleichzeitig aber auch die Funktionen eines großen landwirtschaftlichen Gutshofes erfüllen sollte – halb Schloss, halb Bauernhof. Nach dem Ende der Republik Venedig verfiel das Haus, wechselte häufig den Besitzer und wurde seit dem 19. Jh. schrittweise restauriert. Die heutigen Eigentümer wohnen noch im Haus.

Das Haupthaus erinnert von außen mit seinen vier ionischen Säulen und dem Figuren-Tympanon darüber an einen griechischen Tempel, links und rechts davon schließen sich zwei lang gestreckte Nebenbauten mit Arkadengängen an, wo die landwirtschaftlichen Nutzräume untergebracht waren und die Dienerschaft wohnte, an beiden Enden abgeschlossen durch zwei elegante Taubenhäuser. Unmittelbar hinter dem Haupthaus ist ein reich geschmücktes Nymphäum angelegt, dessen Quellwasser durch ein ausgeklügeltes System Haus und Gärten versorgte.

Höhepunkt der Besichtigung sind jedoch die Wohnräume des Piano nobile im Obergeschoss des Haupthauses, die man nur mit unförmigen Filzpantoffeln besichtigen darf, um das historische Parkett zu schonen. Paolo Veronese bemalte sie äußerst kunstvoll mit symbolträchtigen Fresken im Stil des Trompe-l'œil, am eindrucksvollsten im zentral gelegenen Saal des Olymp. Die Szenen sind teilweise so illusionistisch komponiert, dass sie fast in die

Räume überzugehen scheinen, unterstützt noch durch die herrlichen Stuckarbeiten von Alessandro Vittoria. Die nach vorne ausgerichteten Räume sind mit Landschaften geschmückt, korrespondierend dazu blickt man weit über die venetische Ebene. Die vielen Anspielungen und Details sind es vor allem, die einen Besuch anregend machen. So sieht man sich z. B. auf der Galerie des Olymp-Saals der Hausherrin der Villa mit ihren Kindern und einer Haushaltshilfe gegenüber, ein Adliger (vielleicht ein Selbstbildnis von Veronese oder ein Porträt des Hausherrn) kommt durch eine gemalte Tür von der Jagd zurück, am anderen Ende des Ganges erwartet von seiner Frau.
Zu guter Letzt kann man im weitläufigen hügligen Gelände hinter der Villa noch eine hübsche Kutschen- und Schlittensammlung betrachten.

*Öffnungszeiten/Preise*: März bis Okt. Di, Sa u. So 15–18 h, Nov. bis Febr. Sa u. So 14.30–17 h. Eintritt ca. 5 €, Stud. 4,40 €, Kinder (6–14 Jahre) 2,60 €.

**** **Al Sole (3)**, Via Collegio 33, schöne, ruhige Lage oberhalb der Piazza Brugnoli, sehr gute und gediegene Ausstattung, warme Parkettböden, herrlicher Blick. DZ mit Frühstück ca. 145–240 €. ✆ 0423/528111, 528399, Internet: www.sevenonline.it/albergoalsole, E-Mail: albergoalsole@sevenonlnie.it

*** **Duse (8)**, Via Browning 190, restaurierter Stadtpalazzo genau an der Ecke, wo die Via Browning (Zufahrtsstraße) auf die Piazza Garibaldi trifft. Zimmer mit Klimaanlage, Minibar und TV. DZ ca. 100–130 €, Frühstück extra. ✆ 0423/55241, 950404.

• *Essen*: **Ca' Derton (2)**, Piazza d'Annunzio 11, gilt als bestes Restaurant der Stadt, traditionelle Küche, sehr gute Weine. Keine Sitzplätze im Freien. So-Abend und Mo geschl.

**Locanda Ai Due Mori (4)**, Piazza d'Annunzio 5, großes, schön eingerichtetes Lokal neben dem Rathaus, von der Terrasse genießt man einen weiten Blick ins Grüne (allerdings wird derzeit direkt vor der Terrasse ein Bauwerk errichtet). Mi geschl.

**Ai Due Archi (6)**, Via Roma 55, gepflegtes Terrassenlokal an der zentralen Piazza Brugnoli. Do geschl.

**Cornaro (5)**, Via Cornaro 114, Pizzeria mit Tischen an der Straße. Mo geschl.

Weitere Trattorie findet man in der nahen Località Pagnano am Fluss Musone, nordwestlich von Asolo. Sehr hübsch isst man dort z. B. im **La Trave**, Via Bernardi 5. Mo geschl.

• *Enoteche, Bars und Cafés*: **Enoteca alle Ore (10)**, sehr schöner Weinausschank unter den Arkaden der Via Browning (Nr. 185), wo man auch leckere Kleinigkeiten essen kann. 10–14, 17–2 h, Mo geschl.

**Al Bacaro (11)**, Via Browning 165, ein paar Schritte weiter die Straße entlang, schummrig-gemütliche Osteria, die schon seit über 100 Jahren ihre Dienste anbietet. Mi geschl.

**Caffè Centrale (7)**, routiniert geführtes Traditionscafé (seit 1796) direkt an der Piazza, immer gut besucht, flinker Service. Zu den Gästen zählten bereits Hugo v. Hoffmannsthal, Hemingway und der Autor dieses Reiseführers. Di geschl.

• *Shopping*: Eine Reihe edler Läden mit Geschirr, Kleidung, Stilmöbeln etc. findet man im Arkadengang der Via Browning.

**Gastronomia Sgarbossa (12)**, Via Browning 151, vielleicht der schönste Feinkostladen Venetiens mit einer verführerischer Vielfalt an Delikatessen – von Wein über kunstvoll geformte Pasta bis Käse, von Würsten über Konfekt bis Grappa.

**Tessoria Asolana (13)**, Via Marconi 136 (Achtung: kein Schild draußen), Verkaufsladen einer traditionsreichen Seidenweberei, deren farbenprächtige Decken, Tuche und Teppiche seit Anfang des 19. Jh. hergestellt werden und eine echte Augenweide sind. Neben dem Verkauf von Meterware werden die Stoffe auch nach exakten Wünschen der Kunden gewebt und gefärbt. Besichtigen kann man auch die **Manufaktur** mit ihren alten Webstühlen in der Località Pagnano, nordwestlich von Asolo, Via Ponte 4, ✆ 0423/950742.

**Scuola Asolana Antico Ricamo (1)**, der Sohn des Dichters Robert Browning gründete Ende des 19. Jh. eine Schule für traditionelle Stickerei, deren Laden in der Via Canova 331 liegt.

**Galeria Bembo (9)**, Via Pietro Bembo 92, wenige Schritte oberhalb der Piazza Maggiore, fantasievolle Designerstücke aller Art.

• *Sport*: **Asolo Golf Club**, große Golfanlage mit 27 Loch fürs Nobelpublikum von Asolo. Mit Tennisplätzen, Fitness-Center, Sauna und Pool. ✆ 0423/942000.

**Sehenswertes**: Von Süden kommend, erreicht man die zentrale *Piazza Maggiore* (auch: Piazza Garibaldi) mit ihrem Renaissancebrunnen durch die reizvolle *Via Roberto Browning* mit langem Arkadengang und Fassadenfresken des 15. Jh.

Der Dom *Santa Maria di Breda* steht auf den Fundamenten einer römischen Thermenanlage. Er stammt aus dem 18. Jh. und wurde im 19. Jh. erneuert. Über ein paar Stufen steigt man hinunter und findet an der linken Wand des Innenraums einige Gemälde von Jacopo Bassano, Sebastiano Bastiani und Lorenzo Lotto, darunter die "Erscheinung der Jungfrau", eins der schönsten Altarbilder von Lotto.

Schräg gegenüber steht die mit Außenfresken bemalte *Loggia del Capitano* mit dem *Museo Civico*. Es bewahrt Skulpturen von Canova, Gemälde verschiedener Künstler sowie Erinnerungen an die prominenten Bewohner Asolos: Caterina Cornaro, die Duse und Browning. *Eleonora Duse* gehörte zu den meistgefeierten Schauspielerinnen ihrer Zeit, machte aber ebenso durch ihr ausgeprägtes Liebesleben und die unglückliche Liaison mit d'Annunzio von sich reden. Nach Asolo zog sie sich nicht zuletzt zurück, um den öffentlichen Nachreden zu entgehen. Ihr *Haus* steht im nordwestlichen Ortsbereich an der Via Canova 306 (zu erkennen an dem Bogen, der über die Straße gebaut ist), ihr *Grab* kann man auf dem Friedhof von *Sant'Anna* besuchen, den man weiter unten erreicht.

Vom Domplatz führt die Via Regina Cornaro zum nahe gelegenen *Castello della Regina* hinauf, in dem einst Caterina Cornaro residierte. Vom Palast ist heute jedoch nur noch der mittelalterliche *Torre dell'Orologico* erhalten.

Schließlich kann man von der Piazza Brugnoli am Albergo Al Sole vorbei zu den Ruinen der *Rocca* hinaufsteigen: zunächst die Via Collegio, dann linker Hand durch die Porta Colmarion und den schönen Treppenweg am früheren Convento die Santi Pietro e Paolo entlang. Das kostet zwar etwas Anstrengung, doch der Blick ist wunderschön.

*Öffnungszeiten/Preise*: **Museo Civico** – Di–So 10–12.30, 15–19 h, Mo geschl.; **Rocca** – Sa 10–12.30, 14–19, So 10–19 h, Eintritt ca. 1,60 €.

▸ **Possagno**: Der kleine Ort nördlich von Asolo steht ganz im Zeichen des hier geborenen Bildhauers *Antonio Canova* (1757–1822), neben dem Dänen Thorvaldsen bedeutendster Vertreter des europäischen Klassizismus. Sein gewaltiges Grabmal *Tempio di Canova* ist dem Pantheon in Rom nachempfunden und dominiert den Ort und die ihn umgebende Landschaft. Im Sommer kann man zur Spitze hinaufsteigen und den herrlichen Blick genießen. Vor allem aber sollte man das *Geburtshaus* an der Piazza Canova besichtigen, das mit neueren Anbauten zu einem herausragenden Museum umgestaltet wurde und in dem so gut wie alle Modelle untergebracht sind, die Canova für die verschiedenen Arbeitsprozesse bei der Herstellung seiner Marmorstatuen benötigte – von kleinen Wachs- und Keramikstatuen bis zu lebensgroßen Gipsmodellen. Das Innere des Hauses wurde so rekonstruiert, wie es in den letzten Lebensjahren Canovas aussah, auch Marmorskulpturen und Gemälde des Künstlers sind hier ausgestellt.

• *Öffnungszeiten/Preise*: **Tempio di Canova** – April bis Okt. Di–Sa 9–12, 15–18 h, Nov. bis März Di–Sa 9–12, 14–17 h, So/Mo geschl. Eintritt frei, Aufstieg zur Spitze ca. 1,20 €. **Gipsoteca Museo Canoviano** – Mai bis Sept. 9–12, 15–18 h, Okt. bis April Di–So 9–12, 14–17 h, Mo geschl. Eintritt ca. 2,60 €.

• *Anfahrt/Verbindungen*: **Busse** verkehren mehrmals tägl. ab Bassano del Grappa und Asolo.

• *Übernachten*: ** **Stella d'Oro**, Via Canova 46. Freundlich geführte Herberge mit Parkplatz. DZ um die 50 €, Frühstück extra. ✆ 0423/544107, ℻ 544427.

**Antonio Canova: Führender Bildhauer der napoleonischen Zeit**

Canova erhielt seine Ausbildung in Venedig und arbeitete danach lange in Rom. Er wurde zum bestbezahlten Bildhauer seiner Zeit und bekam Aufträge aus der gesamten europäischen Aristokratie – von St. Petersburg über London und den Vatikan bis Paris und Wien ließen sich Adelsgeschlechter, Päpste und Großbürger in Form von Marmorbüsten und Skulpturen verewigen. So porträtierte er fast die gesamte Familie Napoleons. Da er die Fülle der Arbeiten alleine nicht mehr bewältigen konnte, führte er sie nur noch als Gipsmodelle aus und überließ seinen Mitarbeitern die endgültige Ausgestaltung in Marmor. Im Alter entwarf er den großen Tempio in Possagno, der später sein Grabmal wurde. Seine Zeichnungen und Entwürfe vermachte er der Nachbarstadt Bassano del Grappa (Provinz Vicenza), wo man sie heute im Museo Civico betrachten kann. Die großen Gipsmodelle blieben alle im Geburtshaus.



# Nördlich von Treviso

## Conegliano

(ca. 36.000 Einwohner)

**Geschäftige Stadt an den letzten Ausläufern der Voralpen, unmittelbar südlich davon beginnt die dicht besiedelte Ebene des Veneto. Die hübsche Altstadt schmiegt sich an einen Hügel, oben thront eine mittelalterliche Burg mit weitem Blick in alle Richtungen. Conegliano ist Sitz der ältesten Weinbaufachschule Italiens (seit 1877) und Ausgangspunkt für eine Fahrt auf der ersten Weinstraße Italiens (seit 1966) durch die Anbauzone des Prosecco, die sich nordöstlich der Stadt bis Valdobbiadene erstreckt.**

Von der flachen Neustadt steigt eine breite Treppe durch einen Torbogen zur Piazza Cima mit einem klassizistischen Theater hinauf, die das Zentrum der Altstadt bildet. Benannt ist sie nach dem einheimischen Renaissancemaler Giambattista Cima da Conegliano (ca. 1460–1517). Die an der Unterkante des Platzes verlaufende Via XX Settembre und die östlich anschließende Via Beato Ongaro bilden mit ihren Laubengängen das Rückgrat des centro storico.

• *Anfahrt/Verbindungen*: Der **Bahnhof** liegt in der Neustadt, ins "centro storico" läuft man wenige Minuten immer geradeaus.

• *Information*: Via XX Settembre 61, an der Ecke der Piazza Cima. Mo–Fr 9–12.30, 15–18.30, Sa 9–12.30 h, So geschl. Viel Material über Stadt, Provinz und Prosecco-Gebiet. ✆ 0438/21230, ℻ 428777.

• *Übernachten*: *** **Canon d'Oro**, die einzige Unterkunft im Zentrum, ganz zentral in der Altstadt, Via XX Settembre 129, östlich der Piazza Cima. Vollständig renovierter Palazzo aus dem 15. Jh., aufmerksam geführt, hinter dem Haus Park mit schöner Terrasse, Parkplatz, modern ausgestattete und klimatisierte Zimmer. DZ ca. 80–90 €, Frühstück extra. ✆ 0438/34246, ℻ 34249, Internet: www.sevenonline.it/canondoro, E-Mail: canondoro@sevenonline.it

• *Essen & Trinken*: **Canon d'Oro**, im gleichnamigen Hotel (→ Übernachten), gutes Restaurant mit leichter italienischer Küche, Menü ca. 25–35 €.

**La Città Venezia**, Via Settembre 77, traditionelle Veneto-Gerichte, Schwerpunkt Fisch und Meeresfrüchte. So-Abend und Mo geschl.

**Alla Corona**, Via Beato Ongaro 29, ebenfalls mitten in der Altstadt, nette Osteria, in der man gut und typisch isst. Mo geschl.

**Al Castello**, Trattoria und Bar im Garten der Burg, wunderschönes Plätzchen mit Blick in die grüne Hügellandschaft.

**Tre Panoce**, etwas westlich außerhalb, Via Vecchia Trevigiana 50, feines Restaurant in einer Villa des 17. Jh., drinnen antike Möbel und im Winter beheizte Kamine, draußen schöner Garten. Typische venetische Küche, z. B. *risi e bisi* und zahlreiche Fischgerichte. So-Abend und Mo geschl.

• *Shopping*: Jeden Freitagvormittag großer **Markt** in der Altstadt.

## Sehenswertes

Auffallendstes Gebäude an der Via XX Settembre ist direkt neben der Piazza Cima die freskenbemalte *Scuola dei Battuti*. Direkt unter den Arkaden befindet sich hier der Eingang zum *Dom* mit dem Altarbild "Thronende Madonna und Kind" von Cima (1493). Ebenfalls im Arkadengang sieht man einen Durchgang zu einem schmalen Hof neben dem Dom. Von dort führen Stufen zur *Sala dei Battuti*, dem großen Innenraum der Scuola hinauf, die vollständig mit Fresken des 16. Jh. ausgemalt ist. In der schmalen Gasse hinter dem Dom liegt die wunderbar restaurierte *Casa-Museo Cima da Conegliano* (Nr. 24), die derzeit für wechsende Ausstellungen genutzt wird. An den Maler erinnert hier allerdings nichts mehr.

Schließlich kann man linker Hand vom Theater an der Piazza Cima einen schmalen Fußweg nehmen und in etwa zehn Minuten immer dicht an der Stadtmauer entlang zur Burg hinaufsteigen. Unterwegs passiert man die jüngste restaurierte Kapelle *Oratorio della Madonna delle neve apertura* mit einigen schlecht erhaltenen Freskenresten aus dem 16. Jh.

Das *Castelvecchio* an der Hügelspitze nimmt einen exponierten Platz ein. Nach vorne blickt man weit in die Ebene, nach Norden in die grünen Hügel des Weinbaugebiets. Im Turm der Anlage ist ein *Museo Civico* untergebracht, das weniger wegen seiner etwas kunterbunt platzierten Exponate bemerkenswert ist als vielmehr wegen des herrlichen Blicks von der Turmspitze. Ausgestellt sind u. a. einige farbenprächtige Gemälde des 16.-18. Jh. (Höhepunkt ist die "Schlüsselübergabe an Petrus" von Palma I Giovane), restaurierte Fresken, Münzen aus aller Welt, Ritterrüstungen und archäologische Funde. Im obersten Geschoss findet man Erläuterungen zum Bau und Aufbau der Festung. Hinter der Burg liegt ein schöne Parkanlage mit der Bar/Trattoria "Al Castello" (→ Essen).

• *Öffnungszeiten/Preise*: **Sala dei Battuti** – So 15–19 h;
**Casa-Museo Cima da Conegliano** – Di–So 10–12.30, 15–19 h, Mo geschl., Eintritt frei;
**Museo Civico** – Sommer Di–So 10–12.30, 15.30–19 h, Winter Di–So 10–12.30, Mo geschl., Eintritt ca. 1,60 €.

### Die "Dama Castellana": Historisches Damespiel mit menschlichen Figuren

Das größte Fest Conoeglianos, das weit über die Stadtgrenzen Berühmtheit erlangt hat, ist die Dama Castellana. Im Anschluss an einen großen Umzug in historischen Kostümen findet auf der Piazza Cima ein Damespiel der Stadtviertel mit lebenden Figuren statt – Erinnerung an einen Sieg über Treviso im Jahre 1241. Ein auserwähltes Paar des siegreichen Stadtteils wird danach auf einem Wagen bis zur Spitze des Burghügels geschoben. Achtung: Bisher fand das zweitägige Fest immer am ersten Oktoberwochenende statt, seit 2001 aber Mitte Juni.

*Auskünfte und Kartenreservierung*: Associazione Dama Castellana Conegliano, Viale Spellanzon 15, ✆ 0438/455600, 📠 451961, Internet: www.dama.tv.it, E-Mail: dama@dama.tv.it

*In der mittelalterlichen Abbazia di Follina*



## Prosecco-Region

**Eingerahmt von den Voralpen und der brettflachen Piave-Ebene, erheben sich nördlich von Treviso die üppig bewachsenen, kegelförmigen Rebhügel, aus denen der perlende Prosecco stammt. Früher erzeugte man diesen leichten alkoholarmen Wein, den man überall im Veneto als ein Gläschen – "un'ombretta" – zu sich nimmt, in Anlehnung an das Champagner-Verfahren durch eine zweite Gärung in der Flasche, heute mittels exakt regelbarer Tankgärung.**

Eine Fahrt entlang der 1966 eröffneten "Strada del vino Prosecco", die am Kastell von Conegliano beginnt und über San Pietro di Feletto, Refrentolo, Soligo und Col San Martino nach Valdobbiadene führt, dauert leicht einen halben Tag oder länger. Fast jedes Dorf hat eine "Bottega del Vino", wo man Prosecco degustieren und kaufen kann, bei vielen Winzern ist auch Direkteinkauf möglich. Ein Abstecher lohnt unterwegs zur schönen Zisterzienserabtei *Abbazia di Follina*. Der Zielort *Valdobbiadene* selber hat allerdings wenig mehr zu bieten als eine große tempelartige Kirche mit hohem, schlankem Glockenturm und einen geschäftigen Kreisverkehr, wo das gediegene "Antico Caffè Commercio" zur Einkehr einlädt.

Pieve di Soligo

▸ **Follina:** etwa 6 km nördlich von Soligo im Tal des Soligo-Flusses, kleines touristisches Zentrum mit gehobenen Unterkünften, exzellenten Restaurants und mehreren Agriturismo-Höfen. Die üppig grüne Umgebung bietet sich zum Wandern und Spazierengehen an. Die *Abbazia di Follina* schmiegt sich nur wenige Schritte vom zentralen Dorfplatz entfernt an den Hügelhang. Gegründet wurde das heutige Nonnenkloster im 12. Jh., besichtigen kann man den wunderbar harmonischen Kreuzgang von 1268 und die hohe gotische Kirche mit einem reich vergoldeten Hochaltar. 21.1.17

*Öffnungszeiten*: **Abbazia di Follina** – 6.30–11.50, 14.30–19 h, Eintritt frei.

### Superiore di Cartizze DOC

Als bester Perlwein im Prosecco-Gebiet gilt der **Cartizze** aus der gleichnamigen Lage, gerade mal einen Quadratkilometer groß, zwischen Santo Stefano und Saccol bei Valdobbiadene. Mehr als 9000 Hektoliter pro Jahr gibt es davon nicht, deswegen ist er gut dreimal so teuer wie ein Prosecco. Zum Vergleich: Vom "Prosecco di Conegliano-Valdobbiadene DOC" werden etwa 200.000 Hektoliter produziert. Erwerben können Sie den Cartizze z. B. in der großen **Azienda Agricola Ca' Salina**, kurz vor dem Ortseingang von Santo Stefano (✆ 0423/975296).

• *Information*: Ein kleines, privat geführtes **Reisebüro** unterhalb der Abtei übernimmt die Funktion des Touristinfo. 9–13, 14.30–19.30 h. Viel Material über die gesamte Provinz Treviso.

• *Übernachten/Essen & Trinken*: **** **Abbazia**, Via Martiri della Libertà, wenige Schritte von Hauptplatz und Abtei. Gehört zur Kette der Romantik-Hotels. Man fühlt sich fast in ein Museum versetzt. Polstermöbel, weiche Teppiche, Stilmöbel und edle Tapeten bestimmen das Bild. Man kann im Haupthaus, einem Adelspalazzo des 17. Jh. oder in einer Jugendstilvilla nebenan wohnen. Hübscher kleiner Garten. Sehr aufmerksam geführt. DZ ca. 130–160 €, Frühstück extra. ✆ 0438/971277, ℻ 970001, Internet: www.hotelabbazia.it, E-Mail: info@hotelabbazia.it

*** **Da Lino**, Gutshof mit auffallend roten Kaminen an der Straße von Solighetto nach Follina, Via Brandolini 1. Tipp! Das Restaurant von Lino Toffolin ist seit Jahrzehnten eine Institution und laut Hausprospekt eins der schönsten der Welt – wir sind nicht abgeneigt, ihm darin recht zu geben. Hier ist alles von Feinsten: Die Decke ist eine einzige Orgie aus Kupfertöpfen, an den Wänden Spiegel und Gemälde aller Art, auf den Tischen Kerzenleuchter und feines venezianisches Glas, Blumen, wohin man blickt, draußen ein hübscher, umrankter Laubengarten – man kommt aus dem Schauen und Staunen nicht heraus. Lino kreiert seit 1961 saisonal unterschiedliche Gerichte, die auf Rezepten seiner Mutter, Großmutter und Tanten basieren und kreativ bereichert wurden. Donnerstags gibt es immer frischen Fisch aus der Adria. Menü um die 30–50 €. Mo und im Juli geschl.
Wohnen kann man in zehn DZ und sieben Suiten, die alle komfortabel und individuell eingerichtet sind. DZ ca. 80, Suite ca. 90–120 €. ✆ 0438/842377 (Hotel), 82150 (Restaurant), ℻ 980577, Internet: www.seven.it/locanda-da-lino, E-Mail: dalino@tmn.it

** **Da Gildo**, Via Sottoriva 3, beliebtes Albergo mit schönem Garten, allerdings an der relativ lauten Zufahrtsstraße nach Follina gelegen. DZ ca. 52 €, Frühstück extra. ✆/℻ 0438/970306, E-Mail: algildo@libero.it

**Agriturismo La Bella**, etwas zurückgesetzt von der Zufahrtsstraße nach Follina, linker Hand (beschildert). Hübsches Anwesen mit geschmackvollen Zimmern, DZ mit Frühstück ca. 53 €. ✆ 0438/970309, ℻ 981448.

**Agriturismo Al Col**, von der Zufahrtsstraße nach Follina rechts abbiegen, etwas versteckte Hügellage zwischen Weinbergen. Fünf rustikale Zimmer und zwei Apartments. Ländliches Restaurant (Fr-So), DZ mit Frühstück ca. 58 €. ✆ 0438/970658, ℻ 970116.

**All'Edera**, im kleinen Örtchen Campea, schönes und gepflegtes Restaurant mit Außenterrasse. Di-Mittag und Mi geschl.

### *Weitere Unterkünfte, Restaurants und Enoteche im Prosecco-Gebiet*

• *Übernachten*: **** **Diana**, das einzige Hotel in Valdobbiadene, älterer Backsteinbau, der kürzlich mit viel Metall, Glas und Beton aufwendig renoviert wurde. Behagliche DZ mit Klimaanlage, TV und Minibar ca. 72–83 €, Frühstück extra. Mit Garage. ✆ 0423/976222, ℻ 972237

• *Essen & Trinken*: **Locanda Da Condo**, im Zentrum des Weinbauerndorfs Col San Martino, Via Fontana 134. Enrico Canel bietet in seiner Trattoria typische Regionalgerichte, z. B. das traditionelle "Armeleutegericht" *piatto povero* oder *petto di pollo farcito agli asparaghi* (Hühnerbrüstchen gefüllt mit Spargel), dazu trinkt man natürlich Prosecco. Mi-Abend und Do geschl.

**Osteria dei Colli**, genau gegenüber der Locanda da Condo, Piazza Fontana 133. Wohl die urigste Weinstube im Prosecco-Gebiet, vollgestopft mit Nippes, vor der Tür nettes, schattiges Plätzchen, hinten zwei Tische mit Gedeck. Do geschl.

**Ristoro Fos de Marai**, kurz vor dem Ortseingang von Santo Stefano, kleines schlichtes Terrassenlokal hoch über den Weinbergen.

**Strada del Vino Rosso:** Im Gegensatz zur hügligen Prosecco-Straße führt die Straße des Rotweins durch die Anbauzonen der brettflachen Piave-Ebene, und zwar von Conegliano etwa 70 km nach Südosten bis *Oderzo*.

• *Übernachten*: Oderzo hat fünf Hotels der Kategorien * bis ***, preiswert ist * **Villa Mary**, Via Verdi 24, DZ mit Etagendusche ca. 32 €. ✆ 0422/7417633, ℻ 717633.

• *Essen & Trinken*: **Parco Gambrinus**, Località Gambrinus 22, San Polo di Piave, an der Weinstraße. Berühmtes historisches Restaurant in einem riesigen Park, zahlreiche Spezialitäten, z. B. *gamberi alla Gambrinus*. Preise für das Gebotene durchaus im Rahmen. Mo geschl.

**Osteria da Ravanello**, in Levada di Ponte di Piave, etwa 4 km südlich von Oderzo, Via Chiodo 6 (inmitten der Felder, an der Straße beim Friedhof). Kontrastprogramm zum Gambrinus – uriger Krämerladen ohne Schild (nur "Tabacchi"), geführt von einer betagten Wirtin, gerade mal drei Tische. Serviert wird hauptsächlich Wein, dazu kann man Würste und Käse essen. Tägl. 7–20 h, kein Ruhetag.

*Weinberg bei Col San Martino*



## Vittorio Veneto

(ca. 30.000 Einwohner)

**Lang gestreckte Stadt am Fuß der Voralpen, südlich von Belluno. 1866 wurde sie nach dem Anschluss des Veneto an das noch junge Königreich Italien aus den beiden benachbarten Gemeinden Serravalle und Cédena zusammengeschlossen und nach König Vittorio Emanuele II benannt.**

Der gut erhaltene nördliche Stadtteil Serravalle zwängt sich malerisch zwischen grüne Hügel. Hauptstraße ist die von düsteren Laubengängen flankierte *Via Martiri della Libertà*, an der zahlreiche abgasschwarze Palazzi aus Gotik und Renaissance stehen. Das nördliche Straßenende markiert die bildhübsche *Piazza Flaminio* mit einem Uhrturm und der wappengeschmückten *Loggia Serravalese*, in der heute das Regionalmuseum *Museo del Cenedese* seinen Sitz hat. Das Museum besitzt archäologische Funde, Wappen, einige Gemälde sowie Büsten und Halbreliefs in Gips. Im ersten Stock beeindruckt vor allem der freskenverzierte Ratssaal mit Kamin und großer Wandinschrift aus dem 17. Jh.

Wenn man von der Piazza Flaminio den Fluss Meschio überquert, kommt man zum äußerlich zunächst wenig ansprechenden Dom *Santa Maria Nova*. Eindrucksvoll sind dagegen das mächtige Deckenfresko und vor allem das in intensiven Farben gehaltene Altargemälde "Heilige Jungfrau mit Petrus und Andreas" aus der Werkstatt Tizians (kann beleuchtet werden). Ein wenig weiter südlich steht die Kirche *San Lorenzo dei Battuti*, deren Innenraum einen der besterhaltenen Freskenzyklen des Veneto beherbergt, entstanden um die Mitte des 15. Jh.

Im weniger attraktiven Stadtteil Cédena erinnert das *Museo della Battaglia* in der Loggia Cenedese aus dem 16. Jh. (Piazza Paolo I, westlich der Durchgangsstraße) an die umstrittene Schlacht vom 4. November 1918, in der die Italiener bei Vittorio Veneto die ganze österreichische Armee gefangen nahmen, obwohl bereits Friedensverhandlungen stattfanden. Seitdem hat jede italienische Stadt eine Via Vittorio Veneto. Auf drei Stockwerken wurden hier Relikte, Dokumente und Fotos des Ersten Weltkriegs zusammengetragen, den krönenden Abschluss bildet im obersten Geschoss die Sala della Vittoria mit großflächig-kitschigen Fresken des klassizistischen Malers Giovanni de Min (1786–1859) aus Belluno.

*Schönster Platz in Vittorio Veneto – die historische Piazza Flaminio*

• *Öffnungszeiten/Preise*: Für Museo del Cenedese, Museo della Battaglia und San Lorenzo dei Battuti gibt es **Kombitickets** für ca. 2,60 €.

**Museo del Cenedese** – Mai bis Sept. Di–So 10–12, 16.30–18.30 h, Okt. bis April Di–So 10–12, 15–17 h, Mo geschl.

**Museo della Battaglia** – Mai bis Sept. Di–So 10–12, 16–18.30 h, Okt. bis April Di–So 10–12, 14–17 h, Mo geschl.

**Oratorio di San Lorenzo dei Battuti** – Mai bis Sept. Di–So 15–16 h, Okt. bis April Di–So 14–15 h.

• *Information*: Piazza del Popolo 17, zentral an der Durchgangsstraße, gegenüber vom Bahnhof. Di–Fr 9–13, 15–18 h, Sa 9–13 h. ✆ 0438/57243, ✆ 53629.

• *Übernachten*: *** **Antica Locanda Leon d'Oro**, im Stadtteil Serravalle, Via Cavour 8, südliche Verlängerung der Via Martiri della Libertà. Kleines gemütliches Hotel direkt an der Durchgangsstraße. DZ mit Frühstück ca. 55 €. ✆/✆ 0438/940740, E-Mail: albleondoro@libero.it

**La Casa del Podestà**, Piazza G. Paolo I 65, schön restaurierter Palazzo genau gegenüber vom Museo della Battaglia, Privatzimmer im früheren Haus des Bürgermeisters. DZ mit Frühstück ca. 55 €. Auskunft bei Familie Rossi am selben Platz (Nr. 61), ✆ 0438/53448.

• *Essen & Trinken*: **Alla Cerva**, Piazza Flaminio 8, wunderbare Lage an der historischen Piazza von Serravalle, im Sommer sitzt man hier schön im Freien. Di geschl.

**Locanda al Postiglione**, Via Cavour 39, schräg gegenüber vom Hotel Leon d'Oro, Lokal mit sehr gutem Ruf, kräftige, von den nahen Bergen beeinflusste Küche. Di geschl.

*In den bellunesischen Dolomiten – Wandern zwischen Felszinnen und grünen Almen*

# Provinz Belluno

**Die venetischen Dolomiten, den nördlichsten und gebirgigsten Teil des Veneto, erlebt man am intensivsten, wenn man über das östliche Südtirol anreist.**

Dazu muss man bereits bei Brixen von der Brenner-Autobahn abzweigen und durchs Pustertal fahren (→ Anreise, S. 13) oder ab Bozen die *Große Dolomitenstraße* nehmen. Letztere Strecke benötigt deutlich mehr Zeit und führt über steile Pässe mit viel Kurvenkurbelei, ist aber eine der schönsten Dolomitenstraßen. *Cortina d'Ampezzo* bietet vor allem im Hochsommer einen angenehm kühlen Kontrast zu den oft stickig-heißen Küstengebieten und lohnt sich für Wanderungen oder Fahrten per Sessellift und Seilbahn auf die Zwei- und Dreitausender der Umgebung. *Belluno* liegt in den Voralpen und ist eine unspektakuläre, aber sympathische Stadt über dem Fluss Piave.

| | |
|---|---|
| Große Dolomitenstraße | S. 110 |
| Cortina d'Ampezzo | S. 111 |
| Lago di Pieve di Cadore | S. 114 |
| Belluno und Umgebung | S. 115 |
| Feltre | S. 118 |

## Erlebnis Natur: "Große Dolomitenstraße"

*Bozen – Karer-Pass – Canazei – Pordoi-Joch – Falzarego-Pass – Cortina d'Ampezzo*

Eine Tour auf der berühmtesten Straße der Dolomiten kann man von Bozen aus bequem in Angriff nehmen. Bis Cortina d'Ampezzo sind es etwa 110 km. Die Strecke ist allerdings extrem kurvig und weist große Höhenunterschiede auf, dementsprechend anstrengend ist sie zu befahren.

Zunächst nimmt man vom Ortsteil Kardaun die SS 241, die schmal und kurvig dem Wildbach in der extrem steilwandigen Schlucht des *Eggentals (Valle d'Ega)* folgt, bereits am Talbeginn überquert man auf einer Brücke einen tosenden Wasserfall. Überholen ist in dieser engen Klamm kaum möglich, Geduld mitbringen.
Um *Welschnofen (Nova Levante)* weitet sich die Schlucht, bald hat man linker Hand einen herrlichen Blick auf den *Rosengarten*. Obligater Stopp ist der winzige *Karersee (Lago di Carezza)* mit seinem tiefgrünen Wasser inmitten von Nadelwald, früher Kaiserin Sissis Lieblingsplatz, heute von Urlaubermassen extrem überlaufen. Ein Sessellift fährt hinauf zum bewirtschafteten Rifugio di Paolina (2280 m), wo man auch übernachten kann.
Jetzt überquert man den *Karer-Pass* (1745 m) und kurvt hinunter ins *Fassa-Tal*. Im vielbesuchten Fremdenverkehrsort *Vigo di Fassa* trifft man auf die SS 48. Schnelle Fahrt das *Val di Fassa* entlang mit einer Reihe von Urlaubsorten, dann beginnt bei *Canazei* eine steile Serpentinenstrecke mit herrlichen Panoramen hinauf zum 2239 m hohen *Pordoi-Joch (Passo Pordoi)*, das die Grenze zur Region Venetien bildet. Auf der Passhöhe sollte man die Gelegenheit nutzen und mit der eindrucksvoll konstruierten Seilbahn auf den *Sass Pordoi* hinaufgondeln, die Fahrt auf 2950 m dauert nur wenige Minuten (hin und zurück ca. 10 €, nur hinauf ca. 7 €, Fahrten alle 10 Min.), unterwegs genießt man fantastische Ausblicke auf die steilen Felswände und die Dreitausender im Umkreis: Marmolada, Rosengarten und Langkofel. Die Bergstation oben steht auf einem Plateau mit ewigem Schnee. Wer etwas Zeit zur Verfügung hat: Auf einem gut sichtbaren Weg kann man in einer knappen Dreiviertelstunde wieder zum Pass hinunterlaufen.
In zahllosen Serpentinen kreist man nun vom Pass wieder hinunter, dann zügige Fahrt bis zum Abzweig nach Belluno (SS 203). Richtung Cortina liegt der Camping Col di Lana am Weg, es geht hinauf zum *Passo di Falzarego* (2117 m), wo wieder eine Seilbahn auf den *Lagazuoi* lockt (2752 m), der Sage nach ein zu Stein erstarrter König. Im Anschluss geht es in langen Kurven hinunter in die Ebene von Cortina.

# Cortina d'Ampezzo

(ca. 7000 Einwohner)

**Berühmter Wintersportort, eingebettet zwischen mächtigen Dolomitenzinnen. 1956 wurden hier die Olympischen Winterspiele ausgetragen, hohes Preisniveau. Im Sommer reizt die wunderschöne Umgebung mit zahllosen Wandermöglichkeiten, diverse Seilbahnen und Sessellifte erklimmen die Steilhänge rundum.**

Als Ort bietet Cortina nicht viel, besitzt aber hübsche alpenländische Architektur mit Holzbalkons und eine lange Fußgängerstraße. Die große *Pfarrkirche* fällt durch ihren schlanken weißen Turm auf, dessen Glockenspiel Big Ben nachempfunden ist, im Inneren reichhaltige Barockaltäre, Fresken und täuschend echt gemalte Stuckverzierungen. Wenige Schritte entfernt steht die *Ciasa de ra Regoles* mit einer Gemäldegalerie moderner Kunst (Museo d'Arte Moderne "Mario Rimoldi") sowie einer Fossiliensammlung (Museo Paleontologico "Rinaldo Zardini") und Volkskundeausstellung.

Bis zu 40.000 Gäste tummeln sich in Cortina im Winter, im Hochsommer flüchten viele Italiener vor der Hitze in die kühleren Berge. Im Mai und Juni ist dagegen Nebensaison, überall wird renoviert und vieles ist geschlossen.

## Anfahrt/Verbindungen/Information/Sonstiges

• *Anfahrt/Verbindungen*: **PKW**, von Norden kommend über Bruneck (Brunico) und Tobler (Dobbiaco) das **Höhlensteintal** (Val di Landro) entlang oder von Bozen die fantastische **Große Dolomitenstraße** (Grande Strada delle Dolomiti) nehmen (→ Südtirol).

**Bahn/Bus**, nächster Bahnhof in Toblach (Dobbiaco), 32 km nördlich (Region Trentino-Südtirol). Busstation an der Via Marconi im oberen Teil von Cortina.

**Taxi**, 24 Std. erreichbar unter ✆ 0436/860888.

• *Information*: **APT** an der Piazzetta San Francesco 8, unterhalb der Pfarrkirche. Es wird Deutsch gesprochen. Liste von Hotels und Privatunterkünften, Stadtplan, Umgebungskarte mit Wanderwegen, Sportmöglichkeiten. Tägl. 9.30–12.30, 15.30–18.30 h, ✆ 0436/3231, ✆ 3235, Internet: www.apt-dolomiti-cortina.it, E-Mail: infocortina@apt-dolomiti-cortina.it

• *Sonstiges*: **Dolomiti Multimedia**, Internetcafé versteckt in einer Passage am Largo Poste, neben dem Bilbò Club (→ Nachtleben). Mo–Fr 8.30–12.30, 15–19.30 h.

**La Cooperativa**, ganz zentral in der Fußgängerzone, 100 m unterhalb der Kirche. Alles unter einem Dach – großer Supermarkt, Bücher, Zeitungen Schreibwaren u. m.

## Übernachten

Hotellerie auf hohem Niveau, was sich auch auf die Preise bezieht, jedoch starke Schwankungen zwischen Haupt- und Nebensaison. Unterkünfte mit Ristorante in der Regel nur mit Halb- oder Vollpension. Es gibt auch zahlreiche Privatzimmer und Apartments im Ort, DZ ab etwa 40 € (Liste im Tourist-Büro).

*** **Menardi**, Via Majon 110, im nördlichen Ortsbereich, direkt an der Einfallstraße von Toblach. Alteingesessenes Haus mit ausgezeichnetem Ruf, seit mehreren Generationen von Familie Menardi geführt. Einrichtung traditionell-alpenländisch, freundlicher Service, großer Garten und Parkplatz DZ ca. 63–165 €, Frühstück extra. ✆ 0436/883400, ✆ 867510, Internet: www.sunrise.it, E-Mail: hmenardi@sunrise.it

*** **Panda**, Via Roma 64, zentrumsnah, gemütliches Haus im alpenländischen Stil, rundum laufende Holzbalkone, unten Frühstücks-/Aufenthaltsraum mit Polstermöbeln, vorne im Haus Restaurant "Vienna" (→ Essen), Parkplatz. DZ je nach Saison ca. 52–115 €, Frühstück extra. ✆ 0436/860344, ✆ 860345, E-Mail: hpanda@sunrise.it

** **Cavallino**, Corso Italia 142, ganz zentral in der Fußgängerzone, älteres Haus, einfach,

Provinz Belluno

aber freundlich möbliert, kein Ristorante, Parkplatz. DZ je nach Saison ca. 62–135 €, Frühstück extra. ✆ 0436/2614, ✆ 879909.

** **Villa Alpina**, Via Roma 72, hübsch aufgemacht im traditionellen Stil eines Bauernhauses, mit Garten und Parkplatz. DZ ca. 62–150 €, Frühstück extra. ✆ 0436/2418, ✆ 867464, E-Mail: valpina.cortina@dolomiti.org

** **Villa Gaia**, Via delle Guide Alpine 96, pieksaubere Zimmer in der Nähe vom südlichen Ortsausgang (von der Via Roma rechts ab). DZ ca. 55–125 €, Frühstück extra. ✆ 0436/2974, ✆ 862170, Internet: www.hotelvillagaia.it, E-Mail: info@hotelvillagaia.it

• *Camping*: Wenige Kilometer unterhalb der Stadt auf dem Campo di Sopra am Fluss Boite liegen drei Campingplätze, beschildert an der SS 51: **** **Cortina** (ganzjährig), ** **Rocchetta** (Juni bis September) und ** **Dolomiti** (Mai bis September), von der Stadt stündlich zu erreichen mit Bus 2 ab Piazza Roma. Ein weiterer Platz ** **Olympia** (ganzjährig) liegt oberhalb von Cortina d'Ampezzo an der Straße nach Dobbiaco (Toblach).

**Stellplatz für Wohnmobile** am nördlichen Ortseingang.

## *Essen & Trinken/Nachtleben*

Über siebzig Restaurants und Pizzerien bieten teilweise erstklassige Küche, besonders schön sitzt man in den außerhalb gelegenen Restaurants.

**Baita Fraina**, allein stehendes Haus in ruhiger Hügellage südlich von Cortina, zu erreichen auf schmalem Sträßchen ab SS 51 (beschildert). Bei der engagierten Familie Menardi fühlen sich vor allem Familien mit Kindern wohl, denn es gibt eine große Spielwiese, die man von der Sonnenterrasse einsehen kann. Auch tagsüber gut als Zwischenstopp geeignet. Hausherr Alessandro empfiehlt sein *cosciotto d'agnello ai tre sapori* (Lammkeule mit drei Gewürzen). Menü um die 30–45 €. Mit Zimmervermietung. Mo und Mai/Juni sowie Oktober/November geschl.

**Leone e Anna**, im Ortsteil Alverà, östlich von Cortina. Gute sardische Küche, z. B. malloreddus (Griesklößchen) und porcheddu (Spanferkel). Menü um die 30–45 €. Di und Mai/Juni sowie November geschl.

**Lago Ghedina**, großes Ausflugslokal in herrlicher Lage am gleichnamigen See, knapp 5 km westlich vom Zentrum. Mit Zimmervermietung. Ganzjährig geöffnet, Di geschl. (in Mai/Juni sowie Oktober/November nur Fr, Sa und So geöffnet).

**Il Ponte**, Via B. Franchetti 8, Pizzeria am Flusslauf des Bigontina, östlicher Beginn der Fußgängerzone. Architektonisch originell mit hoher Holzempore, von deren Brüstung man dem Pizzabäcker auf den Schieber gucken kann. Kräftige Pizze, gut z. B. die *pizza al ponte* mit Artischocken und Pilzen, auch Pizza mit Sojateig ohne Tomaten erhätlich. Ganzjährig geöffnet, Mo geschl.

**Vienna**, Via Roma 66, nette Birreria/Pizzeria/Ristorante im Hotel Panda, in den zwei kleinen rustikalen Innenräumen und auf der kleinen Terrasse davor kann man alpenländische Küche (z. B. Gulasch oder Zicklein mit Polenta) und diverse Pizzen ordern. Mi geschl., außerdem Mai und November.

**Self-Service Stazione**, im Busbahnhof an der Via Marconi, das preiswerteste Essen in Cortina, volles Menü um die 12 €. Sa und im Winter geschl.

• *Nachtleben*: Die wilden sechziger Jahre, als Cortina voll im Trend lag, sind zwar vorbei, doch auch heute ist das Nachtleben ausgeprägt – allerdings nur im Winter.

**Bilbò Club**, beliebte, zentral gelegene Disco in einer Passage am Largo Poste, nördlich der Fußgängerzone. Alternativen dazu sind **Area** in der Via Ronco 82 (viel junges Publikum) und **Belvedere** im Ortsteil Pocol.

**Hotel della Poste**, Après-Ski vom Feinsten in der Bar des berühmten Hotels.

**Villa Sandi**, kleine gemütliche Enoteca an der Abzweigung des Largo Poste von der Fußgängerzone.

## *Sport/Lifte*

• *Sport*: Riesenangebot, im Tourist-Büro gibt es Spezialbroschüren.

**Mountainbikes** kann man mieten im Centro Sportivo an der Via Roma 91/c (halber Tag 16 €, Tag 26 €); **Hallenbad** im Ortsteil Guargnè (ca. 6,20 €); **Golf** beim Miramonti Majestic Grand Hotel an der SS 51; **Minigolf** am Camping Rocchetta, Ortsteil Campo; **Reiten** am Reithof Meneguto, Ortsteil Fraina; **Tennis** u. a. im Stadio A.R. Apollonio, Via dei Campi; **Eisstadion** (Juli – September); **Rafting** mit "Cortina No Limits",

*Die Umgebung von Cortina bietet viel für's Auge*

✆ 0436/860808; **geführte Wanderungen** durch Bergführer (Info im Tourist-Büro); mehrere **Fitnesscenter** u. v. m.

• *Lifte*: im Sommer tägl. 9–17 h, lohnen unbedingt. Die reizvollste Tour startet am Olympiastadion. Die Seilbahn "Freccia nel Cielo" geht über Col Druscie und Ra Valles bis auf den Gipfel des **Tofana di Mezzo** – mit 3243 m die höchste Seilbahn ab Cortina d'Ampezzo! Kostet ca. 24 € hin/rück. Bei klarem Wetter kann man bis zum Meer sehen.
Eine weitere Seilbahn startet in der Nähe vom Busbahnhof an der Via Marconi zum Rifugio auf dem **Tondi di Faloria** in 2122 m Höhe (ca. 13 € hin/rück).
Ein Sessel-/Gondellift fährt in zwei Etappen ins Massiv des **Monte Cristallo** bis auf 2896 m Höhe (ca. 13 € hin und zurück), Abfahrt an der Straße zum Lago di Misurina (→ nächster Abschnitt). Ein Sessellift geht vom Hallenbad (Ortsteil Guargnè) hinauf zum **Rifugio Mietres** in 1710 m Höhe (ca. 10 € hin/rück).

Provinz Belluno

## Cortina d'Ampezzo/Umgebung

▸ **Lago di Misurina:** Dieser malerische kleine See liegt in fast 1800 m Höhe, selbst im Juni sieht man an den Ufern noch Schneereste. Dahinter ragt die imposante Kulisse der *Tre Cime di Lavaredo/Drei Zinnen* (2998 m) empor. Von Cortina d'Ampezzo sind es ca. 15 km, in steilen Windungen mit herrlichen Rückblicken geht es hinauf zum *Passo Tre Croci* (1809 m), kurz vorher Gondellift zum Monte Cristallo, dann durch dichten Nadelwald hinunter bis zur Kreuzung, wo man sich links hält.
Am See ein großes Kurheim, diverse Hotels, mehrere Ristoranti und Cafés – Ausflugs- und Reisebusse legen hier gerne einen Stopp ein. An mehreren Stellen Tretbootverleih. Am schmalen Nordende des Sees der Camping Alla Baita Misurine (*), ein kleines, schattenloses Wiesengelände, sanitär einfach (Mitte Juni bis Mitte Sept., ✆/℻ 043/539039). Dort auch mehrere Zimmervermieter und Ristorante Genzianella mit schöner Terrasse, ruhig.

# Von Cortina d'Ampezzo nach Belluno

Schnellste Verbindung ist die SS 51, die den Fluss Bóite entlang über *San Vito di Cadore* schnurstracks nach Süden führt. Im oberen Teil des Tales wird noch Ladinisch gesprochen. Die Ladiner, eine rätoromanische Volksgruppe, hatten sich bereits zu Beginn unserer Zeitrechnung vor den römischen Legionen in unzugängliche Bergtäler zurückgezogen und lebten dort über viele Jahrhunderte hinweg fast isoliert von der Außenwelt.

Bei etwas mehr Zeit kann man auch die SS 48 zum Lago di Misurina (→ oben) nehmen, dann weiter auf der "SS 51 bis" das Tal des *Ansiei-Flusses* entlang, der an mehreren Stellen gestaut ist. An letzterer Strecke liegt der große Fremdenverkehrsort *Auronzo di Cadore* am hübschen *Lago di Santa Caterina*.

## Lago di Pieve di Cadore

Lang gestreckter, sehr schöner Stausee mit Wald- und Wiesenufern, an den Hängen hoch darüber mehrere große Orte. Zum Baden ist er wegen der verschlammten Ufer und des stark wechselnden Wasserstandes allerdings nicht geeignet. Die mächtige Staumauer am Südende des Sees kann man von Pieve di Cadore aus anfahren (Beschilderung "Al Lago"). Durch den Bau dieses Damms wurde der Piave-Fluss so weit gebändigt, dass er weiter unten nur noch als seichtes Flüsschen durch das breite Tal kriecht. Kaum mehr vorstellbar ist heute, dass jahrhundertelang zu langen Flößen zusammengebundene Alpenbäume auf dem Piave bis zum Meer trieben (→ Kasten).

▶ **Pieve di Cadore**: Geburtsort des berühmten Tiziano Vecellio (1488/90–1576), besser bekannt als *Tizian*, der wohl bedeutendste Maler Venetiens. Auf der zentralen Piazza Tiziano ist der Meister mit Pinsel und Palette in Bronze verewigt, seitlich davon steht das frühere *Rathaus* mit dem "Gran Caffè Tiziano". Ein paar Schritte dahinter die große, äußerlich etwas ungeschlacht wirkende *Pfarrkirche* mit einigen Gemälden, darunter auch "Madonna und Heilige" von Tizian. Im Palazzo neben der Kirche das *Museo della Magnifica Comunità del Cadore*, u. a. mit paläontologischen und archäologischen Funden sowie kleiner Gemäldesammlung. An der Durchgangsstraße, etwas unterhalb der Piazza, steht die *Casa natale del Tiziano*, das Geburtshaus Tizians, das seit 2001 umfassend restauriert wird (Auskunft über Öffnungszeiten unter ✆ 043/532262).

• *Öffnungszeiten/Preise*: **Museo della Magnifica Comunità del Cadore** – Mitte Juni bis Mitte September Di–So 9.30–12.30, 16–19 h, Mo geschl.; Eintritt ca. 1,30 €.

• *Übernachten*: Mehrere Hotels in Pieve und Domegge di Cadore.

** **Camping Cologna**, hügliges Wiesengelände am Westufer des Sees, ab Domegge di Cadore über eine schmale Brücke zu erreichen. Juni bis Sept. ✆/℻ 043/572135.

Die oft überlastete SS 51 schlängelt sich das enge Piave-Tal entlang nach Süden. Abstecher nach Belluno einbauen, ansonsten über Vittorio Veneto weiter in die Ebene.

### Die "Zattieri del Piave": Holz für Venedig

Buchstäblich lebenswichtig waren die Belluneser Dolomiten in früheren Jahrhunderten für das traditionell waldarme Venetien. Hier, in den Waldgebieten um Belluno, die heute als Naturpark "Parco Nazionale delle Dolomiti Bellunesi" ausgewiesen sind, schlugen Generationen von Holzfällern die starken harzhaltigen Stämme, auf denen ein Großteil der Lagunenstadt Venedig

steht. Mit biegsamen Gerten zu großen Flößen zusammengebunden, wurde das Holz auf dem Piave bis in die Lagune von Venedig verschifft. Nach dem Zweiten Weltkrieg wurde der ehemals mächtige Strom durch den Bau von Stauwehren und Wasserkraftwerken zum bescheiden fließenden und jederzeit kontrollierbaren Rinnsal – die Flößerei war damit Geschichte geworden.
Umfassend dokumentiert wird die knochenharte Arbeit der "Zattieri" (Flößer) im neuen **Museo Storico degli Zattieri del Piave** in Castello Lavazzo-Codissago nördlich von Belluno. Um den kleinen Ort zu erreichen, muss man beim Holzverarbeitungszentrum Longarone von der SS 51 auf die andere Flussseite wechseln. Dort befindet sich das ausgeschilderte Museum rechter Hand der Durchgangsstraße. Auf drei Stockwerken wird der komplexe Vorgang vom Fällen der Bäume über das Markieren der Stämme und den Transport von den steilen Berghängen zum Fluss hinunter bis zur langwierigen Reise auf dem reißenden Fluss und der Ankunft in der Lagune von Venedig erläutert. Zahlreiche Werkzeuge und Arbeitsmaterialien von der Antike bis zur Neuzeit, dazu Zeichnungen, Fotos, Dokumente und Landkarten, aber vor allem die vielen, in liebevoller Handarbeit hergestellten Modelle machen die Arbeit der Flößer in höchst eindrucksvoller Weise lebendig. Im Außenbereich des Museums wird derzeit ein historisches Sägewerk rekonstruiert, von denen es im Bereich des Piave mehr als hundert gab. Franco Darif, der Leiter des Museums, gibt interessierten Besuchern gerne näheren Einblick und kann so manches Detail sachkundig erklären.

*Öffnungszeiten/Preise*: Juni bis Sept. Di–So 9–12, 15.30–18 h, Mo geschl.; Eintritt ca. 2,60 €. ✆ 0437/771057, E-Mail: franco.darif@libero.it

# Belluno

(ca. 37.000 Einwohner)

**Provinzhauptstadt in den südlichen Ausläufern der Alpen, ca. 70 km von Cortina d'Ampezzo. Kein eigentliches Touristenziel, aber lohnender Stopover am Weg Richtung Venedig.**

Das alte Zentrum liegt pittoresk auf einer Landzunge über dem Tal des Piave-Flusses – schöne alte Gassen mit historischen Palazzi, Laubengängen und Kopfsteinpflaster, der repräsentative Domplatz und die lang gestreckte Piazza Tre Martiri mit ihren eleganten Cafés machen Vorfreude auf den Süden.

• *Anfahrt/Verbindungen*: **Bahnhof** und **Busstation** liegen einen knappen Kilometer nordwestlich der Altstadt.
Ein großer gebührenpflichtiger **PKW-Parkplatz** liegt westlich unterhalb der Altstadt. Per Rolltreppen kommt man hinauf und landet direkt am Domplatz.

• *Information*: **APT** an der Piazza Tre Martiri 8. ✆ 0437/940083, ℻ 940073. Internet: www.provincia.belluno.it, E-Mail: turismo@provincia.belluno.it

• *Übernachten*: *** **Alle Dolomiti (2)**, Via Carrera 46, Seitengässchen der Piazza Tre Martiri, solides Stadthotel, Eingang etwas zurück an einem Innenhof, in der Halle unten dokumentieren zahlreiche Fotos die Beliebtheit des Hauses, freundlich geführt. DZ je nach Saison ca. 45–70 €. ✆ 0437/941660, ℻ 941436.

* **Centrale (1)**, Via Loreto 2, am westlichen Ende der Piazza Tre Martiri in Richtung Bahnhof einbiegen. Einfaches Albergo ohne Spezielles, DZ mit Bad ca. 35–50 €. ✆ 0437/943349.

* **Taverna (3)**, Via Cipro 7, handtuchschmales Gässchen in der Altstadt, preiswerte DZ mit Etagendusche für ca. 30–40 €. Mit Trattoria (→ Essen). ✆ 0437/25192.

**** **Park Camping Nevegal**, auf der gleichnamigen Hochfläche 12 km südöstlich von

*Panoramablick auf die exponiert liegende Altstadt von Belluno*

Belluno in etwa 1000 m Höhe. Ganzjährig. ✆ 0437/908143. Weiterer Platz am nahen **Lago di Croce** (→ unten).

• *Essen*: **Al Sasso (4)**, Via del Consiglio 12, mitten in der Altstadt, Nähe Piazza dell'Erbe, elegant-verwinkelt, viel Holz und dekorative Porzellanteller, traditionelle Küche mit Wild und reichlich Gemüse, Menü um die 25 €. So-Abend und Mo geschl.

**Moretto (5)**, Via Valeriano 8, wem das Al Sasso zu teuer ist, der findet diese preiswerte Trattoria gleich um die Ecke. So geschl.

**Taverna**, Via Cipro 7, gemütliche Osteria in der Altstadt, nach hinten kleine Terrasse, gute tradtionelle Küche. So geschl.

**Al Borgo (7)**, Via Anconetta 8, südlich vom Zentrum, an der Straße nach Feltre. Gediegenes Restaurant in einer Villa des 18. Jh., umgeben von einem großen Park. Di und Mo-Abend geschl.

**Antica Locanda Al Cappello**, in Mel, 15 km südwestlich, Piazza Papa Luciani 20. In dem berühmten historischen Lokal speist man inmitten von Fresken des 17. Jh. Giovanni und Liliana de Zordi bieten typische Belluneser Gerichte, zubereitet nach alten Traditionen. Mittlere Preise. Di-Abend und Mi geschl.

• *Weinstuben* (Enoteche): **Enoteca Top 90**, gemütliches Plätzchen an der Piazza Santo Stefano, vor der gleichnamigen Kirche.

**Il Piacere (6)**, Via Mezzaterra 94, vorne an der Spitze der Altstadt, gepflegte Enoteca, wo man die Veneto-Weine in Ruhe kosten kann. So geschl.

**Sehenswertes:** Die *Piazza Tre Martiri* bildet das Zentrum der Innenstadt – ein schöner, lang gestreckter Platz mit Grünanlage, auf der einen Seite flankiert von breitem Laubengang mit den besten Cafés der Stadt. Der Laubengang setzt sich noch auf die benachbarte Piazza Vittorio Emanuele fort, dort geht es durch die skulpturengeschmückte *Porta Doiona* in die schmalen Altstadtgassen mit zahlreichen Laubengängen und Palazzi aus Gotik und Renaissance.

Über die bildhübsche, von Laubengängen eingefasste *Piazza del Mercato* mit Brunnen kommt man schnell zur weit und offen angelegten *Piazza Duomo*. Platzbeherrschend ist der Dom *Santa Maria Assunta* mit einfacher Bruch- und Backsteinfassade und hohem Campanile im typisch venezianischen Stil, dahinter schöne Aussichtsterrasse zum Fluss Piave. Der spätere Papst Johannes Paul I. war hier 20 Jahre lang Generalvikar – Papst dagegen nur 33 Tage. In den Seitenkapellen des wuchti-

gen Innenraums einige bedeutende Altargemälde. An der Nordseite der Piazza der filigran verzierte *Palazzo dei Rettori* mit Arkadengang, gotischen Doppelfenstern, zwei zentralen Loggien und schönem barockem Uhrenturm. Im auffallenden Kontrast daneben der massive *Torre Civica* aus dem 11. Jh., spärlicher Rest einer Burg, die hier einst stand.

Nur wenige Schritte entfernt steht im Innenhof des *Palazzo della Crepadona* in der Via Ripa ein prächtiger, mit Jagdszenen und einer rätselhaften Inschrift geschmückter Sarkophag des Römers Flavius Ostilius. Im ersten Stock des Palazzo wechselnde Ausstellungen.

Im nahen *Museo Civico*, Via Duomo 16, Ausgrabungsfunde aus der Stein-, Bronze- und Römerzeit und eine Pinakothek mit Werken Belluneser Maler. Neben Sebastiano und Marco Ricci trifft man hier auf Antonio Lazarini, Giovanni de Min und Galeazzo Monti. Aber es gibt auch ein fast 4 m langes Werk des Venezianers Tintoretto, nämlich "Christus vor Pilatus". Ergänzend sind noch venezianisches Porzellan und Holzskulpturen des aus Belluno stammenden Bildhauers Andrea Brustolon (1662–1732) ausgestellt.

Die langen Gassen Richtung Süden führen bis zur Spitze des Felssporns, auf dem die Altstadt thront. Kurz vor Ende der mit alten Palazzi gesäumten *Via Mezzaterra*

zweigt links ein hübsches Kopfsteinpflastergässchen zur *Porta Rugo* ab, wo man einen weiten Blick in die Umgebung genießt.
Zurück an der Piazza Vittorio Emanuele ist die nahe gotische Kirche *Santo Stefano* noch einen Besuch wert – reich verziertes Seitenportal, schöner Innenraum mit schwarzweiß gestreiften Kreuzrippen, in der Kapelle rechts neben dem Altar ein vergoldetes Altarbild von Andrea di Foro (16. Jh.), außerdem Holzschnitzereien von Andrea Brustolon.

*Öffnungszeiten/Preise*: **Museo Civico** – Di–Sa 10–12, 16–19, So 10.30–12.30 h, Mo geschl., Eintritt ca. 2,10 €.

## Belluno/Umgebung

▸ **Lago di Santa Croce**: bildhübscher Voralpensee mit knallgrünem Wasser am Weg von Belluno nach Süden, die SS 51 führt am Westufer entlang. In den Sommermonaten etwas Tourismus, vor allem bei Surfern ist der See beliebt. Treffpunkt der Fischer ist die erhöht gelegene Bar "Da Fortunato" am Ostufer, gleich daneben direkt am See unten die "Baywatch Bar".

• *Übernachten*: * **Alla Spiaggia**, in Farra d'Alpago am Nordufer, nettes Albergo direkt am See. ✆ 043/74238.
** **Camping Sarathei**, flaches Wiesengelände unter Pappeln gleich neben dem "Alla Spiaggia". Vor dem Platz Badeverbot. Ganzjährig. ✆/📠 043/746996.

Nach Süden setzt sich der See in zwei weiteren Staustufen fort, die SS 51 schraubt sich in weiten Kehren immer tiefer, bis die Stadt Vittorio Veneto erreicht wird (→ S. 107), hoch darüber die abenteuerliche Brückenkonstruktion der Autobahn.

▸ **Bosco del Cansiglio**: großes Waldgebiet südöstlich oberhalb vom Lago di Santa Croce, beliebtes Ausflugsziel. Was heute unter striktem Naturschutz steht, war einst das wichtigste Holzdepot Venedigs. In diesem staatlich bewachten Forstgebiet wurden die Bäume für die Fundamente der Palazzi und für die lebenswichtige Flotte der Lagunenstadt gefällt und auf dem Piave nach Venedig geflösst. Der Baumbestand wurde dadurch erheblich dezimiert, und Venedig suchte in seinem ganzen Imperium nach neuen Holzvorräten, z. B. im fernen Kreta.

▸ **Feltre**: 1510 wurde die Stadt von den Truppen Kaiser Maximilians dem Erdboden gleichgemacht und umgehend wieder aufgebaut. So sind hier besonders gut die Strukturen einer typischen Renaissancestadt erhalten. Die lange *Via Mezzaterra* durchzieht die auf einem Hügel gelegene Altstadt. Hier stehen noch zahlreiche mit verblassten Fresken geschmückte Palazzi des 16. Jh., u. a. auch das Museo Civico mit verschiedenen Abteilungen, darunter eine beachtliche Gemäldesammlung. Am höchsten Punkt der Stadt öffnet sich die fast bühnenähnliche *Piazza Maggiore* mit den Denkmälern zweier verdienter Feltriner Bürger, einer venezianischen Löwensäule, dem *Palazzo della Ragione* mit mächtigem Laubengang und der Kirche *San Rocco*. Schräg oberhalb davon thront der Wehrturm der Burg.
Unterhalb des Altstadthügels steht der Dom *San Pietro*. Er wurde ebenfalls im 16. Jh. neu erbaut, die römischen Ausgrabungen im Untergrund der Piazza kann man an Wochenenden besichtigen.
Am letzten Augustwochenende findet der "Palio di Feltre" statt, wobei mit Umzügen, Wettbewerben und Pferderennen an die friedliche Übergabe der Stadt an Venedig am Ende des 15. Jh. erinnert wird.

*Öffnungszeiten/Preise*: **Museo Civico** – Di–So 10–13, 16–19 h, Mo geschl., Eintritt ca. 4,20 €; **Ausgrabungen beim Dom** – Sa/So 10–13, 16–19 h, Eintritt frei.

# Provinz Padua



**Das große, geschäftige Padua besitzt eine altehrwürdige Universität und wertvolle Kunstschätze, ist gleichzeitig aber auch einer der bedeutendsten Wallfahrtsorte Italiens. Im reizvollen Kontrast zur Stadt stehen die grünen Euganäischen Hügel, die zu den schönsten Landschaften im weitgehend flachen Süden des Veneto gehören.**

In *Arquà Petrarca* kann man das Haus des Dichters Petrarca besuchen. Unbedingt ansehen sollte man sich auch *Montagnana* mit seiner eindrucksvollen Stadtbefestigung. Die gepflegte Thermalstadt *Abano Terme* und ihre Nachbarorte blicken auf eine lange Badetradition zurück, denn bereits die Römer kurten hier.

| | |
|---|---|
| Padua | S. 120 |
| Abano Terme | S. 128 |
| Euganäische Hügel | S. 130 |
| Montagnana | S. 132 |
| Este | S. 132 |
| Monsélice | S. 133 |

# Padua (Padova)

(ca. 230.000 Einwohner)

**Großes Wirtschafts- und Messezentrum, seit dem 13. Jh. Universitätsstadt, dank der Basilika des heiligen Antonius außerdem eins der wichtigsten Wallfahrtsziele Italiens. Insgesamt keine reine Schönheit, nicht zuletzt wegen der schweren Weltkriegsschäden. Im historischen Zentrum dominieren aber großzügige Plätze und endlos lange Arkadengänge, die vor allem abends einen großen Reiz ausstrahlen. Touristen kommen hauptsächlich wegen einiger bedeutender Kunstwerke, allen voran die Giotto-Fresken in der Cappella degli Scrovegni.**

In den vierziger Jahren des 19. Jh. war Padua ein wichtiger Versammlungspunkt der liberalen Bürger und Studenten, die die Einigung Italiens anstrebten. Im Februar 1848 lieferte man sich eine Schlacht mit der Polizei der österreichischen Besatzungsmacht, das berühmte Caffè Pedrocchi mit seinen bis heute erhaltenen Einschusslöchern ist ein Zeuge dieser turbulenten Vergangenheit. Dank der ausgeprägten Studentenszene gibt es etliche Kneipen, Ausstellungen und Kinos, die jedoch nur während der Semesterzeit für Abwechslung sorgen.

Tipp: Padua liegt nur eine dreiviertel Zug- bzw. Autostunde von Venedig – als Ausweichquartier für die chronisch überfüllte Lagunenstadt also sehr überlegenswert.

## *Anfahrt/Verbindungen/Information*

• *Anfahrt/Verbindungen*: **PKW**, großer gebührenpflichtiger Parkplatz vor der Kirche Santa Giustina am Prato della Valle im Süden der Stadt, Nähe Basilica di Sant'Antonio.

**Bahn**, Bahnhof im Norden der Stadt, der Corso del Popolo (später Corso Garibaldi) führt schnurgerade ins Zentrum, ca. 1,5 km. Häufige Verbindungen nach Venedig.

**Bus**, Stadtbusse fahren ab Bahnhof, SITA- und ATP-Busse in die Umgebung ab Piazzale Boschetti (vom Bhf. geradeaus und vor dem Fluss links).

Für Stadtbusse gibt es einen **24-Stunden-Pass** für ca. 3 €.

**Taxi**, ✆ 049/651333, nachts 8751666.

• *Information*: **APT**, im Bahnhof. Es gibt eine Unterkunftsliste, Stadtplan, die Monatsbroschüre "Padova Today" (mit aktuellen Öffnungszeiten von Sehenswürdigkeiten) sowie diverse Prospekte. Mo–Sa 9.15–17.45, So 9–12 h. ✆ 049/8752077.

**Zweigstelle** in der Galleria Pedrocchi beim gleichnamigen Café, Mo–Sa 9.30–12.30, 15.30–19 h (✆ 049/8767927), im Sommer auch vor der Basilica di Sant'Antonio (✆ 049/8753087).

**Hauptstelle** an der Riviera de Mugnai 8, kein Publikumsverkehr. ✆ 049/8767911, Fax 650794.

**Internet**: www.padovanet.it/apt, E-Mail: apt@padovanet.it

## *Übernachten*

Vieles ist auf Pilger eingestellt, die meisten Möglichkeiten findet man deshalb im Umkreis der Basilika. An Messetagen ist die Stadt nicht selten weitgehend ausgebucht. Aber auch Venedigtouristen kommen zusehends in Padua unter, um den hohen Preisen in der Lagunenstadt zu entgehen. Mit der Karte "Padova Weekend" gibt es für Wochenendbesucher Vergünstigungen bis zu 30 % in Hotels, Auskunft in den Informationsbüros.

**** **Majestic Toscanelli (16)**, Via dell'Arco 2/Ecke Via San Martino e Solferino, komfortable Oase mitten in den kleinen Gassen der Altstadt, sehr ruhig, Zimmer mit Aircondition und TV, Parkplatz. DZ mit Frühstück ca. 115–165 €. ✆ 049/663244, 8760025, E-Mail: majestic@toscanelli.com

*** **Leon Bianco (6)**, Piazzetta Pedrocchi 12, hübsches kleines Hotel in ganz zentraler Lage, Frühstück auf Dachterrasse,

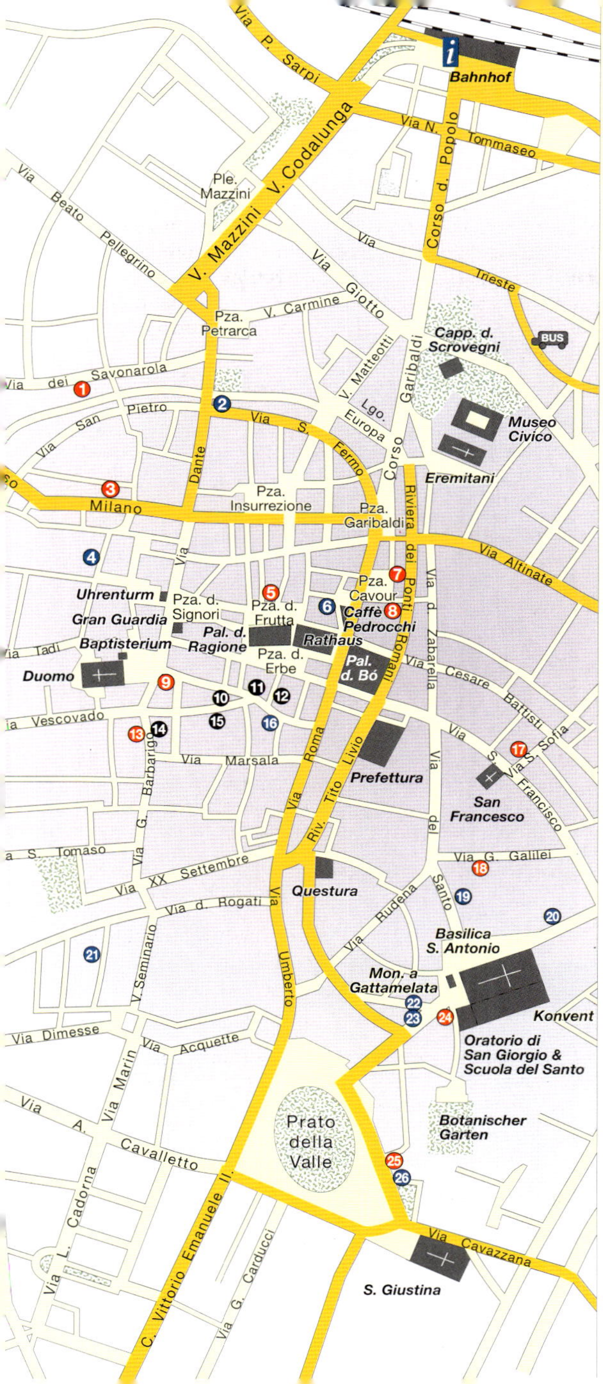


# Padova

## Übernachten

- 2 Sant'Antonio
- 4 Verdi
- 6 Leon Bianco
- 16 Majestic Toscanelli
- 19 Al Santo
- 20 Casa del Pellegrino
- 21 Jugendherberge
- 22 Al Fagiano
- 23 Buenos Aires
- 26 Al Giardinetto

## Essen und Trinken

- 1 Al Cicheto
- 3 Antico Brolo
- 5 Da Mario
- 7 Pepen
- 8 Brek
- 9 Antica Osteria da Capo
- 13 Medina
- 17 Da Nane della Giulia
- 18 Pago Pago
- 24 Al Borgo
- 25 Zairo

## Nachtleben

- 10 Antica Osteria L'Anfora
- 11 La Vecchia Enoteca
- 12 Osteria dei Fabbri
- 14 Taverna Danese
- 15 The Highlander

N

100 m

Garage. DZ ca. 90–100 €, Frühstück extra. ✆ 049/8750814, 📠 8756184, E-Mail: leonbianco@ toscanelli.com

*** **Al Giardinetto (26)**, Via Prato delle Valle 54, schräg gegenüber der Kirche Santa Giustina, Mittelklassehaus mit kleinem Park vor dem Haus. DZ mit Frühstück um die 120 €. ✆ 049/656766, 📠 656972.

** **Buenos Aires (23)**, Via Beato Luca Belludi 37, ordentliche Herberge bei der Basilica di Sant'Antonio, Parkplatz im Hof. DZ mit Bad ca. 82–105 €, mit Etagendusche ca. 60–70 €, Frühstück extra. ✆ 049/665633, 📠 658685.

** **Al Fagiano (22)**, Via Locatelli 45, seitlich der Via Beato Luca Belludi, für die gute Lage bei der Basilica zivile Preise, DZ ca. 62–70 €, Frühstück etxtra. ✆/📠 049/8753396.

** **Casa del Pellegrino (20)**, Via Cesarotti 21, große katholische Herberge direkt neben der Basilika, mehr als 100 saubere, funktionale Zimmer, viele Pilger finden hier Quartier. DZ mit Bad ca. 52–60 €, mit Etagendusche ca. 42–47 €. Frühstück in der großen Bar nebenan kostet extra. Parkplatz im Hof. ✆ 049/8239711, 📠 8239780.

** **Sant'Antonio (2)**, Via San Fermo 118, ordentliches und modern eingerichtetes Albergo in zentrumsnaher und ruhiger Lage, nach hinten Blick auf den Fluss Bacchiglione. DZ mit Bad ca. 65–70 €, mit Etagendusche um die 55–60 €, Frühstück extra. ✆ 049/8751393, 📠 8752508.

* **Al Santo (19)**, Via del Santo 147, nicht weit von der Basilika, einfaches Hotel mit Ristorante/Pizzeria (Di geschl). DZ mit Bad ca. 45 €, Frühstück extra. ✆ 8752131, 📠 8788076.

* **Verdi (4)**, Via Dondi dell'Orologio 7, hinter dem Uhrenturm (→ Sehenswertes), das preiswerteste Albergo in Zentrumsnähe. DZ mit Etagendusche ca. 35 €. ✆ 049/8755744.

• *Hostels*: **Città di Padova (21)**, gutes Jugend-Hostel in der Via Aleardo Aleardi 30, im Zentrum, Nähe Prato della Valle. Bus 3, 8, 12 oder 18 ab Bhf. (sonntags Bus 32). 112 Betten in 13 Schlafsälen, Gemeinschafts- und TV-Raum. Pro Pers. etwa 11 € mit Frühstück, kein IYHF-Ausweis nötig. Tägl. 8–9.30, 16–23 h, ganzjährig geöffnet. ✆ 049/8752219, 📠 654210.

• *Camping*: Nächster Platz ist **** **Camping Sporting Center** (früher: Camping Termale) am nordöstlichen Ortsrand von Montegrotto Terme, ca. 10 km südlich von Padua (Bahnverbindung, aber vom Bhf. in Montegrotto Terme noch gut 2 km zu Fuß). Teurer Wiesenplatz mit Pool (gegen Gebühr), Thermalbad und Disco. März bis Anfang November. ✆ 049/ 793400, 📠 8911551.

**Tipp**: Die Initiative "Koko Nor" vermittelt günstige Privatzimmer mit Frühstück in Padua und Umgebung, EZ ca. 27 €, DZ ca. 50 €. In der Regel kann man kurzfristig buchen (1–2 Tage vorher), für Aufenthalte im August aber besser 1–2 Monate im Voraus. Adresse. I-35135 Padova, Via Selva 5, ✆ 049/9643394, 📠 8643394, E-Mail: kokonor@intercity.it

## *Essen & Trinken (Karte Seite 121)*

**Antico Brolo (3)**, Corso Milano 22, gilt als eins der besten Restaurants der Stadt, abgeschirmt von der verkehrsreichen Straße sitzt man neben dem Haus, nicht billig (Servizio 18 %). Mo geschl.

**Pepen (7)**, gediegene Pizzeria/Trattoria zentral an der Piazza Cavour 15, schön zum Draußensitzen, große Auswahl. So geschl.

**Da Mario (5)**, Via Vincenzo Stefano Breda 3, Birreria mit warmer Küche, schöne Sitzplätze direkt an der Piazza della Frutta, bis spätabends gut besucht. Fleisch vom Grill, vegetarische Platten, Pizza.

**Antica Osteria da Capo (9)**, Via dei Soncin 43 (beim Dom), sehr gute Küche, zum Wein leckere Appetithappen. So geschl.

**Medina (13)**, Via Barbarigo 18, südlich vom Dom, kleine Pizzeria mit studentischem Publikum. Di geschl.

**Da Nane della Giulia (17)**, Via Santa Sofia 1, etwas abseits, der Weg lohnt aber. Hübsch traditionell eingerichtete Osteria/Trattoria mit guter Küche (Spezialität: pasta e fagioli), gelegentlich Livemusik. Mo geschl.

**Al Borgo (24)**, Via Beato Luca Belludi 58/ Ecke Piazza del Santo, nett eingerichtete und gemütliche Pizzeria bei der Basilika, sehr beliebt und nicht selten rappelvoll. Di geschl.

**Zairo (25)**, großes Freiluftlokal direkt am Prato della Valle, drinnen und draußen viel Platz, gute Küche. Mo geschl.

*Der Markt Paduas ist einer der größten in Oberitalien*

**Pago Pago (18)**, Via Galileo Galilei 59 (Seitengasse der Via del Santo, Nähe Basilica di Sant'Antonio), gute Pizzen und hausgemachte Nudeln zu vernünftigen Preisen. Sa geschl.

**Al Cicheto (1)**, Via Savonarola 59, ein wenig abseits, nordwestlich vom Zentrum, beliebte Osteria mit kleiner Terrasse zum Fluss Bacchiglione. Mittags günstige Preise. So geschl.

• *Self-Services*: **Brek (8)**, Piazza Cavour 20, gegenüber Caffè Pedrocchi, Essen in erfreulicher Qualität zu günstigen Preisen. Fr geschl.

Mehrere **Studenten-Mensen**, z. B. in der Via San Franceso 122, Gäste zahlen ca. 20 DM, deutsche Stud.-Ausweise gelten nicht. So geschl.

• *Cafés*: **Caffè Pedrocchi**, Via 8 Febbraio 15, schräg gegenüber der Uni, wenige Schritte von der Piazza Cavour. Elegantes und großzügiges Kaffeehaus von 1831, in den vierziger Jahren des 19. Jh. Treffpunkt der Anhänger der Widerstandsbewegung gegen Österreich. Drinnen sitzt man auf samtbezogenen Sesseln (weitgehend Originalmobiliar) zwischen Marmor und "griechischen" Säulen, auch eine Außenterrasse gibt es. Preise relativ zivil. Di–So 8–23.30 h, Mo geschl.

**Caffè Margherita**, großes, nicht billiges Café an der Piazza della Frutta.

**Caffè Al Duomo**, weiterer populärer Freilufttreff an der Piazza beim Dom.

## Nachtleben & Shopping (Karte Seite 121)

• *Osterie/Kneipen*: Die Studentenstadt Padua hat daran keinen Mangel, im Umkreis der zentralen Plätze gibt es diverse Treffpunkte. Hierher kommt man auf einen guten Schluck, aber auch zum Essen. Oft geht es hoch her. Geöffnet ist mindestens bis Mitternacht, an Wochenenden oft länger.

**Osteria dei Fabbri (12)**, Via dei Fabbri 13, im ehemaligen jüdischen Viertel, gemütlich wie ein Wohnzimmer, große kommunikationsfördernde Holztische, venezianische Gerichte und gute Weine.

**Antica Osteria L'Anfora (10)**, Via dei Soncin 13, gemütlich mit dunklem Holz, Jugendtreff mit guter Küche, preiswert. So und Mo-Mittag geschl.

**Taverna Danese (14)**, Via Barbarigo 3, schöne Kneipe mit Fachwerkbalken, zur Straße hin große Scheiben zum Gucken und Beguckt werden.

**The Highlander (15)**, Via San Martino e Solferino 69, groß aufgemachter Scottish Pub.

Provinz Padua

**Guinness**, Via Euganea 2, der obligate Irish Pub darf natürlich nicht fehlen.

**Alexander Bar**, Via San Francesco 38, zahlreiche Biersorten. So geschl.

**St. John's Pub**, Piazzale San Giovanni 2, etwas südlich außerhalb vom Zentrum, sehr großer Treffpunkt, wo an Wochenenden die Post abgeht. Di geschl.

**La Vecchia Enoteca (11)**, Via San Martino e Solferino 32, Verlängerung der Via dei Soncin, elegante Weinstube mit Wohnzimmeratmosphäre, gehobene Preise. Mo-Mittag und So geschl.

• *Märkte*: Mo- bis Fr-Vormittag und Sa ganztägig Markt auf der **Piazza dell'Erbe** und der **Piazza della Frutta**.

Am dritten Sonntag im Monat Antiquitäten- und Flohmarkt am **Prato della Valle**, dem größten Platz der Stadt. Vom Alpenveilchen bis zum Zwergkaninchenkäfig ist hier alles zu bekommen.

## Sehenswertes

Die wichtigsten Sehenswürdigkeiten erstrecken sich von der Cappella degli Scrovegni im teilweise mit Hochhäusern bebauten Stadtnorden über das eindrucksvolle Stadtzentrum mit zahlreichen Laubengängen und repräsentativen Bauten bis zur Basilica di Sant'Antonio im Süden. Die Stadtmauer Paduas ist noch weitgehend erhalten und umgibt, wenn auch vernachlässigt und überwuchert, das gesamte historische Zentrum.

Das Sammelticket **Padova Arte** gilt für Cappella degli Scrovegni, Musei Civici Eremitani, Palazzo della Ragione, Baptisterium, Scoletta del Santo, Oratorio di San Giorgio, Museo Antoniano und Orto Botanico und kostet ca. 7,80 € (Schül./Stud. 5,30 €).

**Cappella degli Scrovegni und Umgebung**: Die äußerlich unscheinbare Kapelle steht inmitten der *Giardini dell'Arene*, einer schattigen Parkanlage nicht weit vom Bahnhof. Ihr hoher Innenraum ist bis zur Decke vollständig mit fantastischen Fresken von Giotto bedeckt. Sie begründeten seinen Ruf als Wegbereiter der Renaissance und gehören zu den bedeutendsten Kunstwerken Italiens.

1303–1305 bemalte Giotto die Seitenwände auf einem tiefblauen Hintergrund in zahlreichen Einzelfeldern mit Szenen aus dem Leben von Maria und Jesus, darunter setzte er symbolische Darstellungen der Tugenden und Laster und an die Eingangswand ein großes "Jüngstes Gericht". Was Giottos Kunst auszeichnet, ist die dramatische Bewegtheit der Figuren und Komposition bei gleichzeitig hoher Realistik. Damit sprengte er den starren Formenkanon seiner Zeit. Am Altar befinden sich bedeutende Marmorskulpturen von Pisano und der Sarkophag Enrico Scrovegnis, der Kirche und Fresken in Auftrag gab, um die Sünden seines "ungläubigen" Vaters zu sühnen.

Der Eingang zur Kapelle führt durch die *Musei Civici Eremitani* im Kreuzgang der gleichnamigen Kirche. Neben Lapidarium und Archäologischer Abteilung enthalten sie eine bemerkenswerte Gemäldesammlung venezianischer Meister des 14.-16. Jh., darunter ein hölzernes Kruzifix von Giotto.

Die *Chiesa degli Eremitani* besitzt eine wuchtige Holzdecke und zahlreiche Grabdenkmäler, ist ansonsten aber völlig kahl. Die Kirche wurde im Zweiten Weltkrieg durch Bombenangriffe völlig zerstört und wieder aufgebaut – doch die herrlichen Fresken von Mantegna sind großteils unwiederbringlich verloren. Eine Fotodokumentation zu den Weltkriegsschäden hängt in der Kirche aus.

• *Öffnungszeiten/Preise*: **Cappella degli Scrovegni** und **Musei Civici Eremitani** – Di-So 9–19 h, Mo geschl., Sammeleintrittskarte ca. 5.30 €, Schül./Stud. 3,60 €. Achtung:

*Hohe Kunst – die Fresken Giottos in der Cappella degli Scrovegni*

Für den Besuch der Kapelle ist Reservierung obligatorisch, es dürfen jeweils nur 25 Pers. die neu installierte Luft- und Staubschleuse passieren, Aufenthalt in der Kapelle 15 Min. ✆ 049/8204550.
**Chiesa degli Eremitani** – Mo–Sa 8.30–13, 16–19 h, So 9.30–13. 16–19 h, Eintritt frei.

**Zentrum**: Padua war im Mittelalter freie Stadt. Von Reichtum und Pracht der Handelsmetropole zeugt die großartige Komposition der beiden Plätze *Piazza dell'Erbe* und *Piazza della Frutta*, auf beiden Plätzen findet werktags ein farbenprächtiger und vielfältiger Markt statt, den man nicht versäumen sollte (Mo–Fr vormittags, Sa den ganzen Tag). Zwischen den Plätzen prunkt der gewaltige *Palazzo della Ragione*, erbaut 1218/19, mit offenen Loggien an beiden Längsseiten. Der riesige Innenraum *"Il Salone"* im Erdgeschoss ist heute mit kulinarischen Verkaufsläden aller Art belegt, der 80 m lange Saal darüber, in dem häufig Ausstellungen stattfinden, ist vollständig mit einem astrologischen und religiösen Freskenzyklus ausgemalt und kann besichtigt werden. Östlich vom Palazzo della Ragione steht das *Municipio* aus dem 13. Jh. mit Turm.

Einen Blick wert ist auch die daran anschließende hübsche *Piazza dei Signori* mit ihrem Uhrenturm. In der Nähe findet man den relativ bedeutungslosen *Dom* mit weitgehend kahlem Innenraum. Das benachbarte *Baptisterium* ist jedoch vollständig mit Fresken von Giusto de'Menabuois (14. Jh.) ausgemalt, die Szenen aus dem Leben Jesu und Johannes des Täufers darstellen.

Weiteres Zentrum für Stadtflanierer ist die *Piazza Cavour* mit Cafés und Restaurants, darunter das berühmte *Caffè Pedrocchi* (→ Cafés), dessen Piano Nobile besichtigt werden kann.

Im nahen *Palazzo del Bò*, dem Hauptgebäude der Universität, hat schon Galileo Galilei gelehrt. Eindrucksvoll ist hier vor allem der älteste medizinische Hörsaal der Welt, "Teatro Anatomico" genannt, erbaut 1594. Um den Seziertisch reihen sich fast senkrecht übereinander extrem enge und steile Sitzreihen – Goethe hat bei ihrem Anblick gesagt, er sei froh, hier nicht studieren zu müssen. Da die Kirche im 16. Jh. das Sezieren verboten hatte, gibt es im Boden ein Loch, wo man bei Gefahr rasch die Leiche verschwinden lassen konnte.

• *Öffnungszeiten/Preise*: **Palazzo della Ragione** – Di–So 9–19 h, Mo geschl., Eintritt ca. 3,60 €, Schül./Stud. 2,10 €; **Baptisterium** – tägl. 10–18 h, Eintritt ca. 2,10 €; **Caffè Pedrocchi** – Di–So 9.30–12.30, 15.30–18.30 h, Eintritt ca. 2,60 €, Schül./Stud. 1,60 €; **Palazzo del Bò** – Führungen Mo, Mi, Fr 15, 16, 17 h, Di, Do, Sa 9, 10, 11 h. Nur mit Reservierung beim Tourist Info in der Galleria Pedrocchi.

## Basilica di Sant'Antonio und Umgebung

**Sant'Antonio**: Die Basilica zeigt sich als höchst eigenwillige byzantinische Konstruktion aus dem 12.–14. Jh. mit acht immensen Kuppeln und schlanken Spitztürmchen. *"Il Santo"* wurde zu Ehren des heiligen Antonius errichtet, der 1195 in Portugal geboren wurde, 1231 in Padua starb und seitdem hier begraben liegt. Bereits ein Jahr nach seinem Tod wurde der wortgewaltige Asket heilig gesprochen. Die Kirche hat sich seitdem zu einem europaweiten Pilgerziel entwickelt – mitsamt der dazugehörigen Geschäftigkeit, der Devotionalienhandel blüht. Inmitten von Kirchenkitschständen geht das berühmte Reiterstandbild des *Gattamelata*, eines Feldherren der Republik Venedig (1370–1443), fast etwas unter – es stammt von Donatello und gilt als eins der bedeutendsten Werke der italienischen Frührenaissance.

Im linken Seitenschiff steht die *Cappella di Sant'Antonio* im Mittelpunkt des Interesses. Hier ruht Antonius in einem großen Sarkophag, behängt mit zahllosen Medaillons und Fotos von Gläubigen, die die Hilfe des Heiligen erflehen. Dramatisch und lebensecht wirken die großen Marmorreliefs an der Rückwand der Kapelle, die Szenen aus seinem Leben darstellen. Benachbart die Kapelle der *Schwarzen Madonna* und die freskengeschmückte Kapelle des *Beato Luca Belludi*. Die Schranke des *Hochaltars* ist mit Bronzestatuen von Donatello bestückt.

Im rechten Seitenschiff enthält die *Cappella di San Jacobus* (auch: Cappella di San Felice) einen berühmten Freskenzyklus von Altichiero da Zevio aus Verona (entstanden 1374–79): "Geschichte des heiligen Jakob von Compostela" und "Kreuzigung". Mit der großen Natürlichkeit seiner Gestalten ohne jegliche Steifheit der Formen war Altichiero ein entscheidender Vorläufer der Renaissance. Links daneben kommt man in den angeschlossenen *Franziskanerkonvent* mit vier Kreuzgängen und dem Museo Antoniano (→ nächster Abschnitt). In den Wänden der reich ausgestatteten *Sakramentskapelle* haben die Sarkophage des Heerführers Gattamelata und seines Sohnes ihren Platz gefunden.

Höhepunkt der Pilgerfahrt ist die *Reliquienkapelle* in der Rückfront der Basilika. Im ehrfürchtigen Gänsemarsch geht's an goldenen Reliquiaren vorbei, in denen u. a. Antonios nicht verweste Zunge (!), sein Unterkiefer mit fünf Zähnen (jüngst gestohlen und wieder aufgefunden) und andere sterbliche Überreste aufbewahrt werden. Auch eins seiner härenen Gewänder und der verrottete Sarg des Heiligen sind hier ausgestellt.

**Konvent mit Kreuzgängen**: Gleich vier Kreuzgänge aus dem 13.-15. Jh. besitzt das Franziskanerkloster. Zunächst betritt man den *Chiostro della magnolia* mit einer turmhohen Magnolie als Mittelpunkt. In einem rückwärtigen Saal wird eine attraktive Tonbildschau über das Lebenswerk des Sant'Antonio gezeigt, die mit allerlei optischen und akustischen Effekten ausgestattet ist und voll technischer Raffinessen steckt. Der nördlich daran anschließende *Chiostro del noviziato* ist nicht zu-

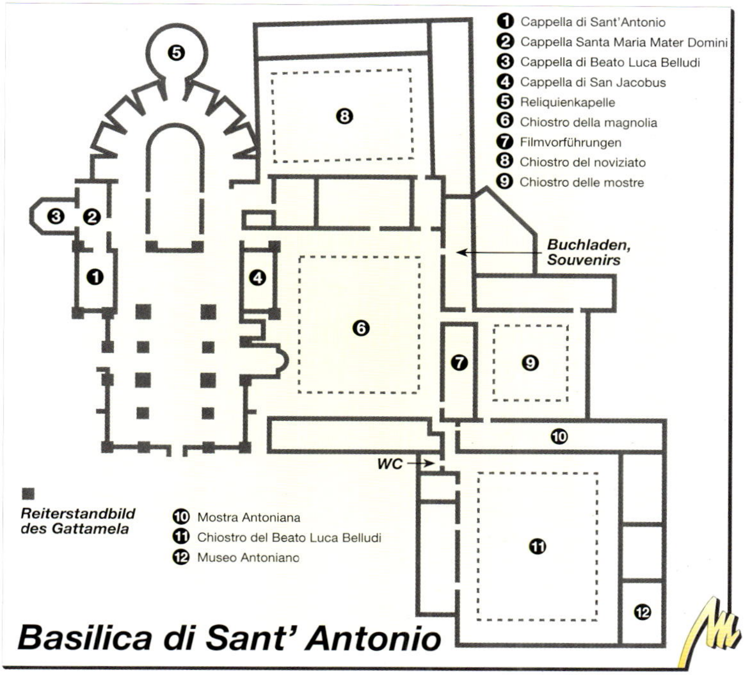


gänglich. Neben dem *Chiostro delle mostre* ist die *Mostra Antoniana* zu sehen, eine große Ausstellung von Pilgergaben an den Heiligen (Eintritt frei). Im *Chiostro del Beato Luca* ist der Zugang zum *Museo Antoniano*. Hier finden sich kirchliche Schätze und Gewänder des 16.–18. Jh., große Ölgemälde, die die Martyrien verschiedener Heiliger darstellen (u. a. ein Tiepolo), konservierte Fresken aus Kirchen und Klöstern sowie ein Fresko von Andrea Mantegna, das Antonius und den heiligen Bernhard von Siena zeigt.

• *Öffnungszeiten/Preise*: **Tonbildschau** – tägl. 9–12.30, 14.30–19 h, Eintritt frei, Dauer 25 min. **Mostra Antoniana** und **Museo Antoniano** – Di–So 9–13, 14.30–18.30 h, Mo geschl., Eintritt in der Mostra frei, im Museum ca. 2,60 €, Schül./Stud. 1,60 €.

**Oratorio di San Giorgio und Scoletta del Santo:** nebeneinander auf der Piazza vor der Basilika. Ersteres ist vollständig mit Fresken von Altichiero ausgemalt, während die Scuola im Obergeschoss Fresken hauptsächlich aus dem 16. Jh. besitzt, einige davon sollen von Tizian stammen.

*Öffnungszeiten/Preise*: beide tägl. 9–12.30, 14.30–18 h (Winter bis 17 h), Eintritt ca 1,60 €, Schül./Stud. 1,10 €.

**Orto Botanico:** Gleich in der Nähe der Basilika liegt einer der ältesten Botanischen Gärten Europas, gegründet 1545 als Heilpflanzengarten der Medizinischen Fakultät. Auch Goethe hat sich hier einst umgesehen.

*Öffnungszeiten/Preise*: tägl. 9–13, 15–18, Eintritt ca. 2,60 €, Schül./Stud. 1,60 €.

**Prato della Valle**: weiter, offener Platz im Süden der Stadt, schöne Grünflächen und Wassergraben, eingefasst von monumentalen Steinfiguren. Beliebt zum Bummeln, vor allem, wenn hier einmal monatlich der riesige Markt stattfindet. Im Juni gibt es hier auch einen viel besuchten Vergnügungspark.

**Santa Giustina**: mächtige Backsteinkirche mit acht Kuppeln aus dem 16. Jh. am Südende des Prato della Valle. Im monumentalen Innenraum stützen gewaltige Pfeiler die drei Schiffe, das große Altarbild stammt von Veronese.

### Genetische Analyse: Evangelist Lukas in Padua?

Besitzt Padua neben Antonius noch Überreste einer weiteren, ungleich bedeutenderen Persönlichkeit der Kirchengeschichte? Im linken Querschiff von Santa Giustina steht ein Sarkophag, der angeblich die sterblichen Überreste des Evangelisten Lukas enthält. Lukas gilt nach kirchlicher Überlieferung als Verfasser des Lukasevangeliums (mit der berühmten Geburtsgeschichte von Betlehem) und der Apostelgeschichte. Geboren wurde er etwa 65 n. Chr. in der syrischen Stadt Antiochia, mit 84 Jahren starb er im griechischen Theben. Sein Sarg wurde zunächst nach Byzanz - das spätere Konstantinopel und heutige Istanbul- gebracht und von dort weiter nach Padua, wo er sich seit dem 12. Jh. befindet. Bisher war befürchtet worden, dass der Leichnam in Griechenland mit einem einheimischen Toten vertauscht worden sei. Genetische Analysen eines internationalen Teams der Unversitäten von Ferrara, Florenz, Genf, Rom, Padua und Kalabrien haben diese Annahme nun weitgehend entkräftet. An Hand der DNS von zwei Zähnen konnten die Wissenschaftler feststellen, dass der Körper mit dreimal so hoher Wahrscheinlichkeit aus dem antiken Syrien als aus Griechenland stammt und auch sein Alter den Lebensdaten des Evangelisten entspricht.

# Padua/Umgebung

- **Villa Contarini**: in Piazzola sul Brenta, 18 km nordwestlich von Padua. Wie ein Schloss wirkt diese repräsentative Villa mit großem Park und Wasserteichen. Der Hauptbau stammt aus dem 16. Jh., im 17. und 19. Jh. wurden die mit Balustraden und Statuen geschmückten Flügel angebaut. Im Inneren zahlreiche Fresken und Ölgemälde.
  *Öffnungszeiten/Preise*: Di–So 9–12, 14–18 h, Eintritt ca. 6,20 €, Kinder 6–14 die Hälfte.

- **Citadella**: 30 km nördlich von Padua, die Antwort der Paduaner auf Castelfranco Veneto, die bedrohlich nahe Festungsanlage der Trevisaner (→ S. 92). Der ovale Stadtkern ist von einer hervorragend erhaltenen Mauer mit 32 Wehrtürme und vier Stadttoren umgeben. Neben Montagnana (→ S. 132) das beste Bespiel einer mittelalterlichen Stadtbefestigung in Venetien.

## Abano Terme (ca. 19.000 Einwohner)

**Gepflegter Thermalkurort wenige Kilometer südlich von Padua, am Fuß der Euganäischen Hügel. Hauptsächlich Rheuma- und Arthritiskranke, aber auch zusehends Liebhaber von "Wellness-" und "Beauty"-Kuren lassen sich täglich in den heilkräftigen, fast 40 Grad heißen und mit Algenhumus versetzten Fangoschlamm packen oder kuren in den rund 140 Hotels, die alle eigene Thermalbrunnen mit teils malerisch gestalteten Poollandschaften besitzen.**

Abano ist fast reine Hotelstadt, einen historischen Kern gibt es nicht, jedoch mehrere schöne Parks und überall viel Grün. "Man bittet um Ruhe" steht an den Einfahrtsstraßen, im Zentrum gibt es einen großzügigen Fußgängerbereich, der zum gemütlichen Bummel einlädt, und die üppig grünen Euganäischen Hügel bieten sich für Wanderungen, Spaziergänge und Radtouren an. Abano Terme – im oft hektischen Veneto ein heiles Fleckchen Erde, ideal für geplagte Seelen und geschundene Körper, aber auch für alle, die einfach nur Entspannung und Ruhe suchen. Mehr oder minder einzige Sehenswürdigkeit ist die Kirche *San Lorenzo* im nördlichen Ortsteil.

• *Information*: **APT**, Via Pietro d'Abano 18, ganz zentral am Beginn der Fußgängerzone. Mo–Sa 8.30–13, 14.30–19 h, So 9–12, 15–18 h. ✆ 049/669055, ℻ 8669053, Internet: www.termeeuganeeapt.net, E-Mail: info@termeeuganeeapt.net

• *Übernachten*: Kuren in den Hotels von Abano Terme kann man im heimischen Reisebüro buchen, die Deutsche Touring GmbH bietet regelmäßige Busfahrten.

• *Essen & Trinken*: In der **Casa Vecia** im Ortsteil Monterosso, Via Appia 130 (von der Kirche San Lorenzo 2 km nach Westen), speist man hervorragend und Michelin-besternt. Da es nur 35 Plätze gibt, sollte man vorsichtshalber reservieren. So-Abend und Mo geschl. ✆ 049/8600138.

**La Griglia**, schönes Ausflugslokal am Ortseingang von Monteortone.

**Gran Caffè delle Terme**, im Parco delle Terme in der Fußgängerzone, schöne Sitzgelegenheiten im Freien und hervorragendes Eis. Di geschl.

▸ **Abano Terme/Umgebung**: Einen schönen Spaziergang kann man zum 3 km außerhalb liegenden *Santuario Madonna della Salute* aus dem 15. Jh. bei Monteortone unternehmen, im Inneren der Wallfahrtskirche Fresken von Jacopo da Montagnana.
Ein weiteres beliebtes Ausflugsziel ist die *Abbazia di Praglia*, etwa 6 km westlich von Abano Terme. Eine schnurgerade Platanenallee führt zu dem großzügigen Benediktinerkloster aus dem 11. Jh., das während der Renaissance weitläufig ausgebaut wurde. Neben der Kirche mit Altargemälden und Chorfresken liegt der Eingang zum Kloster. Die insgesamt vier malerischen Kreuzgänge kann man im Rahmen einer Führung besichtigen. Die Mönche verkaufen auch sehr guten Honig in verschiedenen Geschmacksrichtungen.
In *Montegrotto Terme*, unmittelbar südlich von Abano Terme, sind die Ruinen römischer Thermalanlagen und ein antikes Theater erhalten.

• *Öffnungszeiten*: **Abbazia di Praglia** – Di–So 15.30–17.30 h, Führungen alle halbe Stunde, Mo geschl.

**Terme Romane** in Montegrotto Terme – nur mit Führung Anfang Mai bis Mitte Juni und Anfang September bis Mitte Oktober, Sa-Vormittag um 9, 10 und 11 h, Eintritt frei.

### Terme Euganee: Norditaliens schönste Kurlandschaft

Unter "Terme Euganee" versteht man die Thermalbadeorte Abano Terme, Montegrotto Terme, Galzignano Terme und Battaglia Terme am Fuß der Euganäischen Hügel. Ursache für die heilkräftigen Thermen ist Sickerwasser, das in den Alpen bis in 3000 m Tiefe dringt, sich bis 87 Grad erhitzt, mit Salzen und Mineralien angereichert wird und am Rand der Euganäischen Hügel wieder zutage tritt. Wie man aus zahlreichen Überresten von Badeanlagen und Villen (z. B. in Montegrotto Terme) schließen konnte, existierte hier bereits in römischer Zeit eine der größten Thermalzonen der Antike. Seit dem 16. Jh. gingen die Venezianer daran, die Thermen wiederherzustellen und in der Habsburger Zeit begann der kometenhafte Aufstieg der Terme Euganee, der sich bis heute fortgesetzt hat. Angewendet werden die Heilwasser in Verbindung mit Fangopackungen hauptsächlich bei rheumatischen Beschwerden, Neuralgien, Gicht, Venenentzündungen und Sportverletzungen.

# Colli Euganei (Euganäische Hügel)

**Über hundert kegelförmige Erhebungen steigen südlich von Padua unvermittelt aus der Poebene an. Ein Abstecher in die schöne, von Laubwäldern, Wiesen und Weinreben überzogene Hügellandschaft vulkanischen Ursprungs lohnt sehr. Kleine Dörfer und Bauerngehöfte, aber auch viele venezianische Herrenhäuser, liegen verstreut, immer wieder genießt man herrliche Ausblicke. Ursprünglichkeit und Ruhe findet man hier eher als in der industrialisierten und zersiedelten Ebene.**

Allerdings sind diese Reize nicht verborgen geblieben und an Wochenenden ist hier oben das halbe Veneto im Grünen unterwegs, darunter tausende von Motorradfahrern, die die Idylle teils erheblich beeinträchtigen. Tipp: Lassen Sie sich Zeit bei der Fahrt durch das labyrinthisch anmutende Geflecht der kurvigen Hügelstraßen. Zahlreiche reizvoll gelegene Gasthäuser bieten sich für Pausen an, auch Gelegenheit zur Weinverkostung gibt es immer wieder, manche Wiesen werden als Picknickplätze genutzt.

Tipp: Drei der schönsten Golfplätze des Veneto liegen in den Colli Euganei, nämlich bei Valsanzibio, Montecchia und Frassanelle.

- **Teolo**: kleines Hügeldorf im Norden der Euganäischen Hügel, gut für einen Zwischenstopp geeignet. Auf der schattigen Terrasse der "Gelateria alla Fonte" kann man alles gut überblicken und das hervorragende hausgemachte Eis genießen. Es gibt mehrere Hotels (→ Übernachten/Essen in den Colli Euganei), eine Informationsstelle und ein kleines *Museum für Zeitgenössische Kunst*.

• *Öffnungszeiten/Preise*: **Museo di Arte Contemporanea** – Di, Do und So 15–19 h, Eintritt ca. 1,05 €.

• *Information*: Via Marconi 1, wenige Schritte vom zentralen Platz. April bis Sept. Di, Do und Sa 15–19 h, So 10–13 h. ✆ 049/9925680.

- **Luvigliano**: von Abano Terme schnell zu erreichen. Hier steht mitten im Grünen die im 16. Jh. erbaute *Villa dei Vescovi*, die frühere Sommerresidenz der Bischöfe von Padua.

  *Öffnungszeiten*: **Villa dei Vescovi** – März bis Nov. Mo, Mi und Fr 10.30–12, 14.30–18 h.

- **Monte Rua**: Mit 416 m die höchste Erhebung der Colli Euganei, nordwestlich oberhalb von Galzignano Terme. Bis zum Rifugio "Monte Rua" kann man mit dem Wagen fahren und dort auch einkehren. Das letzte Stück zum Gipfel steigt man zu Fuß hinauf. Oben dürfen Menschen männlichen Geschlechts den *Eremo Camaldolese* besichtigen, eine im 16. Jh. erbaute Einsiedelei der Camaldulensermönche, die noch heute im Besitz des Ordens ist.

- **Valsanzibio**: nur wenige Häuser, südlich von Galzignano Terme. Rechter Hand direkt an der Straße die *Giardini di Villa Barbarigo*, eine prächtige Parkanlage mit pompösem Tor aus dem 17. Jh. An Wochenenden immer viel Rummel.

  *Öffnungszeiten*: **Giardini di Villa Barbarigo** – März bis November tägl. 9–12 und 13.30 h bis Sonnenuntergang.

- **Castello del Catajo**: am Ortsende von Battaglia Terme in Richtung Padua. Elegantes Schloss des 16. Jh., umgeben von einem riesigen Park mit Fischteich. Der königlich anmutende Hauptsaal und viele weitere Säle sind mit Fresken geschmückt, von der Terrasse herlicher Blick in die Hügel.

  *Öffnungszeiten*: Di und So 15–19 h, Gruppen tägl. bei Voranmeldung, ✆ 049/8759326.

*In den Euganäischen Hügeln*



▸ **Arquà Petrarca**: ein Örtchen wie aus einem Guss, steil an den Südhang des Monte Ventolone gedrängt. Seinen mittelalterlichen Charakter hat es bis heute erhalten können. Am 18. Juli 1374 starb hier mit siebzig Jahren *Francesco Petrarca*, neben Dante und Boccaccio eine der "Tre corone", der "drei Kronen" der italienischen Dichtkunst. In seiner Liebe zu den antiken Klassikern war er einer der ersten Vertreter von Humanismus und Renaissance, bereits zu Lebzeiten gefeiert wie kein zweiter Dichter der Epoche. Mit 63 Jahren zog er sich nach Arquà zurück, um "umgeben von Olivenbäumen und Weinstöcken" seinen Lebensabend zu verbringen.

Petrarcas Villa *Casa del Petrarca* steht im oberen Ortsteil in der Via Vallesselle 4. Sie enthält im Erdgeschoss eine umfangreiche Fotodokumentation zu seinem Leben und im Obergeschoss einige Faksimiles seiner Schriften sowie Möbelstücke des Dichters – u. a. seinen Bücherschrank und den Sessel, in dem er starb. Im 16. Jh. wurden alle Räume mit Fresken ausgeschmückt, darunter viele, die Szenen aus Leben und Werk Petrarcas darstellen – den Dichter erkennt man an seinem roten Kapuzenmantel.

Beherrschender Blickfang am Hauptplatz ist der mächtige Sarkophag Petrarcas aus rotem Veroneser Marmor vor der alten Pfarrkirche Santa Maria mit mittelalterlichen Fresken. Mehrmals wurde der Sarkophag aufgebrochen, u. a. 1630 vom damaligen Pfarrer des Örtchens, der den rechten Arm des toten Dichters stahl – seitdem ist er spurlos verschwunden.

*Öffnungszeiten/Preise*: **Casa del Petrarca** – Februar bis Sept. Di–So 9–12.30, 15–19 h, Okt. bis Januar 9–12.30, 14.30–17.30 h, Mo geschl. Eintritt ca. 3,20 €.

## *Übernachten/Essen & Trinken in den Colli Euganei*

• *Übernachten*: **** **Ermitage Bel Air**, Via Monteortone 50, in Teolo, traditionsreiches Haus in einem weitläufigem Park mit alten Bäumen, seit vier Generationen in Familienbesitz. Große Thermalkurabteilung – ein Schwimmbecken in der Halle, das andere im Freien. Man wohnt in gemütlichen Zimmern oder in Apartments im Park. DZ ca. 115 € (Frühstück extra), Vollpension ca. 65–100 € pro Pers. ✆ 049/8668111, ℻ 8630166, Internet: www.ermitage-terme.it, E-Mail: ermitage@ermitageterme.it; kostenlose

Reservierung zum Nulltarif ab Dtl.: 08001813100.

*** **Villa Lussana**, ganz zentral oberhalb vom Dorfplatz von Teolo. Schöne alte Villa mit Parkplatz und empfohlenem Restaurant. DZ mit Frühstück ca. 78 €. / 049/9925530, Internet: www.explorer.it/villalussana, E-Mail: hotelvillalussana@libero.it

** **Delfino**, Via Euganea 3, ebenfalls in Teolo, modernes Haus mit Parkplatz, DZ ca. 55 €, Frühstück extra. / 049/9900495.

• *Essen & Trinken*: Zwei kulinarische Anlaufstellen von vielen – die große, mitten im Grünen gelegene Trattoria **Dal Contadino** und kurz danach **Al Sasso** (Mi geschl.). Beide liegen, von Vó kommend, an der Straße nach Castelnuovo.

• *Weinverkostung*: **Villa Sceriman**, ebenfalls an der Straße von Vó nach Castelnuovo (kurz nach Boccon), Weinprobe im stilvollen Rahmen, außerdem kann man den Park der Villa besichtigen ( 049/9940123).

## Montagnana

(ca. 9500 Einwohner)

**Das Städtchen südwestlich der Euganäischen Hügel besitzt eine der schönsten Stadtbefestigungen Europas, perfekt erhalten ist der gesamte Mauerring samt 24 Türmen, vier Toren und einem breiten grünen Wallgraben.**

Der große freie Hauptplatz *Piazza Vittorio Emanuele II* ist umgeben von mittelalterlichen Hausfronten, mehr als einen kurzen Blick wert ist der imposante *Dom* aus dem 15. Jh. mit großflächigen Ölgemälden, Fresken und schönem, altem Chorgestühl. Das Altargemälde "Verklärung Christi" stammt von Veronese. Im *Castello di San Zeno* an der Ostseite der Stadtmauer ist ein *Museo Civico* untergebracht, hauptsächlich mit regionalen Funden aus vorgeschichtlicher und römischer Zeit. Außerhalb vom östlichen Stadttor, der Porta Padova, steht die *Villa Pisani* mit einer zweistöckigen Loggia, erbaut 1560 nach Entwürfen von Palladio (keine Besichtigung). In der Westbastion *Rocca degli Alberi* kann auf Anfrage die Jugendherberge besichtigt werden.

Am ersten Sonntag im September findet im Graben das große mittelalterliche Reiterturnier *Palio dei dieci Comuni* statt, dessen Ursprünge bis 1259 zurückgehen.

*Öffnungszeiten/Preise*: **Museo Civico** – Führungen Mi–Fr 11 h und Sa/So 11, 12, 16 und 17 h, Mo/Di geschl., Eintritt ca. 2,10 €.

• *Anfahrt/Verbindungen*: Montagnana ist von Padua per Bahn zu erreichen, umsteigen in Monsélice.

• *Information*: **Pro Loco**, Castello di San Zeno, Piazza Trieste. Tägl. 9.30–12.30, 16–19 h. 0429/81320.

• *Übernachten*: *** **Aldo Moro**, gepflegtes Albergo mitten in der Altstadt, wenige Schritte vom Hauptplatz. Garage und kleiner Garten. DZ ca. 90 €, Frühstück extra. 0429/81351, 82842.

**Jugendherberge** im Kastell Rocca degli Alberi, etwa 600 m vom Bhf. Tolle Atmosphäre im alten Turm, davor netter Garten, ruhig. Es gibt keine Mahlzeiten, man ist Selbstversorger. Da sehr beliebt, besser vorher anrufen. Übernachtung pro Pers. ca. 9 €, Frühstück extra. Anfang April – Mitte Oktober. / 0429/81076, 049/8070266.

• *Essen & Trinken*: **Da Stona**, Via Carrarese 51, gemütliche Trattoria mit Paduvaner Hausmannskost und guter Weinauswahl. Nicht teuer. Mo geschl.

**Hostaria à la Rocca**, neben der JH, Trattoria mit "Biergarten", von Mai – August gelegentlich Open-Air-Musik.

• *Shopping*: **Antiquitätenmarkt** jeden dritten Samstag und Sonntag im Monat.

▸ **Este**: kleines Städtchen am Südfuß der Euganäischen Hügel, Stammsitz der gleichnamigen Dynastie. Lohnt einen Stopp wegen des wunderschönen *Parks* innerhalb der ehemaligen Burgmauern, der sich mit seinen kunstvoll geschnittenen Hecken den Hügel hinaufzieht, und wegen des Archäologischen Museums *Museo Nazionale Atestino* am Eingang vom Park mit reichhaltigen Funden aus vorrömischer und römischer Zeit sowie mittelalterlichen Stücken und Gemälden. Im kompakten Zentrum dominiert die große Piazza Maggiore, ein Stück entfernt der Dom, Italiens einzige Barockkirche mit ovalem Grundriss. Am Altar das monumentale Gemälde (6,84 x 3,94 m)

*Das kleine Montagnana ist vollständig von einer Stadtmauer umgeben*

"Die heilige Thekla bittet Gottvater um die Befreiung der Stadt Este von der Pest" von Tiepolo. An den Seitenwänden große Fresken von Giovanni de Min (→ Belluno).

*Öffnungszeiten/Preise*: **Museo Nazionale Atestino** – tägl. 9–19 h, Eintritt ca. 2,10 €, ca. 1,05 € für18- bis 25-jährige, unter 18 und über 60 frei.

• *Information*: **Pro Loco**, Piazza Maggiore 9/A, ✆/℻ 0429/3635.

• *Übernachten/Essen*: ** **Beatrice d'Este**, Viale della Rimembranza 1. Obwohl nur zwei Sterne, sehr erfreulicher Standard, von Lesern empfohlen, gutes Preis-Leistungsverhältnis. Mit Parkplatz. DZ ca. 60 €, Frühstück extra. ✆ 0429/600533, ℻ 601957, E-Mail: beatrice@posta2000.com

**Tavernetta da Piero Ceschi**, Piazza Trento e Trieste 16, hübsch altmodische Trattoria, leckere Küche, Spezialität das *porchetta all'Estense*. Do geschl.



▸ **Monsélice:** südlich der Euganäischen Hügel und ganz nah an der Autobahn Padua-Bologna. Schon von weitem erkennt man am Hang des bewaldeten Burgbergs das Wallfahrtsheiligtum *Sette Chiese* – sieben Kapellen, die sich entlang der Via al Santuario zur großen Villa Duodo hinaufziehen. Wie beim Besuch der sieben Basiliken Roms können Pilger hier Ablass erlangen. Der schöne Spaziergang beginnt hinter dem romanisch-gotischen *Duomo Vecchio* mit Freskenresten in den Apsiden.

An der Westseite des Bergs liegt das *Castello Ca'Marcello*, das der venezianische Fabrikant Cini aufwendig restaurieren und mit Möbeln aus Mittelalter und Renaissance stilvoll ausstatten ließ. Die benachbarte *Villa Nani-Mocenigo* hat eine Mauer mit Zwergenfiguren, ähnlich wie die Villa Valmarana "ai Nani" in Vicenza (→ dort).

*Öffnungszeiten/Preise*: **Castello Ca'Marcello** – Besichtigung mit Führung April bis November Di–So 9–11, 15–17 h (jeweils zur vollen Stunde), Eintritt ca. 5,20 €.

• *Information*: **Pro Loco** in der Loggetta an der Piazza Mazzini, unterhalb vom Kastell. ✆/℻ 0429/783026.

• *Übernachten*: *** **Ceffri**, Via Orti 7/b, schönes und gepflegtes Haus etwas außerhalb in der Villa Corner, nur 300 m zur Autobahnausfahrt. Große Zimmer mit Klimaanlage, Garten mit Pool, großer Parkplatz. DZ ca. 65–95 €, Frühstück extra. ✆ 0429/783111, ℻ 783100, E-Mail: info@ceffri.it

** **Cavallino**, Via Petrarca 2, ordentliches Albergo in zentraler Lage. DZ ca. 52–62 €, Frühstück extra. Mit Parkmöglichkeit. ✆/℻ 0429/72242.

**Jugendherberge**, neu eröffnet in der Via Santo Stefano 33, Nähe Dom. ✆ 0429/783125, E-Mail: ostellomonselice@libero.it

*Unvergessliches Venedig – die Lagunenstadt gilt als schönste Stadt Italiens*

# Provinz Venedig

**Die weitläufige Lagune von Venedig ist Zentrum der Provinz, in der mit Lido di Jesolo, Caorle und Bibione die wichtigsten Badeorte Venetiens liegen. Badeurlaub pur also, unmittelbar daneben die einzigartige Wasserstadt mit ihren historischen Bauten und Kunstwerken von Weltrang – ein zugegebenermaßen eigenartiger Kontrast.**

Im Umkreis Venedigs empfiehlt sich in erster Linie der *Brenta-Kanal* mit seinen prächtigen Villen für einen Tagesausflug. Ein nettes Städtchen ist außerdem *Portogruaro* im Osten, in dessen Umgebung die römische Ausgrabung *Concordia Sagittaria* liegt. Der hübscheste Badeort ist zweifellos *Cáorle*, da dort noch einiges an historischer Substanz erhalten ist.

| | |
|---|---|
| Venedig | S. 135 |
| Lagune von Venedig (Murano, Burano, Torcello, Chioggia, Littorale del Cavallino, Lido di Jesolo u. a.) | S. 173 |
| Mestre | S. 182 |
| Riviera de Brenta | S. 183 |
| Küste östlich von Venedig: Cáorle, Bibione | S. 186 |
| Portogruaro und Concordia Sagittaria | S. 190 |

# Venedig (Venezia)

(ca. 70.000 Einwohner)

**Die einzigartige Stadt mitten in der Lagune hat nichts von ihrer Anziehungskraft verloren und gehört noch immer zu den schönsten und faszinierendsten Städten der Welt – trotz Touristenhorden, horrenden Preisen und Nepp an allen Ecken und Enden. Wasser ist das alles beherrschende Element. Schönste Zufahrt: per Schiff von der Punta Sabbioni. Man landet fast unmittelbar in der berauschenden Szenerie um den Markusplatz.**

Venedig wurde im 5. Jh. n. Chr. von Flüchtlingen gegründet, die vor den anrückenden Germanenheeren des Nordens auf die zahllosen kleinen Inseln der Lagune flohen. Es ist eine künstlich angelegte Stadt ohne festen Boden unter den Füßen – jedes Haus und jede Brücke steht auf tausenden von schweren Holzpfählen! Ein schier unglaublicher Kraftakt, der nur noch durch den gigantischen Aufschwung übertroffen wurde, den die Stadt im Mittelalter nahm. Jahrhundertelang war Venedig die mächtigste Seerepublik der bekannten Welt. In einer gewaltigen Expansionsbewegung unterwarf die "Serenissima" die gesamte jugoslawische Adria bis tief ins östliche Mittelmeer sowie das Festland – die "terra ferma" – bis hoch hinauf in die Alpen. Der Venezianer Marco Polo fand sogar den Weg ins ferne China und erschloss damit den Weg zu den fernöstlichen Gewürzen und Luxusgütern, die bisher von arabischen Zwischenhändlern vertrieben worden waren. Dank des damit erworbenen Handelsmonopols auf Zucker, Salz, Pfeffer und Kaffee überschwemmten wahre Schätze die Republik. Dazu kamen ständige Beutezüge im Osten. Pracht und Reichtum der Stadt müssen ans Märchenhafte gegrenzt haben. Nur die allerbesten Künstler wurden verpflichtet, wenn es um die Ausstattung der Palazzi und Kirchen ging.

Auch wenn diese Zeiten lange vorbei sind und Venedig mittlerweile zur Museumsstadt degradiert wurde, ist es noch immer ein Erlebnis, durch die Stadt zu schlendern – es gibt über 3000 Gassen auf 118 Inseln, verbunden durch mehr als 400 Brücken und durchzogen von 177 Kanälen. Zahllose Schriftsteller und Künstler haben sich von der unverwechselbaren Atmosphäre dieser großartigen Stadt inspirieren lassen, gefolgt von endlosen Urlauberströmen, die seit dem 19. Jh. Venedig überfallen.

Dem Großteil der Besucher entgehen jedoch die prekären Probleme, vor denen Venedig am Beginn des 21. Jh. steht. Schon wenn man von der hässlichen Betonstadt *Mestre* über den langen Bahndamm in die Lagune hineinfährt, sieht man die rauchenden Schlote der riesigen petrochemischen Fabrikanlagen von *Porto Marghera*. Die drittgrößte Industriestadt Italiens beherrscht heute die Lagune und ist für das Schicksal Venedigs mitverantwortlich. Jahrelang pumpte die Industrie große Mengen Wasser aus dem schlammigen Untergrund der Stadt. Folge: Die Straßen und Plätze Venedigs sanken jährlich um bis zu 5 mm! Die Häuser der Stadt begannen sich zu neigen, und die Millionen Eichenpflöcke, auf denen die Prachtbauten und nasskalten Wohnhäuser der Stadt stehen, faulten schneller. Erst als die Wasserentnahme strikt verboten worden war, pegelte sich die Absenkung wieder auf das Normalmaß von ca. 1 mm ein. Eine neuere amerikanische Studie hat im 20. Jh. eine Gesamtabsenkung von 30 cm konstatiert. Jedoch droht nun neue, womöglich noch größere Gefahr von außen, denn der Adriaspiegel steigt kontinuierlich. Immer wieder drückt der warme, aus Süden wehende Scirocco riesige Wassermassen vom offenen Meer in die Lagune, begünstigt durch die für die Öltanker vertieften Fahrrinnen. Dazu kommt die überhand nehmende Passagierschifffahrt, die ebenfalls

*Gondolieri warten auf Kundschaft*

immer wieder künstliche Überschwemmungen hervorruft. Wegen der beständigen Überflutungen stehen für die Touristen am Markusplatz immer Laufstege und Gummistiefel aller Größen bereit. Bis zu hundert Mal jährlich geben die venezianischen Sirenen mittlerweile Hochwasseralarm. Bei der bislang größten Flutkatastrophe im November 1966 stand der Markusplatz fast 2 m hoch unter Wasser, im Herbst 1998 über 1 m. Die Wohnverhältnisse in den unteren Stockwerken der morbiden Palazzi sind inzwischen katastrophal geworden: nasskalte Wohnungen im Winter, feuchtheiß im Sommer, oft steht das Wasser zentimeterhoch. Ein "Durchschnittsvenezianer" kann eine Restaurierung nicht bezahlen, nur ausländische Firmen und wohlhabende Privatleute können sich diesen Luxus leisten. Kein Wunder, dass jährlich an die 3000 Venezianer das sinkende Schiff in Richtung Festland verlassen. Seit den fünfziger Jahren sind es fast 100.000, die der Stadt den Rücken gekehrt haben.

Ein weiteres Problem: Die petrochemische Industrie von Marghera leitet seit Jahrzehnten hochgiftige Abfälle in die Lagune. Aus den teils maroden Anlagen ergießen sich jährlich bis zu 50.000 Kubikmeter Abwässer, die u. a. Dioxin, Quecksilber, Schwermetalle und radioaktive Substanzen enthalten, gelangen in die Nahrungskette und nagen unerbittlich an den historischen Mauern und Fundamenten der Stadt. Die Kanäle sind mittlerweile randvoll mit *sedimenti*, ihre Giftstoffe töten jegliche Fauna und Flora restlos ab, im Canal Grande nicht weit von der Rialtobrücke hat man hohe Dioxinwerte festgestellt. Die Lagune von Venedig gehört zu den am schlimmsten verseuchten Gewässern der Erde. In den Industrievororten ist zudem die Luft verpestet und hunderte Arbeitern sind bereits an Krebs gestorben. Unter dem Motto "Tod in Venedig" protestiert Greenpeace seit langem gegen die Verschmutzung der Lagune, doch erst 1998 kam es erstmals zu einer vorübergehenden, gerichtlich verfügten Sperrung der Abwassereinleitung, gefolgt von einem Prozess gegen die Fabriken, dessen Ausgang jedoch noch abzuwarten bleibt.

Und auch der Massentourismus macht Venedig schwer zu schaffen. Etwa 10 Millionen Besucher bevölkern alljährlich von Februar bis November die Stadt mit ihren nur noch knapp über 70.000 Einwohnern! In den letzten Jahren hat man diverse Modelle durchgespielt, wie der ununterbrochene Strom von Neugierigen eingedämmt werden könnte. Die Ideen reichten von täglichen Besucherhöchstgrenzen bis zu teuren Eintrittsgeldern für die City. Venedig steht heute am Wendepunkt seiner Geschichte – einschneidende und wohl auch unpopuläre Maßnahmen der Stadtväter unter Federführung ihres linksintellektuellen "Philosophen-Bürgermeisters" Massimo Cacciari sind nötig, wenn die Stadt das dritte Jahrtausend unbeschadet überleben will.

### Der das Wasser teilt: Das Unternehmen "Mose"

"Il progettone Mose" wurde zur Rettung der Serenissima bereits unter dem Schock der Jahrhundertflut von 1966 ersonnen: Ein gewaltiges System von 79 mobilen Deichen sollte bei Hochwasser die drei Zufahrtskanäle zur Lagune abriegeln und Sturmfluten zurückhalten. Doch Jahrzehnte lang kam "il progettone" nicht über die Planungsphase hinaus, waren die Widerstände gegen das Mammutvorhaben doch mehr als erheblich. So kam eine Expertenkomission zu dem Ergebnis, dass "Mose" das Ökosystem der Lagune gefährde, denn die lebensnotwendige Zufuhr frischen Meereswassers werde dadurch verhindert - und gerade bei dem hochgradigen Vergiftungsgrad der Lagune sei das wichtiger denn je. Und auch die Industrie hatte schwerwiegende Einwände: Wegen der Dämme wäre der Industriehafen von Marghera bei Hochwasser nicht mehr schiffbar, ein enormer wirtschaftlicher Ausfall wäre die Folge, tausende von Arbeitsplätzen seien bedroht. Last but not least – "Mose" sollte immerhin schlappe 3 Milliarden € kosten! Doch aufgeschoben, scheint nicht aufgehoben zu sein. Nach neuen Berichten hat die italienische Regierung den Bau des Deichsystems Ende 2001 endlich gebilligt! Bis 2009 soll Mose in der Lage sein, die immer häufiger auftretenden Hochwasser zu verhindern. Zusätzlich wird eine neue Ölleitung gebaut, die die Entladung von Tankern außerhalb der Schleusen ermöglicht.



### *Anfahrt/Verbindungen*

Der eigene fahrbare Untersatz ist hier nicht der bequemste Weg, denn Venedig ist eine der wenigen Städte der Welt, in der keine Autos fahren! Die Stadt ist für jeglichen PKW-Verkehr vollkommen gesperrt! Da stellt sich die dringende Frage, wohin mit der Kiste ...

- *Flug*: Der Flughafen **Marco Polo** liegt etwa 8 km östlich von Mestre, am Rand der Lagune. In die Stadt verkehren **Wassertaxis/Taxi acqueo** (ca. 73 €, Platz für bis zu 6 Pers.), **Autotaxis** (ca. 25 €), **Motoscafi** (Wasserbusse) der Linie **Alilaguna** (Dauer ca. 1 Std., ca. 9 €), **ATVO-Busse** (20 Min., 2,60 €) und alle halbe Stunde **Bus 5** der venezianischen Transportgesellschaft **ACTV** (30 Min., ca. 0,80 €).
Charterfluggesellschaften fliegen auch häufig den Flugplatz von **Treviso** an, von dort verkehrt Bus 6 ins Zentrum, wo man per Bus oder Zug nach Venedig weiterfahren kann.
- *PKW*: Täglich wälzen sich lange PKW-Schlangen und Buskarawanen auf dem Ponte della Libertà vom Festland über die Lagune nach Venedig. Am Eingang zur Stadt liegen zwei chronisch überlastete Parkplätze:
**Tronchetto**, künstlich aufgeschüttete Insel mit mehreren riesigen Parkhäusern, Parkgebühren ca. 16 € für 24 Std. oder einen Teil dieser Zeit.
**Piazzale Roma**, in der Nähe vom Bahnhof Santa Lucia, ebenfalls mit mehreren Hochgaragen; Parkgebühren in der "Garage San

Marco" ca. 25 €/24 Std. oder 19 €/12 Std.; günstiger ist die "Garage Comunale" mit ca. 16 € für 24 Std. oder einen Teil dieser Zeit.
Von Tronchetto und Piazzale Roma zum Markusplatz fährt alle 10 Min. **Vaporetto 1** (der so genannte "accelerato") und hält dabei an fast jeder Station – geeignet für's erste Sightseeing. Eindeutig schneller geht's mit **Vaporetto 82**, ebenfalls alle 10 Min., der nur an wenigen Stationen am Canal Grande hält. Ein Taxiboot kostet ca. 47 €.
Wesentlich preiswerter parkt man in **Mestre** (→ S. 182), die Eisenbahnfahrt über den Damm zum Bahnhof Santa Lucia dauert keine zehn Minuten.
Vor allem für Camper ist vielleicht die Anfahrt durch die Hintertür überlegenswert, die eigentlich die Vordertür der Seerepublik ist – über Jesolo den Littorale del Cavallino entlang bis zur **Punta Sabbioni**. Auf den dortigen Parkplätzen zahlt man ca. 5,50 € pro Tag (bewacht bis ca. 22 h) und kann mindestens stündlich mit dem **Liniendampfer 14** gemütlich ins Herz der City tuckern. Anlegestelle an der Riva degli Schiavoni, ca. 500 m östlich vom Markusplatz. Fahrtdauer allerdings ca. 45 Min., letzter Dampfer zurück gegen 23 h. Leserhinweis: "Wenn man am Kreisel bei der Bootsanlegestelle in eine kleine Nebenstraße einbiegt, kommt man nach etwa 10 m zu einem sehr großen kostenlosen Parkplatz."

- *Bahn*: Die moderne **Stazione Santa Lucia** liegt direkt am Canal Grande, der Hauptwasserstraße von Venedig. Nachts geschl. von ca. 1 h bis 3.45 h, Wartesaal 0.30–5 h.

**Gepäckaufbewahrung**, am Ende von Gleis 14, ca. 2,60 € pro Stück für 12 Std.
**Schließfächer** neben Bahnsteig 1, ca. 1,60 €/6 Std.
**Duschen** tägl. 7–20 h, ca. 5 €, oft Wartezeiten.
**Tourist Info** in der Halle, meist dicht umlagert, daneben **Zimmervermittlung** für Hotels (Anzahlung muss geleistet werden). Beides siehe unter "Information". Vom Bahnhof zum Markuspatz kommt man mit Vaporetto 1 oder 82 (siehe oben, Abschnitt "PKW").

- *Bus*: Fernbusbahnhof am **Piazzale Roma**

## O Sole mio....

Noch etwa 400 Gondeln einschließlich Gondoliere gleiten heute über die Kanäle von Venedig. Im 16. Jh. waren es über 10.000, damals das einzige Verkehrsmittel in der Wasserstadt. Die Gondeln bestehen aus acht verschiedenen Hölzern (nämlich Lärche, Seekiefer, Ulme, Fichte, Tanne, Trauerweide, Kirsche und Eiche) und sind asymmetrisch gebaut (auf der rechten Seite 24 cm kürzer), um das Gewicht des Gondoliere auszugleichen – ansonsten würden sie sich im Kreise drehen. Um den Widerstand möglichst gering zu halten, liegen sie nur mit dem mittleren Teil im Wasser. Schwarz sind die Gondeln erst seit 1562. Vorher waren die der Reichen leuchtend bunt und aufwendig verziert, doch das erregte bei den Armen Unzufriedenheit über den verschwenderischen Luxus des Adels. Fortan strich man sie also außen schwarz, dafür war die nun verdeckte Innenausstattung umso prachtvoller und luxuriöser. Im *Museo Storico Arsenale* (→ Sehenswertes) kann man Modelle der früheren Prachtgondeln bewundern. Ärgster Feind der Gondolieri sind heute die schnellen Motorboote. Trotz Geschwindigkeitsbeschränkungen herrscht tagsüber auf dem Canal Grande und vor San Marco oft hoher Wellengang.
Eine Gondelfahrt kostet tagsüber offiziell ca. 65 € für 50 Minuten, abends ca. 80 €. Nicht selten werden noch höhere Preise verlangt. Maximal dürfen sechs Personen mitgenommen werden. Den Preis sollte man unbedingt vor der Fahrt festmachen!

## *Unterwegs in und um Venedig*

Venedig ist die Stadt der Zukunft, was öffentliche Verkehrsmittel angeht. Man benutzt die eigenen Füße oder die *vaporetti* bzw. *motoscafi*, ob man ins Theater will oder in die nächste Kneipe ...

*Nur wenige Brücken überqueren den Canal Grande*



Ansonsten wünscht sich hier der heranwachsende Sprössling kein röhrendes Moped, sondern ein stolzes Boot! Ein berauschendes Bild – jeder tuckert und knattert durch das alles beherrschende Element Wasser ...

- *Zu Fuß*: Spazieren gehen ist die schönste Art und Weise, die Stadt kennen zu lernen. Immer wieder entdeckt man dabei Neues. Doch Venedig ist ein vollkommen unübersichtliches Gassenlabyrinth! Wer eine bestimmte Gasse oder Adresse sucht, ist ohne guten Stadtplan völlig aufgeschmissen (→ Orientierung). Rettungslos verloren geht man allerdings nicht – überall sind **Schilder mit schwarzer Schrift auf gelbem Grund** angebracht. Sie weisen u. a. den Weg zum Bahnhof (Ferrovia), nach San Marco und Rialto.
- *Vaporetti/Motoscafi/Motonavi*: Die Wasserbusse sind in der Lagunenstadt allgegenwärtig. Auf dem Wasser lernt man Venedig und die Venezianer erst richtig kennen – tagsüber herrscht zwar enorme Hektik, aber abends, wenn die Lichter über den Canal flimmern, wird die Fahrt zum echt romantischen Vergnügen. Ideal zum Beobachten der Palazzi rechts und links – und der Venezianer ... Allerdings aufpassen mit Gepäck, Taschendiebe sind immer unterwegs!

**Vaporetti** nennt man die größten Boote, die bis zu 300 Pers. fassen und hauptsächlich über den Canal Grande fahren. **Motoscafi** fassen ca. 200 Pers. und bedienen die übrigen Linien, abseits vom Canal Grande. **Motonavi** sind richtige Fährschiffe, die weiter entfernte Ziele in der Lagune anfahren.

Abfahrtsstellen sind den meisten Stadtplänen zu entnehmen, Knotenpunkte sind Piazzale Roma, Bahnhof Santa Lucia, Rialtobrücke und San Marco.

Eine einfache Fahrt kostet ca. 3,20 €, Rückfahrtticket ca. 5,30 €. Sehr zu empfehlen sind die **24-Std.-Tickets** für ca. 9,50 €, die in allen Wasserbussen gelten, **Dreitageskarten** kosten ca. 18,50 €, **Siebentageskarten** ca. 32 €. Außerdem gibt es **Familientickets** für 24 Std. (3 Pers. ca. 24 €, 4 Pers. 31 €, 5 Pers. 39 €). Erhältlich sind die Karten an allen Vaporetto-Ticketständen.

Wichtige Linien: **Nr. 1** fährt alle 20 Min. ab Piazzale Roma über die Stazione Santa Lucia den Canal Grande entlang nach San Marco und hinüber zum Lido – ideal für den Blick auf die Palazzi am Canal Grande, hält an beinahe jeder Station.

**Nr. 82** ist die schnellere Variante durch den Canal Grande (nur wenige Haltestellen), von San Marco über die Insel Giudecca und den Zattere zurück zum Piazzale

Roma. Achtung: Auch auf dieser Linie fährt ein Teil der Vaporetti zum Lido.

**Nr. 12** fährt von den Fondamente Nove zu den Inseln Murano, Burano und Torcello hinüber.

**Nr. 42** umrundet Venedig im Uhrzeigersinn, **Nr. 41** fährt in entgegengesetzter Richtung. Beide laufen dabei auch die Inseln San Michele und Murano an.

**Nr. 52** umrundet Venedig im Uhrzeigersinn, **Nr. 51** fährt in entgegengesetzter Richtung. Ein Teil der Vaporetti fährt zum Lido.

• *Traghetti*: Liniengondeln, mit denen man an mehreren Stellen den Canal Grande, der nur drei Brücken zählt, überqueren kann. Sie sind spottbillig (knapp 0,40 €) und bieten bis zu 12 Personen (Steh-)Platz. Damit's schneller geht, arbeiten zwei Gondolieri – übrigens Profis der klassischen Gondeln, die sich im Turnus zum Traghetto-Dienst verpflichten müssen. Traghetti verkehren u. a. zwischen der Pescheria und dem Campo Santa Sofia, zwischen San Samuele und Calle del Traghetto (Ca' Rezzonico) sowie zwischen den Giardinetti Reali (Nähe San Marco) und der Fondamenta Dogana (Santa Maria della Salute).

Achtung: In der Regel sind die Traghetti nur von morgens bis mittags in Betrieb.

• *Wassertaxis*: Mit ihren schnellen Schrauben "pumpen" sie Sauerstoff in die Lagune und tragen so erheblich zur Fäulnis der hölzernen Fundamente bei, obendrein verursachen sie heftige Wellen, den "moto ondoso", die die Palazzi erschüttern und an den Uferbefestigungen zerren. Der Passagier wiederum ärgert sich über die Preise (Beispiel: vom Bahnhof nach San Marco etwa 43 €!). Also abzuraten.

• *Flussboote*: mit dem "Burchiello" oder den "Battelli del Brenta" den **Brenta-Kanal** in Richtung Padua befahren, unterwegs Besichtigung mehrerer prächtiger venezianischer Adelsvillen (→ Brenta-Kanal, S. 183).

## *Information*

• *Städtische Informationsbüros*: 1) Im **Palazzina del Santi** bei den Giardinetti Reali vor der Piazza San Marco, hübsches weißes Gebäude an der Wasserfront (→ Stadtplan). Tägl. 10–18 h. ✆ 041/5226356, ℻ 5298730.

2) Unter den Arkaden am Ende **der Piazza San Marco** links. Mo–Sa 9.40–17.20 h, So geschl. ✆ 041/5208964.

3) Im Bahnhof **Santa Lucia**, tägl. 8.10–18.50 h. ✆ 041/5298727, ℻ 719078.

4) Am **Lido**, Viale Santa Maria Elisabetta 6/a, Nähe Vaporetto-Station. ✆ 041/5265721, ℻ 5298720.

5) im Flughafen **Marco Polo**. Mo–Sa 9–20 h. ✆ 041/2609260.

Zu haben sind u. a. Museumslisten mit aktuellen Preisen und Öffnungszeiten, kostenlose Stadtpläne (genügen für den ersten Überblick, aber keinesfalls, um bestimmte Adressen aufzusuchen, da viele Straßen fehlen) und das nützliche Magazin "Un ospite di Venezia" mit Veranstaltungskalender. Meistens wird Deutsch gesprochen. Achtung: Die Öffnungszeiten sind je nach Saison unterschiedlich und auch sonst stark änderungsanfällig!

**Internet**: www.provincia.venezia.it/aptve; www.turismovenezia.it

• *Zimmervermittlung*: bietet die **AVA** (Associazione Veneziana Albergatori) gegen kleine Gebühr im Bahnhof neben der Informationsstelle (✆ 041/715288), am Parkplatz Tronchetto (✆ 041/5287833), am Parkplatz Piazzale Roma (Garage Comunale ✆ 041/5228640; Garage San Marco, ✆ 041/5231397), am Flughafen Marco Polo (✆ 041/5415133) und an der Ausfahrt Bazzera von der Autobahn Triest – Venedig (✆ 041/5369126).

Buchung in "letzter Minute" unter Numero verde 800/843006 (von Italien) und ✆ 390415222264 (vom Ausland).

**Internet**: www.veniceinfo.it, E-Mail: info@veniceinfo.it

• *Venedig im Internet*: **www.meetingvenice.it**, umfangreiche Infos zu Unterkünften, Essen & Trinken, Kultur, Veranstaltungen und Museen mit Öffnungszeiten. Weitere ähnliche Seiten: **www.doge.it**, **www.govenice. com**, **www.guestinvenice.com**, **www.virtualvenice.net**

Internet-Cafès in Venedig: **The Net House** (San Marco 2967, Campo Santo Stefano), **Planet Internet** (Cannaregio 1519, Ponte delle Guglie), **Internet Point** (Dorsoduro, Campo Santa Margherita) u. a.

*Romantisches Vergnügen – mit der Gondel durch Venedig*



**Rolling Venice**: Diesen Pass gibt es für alle von 14–29 J. gegen Vorlage des Ausweises und eines Passbildes, Kostenpunkt ca. 2,60 €. Man bekommt damit u. a. Ermäßigungen für öffentliche Verkehrsmittel, in Museen sowie in diversen Hotels und Restaurants. Beispielsweise kostet der Dreitagespass für Vaporetti damit nur ca. ca. 12 €.
Erhältlich ist der Pass u. a. bei folgenden Adressen: im Bahnhof bei "Agenzia Transalpino" (Mo–Fr 8.30–12.30, 15–19 h, samstags nur vormittags, ✆ 041/5241334) oder vor dem Bhf. im Kiosk "Rolling Venice (tägl. 8–20 h); im "Assessorato alle Politiche Giovanili", San Marco 1529, Corte Contarina, westlich der Piazza San Marco (Mo–Fr 9.30–13, Di und Do auch 15–17 h, ✆ 041/2747645); bei der "Associazione Italiana Alberghi per la Gioventù", San Polo 3101, Calle del Castelforte (Mo–Sa 8–14 h, ✆ 041/5204414).

## Orientierung

Venedig ist in sechs Bezirke ("sestiere") unterteilt – Cannaregio, Dorsoduro, Castello, Santa Croce, San Polo und San Marco (→ Stadtplan hintere Umschlagklappe). Jeder dieser Distrikte hat mehrere tausend Hausnummern, die in der Regel nicht nach Straßen geordnet sind. Das bedeutet, man findet in jedem Viertel (eigentlich "Sechstel") Nummern von 1 bis weit über 5000, die nur insofern gegliedert sind, als dass benachbarte Nummern auch nahe beieinander liegen. Eine Adresse setzt sich aus Bezirk und Hausnummer zusammen, z. B. Dorsoduro 3942. Nur selten wird – was der mit einem Stadtplan bewaffnete Tourist sich wünscht – der Straßenname hinzugefügt, z. B. Beispiel Dorsoduro 3942, Calle Crosera. Um die Verwirrung noch größer zu machen: Es kann durchaus vorkommen, dass derselbe Bezirk mehrere Gassen des gleichen Namens aufweist.

Unverzichtbar ist also ein guter Stadtplan. Der beste mit nahezu allen Gassen des venezianischen Irrgartens ist die kleine Karte "Venezia" von der Edizioni Storti für ca. 3 €. Und keine Angst: Die Venezianer sind überaus auskunftsbereit ("zweite Calle links, dann nach drei Brücken die erste Calle rechts") und sprechen Deutsch, Englisch, Französisch und – Japanisch!

### Aus dem Festkalender der Venezianer

**Karneval** (Februar): Riesenspektakel, das Besucher aus aller Welt anzieht. Venedig hat eine lange Tradition der Masken- und Kostümherstellung, berühmt ist z. B. die weiße "bauta", ein beliebtes Postkartensujet. Maskenateliers finden sich in allen Stadtteilen (→ Shopping).

**Festa de la Sensa** (Sonntag nach Himmelfahrt): An diesem Tag wird die "Hochzeit Venedigs mit dem Meer" gefeiert, der Bürgermeister fährt wie früher die Dogen mit dem Staatsschiff Bucintoro zum Lido hinaus, gefolgt von einer Gondelregatta, wo er einen Lorbeerkranz (früher war es ein goldener Ring) ins Wasser wirft. Am selben Tag findet auch die **Vogalonga** statt, ein Wettbewerb der Ruderboote, der 1974 aus Protest gegen die zunehmende Motorisierung der Wasserwege Vendigs entstand.

**Festa del Redentore** (3. Sonntag im Juli): Das große Sommerfest, das die Venezianer am liebsten essend und trinkend auf ihren Booten verbringen, beginnt in der Nacht vom Samstag auf den Sonntag mit einem großen Feuerwerk (ca. 23.30 h): Zwischen Zattere und der Redentore-Kirche auf Giudecca wird eine Pontonbrücke gebaut.

**Regata storica** (1. Sonntag im September): Im ersten Teil des Festes wird mit Kostümen und prächtig geschmückten Gondeln an die goldene Zeit der "Serenissima" erinnert. Dann findet eine landesweit beachtete Regatta auf dem Canal Grande statt. Den Siegern winken großzügige Preise.

**Festa della Salute** (21. November): Für diesen Tag wird eine hölzerne Pontonbrücke über den Canal Grande geschlagen, über die die Venezianer zur Santa Maria della Salute pilgern – Erinnerung an die große Pest von 1630, als die Stadtväter beschlossen, der "Heiligen Maria der Gesundheit" eine Kirche zu errichten.

## *Übernachten (Karte hinterer Umschlag)*

Um es gleich vorweg zu nehmen – in Venedig ist fast das ganze Jahr über Saison (März bis November), die Zimmer sind überteuert (gut 20 % über dem italienischen Durchschnitt) und meist auch ausgebucht. Etwas günstigere Nebensaisonpreise kann man höchstens im Winter ergattern (abgesehen von der Weihnachtszeit), doch schon zum berühmten Karneval endet die kurze Flaute. Auf jeden Fall ist es empfehlenswert, Zimmer *vorzubestellen*, am besten bereits einige Monate vor der Reise. Überlegenswert ist auch, aufs Festland auszuweichen – z. B. nach Mestre oder Padua – und von dort mit dem Zug zu pendeln. Ansonsten wird einem nichts übrigbleiben, als die Hotelvermittlung der AVA (→ Information) in Anspruch zu nehmen oder eine Adresse nach der anderen abzuklappern bzw. anzutelefonieren.
Die venezianischen *Drei-Sterne-Hotels* bieten meist guten Komfort und sind ansprechend ausgestattet, oft mit historischem Flair. Abstriche müssen allerdings wegen der oft etwas beengten Verhältnisse in den alten venezianischen Palazzi gemacht werden, auch der Service ist nicht immer so, wie man ihn sich wünscht. Die Preise liegen zwischen 100 und 240 € fürs DZ. *Zwei-Sterne-Häuser* besitzen sehr unterschiedliche Standards, einige gute und beliebte Adressen finden Sie im Folgenden, preislich um die 80–140 €. Die zahllosen *Ein-Stern-Pensionen* sind über das ganze Stadtgebiet verstreut, ein Ballungszentrum ist die Lista di Spagna

mit ihren Seitengassen beim Bahnhof. Die niedrigsten Preise liegen etwa um die 40 € für's DZ mit Etagendusche. Für junge Leute und Rucksacktouristen mit knappem Budget wurde eine Reihe preisgünstiger *Hostels* eingerichtet, in den Sommermonaten werden dafür auch ehemalige Klöster genutzt. Trotzdem reichen die Schlafplätze bei weitem nicht aus, und es wird, trotz Verbot, noch immer im großen Maßstab vor dem Bahnhof geschlafen (→ unten). Das nächste Jugend-Hostel außerhalb Venedigs steht einsam am Rand der Lagune südlich von Venedig (→ S. 185), ein weiteres in Padua (→ dort).

• *Mittelklasse*: *** **Flora (66)**, San Marco 2283/a, Calle Larga XXII Marzo, Nähe Chiesa San Moisè, ganz zentral. Sehr beliebtes Hotel mit schöner altertümlicher Atmosphäre, seit langem Familienbetrieb, lauschiger, dicht bewachsener Innenhof. Zimmer recht unterschiedlich, teils liebevoll "antik" eingerichtet, teils aber recht klein (Tipp: möglichst vorher ansehen). Rechtzeitige Reservierung unbedingt nötig. DZ mit Frühstück ca. 125–210 €. ✆ 041/5205844, ℻ 5228217, E-Mail: info@hotelflora.it

*** **Do Pozzi (65)**, San Marco 2373, Calle Larga XXII Marzo, Nähe Teatro La Fenice. Zentrale, trotzdem sehr ruhige Lage, man kann im kleinen Innenhof sitzen. Die Zimmer bieten nichts Besonderes. DZ mit Frühstück ca. 90–185 €. ✆ 041/5207855, ℻ 5229413, E-Mail: hotel.dopozzi@flashnet.it

*** **Santo Stefano (62)**, San Marco 2957, Campo Santo Stefano, sehr schöne Lage an einem offenen Platz. Handtuchschmaler Palazzo aus dem 15. Jh., die meisten Zimmer ziemlich klein, mit venezianischem Mobiliar, aber geschmackvoll eingerichtet, weiß geflieste Bäder, unten kleiner Frühstücksraum und Terrasse auf der Piazza. DZ je nach Saison und Größe 105–235 €. ✆ 041/5200166, ℻ 5224460, E-Mail: info-htlsstefano@tin.it

*** **San Gallo (53)**, San Marco 1093/A, Campo San Gallo. Zwölf einfach gehaltene Zimmer, gemütlicher Aufenthaltsraum und schöne Dachterrasse, von Lesern empfohlen. DZ mit Frühstück ca. 70–185 €. ✆ 041/5227311, ℻ 5225702, E-Mail: sangallo@hotelsangallo.com

*** **Accademia Villa Maravegie (68)**, Dorsoduro 1058, Fondamenta Maravegie, wenige Schritte vom Canal Grande, an der Einmündung des Rio di San Trovaso, gleich in der Nähe der Accademia-Brücke. Stilvoller Palazzo aus dem 17. Jh. mit Aussicht auf den Canal Grande, in den Zimmern historisches Mobiliar, hinten schöner Garten mit Obstbäumen, eine stimmungsvolle Terrasse direkt am Kanal. Katharine Hepburn wohnte hier, als sie in Venedig einen Film drehte. DZ je Saison mit Frühstück 115–220 €. ✆ 041/5210188, ℻ 5239152, E-Mail: info@pensioneaccademia.it

*** **La Calcina (74)**, Dorsoduro 780, Fondamenta Zattere ai Gesuati, bekannt als Ruskin's House, da dieser englische Dichter im 19. Jh. hier wohnte. Allerdings ist das heutige Haus nur eine Nachbildung der damaligen Herberge, die abgerissen wurde. Prächtige Lage am Giudecca-Kanal, recht edel eingerichtet, Zimmer mit Parkettfußboden, hinten raus deutlich günstiger als mit Blick zum Kanal. Auf dem Kanal vor dem Haus große Caféplattform, außerdem Dachterrasse mit herrlichem Blick. DZ mit Frühstück je nach Blick ca. 95–160 €. ✆ 041/5206466, ℻ 5227045, E-Mail: la.calcina@ libero.it

*** **American (76)**, Dorsoduro 628, zwischen Gallerie dell'Accademia und der Kirche Santa Maria della Salute, am schmalen Rio di San Vio. Gepflegtes Haus in ruhiger Lage, Salon mit Stilmöbeln aufwendig eingerichtet, besonders schön die Zimmer mit Balkonen zum Kanal (z. B. 14 und 23), nach hinten kleine überwachsene Frühstücksterrasse. DZ mit Frühstück ca. 105–235 €. ✆ 041/5204733, ℻ 5204048. E-Mail: hotameri@tin.it

*** **Abbazia (6)**, Cannaregio 68, Calle Priuli dei Cavalletti, ruhige Lage in einer engen Gasse, beim Bahnhof um die Ecke. Das moderne Hotel in einem ehemaligen Karmeliterkloster bietet guten Komfort, der schlichte und etwas strenge klösterliche Charakter wurde aber bewahrt. Zimmer z.T. mit Blick auf den schönen Garten. Das ehemalige Refektorium dient als Aufenthaltsraum und Hotelbar. DZ mit Frühstück ca. 80–200 €. ✆ 041/717333, ℻ 717949, E-Mail: abbazia@iol.it

*** **Locanda Sturion (34)**, San Polo 679, Calle del Sturion, Nähe Rialto-Brücke, Blick auf den Canal Grande. Im dritten Stock eines alten Palazzo und bereits seit dem Mittelalter als Herberge in Betrieb, vor einigen Jahren vollständig renoviert und von * auf *** heraufgestuft. Einige der geräumigen Zimmer haben Blick auf den Canal, Wände z.T. mit Seidenstoffen bezogen, schöne Holzmöbel. DZ mit Frühstück je nach Saison, Lage und Ausstattung 85–180 €. ✆ 041/5236243, ℻ 5228378, E-Mail: info@locandasturion.com

** **Serenissima (51)**, San Marco 4486, Calle Goldoni, nur wenige Schritte vom Markusplatz entfernt. Gepflegtes und aufmerksam geführtes Haus, seit 1960 im Besitz der Familie Dal Borgo. Hübsch eingerichtete Zimmer im venezianischen Stil, zum Innenhof ruhiger. Unten im Haus eine kleine Bar. DZ mit Frühstück ca. 105–180 €. ✆ 041/5200011, ℻ 5223292, E-Mail: serenhtl@tin.it

** **Paganelli (57)**, Castello 4182, Riva degli Schiavoni, großartige Lage am Uferkai östlich vom Markusplatz, zentraler und stimmungsvoller geht's kaum. Zimmer nett eingerichtet, einige mit Blick auf die Lagune – das nur wenige Schritte entfernte Top-Hotel Danieli bietet fürs doppelte Geld auch keine bessere Aussicht. Preislich günstiger sind natürlich die Räume mit Blick auf den rückwärtigen Campo San Zaccaria und – besonders ruhig – auf einen kleinen Innenhof. DZ mit Frühstück ca. 115–185 €. ✆ 041/5224324, ℻ 5239267, E-Mail: hotelpag@tin.It

** **Bucintoro (61)**, Castello 2135, Riva San Biagio. Dieselben Vorzüge der Lage wie das Paganelli, Einrichtung zweckmäßig und altmodisch. Besonders reizvoll sind die Eckzimmer, von denen man einen Blick auf die Lagune und hinüber nach San Marco hat. DZ mit Frühstück ca. 135–160 €. ✆ 041/5223240, ℻ 5235224.

** **La Residenza (59)**, Castello 3608, Campo Bandiera e Moro, östlich von San Marco, schöne Lage an einem ruhigen Platz mit Kirche. Herrlicher Palazzo aus dem 15. Jh., prachtvoller Salon mit Fresken und historischem Mobiliar, die Zimmer aber eher einfach und funktionell gehalten (z.T. renoviert). DZ mit Frühstück ca. 85–130 €. ✆ 041/5285315, ℻ 5238859, E-Mail: info@venicelaresidenza.com

** **Seguso (75)**, Dorsoduro 779, Fondamenta Zattere ai Gesuati. Altmodisches Haus in toller Lage am Giudecca-Kanal, direkt neben Hotel La Calcina (→ oben). Die nostalgisch-antiquierte Einrichtung des Salons würde einem Museum zur Ehre gereichen. Zimmer einfach. DZ mit Bad ca. 85–165 €, mit Etagendusche ca. 70–145 €, Frühstück incl. (allerdings wird meist Halbpension verlangt). ✆ 041/5286858, ℻ 5222340.

** **Agli Alboretti (71)**, Dorsoduro 884, Rio Terra M. Foscarini, kleines, gemütlich-verwinkeltes Haus bei der Accademia, hübsch überwachsener Innenhof, der als Frühstücksraum genutzt wird. Zimmer schlicht-modern. DZ mit Frühstück ca. 120–145 €. ✆ 041/5230058, ℻ 5210158, E-Mail: alborett@gpnet.it

** **Messner (78)**, Dorsoduro 216, Rio Terra dei Catecumeni, freundliches Haus bei der Kirche Santa Maria della Salute, solide Einrichtung, hinten schmale Speiseterrasse. DZ mit Frühstück ca. 95–135 €. ✆ 041/5227443, ℻ 5227266, E-Mail: messner@doge.it

** **Alla Salute da Cici (77)**, Dorsoduro 222, Fondamenta di Cabalà. Großer Palazzo mit kleinem Garten an einem Kanal westlich der Kirche Santa Maria della Salute. Die ordentlichen Zimmer besitzen Marmorböden und blicken z.T. auf den Kanal, in einem Anbau sind auch einige modernere Räume untergebracht. DZ mit Bad ca. 85–135 €, mit Etagendusche ca. 70–95 €, Frühstück incl. ✆ 041/5235404, ℻ 5222271, E-Mail: hotel.salute.dacici@iol.it

** **Falier (30)**, Santa Croce 130, Salizzada San Pantalon, Nähe Frari-Kirche. Restaurierter Palazzo in ruhiger Lage, hinten hinaus kleiner Garten. Durchschnittliche, nicht allzu große Zimmer, ein einziges mit alter Holzbalkendecke. DZ mit Frühstück ca. 80–160 €. ✆ 041/710882, ℻ 5206554, E-Mail: falier@tin.it

** **Florida (5)**, Cannaregio 106, Calle Priuli dei Cavalletti, einfache, hellhörige, ansonsten korrekte Zimmer in unmittelbarer Bahnhofsnähe. DZ mit Bad 63–155 €, mit Etagendusche 43–105 €, Frühstück incl. ✆ 041/715253, ℻ 718088, E-Mail: info@hotel-florida.com

* **Al Gambero (49)**, San Marco 4687, Calle dei Fabbri, ganz zentral zwischen Markusplatz und Rialtobrücke. Zimmer z.T. schön renoviert, Wände mit Damaststoffen bezogen, hübsche Möbel, neue Badezimmer. Blick auf einen Kanal, netter Frühstücksraum, unten im Haus beliebtes Restaurant "Le Bistrot de Venise" (10 % Rabatt für Hotelgäste). DZ mit Bad ca. 85–125 €, mit Etagendusche ca. 60–85 €, Frühstück incl. ✆ 041/5224384, ℻ 5200431, E-Mail: hotelgambero@tin.it

• *Preiswert*: Eine Menge relativ günstiger und ruhig gelegener Adressen findet man in den Seitengässchen der Lista di Spagna links vom Bahnhof. Preiswert – für venezianische Verhältnisse wohlgemerkt!

* **Santa Lucia (7)**, Cannaregio 358, Calle de la Misericordia. Vom Bahnhof die Lista di Spagna entlang und links einbiegen. Neue-

*Wasser überall – typische Ansicht der Lagunenstadt*

res Haus, sehr ruhig in einer schmalen Seitengasse, trotzdem ganz zentral. Man kann gemütlich vor dem Haus sitzen. DZ mit Bad ca. 62–100 €, mit Etagendusche 48–80 €, Frühstück incl. ✆ 041/715180, ℻ 710610.

* **Villa Rosa**, Cannaregio 389, Calle de la Misericordia, in derselben Gasse wie das Santa Lucia mit denselben Vorzügen der Lage. DZ mit Bad 55–105 €, Frühstück incl. ✆ 041/718976, ℻ 716569, E-Mail: villarosa @ve.nettuno.it

** **Caprera (8)**, Cannaregio 219/220, Calle Gioacchina. Ordentliches Haus in einer ruhigen Seitengasse der Lista di Spagna. Die meisten Zimmer haben nur Etagendusche u. kosten ca. 40–64 €, DZ mit Bad ca. 63–105 €, Frühstück extra. ✆ 041/715271, ℻ 715927, E-Mail: caprera@gpnet.it

* **Rossi (9)**, Cannaregio 262, ebenfalls Seitengasse der Lista di Spagna. Für diese Kategorie anständige Zimmer, zudem ruhig, Blick ins Grüne. DZ mit Bad ca. 45–90 €, mit Etagendusche ca. 40–72 €, Frühstück incl. ✆ 041/715164, ℻ 717784.

** **Bernardi Semenzato (15)**, Cannaregio 4366, Calle dell'Oca, Nähe Campo S.S. Apostoli. Vor einigen Jahren renoviert, schlichte Zimmer, der freundliche Besitzer spricht Deutsch. DZ mit Bad ca. 60–105 €, Frühstück extra. ✆ 041/5227257, ℻ 5222424, E-Mail: mtpepoli@tin.it

* **Casa Peron (31)**, Santa Croce 84–85, Salizzada San Pantalon, Nähe Frari-Kirche. Sauber, erst vor kurzem renovierte Zimmer und gemütliche Dachterrasse. DZ mit Bad ca. 67–95 €, mit Etagendusche ca. 55–70 €, Frühstück incl. ✆ 041/710021, ℻ 711038.

* **Locanda Ca' Foscari (39)**, Dorsoduro 3887/b, Calle della Frescada, Vaporetto 1 oder 82 bis San Tomà, angenehme Familienpension in der Nähe der Frari-Kirche. DZ mit Bad ca. 70–85 €, mit Etagendusche ca. 53–63 €, Frühstück incl. ✆ 041/710401, ℻ 710817, E-Mail: valtersc@tin.it

* **San Samuele (44)**, San Marco 3358, Salizzada San Samuele, Nähe Campo Santo Stefano. In der zweiten Etage eines uralten Hauses, unten klingeln und vom Innenhof die Stufen hinauf. Ordentliche, nach vorne raus helle Zimmer, gute Lage, junge, engagierte Leitung. DZ mit Bad 48–100 €, mit Etagendusche ca. 40–70 €, Frühstück extra. ✆/℻ 041/5228045.

* **Doni (56)**, Castello 4656, Fondamenta del Vin. Zentrale Lage, Nähe Campo San Zaccaria. Ordentliche Zimmer mit Blick auf den benachbarten Kanal Rio del Vin. DZ mit Bad ca. 70–100 €, mit Etagendusche ca. 52–75 €, Frühstück incl. ✆/℻ 041/5224267.

• *Hostels*: Eine Liste der Hostels gibt es bei den Informationsstellen, dort erhält man auch Bescheid, wo noch Platz ist.

**Ostello di Venezia (IYHF) (81)**, auf der Insel Giudecca, 86, Fondamenta Zitelle. Mit Vaporetto 82 vom Hauptbahnhof bis Zitelle, noch 200 m zu Fuß. Straff geführtes Hostel mit 240 Betten in Schlafsälen zu höchstens acht Betten, moderne Sanitäranlagen, preiswertes Restaurant (Wartezeiten), internationale Atmosphäre, tolle Lage mit Blick auf Dogenpalast und Piazzetta. Pro Pers. ca. 14 € mit mickrigem Frühstück. Ganzjährig geöffnet, in der Hochsaison immer voll belegt. Anmeldung im Sommer ab 13.30 h, ab 16 h im Winter, telefonische Reservierung nicht möglich. Schließzeit 23.30 h. In der zweiten Januarhälfte geschl. ✆ 041/5238211, 📠 5235689.

**Domus Civica (28)**, San Polo 3082, Ecke Calle Campazzo/Salizzada San Rocco, Nähe Frari-Kirche. Günstige Lage etwa 5 Gehminuten vom Bahnhof: über den Canal Grande, links neben der Kirche rein, dann rechts halten, über eine Brücke und den mittleren Weg nehmen. Gut ausgestattet und freundliche Aufnahme. DZ ca. 37 €, auch Einzel- und Dreibettzimmer vorhanden, mit JH-Ausweis oder Rolling-Venice-Card Ermäßigung, kein Frühstück. Schließzeit 23.30 h. Mitte Juni bis Mitte Oktober. ✆ 041/721103, 📠 5227139.

**Foresteria Valdese (38)**, Castello 5170, Calle Lunga Santa Maria Formosa (Nähe Campo Santa Maria Formosa), nächste Vaporettostation ist Rialto. Untergebracht im ehemaligen Gästehaus der protestantischen Waldenserkirche. Es gibt zwei DZ für ca. 40 €, sowie Mehrbettzimmer und Schlafsäle für ca. 15 € pro Pers., incl. Frühstück. Anmeldung Mo–Sa 9–13 und 18–20 h, So 9–13 h. Keine nächtliche Schließzeit. Ganzjährig geöffnet. ✆/📠 041/5286797.

**Istituto Canossiano (79)**, Giudecca 428, Ponte Piccolo, (Nähe JH). Von freundlichen Nonnen geführt, nur Mädchen, ca. 11 € im Mehrbettzimmer, kein Frühstück. Anmeldung 7.30–12 und 16–22.30 h. Strikte Schließzeit 22.30 h. Mit Vaporetto 82 ab Hauptbahnhof bis San Eufemia (oder ab San Marco bis Zitelle), dann immer dem Naphtalingeruch nach. Bäckerei gleich daneben. Ganzjährig geöffnet. ✆/📠 041/5222157.

• *Camping*: ** **Miramare**, grüner und sauberer Platz mit 650 Stellplätzen, prima Lage an der Punta Sabbioni, der Spitze der Landzunge südöstlich von Venedig, nur 700 m von der Anlegestelle der Motorschiffe nach Venedig – idealer Ausgangspunkt für PKW-Besitzer, die die Stadt besichtigen wollen. Mindestens 1 x stündl. fährt die Nr. 14 zur Riva degli Schiavoni beim Markusplatz (6 € hin/rück, Fahrzeit ca. 40 Min.). Über die Straße zum eigenen Strand. Ostern bis Anfang November. ✆ 041/966150, 📠 5301150, E-Mail: info@camping-miramare.it

*** **Fusina**, Wiesenplatz an der Lagune, ungünstige und laute Lage nahe den Fabriken von Porto Marghera, jedoch ebenfalls regelmäßige Vaporetto-Verbindung zum Markusplatz (Fahrzeit ca. 30 Min.). Zu erreichen von der SS 309 nach Ravenna, bei Malcontenta abbiegen. Ganzjährig. ✆ 041/5470055, 📠 5470050, E-Mail: info@camping-fusina.com

** **Serenissima**, bei Oriago am Brenta-Kanal (→ S. 185), direkt an der SS 11 von Padua nach Venedig. Kleines, lang gestrecktes Gelände zwischen Häusern, laut Leserzuschrift gute warme Duschen und freundliches Personal, Waschmaschinen vorhanden. Ermäßigung mit Rolling-Venice-Card in Zelt und Bungalow. Etwa alle 30 Min. Busverbindung zum Piazzale Roma, Fahrzeit 20–30 Min. Ostern bis Anfang November. ✆ 041/921850, 📠 920286, E-Mail: camping.serenissima@shineline.it

Weiterhin liegen mehrere große und gut ausgestattete Campingplätze am langen Sandstrand Littorale del Cavallino, der sich in Richtung Lido di Jesolo hinzieht, z. B. der komfortable **** **Marina di Venezia** (Mitte April bis Sept., ✆ 041/5300955, 📠 966036, E-Mail: camping@ marinadivenezia.it), der etwas bescheidenere *** **Ca' Savio** (Mitte April bis September, ✆ 041/966017, 📠 5300707, E-Mail: info@casavio.it) und der hervorragende **** **Union-Lido Vacanze** mit eigenem Naturpark und 5000 qm Wasserlandschaft (✆ 041/968080, 📠 5370355, E-Mail: info@unionlido.com).

Weitere Plätze gibt es am Festland um **Mestre**, Busverbindung ab Piazzale Roma.

• *Umsonst im Freien*: Da es in Venedig viel zu wenig preisgünstige Unterkünfte gibt, übernachten in den Sommermonaten trotz strengem Verbot vor dem **Bahnhof** immer zahlreiche "saccopellisti" (Rucksacktouristen). Mit dem Wellenplätschern vom Canal Grande sicher fast schon eine romantische Angelegenheit, jedoch greift immer wieder die Bahnpolizei ein, z. T. werden auch Strafen verteilt. Zudem ganz erhebliche Diebstahlsgefahr!

*Bald ein vertrautes Bild – zahllose Gondeln gleiten durch die Kanäle Venedigs*

RISTORANTE

**Tipp**: Bei mindestens einwöchigem Aufenthalt in Venedig fährt man mit der Anmietung von Ferienwohnungen und Apartments oft besser als mit den überteuerten Hotels. Der Veranstalter Cuendet hat entsprechende Angebote (Reisebüro oder www.cuendet.com), online buchen kann man auch über www.venere.it, guestinvenice.com und meetingvenice.it

## Essen & Trinken (Karte hinterer Umschlag)

Auch in Venedig kann man gut und preislich angemessen speisen – allerdings muss man dafür ein Stückchen laufen. Faustregel: je weiter weg von Rialto und Piazza San Marco, desto preiswerter. Im gesamten Zentrum und um den Bahnhof ist Nepp eher die Regel als die Ausnahme. Praktisch alle Lokale bieten *Touristenmenüs* an, die auf den ersten Blick erschwinglich wirken, doch oft sind die Portionen bescheiden und von mäßiger Qualität, nicht selten schrauben zudem versteckte Extras die Preise in die Höhe. Bevor man Platz nimmt, sollte man immer auf der Speisekarte die Gebühren für "servizio" und "coperto" einsehen sowie die Kosten für Getränke – sonst kostet ein kleines Bier auf einmal 8 €, der Espresso nach dem Essen 4 € etc. Direkt am Canal Grande zahlt man die höchsten Preise. Im Folgenden finden Sie einige interessante Adressen nach Stadtteilen geordnet, wobei der Schwerpunkt der Auswahl auf einfachen bis Mittelklasserestaurants liegt, die ihre venezianische Eigenart bewahrt haben.

Venezianische Spezialitäten stammen überwiegend aus dem Meer. *Sarde in saor* sind in Zwiebeln eingelegte Sardinen und werden als Vorspeise geschätzt, *misto di mare* sind Muscheln, Krabben und kleine Fische, mit Mehl bestäubt und fritiert gegessen oder als Zutat für Spaghetti. *Seppie al nero*, Tintenfisch in seiner eigenen Tinte gegart, wird meist mit *polenta* serviert, dem gelblichen oder weißen Maiskuchen. *Risi e bisi* (Risotto mit Erbsen), *fegato alla veneziana* (Leber mit Zwiebeln, in der Regel mit Polenta serviert) und *pasta e fagioli* (Suppe mit Bohnen und Nudeln) stehen ebenfalls häufig auf der Speisekarte. Als krönender Abschluss vielleicht noch ein venezianisches *tiramisu*?

Eine gute und preiswerte Alternative zum Restaurantessen stellen die *cicheti* genannten Appetithappen dar, die in allen Bars und *bàcari* – so heißen die typisch venezianischen Weinbars – ausliegen (→ Kasten weiter unten).

• *San Marco*: **Tavernetta San Maurizio (63)**, San Marco 2618-20, Calle Ca'Zaguri, beim Campo San Maurizio. Urig und eng geht es hier zu – und dementsprechend oft auch hoch her. Um Platz zu finden in den kleinen nett ausstaffierten Gasträumen, muss man frühzeitig kommen. Für San Marco günstige Preise. So geschl.

**Le Bistrot de Venise (50)**, San Marco 4687, Calle dei Fabbri, ganz zentral zwischen Markusplatz und Rialtobrücke. Sehr beliebtes, französisch inspiriertes Lokal im Hotel Al Gambero (→ Übernachten), vorne Bistro, hinten Restaurant, oft bis spät in die Nacht gut besucht. Gilt als Künstlertreff, gelegentlich Livemusik und Kunstausstellungen. Venezianische Küche (durchgehend von mittags bis nach Mitternacht), aber auch Crêpes und Pizza, dazu gute Auswahl an Weinen. Kein Ruhetag.

**Ostaria a la Campana (48)**, San Marco 4720, Calle dei Fabbri. Nettes Lokal mit rustikalem Ambiente, man wartet mit einem Gläschen am Tresen, bis ein Platz frei wird, schlichtes Gedeck. Spezialität ist *nero di seppie con polenta* (schwarzer Tintenfisch), Hauswein einfach, aber schmackhaft. Viele Einheimische kehren hier ein, für Venedig erfreulich günstige Preise. So geschl.

**Al Bacareto (45)**, San Marco 3447, Calle Crosera San Samuele. Beliebte Osteria mit traditioneller venezianischer Küche, z. B. *risotto* oder *fegato*, preislich moderat. Sa-Abend und So geschl.

**Acqua Pazza (46)**, San Marco 3808, Campo Sant'Angelo. Schön zum Draußensitzen, neapolitanische Pizza und Meeresküche. Mo geschl.

• *Dorsoduro*: **Antica Locanda Montin (69)**, Dorsoduro 1147, Fondamenta di Borgo (vom Campo Santa Babara durch den Torbogen, über den Kanal, beim Schild rechts und am nächsten Kanal links). Traditionelle Trattoria, die nicht als eine der besten und günstigsten, aber als eine der schönsten Adressen im Dorsoduro gilt. Zahlreiche berühmte Persönlichkeiten haben hier schon gespeist, eine Szene des Films "Der Tod in Venedig" wurde hier gedreht. Das blumengeschmückte Haus liegt in einem ruhigen Wohnviertel, dahinter ein herrlicher überschatteter Garten. Di-Abend und Mi geschl.

**Antico Capon (43)**, Dorsoduro 3004/b, Campo Santa Margherita. Hübsch zum Draußensitzen auf einem der nettesten Plätze des Viertels, touristisch entdeckt, aber eher am Rande des Rummels. *Tagliatelle al Capon* mit Pilzen und Wurststückchen, diverse Filets oder den typischen *fegato veneto* (Leber mit Polenta) kosten. Preislich Mittelklasse. Mi geschl.

**Da Gianni (73)**, Dorsoduro 918, Zattere ai Gesuati, beliebtes Fischlokal und Pizzeria direkt am Giudecca-Kanal, wunderschön, wenn abends die Sonne untergeht. Die unmittelbar daneben liegende Vaporetto-Station verursacht allerdings einigen Trubel. Nicht ganz billig. Mi geschl.

**Ai Cugnai (70)**, Dorsoduro 857, Piscina del Forner, zwischen Gallerie dell'Accademia und Peggy-Guggenheim-Museum. Kleine authentische Fischtrattoria, hinter dem Speiseraum kleiner Hof, alles sehr sauber und angenehm, herzliche Gastgeber, sympathische Umgebung mit (bisher) wenig Touristen. Mo geschl.

• *San Polo*: **Da Fiore (18)**, San Polo 2202/a, Calle de Scaleter (Vaporetto bis San Stae), eins der besten Fischlokale der Stadt, Köchin und Wirtin Mara zaubert originelle Gerichte, die allerdings ihren Preis haben. Gepflegte Atmosphäre, Menü ca. 50 € aufwärts. So und Mo geschl. Da recht klein, Reservierung sinnvoll, ✆ 041/721308.

**Alla Madonna (22)**, San Polo 594, Calle della Madonna (Nähe Rialto). Der "Fischkönig" der Stadt residiert in einer pittoresken Seitengasse, in der sich die überhängenden ersten Etagen beinahe berühren; großes Lokal mit mehreren Räumen, durch die flinke Kellner eilen, oft rappelvoll, leider keine Sitzgelegenheiten im Freien. Versuchen sollte man das *risotto con frutti di mare*. Preise für diese Lage durchaus erfreulich. Mi geschl.

**Da Ignazio (33)**, San Polo 2749, Calle della Saoneri, in einer engen Gasse versteckt sich dieses angenehme und geräumige Mittelklasse-Restaurant, hinten lockt ein begrünter Innenhof, in dem die etwas steifen Kellner fast deplatziert wirken; serviert werden fantasievolle Nudelgerichte, *risotto della casa* und viel Fisch. Sa geschl.

**Giardinetto (32)**, San Polo 2910/a, Fondamenta Forne. Freundlich geführtes Ristorante mit Garten abseits vom Trubel; hier kann man auch unbesorgt den kleckernden Nachwuchs mitnehmen. Als Vorspeise empfehlen wir *antipasto misto di pesce*. Mo geschl.

• *Santa Croce*: Im Viertel zwischen Bahnhof und San Marco findet man einige besonders schön und "romatisch" gelegene Adressen.

**La Zucca (13)**, Santa Croce 1762, Ponte del Megio (Nähe Campo San Giacomo dell'Orio). Winziges, nett eingerichtetes Lokal, neben vegetarischen und venezianischen Gerichten werden auch Experimente gewagt, die einfallsreiche Speisekarte wechselt täglich. Vor der Tür nur eine Handvoll Tische, drinnen einige weitere Plätze mit Blick auf den benachbarten Kanal. Junge, engagierte Leitung, es wird auch Englisch gesprochen. Reservierung empfehlenswert unter ✆ 041/5241570. So geschl.

**Al Ponte**, gleich benachbart zum La Zucca – wie der Name bereits sagt, wunderschön bei einer kleinen Brücke gelegen.

**Capitano Uncino (12)**, Santa Croce 1501, Campo San Giacomo dell'Orio. Gemütliche Fischtrattoria auf einer touristisch wenig besuchten Piazza mit Platanen. Preislich Mittelklasse. Mi geschl.

**Da Crecola (11)**, Santa Croce 1459, Campiello del Piovan, wenige Schritte vom Campo San Giacomo dell'Orio. Idyllische Lage auf einem kleinen Plätzchen direkt am Kanal, sehr hübsch zum Sitzen, kulinarisch aber eher Standard – in der Lage muss man nicht zaubern. Preise bisher maßvoll. Di geschl.

**Alle Oche (17)**, Santa Croce 1552, Calle del Tentor. Als Pizzeria sicher eine der besten der Stadt, wenige Tische entlang der ruhigen, schmalen Gasse, große Auswahl an sehr gut belegten Pizzen, reichhaltige Salate, im Innenraum trifft sich die Jugend. Wird schnell voll. Mo geschl.

**Brodo di Giuggiole (27)**, Santa Croce 158, Fondamenta Minotto, Nähe Piazzale Roma. Gutes Mittelklasserestaurant mit vernünftigen Preisen, einladender, unerwartet großer begrünter Innenhof. Mo geschl.

**Antico Gafaro (29)**, Santa Croce 116/a, Salizzada San Pantalon 130. Gepflegtes Restaurant in einer breiten Gasse, unter der schattigen Pergola werden sehr gute Fischgerichte serviert.

**All'Anfora (10)**, Santa Croce 1223, Lista Vecchia dei Bari, vom Bahnhof aus schnell zu erreichen. Großes, populäres Lokal, oft bis auf den letzten Platz gefüllt, hinten schön begrünter Hof, gute Auswahl an Pizza. Fr geschl.

• *Cannaregio*: **Fiaschetteria Toscana (23)**, Cannaregio 5719, Salizzada San Giovanni Crisostomo (Nähe Rialto), direkt an einem touristischen Hauptlaufsteg. In der Toscana ist eine Fiaschetteria eine Institution zwischen Weinhandlung und Osteria, hier aber handelt es sich um ein Feinschmeckerlokal auf zwei Etagen, das zu gehobenen Preisen venezianische Meeresspezialitäten bietet, z. B. Heuschreckenkrebse aus der Lagune oder Krabben mit Polenta. Auch im Freien kann man an einigen Tischen sitzen. Di geschl.

**Al Milion (25)**, Cannaregio 5841, Corte del Milion, Salizzada San Giovanni Crisostomo (Nähe Rialto). Ausgesprochen malerische Osteria mit kleinem Vorgärtchen, alten Möbeln und schlichter Speisekarte: *pasta e fagioli*, Risotto mit Meeresfrüchten, *sarde in saor* etc. Am selben Platz soll Marco Polo gelebt haben! Mi geschl.

**Malibran (24)**, Cannaregio 5864 (zwischen Strada Nuova und Rialto), ruhige Lage und kleiner Hof zu einer Seitengasse, vernünftige Preise und auch im Stress noch freundliches Personal, auch Pizzen; vorzüglicher *spiedino di gamberone*.

**Al Paradiso Perduto (4)**, Cannaregio 2540, Fondamenta della Misericordia. Von jungen Leuten geführte Studentenkneipe, gutes Essen, vor allem Fisch, und im vorderen Teil Kneipenbetrieb bis spät in die Nacht (→ Nachtleben). Mi geschl., ebenso erste Augusthälfte.

**Iguana**, Cannaregio 2515, kurz vor dem Paradiso Perduto, mexikanische Bar mit Essensangebot, preiswert und gern von jungen Leuten besucht. Mo geschl.

**Gam Gam (2)**, Cannaregio 1122, Sotto Portico di Ghetto Vecchio. Direkt am Canale di Cannaregio, hier kann man am Rande des ehemaligen jüdischen Ghettos (→ Sehenswertes) koscher speisen, z. B. Falafel oder Couscous. Fr-Abend und Sa geschl.

**I Quattri Rusteghi (3)**, Cannaregio, Campo Ghetto Nuovo. Zentral im jüdischen Viertel, schöne Lage auf dem ruhigen Platz mit dem hebräischen Museum. Der Schwerpunkt liegt auf vegetarischen Speisen, günstige Preise.

**Vini da Gigio (14)**, Cannaregio 3628/a, Fondamenta San Felice. Freundlich geführte Trattoria, schön am Ufer des Kanals gelegen, ordentliche Küche zu angenehmen Preisen. Mo geschl.

**Al Bacco (1)**, Cannaregio 3054, Fondamente delle Cappuccine, ein weiter Weg ist es vom Zentrum zu dieser Osteria in Nähe des Ghettos, aber er lohnt sich. In nostalgisch-fröhlicher Atmosphäre kann man hier Fisch und Meeresfrüchte genießen. Mo geschl.

**Da Gianni (16)**, Cannaregio 4377. Authentische Trattoria bei der Kirche Santi Apostoli, von Lesern empfohlen.

• *Castello*: **Al Covo (60)**, Castello 3969, Campiello della Pescaria. Trattoria mit unbestreitbarer Qualität, hervorragende Meeresfrüchte und andere kulinarische Köstlichkeiten. Gehobene Preisklasse. Mi und Do geschl.

**Da Remigio (58)**, Castello 3416, Salizzada dei Greci. Beliebte und nett gelegene Trattoria, viele Einheimische, preislich okay. Mo-Abend und Di geschl.

**Alle Testiere (36)**, Castello 5801, Calle del Mondo Nuovo Castello, Nähe Kirche Santa Maria Formosa. Gerade mal 20 Gedecke (fünf Tische) gibt es in diesem winzigen, familiär geführten Lokal, das sehr leckere und fantasievolle maritime Küche zu allerdings nicht mehr ganz niedrigen Preisen bietet. So und im August geschl. Reservierung notwendig, ✆ 041/5227220.

**Al Mascaron (37)**, Castello 5225, Calle Lunga Santa Maria Formosa. Populäre Osteria mit guter Küche (→ Bàcari).

• *Giudecca*: **Altanella (80)**, Giudecca 270, Calle dell'Erbe. Traumhaft schöne Terrasse über einem Kanal. Die Trattoria ist seit der Jahrhundertwende in derselben Familie, mittlerweile werkelt die 4. Generation, Hemingway war hier, ebenso d'Annunzio und Marinetti. Innen dekorieren alte Fotos aus Venedig den Raum, die Küche legt weniger Wert auf Raffinesse als auf die Qualität der Lebensmittel, die Preise sind nicht übertrieben, der Gast wird nicht gedrängt – man kann hier einen wunderschönen Abend verbringen. Mo, Di und im August geschl.

• *Self-Services*: **Rosticceria Gislon (35)**, San Marco 5424/a, Calle della Bissa, Nähe Rialto-Brücke. Große Auswahl und preiswert, erfreulicherweise auch venezianische

*Die echten Venezianer werden immer weniger*



Spezialitäten im Angebot. Mo geschl.

**Chat Qui Rit (52)**, San Marco 1133, Calle Tron/Ecke Frezzeria (westlich der Piazza San Marco). Liegt in einer schattigen Gasse, die Korbstühle um die großen Tische sind immer schnell besetzt. Passable Auswahl, preislich im Rahmen, warme Küche 11–21.30 h, um die Ecke auch Stehimbiss. Sa geschl.

**Mensa Universitaria**, San Polo 2480, Calle de Magazen (Palazzo Badoer), Nähe Frari-Kirche. Günstige Menüs, nur mit internationalem Stud.-Ausweis. Mo–Fr 12.45–14, 18.30–20.30 h.

• *Pizza zum Mitnehmen*: **Millevoglie da Tarcisie**, San Polo 3031, Salizzada San Rocco, bei der Frari-Kirche. Pizzastücke und wagenradgroße Pizzen (Durchmesser ca. 50 cm für 8 €), preiswert und lecker. Angeschlossen eine gute Eisdiele (→ unten).

• *Bars/Cafés/Konditoreien*: Außer am Markusplatz sitzt man am schönsten in den großen Freiluftcafés an der Promenade del Zattere im Viertel Dorsoduro (Blick auf die Insel Giudecca). Ein typisch venezianischer Cocktail ist der *Bellini*, eine pikante Mischung aus Pfirsichsaft (1/3) und Prosecco (2/3), einem prickelnd aromatischen Schaumwein aus dem Hinterland des Veneto (→ Treviso). Ein *Spriz* wird als Aperitiv getrunken – leichter Weißwein mit einem Schuss Campari.

Relikte der österreichischen Besatzungszeit sind die zahlreichen Konditoreien (z. B. in der Calle della Rughetta), die leckere Strudel sowie die vielfältigsten Torten, Kuchen und Pralinen anbieten. Spezialitäten sind die gefärbten und aromatisierten Schokoladen oder *pan dei pescatori* und *pan di doge*, eine Art Ministollen mit Nüssen und Trockenobst.

**Harry's Bar (67)**, San Marco 1323, Calle Vallaresso. Noble Einrichtung, köstliche Cocktails und fürstliche Preise. Hemingway war Stammgast (wo eigentlich nicht?), heute von amerikanischen Touristen im Pensionärsalter und wegen der zahlreichen Legenden von gutsituierten Weltenbummlern aus allen Kontinenten besucht. Mo geschl.

**Caffè Florian (55)**, Piazza San Marco, seit dem 18. Jh. das berühmteste Café Venedigs. Drinnen sitzt man in hübschen kleinen Räumen auf verblichenen, roten Ledersesseln zwischen historischen Bleispiegeln, draußen spielt ganztägig ein routiniertes Orchester die Evergreens von vorgestern. Die altmodisch-noble Atmosphäre hat ihren Preis – ein *cappuccino* kostet gut 8 €. Mo geschl.

**Caffè Quadri (54)**, Piazza San Marco, die noble Konkurrenz von gegenüber; streitet sich mit dem *Florian*, wer als erster in Venedig türkischen Mokka serviert hat, ebenfalls

## Bàcari: Genießen auf venezianisch

In diesen venezianischen Weinschenken wird an einfachen Holztischen gegessen und getrunken, oft sogar nur im Stehen am Tresen. Sie fungieren den ganzen Tag über als beliebte Treffpunkte für alle Bevölkerungsschichten, einige haben sich auch zu typischen Abendtreffs für die Jugend entwickelt. Im Vorbeigehen schlürft man hier zu jeder Tageszeit eine *ombra* (Schatten) bzw. eine *ombretta*, ein Gläschen prickelnden Prosecco. Der Name stammt von den fliegenden Weinverkäufern, die früher im wandernden Schatten des Glockenturms von San Marco ihren offenen Wein verkauften, da er in der glühenden Sonne schnell seine Frische verlor. Dazu kann man eine Vielzahl traditioneller *cicheti* kosten, die in kaum einem Restaurant zu finden sind. Das Angebot wechselt täglich und ist unglaublich reichhaltig: dreieckige, fantasievoll gefüllte *tramezzini* (Sandwiches), Käse- und Wursthappen, verschiedene Gemüse, Fisch- und Fleischbällchen, *seppie* (Tintenfisch) und *folpeti* (kleine Tintenfische), Polenta, Oliven und Schnecken, *baccalà* (Stockfisch) in verschiedenen Zubereitungsarten, z. B. *à la mantecato* (Stockfischmus), Calamarisalat, frittierte Kürbisblüten, *sarde in saor*, kleine Muscheltierchen namens *canoce* (Meeresheuschrecken), aber auch Kutteln, Milz und andere Innereien.

**Do Mori (20)**, San Polo 429, Calle dei do Mori, beim Rialtomarkt. Eine der ältesten und typischsten Osterie der Stadt, Treffpunkt der Arbeiter und Angestellten im Umkreis, man isst und trinkt im Stehen, große Auswahl an Weinen und leckeren cicheti. So geschl.

**Do Spade (19)**, San Polo 860, Sottoportego delle do Spade: Nicht weit vom "Do Mori" und diesem recht ähnlich, allerdings etwas touristischer.

**Antico Dolo (21)**, San Polo 778, Ruga Vecchia San Giovanni, ebenfalls nicht weit vom Rialtomarkt. Einfach und typisch gebliebenes Bàcaro ohne modischen Schnickschnack, schlichte venetische Küche, z. B. Kuttelsuppe und maritime Antipasti. So geschl.

**Al Volto (47)**, San Marco 4081, Calle Cavalli (→ Nachtleben). Nur wenige Schritte vom Canal Grande, nahe der Rialto-Brücke. Hat sich dank seiner engagierten Führung und wegen der ausgezeichneten Weinauswahl vor allem abends zum populären Treffpunkt entwickelt. Mittags kann man hier auch recht günstig essen. So geschl.

**Da Alberto (26)**, Cannaregio 5401, Calle Giacinto Gallina, Nähe Campo Santi Giovanni e Paolo. Populäre Osteria im traditionellen Stil, auf dem Tresen sind diverse Spezialitäten aufgereiht – *bacalà* in diversen Variationen, *sarde in saor*, Gemüsegerichte u. a. So geschl.

**Al Mascaron (37)**, Castello 5225, Calle Lunga Santa Maria Formosa (→ Nachtleben). Ausgesprochen gemütliches Bàcaro, in den Abendstunden viel von jungen Leuten besucht und mittlerweile sehr populär – zum Essen muss man reservieren (✆ 041/5225995). Es gibt viele *cicheti*, stets frische Fischantipasti, einige Tagesgerichte und diverse Salate, eine besonders leckere Hausspezialiät sind die Spaghetti mit Meeresgetier. Die Papierdecken auf den Tischen dürfen bemalt werden. So geschl.

hauseigenes Orchester und horrende Preise. Mo geschl.

**Il Caffè (42)**, Dorsoduro 2963, Campo Santa Margherita, bildhübsches kleines Café an einer sympathischen Piazza, rotgetünchte Außenfront, schöne Holztheke, blank geriebene Kaffeemaschine aus Kupfer und viele Spiegel, draußen reichlich Sitzgelegenheiten. 8–24 h, So geschl.

• *Eis*: **Santo Stefano-Paolin**, San Marco 2962/a, Campo Santo Stefano, gilt bei vielen als die beste Gelateria von Venedig, schön zum Draußensitzen. Mo geschl.

**Rosa Salva**, Campo Santi Giovanni e Paolo,

Konditorei neben der Kirche, außer hervorragendem Eis gibt's Gebäck aus eigener Herstellung.

**Nico (72)**, Dorsoduro 922, Zattere ai Gesuati, Nähe Vaporetto-Stop. Super-Ausblick von der Plattform auf den viel befahrenen Kanal, ideal zum Sitzen und Schlemmen. Do geschl.

**Millevoglie da Tarcisie**, San Polo 3033, Salizzada San Rocco, bei der Frari-Kirche. Eisdiele mit leckerer Auswahl, großen Portionen und günstigen Preisen.

**Causin dal 1928 (41)**, Dorsoduro 2996, Campo Santa Margherita. Spezialität ist hier *gianduialli*, Schokoladen-Haselnusseis mit Schlagsahne.

## *Nachtleben (Karte hinterer Umschlag)*

Nicht viel geboten, ab 24 Uhr schläft Venedig. Ein *Spaziergang* durch die stillen menschenleeren Gassen lässt einen die Stadt gänzlich anders erleben als in der Hektik des Tages. Lange Schatten, schummrige Gassen, irgendwo klappern einsame Schritte – ideal zu verbinden mit einer Vaporetto-Fahrt über dunkel glucksende Kanäle, in deren Wasser sich der Mond spiegelt ...

Unvergleichlich ist die Stimmung auf der romantisch beleuchteten *Piazza San Marco*, wo sich die Caféhaus-Orchester in Hochform fiedeln, während die Cassettenrecorder vor der Basilika den neuesten Chicago-Rap dudeln. Die Einheimischen treffen sich in den bàcari (→ oben) und einigen Pubs, Diskotheken gibt es so gut wie keine.

Von August bis September findet in den einzelnen Stadtteilen Venedigs die *Festa del Unità* statt mit viel Musik, Wein und Essen.

**Al Paradiso Perduto**, Cannaregio 2540, Fondamenta della Misericordia, viel besuchte Studentenkneipe, eine der wenigen, wo abends Livemusik geboten wird, gelegentlich guter Live-Jazz, auch zum Draußensitzen am Kanal. Von Lesern sehr empfohlen. Mi geschl.

**Da Codroma (40)**, Dorsoduro 2540, Fondamenta Briati, beliebter Treffpunkt der Studenten und Szene, zwischen den alten holzgetäfelten Wänden schmecken belegte Panini und Tramezzini, dazu Bier und Wein. Ab und zu Livemusik, Ausstellungen etc. Sa geschl.

**Devil's Forest**, San Marco 5185, Calle dei Stagneri, Nähe Rialto. Populärer British Pub mit entsprechender Einrichtung, diverse Biersorten. So geschl.

**Margaret DuChamp**, schick und trendy, Szenelokal am Campo Santa Margherita, Dorsoduro 3019. Bis 2 h nachts, Mi geschl. Alternative am selben Platz ist **Green Pub**, Nr. 3053.

• *Weinlokale*: **Vino Vino (64)**, San Marco 2007/a, Calle del Caffetier, Nähe Teatro La Fenice. Fröhliche Enoteca mit riesiger Auswahl an Tropfen aus dem Veneto und anderen Regionen, je später der Abend, desto lockerer wird die Stimmung. Auch essen kann man hier gut und nicht zu teuer. Di geschl.

**La Mascareta** Castello 5183, Calle Lunga Santa Maria Formosa, hübscher Ableger vom "Al Mascaron" (→ Bàcari) und nur wenige Schritte von diesem entfernt. Entspannter Treff zum Plaudern und Trinken, dazu gibt es Kleinigkeiten zu Essen. Nur abends, So geschl.

**Cantina del Vino già Schiavi**, Dorsoduro 992, Fondamenta Nani, direkt beim malerischen Ponte San Trovaso. Viel besuchter Weinladen mit Ausschank, an warmen Tagen sitzt man mit seinem Glas draußen auf dem Mäuerchen am Kanal und genießt das lebhafte Treiben. So geschl.

• *Bàcari* (→ Kasten oben): **Al Mascaron (37)**, Castello 5225, Calle Lunga Santa Maria Formosa; **Al Volto (47)**, San Marco 4081, Calle Cavalli.

• *Diskotheken*: **Casanova**, Cannaregio 158/a, Lista di Spagna, vom Bhf kommend, linker Hand. So ziemlich die einzige Diskothek in Venedig. Geöffnet ist Mi-Sa, Programm: Salsa (Mi), Indie, Pop & Rock (Do), Hits der 50–90er (Fr), Commercials der 90er (So). Vor 1 h nachts ist nichts los.

Provinz Venedig

## *Shopping*

Venedig ist ein Paradies für Liebhaber von Trödel und Antiquitäten, zahlreiche Künstler und Kunsthandwerker leben in der Stadt, die vielen kleinen Läden und Galerien sind ideal zum Stöbern. Seit Jahrhunderten weltberühmt sind das venezianische *Muranoglas*, die *Spitzen* und *Tuche*, *Marmorpapier* und das geschöpfte *Büttenpapier*, mittlerweile auch die mystisch angehauchten *Karnevalsmasken*.

*Maskenmacherin bei der Arbeit*

Die meisten und teuersten Läden ballen sich natürlich im von Touristen verstopften Viertel San Marco – in San Polo, Castello oder Dorsoduro zahlt man für dieselbe Qualität oft deutlich niedrigere Preise.

• *Muranoglas*: Beim Kauf dieses bekanntesten venezianischen Exportartikels ist Vorsicht angebracht, denn alle Qualitätsstufen sind vertreten – von billigen Imitationen bis zur künstlerisch hochwertigen Rarität. Besonders groß ist das Angebot entlang der **Calle Frezzeria** (San Marco), vor allem aber auf der Insel **Murano** (→ Sehenswertes).

**Venini**, San Marco 314, Piazzetta Leoncini, einer der bekanntesten Produzenten, besticht durch interessante Designs.

**Barovier & Toso**, Murano, Fondamenta Vetrai 28, alteingesessener Familienbetrieb, der die Kunst der Glasmacherei über Jahrhunderte weitergegeben hat. Die dazugehörige Galerie **Barovier** liegt in San Marco 3216, Salizzada San Samuele.

**Galleria Rossella Junck**, San Marco 3463, Calle delle Botteghe, einige der besten Glaskünstler sind hier ausgestellt, Muranoglas vom 16.-20. Jh.

• *Karnevalsmasken*: Die venezianische Maskerade gibt es seit gut 900 Jahren. Früher nutzten vor allem junge Aristokraten die Anonymität der Masken für tabulose Späße aller Art. 1797 verbot Napoleon den Mummenschanz, 1979 fingen venezianische Künstler an, ihn wieder öffentlich zu zelebrieren. Maskenmacher findet man heute in allen Stadtteilen, natürlich vor allem im von Touristen verstopften San Marco, fündig wird man dort hauptsächlich in der **Calle Frezzeria**.

**La Venexiana**, San Marco 1135/a, Calle Frezzeria, originell gestalteter Laden voll fantasiereich drappierter Masken.

**Ca' Macana**, Dorsoduro 3172, Calle delle Botteghe, beim Campo Santa Barbara über eine kleine Brücke Richtung Norden, Riesenauswahl an Masken aller Art.

**Mondonovo**, Dorsoduro 3036, Rio Terrà Canal, beim Campo Santa Margherita. Große Vielfalt an fantasievollen Masken.

**Bottega d'Arte Artigianale**, Castello 6360, Barbaria delle Tole, einer der ältesten Maskenhersteller Venedigs.

• *Kunst/Kunsthandwerk*: Zahlreiche **Kunstgalerien** liegen in den Gassen um das Peggy-Guggenheim-Museum.

**Gianfranco Missaija**, Castello 4683, Campo San Zaccaria, wunderschöne venezianische Aquarelle und Grafiken.

**Loris Marazzi**, Campo di Santa Margherita 2903 (südliches Platzende). Man traut seinen Augen nicht: Schuhe, Taschen, Unterhosen und Büstenhalter – alles aus Holz geschnitzt!

• *Lebensmittel/Märkte*: Jeden Morgen außer sonntags malerischer **Fisch-**, **Gemüse- und Obstmarkt** nördlich der Rialtobrücke in San Polo (→ Sehenswertes/San Polo).

**Strada Nova**, Verlängerung der Lista di Spagna am Bahnhof, viele Verkaufsstände aller Art.

**Fondamenta della Misericordia**, nördlich parallel zur Strada Nova, einfaches Wohnviertel ("Quartiere populare"), in dem man preiswert Lebensmittel und Kleidung kaufen kann.

• *Marmor- und Büttenpapier*: Die Kunst des handbedruckten Marmorpapiers wurde von den Venezianern aus dem Orient mitgebracht. Ein Angebot vom Feinsten findet man in der traditionsreichen Buchbinderei **Legatoria Piazzesi**, San Marco 2511, Campiello della Feltrina; außerdem bei **Legatoria Polliero**, San Polo 2995, Campo dei Frari; **Il Pavone**, San Marco 3287, Salizzada San Samuele; **Paolo Olbi**, San Marco 3653, Calle della Mandola.

• *Mode*: Unzählige Boutiquen drängen sich an den **Mercerie** zw. Rialto und San Marco.

• *Spitzen und Tuche*: **Jesurum**, San Marco 4857, Merceria del Capitello (zwischen San Marco und Rialto), traditionsreiches Kaufhaus, in dem sich im 19. Jh. der Adel seine Nachthemden und Brautkleider anfertigen ließ. Heute kauft hier eher der Geldadel. Keine Schwellenangst, reinschauen kostet nichts. Mehrere Schauräume, Besichtigung kostenlos, besonders lohnend, wenn japanische Reisegruppen einfallen – jeder Verkäufer spricht perfekt Japanisch.

**Kerer**, San Marco 4328/a, Calle Canonica (hinter Kirche San Marco), weitere gute Adresse für Spitzen, riesige Auswahl, mehrere Schauräume.

# Sehenswertes

**Venedig ist ein einziges großes Freilichtmuseum, im Folgenden nur ein Ausschnitt aus dem gewaltigen Angebot. Ziellos durch die Gässchen laufen ist die schönste Art, die Stadt kennen zu lernen. Langweilig wird das nie, denn immer wieder trifft man auf neue, unbekannte Plätze, läuft an stillen, romantischen Kanälen entlang oder entdeckt irgendwo einen prächtigen alten Palazzo.**

Deprimierend ist dagegen der langsame Verfall der Stadt, was vor allem in den Wohnvierteln deutlich zu sehen ist. Die Kanäle sind fast randvoll mit *sedimenti*, d.h. Abfällen aller Art. Die Reinigung ist äußerst aufwendig, denn es müssen zunächst sämtliche Zuläufe zu einem Kanal mit Dämmen gestaut werden, und kann nur hoffnungsloses Stückwerk bleiben. Die Selbstreinigung funktioniert jedoch nur sehr unvollkommen – das sieht man und riecht es vor allem.

- Das Sammelticket **I Musei di Piazza San Marco** kostet ca. 9,50 € und gilt für Palazzo Ducale (Dogenpalast), Museo Civico Correr, Biblioteca Marciana, Museo Archeologico, Palazzo Mocenigo (Santa Croce), Museo Vetrario (Murano) und Scuola dei Merletti (Burano). Erhältlich ist es nur im Dogenpalast und im Museo Civico Correr (Piazza San Marco). Die ersten vier Sehenswürdigkeiten können nur mit diesem Sammelticket besucht werden, die anderen auch einzeln mit separater Eintrittsgebühr.
- Besucher aus **EU-Staaten**, die unter 18 oder über 65 J. sind, erhalten in Sehenswürdigkeiten und Museen, die dem Staat gehören, ermäßigten oder freien Eintritt, Ausweis bereithalten.
- Seit 1998 muss in einem Dutzend Kirchen Venedigs Eintritt bezahlt werden. Mit dem **Chorus Pass** für ca. 8 € erhält man überall Einlass, ein Einzelticket kostet jeweils 1,60 €. Wichtig: In Kirchen gilt ein striktes **Kleidungsgebot** – keine nackten Schultern, keine Shorts, keine Miniröcke. Die meisten Kirchen sind im Juli und August geschlossen.
- Besorgen Sie sich bei den Informationsstellen aktuelle Angaben über **Öffnungszeiten** der Sehenswürdigkeiten, da sich diese häufig ändern.

# Canal Grande

**Die längste und schönste Wasserstraße Venedigs zieht sich in Form eines großen "S" fast 4 km quer durch die Stadt. Sie ist dicht bebaut mit den vornehmen Palazzi der reichen Kaufmanns- und Adelsfamilien. Zahllose prachtvolle Häuserfassaden reihen sich aneinander, allerdings nicht wenige in reichlich morbidem Zustand.**

Mit dem Vaporetto entlangfahren (am besten per Bummel-Dampfer Nr. 1) lohnt sehr und kostet nicht viel – ideale und preiswerte Stadtbesichtigung! Wer will, kann die Namen der meisten Palazzi der Gratiskarte entnehmen, die es bei der Tourist-Info gibt. Weniger anstrengend ist es, einfach den namenlosen Anblick zu genießen. Einige der markantesten Gebäude im nächsten Abschnitt. Viele von ihnen beginnen mit *Ca'*, eine altertümliche Form für "Casa" (Haus).

Die historischen Gebäude am Canal Grande leiden unter dem tagsüber stets **hohen Wellengang**. Eine Sperrung des Canals für Motorboote steht seit Jahren zur Debatte. Bislang versucht man jedoch noch immer, der Katastrophe und dem Unmut der Gondolieri, die auch gerne ruhigeres Gewässer hätten, mit Geschwindigkeitsbegrenzungen entgegenzusteuern.

**Rundfahrt**: Wer am Bahnhof mit dem Vaporetto Nr. 1 oder 82 losfährt, kommt zunächst linker Hand an der Kirche *Santa Geremia* vorbei. Gleich danach mündet der breite Canale Cannaregio in den Canal Grande, wenig später steht links der *Palazzo Vendramin Calergi*, einer der schönsten Paläste der frühen Renaissance in Venedig. 1883 starb hier Richard Wagner, heute ist in den luxuriösen Räumlichkeiten das städtische Casino untergebracht. Gegenüber die byzantinisch verspielte Fassade des *Fondaco dei Turchi* – das frühere Handelshaus der Türken ist heute Sitz des Naturhistorischen Museums.

Kurz darauf rechter Hand die klassizistisch strenge *Kirche San Stae* und die *Ca' Pesaro*, der bedeutendste Barockpalast der Stadt, mit der "Galleria d'Arte Moderna" und dem "Museo d'Arte Orientale" (→ Santa Croce). Schräg gegenüber, bald nach dem Rio di San Felice, linker Hand die gotische *Ca' d'Oro*, einer der schönsten Paläste Venedigs. Hinter der filigranen Marmorfassade mit leicht orientalischem Einschlag verbirgt sich die "Galleria Franchetti" (→ Cannaregio). Schräg gegenüber die *Pescheria*, der Fischmarkt, und kurz darauf die *Erberia*, der Obst- und Gemüsemarkt. Der unmittelbar darauffolgende *Palazzo dei Camerlenghi* war einst Hauptsitz der venezianischen Steuerverwaltung.

Genau in der Krümmung des "S" überquert die berühmte *Rialtobrücke* (→ San Polo) den Canal. Hier ist eine wichtige Vaporetto-Station, von der aus man in knapp zehn Minuten den Markusplatz erreichen kann. Wenige Meter vor der Brücke links der *Fondaco dei Tedeschi*, einst das Hauptquartier der deutschen Kaufleute, die um den nahen Campo San Bartolomeo wohnten. 1505–1508 wurde er an der Stelle eines durch einen Brand zerstörten Palastes errichtet, heute ist hier die Hauptpost untergebracht.

Weiter den Canal entlang sieht man gleich links den *Palazzo Dolfin Manin* von Sansovino (heute Banca d'Italia), etwas später, an der Einmündung des Rio di San Luca, den mächtigen Renaissancebau des *Palazzo Grimani* (heute Appellationsgericht).

Kurz vor der letzten großen Kanalkurve, *Volta* genannt, linker Hand ein ganzes Bündel von aneinandergebauten Palästen, die *Palazzi Mocenigo*. Rechter Hand die berühmte gotische *Ca' Foscari* aus dem 15. Jh., heute Sitz der Universität. Wenige Meter weiter die massive *Ca' Rezzonico* mit dem üppig ausgestatteten "Museo del Settecento Veneziano" (→ Dorsoduro). Gegenüber der klassizistische *Palazzo Grassi*, seit seiner Restaurierung 1986 einer der großen Kulturtempel Venedigs (→ San Marco).
Unter der Akademiebrücke hindurch und an den berühmten *Gallerie dell' Accademia* (→ Dorsoduro) vorbei, fährt man rechts am unvollendeten *Palazzo Venier dei Leoni* mit der Peggy-Guggenheim-Sammlung (→ Dorsoduro) entlang. Gleich darauf der bildhübsche *Palazzo Dario* mit runden Marmorverzierungen.

*Sechs Stockwerke hohe Palazzi säumen den Canal Grande*

Auf der linken Seite der *Palazzo Corner della Ca' Grande* aus der Hochrenaissance, gefolgt von einer Reihe von Palästen, in denen sich Hotels niedergelassen haben. Der schmale *Palazzo Contarini-Fasan* mit seinen radförmigen Verzierungen an den Balkonen steht genau gegenüber der gewaltigen Kirche *Santa Maria della Salute* (→ Dorsoduro). Hier beginnt das offene Meer, und es sind nur noch wenige Meter zur Endstation Markusplatz.

Im Folgenden die wichtigsten Sehenswürdigkeiten nach Stadtteilen aufgelistet.



## San Marco

**Das repräsentative Zentrum der Stadt. Hier ballen sich die meisten Touristen, hier zahlt man die höchsten Preise und findet am meisten Trubel.**

Der Markusplatz war einst das Eingangstor Venedigs. Alle Schiffe, die die Adria heraufkamen, landeten vor dieser einmalig prunkvollen Kulisse um die Basilika. Auch heute noch ist die Anfahrt über die Lagune der schönste Einstieg – die "Skyline" Venedigs kann man vom Meer aus am besten betrachten (→ Anfahrt/Verbindungen).

**Piazza San Marco** *(Markusplatz)*: Tauben, Touristen, Marmor, Cafés, die Basilika, der Campanile, der Dogenpalast ... Es gibt wenige Plätze in der Welt, die so vom internationalen Tourismus eingenommen sind und trotzdem einen derartig reichen Zauber ausstrahlen.
Ein Abend auf der Piazza San Marco gehört zu den großen Italien-Erlebnissen. Unter den dunklen Arkaden sieht man Casanova auf dem Weg zu einem neuen Rendezvous, der unglückliche Gustav Aschenbach stolpert im Fieberwahn dem

Traumbild seines geliebten Tadzio durch die choleraverseuchte Stadt hinterher ("Der Tod in Venedig" von Thomas Mann) ... Wenn es dann langsam dunkel wird, die Kaffeehausorchester aufspielen, warme Windlichter flackern und perfekt livrierte Ober schaumigen Cappuccino servieren, wird der nostalgische Charme des 19. Jh. lebendig. Selbst die täglich aus aller Welt einfallenden Heerscharen können den ureigenen Charakter dieses Platzes nur oberflächlich ankratzen.

Die großzügige architektonische Konzeption lässt sich am besten in den frühen Morgenstunden oder spät abends bewundern, denn den ganzen Tag über herrscht hektisches Treiben. Die beiden Längsseiten werden von den *Prokuratie* (Prokurazien) bestimmt, den Verwaltungsgebäuden der Serenissima. Unter ihren Arkadengängen bieten elegante Geschäfte wertvolle Tuche, Spitzen und venezianisches Glas. Die historischen Cafés *Florian* und *Quadri* liegen einander genau gegenüber. Als Venedig vor 250 Jahren die ersten Kaffeelieferungen aus dem Orient erhielt, wurde *das Florian* gegründet, es gehört damit zu den ältesten Kaffeehäusern Italiens. Ein bescheidener Espresso kostet hier gut 5 €, ein Cappuccino um die 8 €.

An der rückwärtigen Front des Platzes liegt die *Ala Napoleonica* (Napoleonischer Flügel), die Napoleon errichten ließ, um die beiden Prokurazien miteinander zu verbinden. Hier und in der südlichen Prokurazie ist das *Museo Civico Correr* mit einer umfassenden Sammlung zur Stadtgeschichte und zum venezianischen Leben untergebracht – Skulpturen, Waffen, Drucke, Stoffe, Keramik, Münzen etc., außerdem eine beachtliche Gemäldesammlung mit Werken von Jacopo, Gentile & Giovanni Bellini, Carpaccio und Lotto, dazu deutsche und flämische Stücke. Durch das Museo Correr gelangt man ins etwas kunterbunt zusammengestellte *Archäologische Museum*, in dem vor allem viele griechische und römische Skulpturen zu finden sind, gesammelt von der venezianische Adelsfamilie Grimani. Von hier aus wiederum hat man Zugang zum prachtvollen Renaissancepalast der *Biblioteca Marciana* (auch: Libreria Sansoviniana) an der Piazzetta San Marco (→ unten), erbaut im 16. Jh. von Sansovino. Der große Prachtsaal ist mit Decken- und Wandgemälden von Veronese, Tizian, Tintoretto und Schiavone bedeckt, im kleinen hinteren Saal ein Deckenfresko von Tizian. Ausgestellt sind wertvolle Handschriften und Kalligrafien, darunter das Grimani-Brevier aus dem 15. Jh.

• *Öffnungszeiten/Preise*: **Museo Civico Correr**, **Archäologische Museum** und **Biblioteca Marciana** – April bis Okt. tägl. 9–19 h (letzter Eintritt 17.30 h), Nov. bis März 9–17 h (letzter Eintritt 15.30 h). Eintritt nur mit Sammelticket "I Musei di San Marco".

**Basilica di San Marco** *(Markuskirche)*: Ihre glanzvolle, orientalisch anmutende Zuckerbäckerfassade mit den fünf Kuppeln beherrscht das Platzbild – Sinnbild des Reichtums der ehemaligen Handelsmetropole, die ihre Niederlassungen überall in der Welt hatte.

Die Basilika wurde zwischen 1060 und 1070 im byzantinischen Stil erbaut, jedoch bis ins 16. Jh. ständig verändert und mit Raubstücken ausgeschmückt, die venezianische Söldner von Beutezügen mitgebracht hatten, z. B. das berühmte *Pferdegespann* über dem Hauptportal, das 1204 bei der Eroberung Konstantinopels den Besitzer wechselte. Heute ist es von Grünspan befallen, abmontiert und durch (künstlerisch eher mittelmäßige) Kopien ersetzt. Wegen der starken Luftverschmutzung gefährdet sind auch die großen *Mosaiken* aus dem 17. Jh. in den Bogenöffnungen der Außenfront. Man erwägt ihre Abnahme.

Die *Vorhalle* ist gänzlich mit biblischen Mosaiken ausgeschmückt – passender Auftakt zum überwältigenden Inneren der Basilika: Praktisch der gesamte Innenraum des Kreuzkuppelbaus ist mit byzantinischen *Goldgrund-Mosaiken* aus dem 12. und

13. Jh. bedeckt. Ein fantastischer Schatz und die größte zusammenhängende Mosaikfläche der Welt! Trotzdem wirkt der Raum düster, die kleinen Fenster in den Kuppelwölbungen lassen kaum Licht herein.

Der *Hochaltar* ist durch eine prächtige Chorschranke mit Marmorstatuen vom Hauptraum abgetrennt. Unter dem Baldachin ruhen die Gebeine des Evangelisten Markus, des Namenspatrons der Kirche. Im 9. Jh. wurden sie nach Venedig überführt, und man erzählt sich gerne die Legende, wie die Gebeine geborgen wurden. Zwei venezianische Kaufleute fanden die Leiche des Heiligen angeblich in Alexandria. Sie verbargen die Knochen in einer Kiste unter Schweinefleisch und trugen sie unbehelligt davon, indem sie "manzir" schrien, d. h. Schweinefleisch, vor dem sich Moslems bekanntlich ekeln. Dargestellt ist die Geschichte auf den Mosaiken im rechten Teil des Chores, es sind die ältesten der Kirche.

*Tauben füttern am Markusplatz*



Höhepunkt der Besichtigung ist die blitzende und funkelnde *Pala d'Oro* hinter dem Altar. Die große goldene Tafel ist übersät mit Edelsteinen und Perlen, auf achtzig kunstvollen Emaillebildern sind neben Jesus und Maria die wichtigsten Heiligen, Evangelisten und Apostel dargestellt. Im rechten Seitenschiff befindet sich der Zugang zur wenig eindrucksvollen *Schatzkammer* (tesoro), in Glasvitrinen sind dort diverse Reliquien und Raubstücke von der Einnahme Konstantinopels ausgestellt.

Auf der rechten Seite der Kirche führt eine schmale Treppe zur *Loggia dei Cavalli* hinauf. Oben stehen die Originale des Pferdegespanns aus Konstantinopel, außerdem kann man auf die Loggia hinaustreten und hat die Mosaiken in Augenhöhe vor sich. Im kleinen *Museo Marciano* sind verschiedene Stücke der Kirchenausstattung ausgestellt.

• *Öffnungszeiten/Preise*: **Basilica di San Marco** – tägl. 9.30–17.30 h, **Pala d'Oro** – Mo-Sa 10–17 h, So 14–17 h; Eintritt ca. 1,60 €; **Tesoro** – Mo–Sa 10–17 h, So 14–17 h; Eintritt ca. 2,10 €; **Loggia dei Cavalli/Museo Marciano** – tägl. 10–16.30 h; Eintritt ca. 1,60 €.

**Campanile di San Marco** *(Markusturm)*: Er begann seine Existenz im 9. Jh. als Leuchtturm und wurde dann vom 12. bis 16. Jh. zu seiner heutigen Höhe von 99 m hinaufgezogen. Im Sommer 1902 stürzte er aus unerklärlichen Gründen in sich zusammen und wurde wieder neu aufgebaut, ebenso wie die kleine Renaissance-Loggetta am Fuß des Turms. Mit einem Fahrstuhl kommt man hinauf in die Glockenstube, phänomenaler Blick über den Markusplatz, die Stadt und die Lagune. Ein besonderer Gag: Hoch über den Wolken kann man vom öffentlichen Telefon aus seine Liebsten daheim anklingeln.

*Öffnungszeiten/Preise*: tägl. 9–19 h; Eintritt ca. 4,20 €.

**Piazzetta San Marco**: Der sich zum Wasser hin öffnende Platzteil war bis zum 12. Jh. noch ein Hafenbecken. An einer Seite ist er flankiert vom großartigen Palazzo Ducale, auf der anderen steht der klassische Renaissancepalast der *Biblioteca Marciana*, die nur durch das Museo Civico Correr betreten werden kann (→ Piazza San Marco).
An der Wasserfront liegt einer der wichtigsten Gondelhalteplätze der Stadt. Zwei *Säulen* schließen hier den Platz ab – eine mit dem heiligen Theodor auf der Spitze, dem byzantinischen Schutzpatron der Stadt, der später vom Evangelisten Markus abgelöst wurde. Auf der anderen thront der Markuslöwe. Der Platz dazwischen diente früher als Exekutionsstätte.

Öffnungszeiten/Preise: **Biblioteca Marciana** und **Archäologisches Museum** – April bis Okt. tägl. 9–19 h (letzter Eintrtt 17.30 h), Nov. bis März 9–17 h (letzter Eintritt 15.30 h). Eintritt nur mit Sammelticket "I Musei di San Marco".

**Palazzo Ducale**: Der gotische *Dogenpalast* (Palast der Stadtoberen) wurde im 14./15. Jh. erbaut und war das administrative Zentrum der Weltmacht Venedig. Seine großartige, zu gleichen Teilen massiv und verspielt wirkende Fassade ist ganz in rosaschimmerndem Marmor gehalten – perfekte Eleganz spricht aus den beiden unterschiedlichen Säulengängen übereinander. In der filigranen Komposition kann man orientalische Züge erkennen.
Dass heute kein unautorisierter Sterblicher die mächtige Treppe im *Innenhof* entweiht, darüber wachen die beiden Giganten Mars und Neptun (samt einer massiven Kette). Im Hof außerdem zwei bronzene Brunneneinfassungen.
Die ehemaligen Regierungs- und Amtsräume des Palastes wurden in der jahrhundertelangen Regierungszeit der Dogen von führenden Künstlern ihrer Zeit ausgeschmückt. Vom offenen Arkadengang im ersten Stock gelangt man über die *Scala d'Oro* mit ihrem reich verzierten Tonnengewölbe in das zweite Obergeschoss. Die dortigen Zimmerfluchten sind vollständig mit Wand- und Deckengemälden von Tintoretto, Tizian, Veronese u. a. bedeckt. Besonders schön die *Sala del Collegio* und die daran anschließende *Sala del Senato*. Es folgen die Räume der Sicherheitsbehörden, darunter die *Sala del Consiglio dei Dieci* und die *Sala degli Inquisitori*. Im Flur ist noch einer der berüchtigten Denunziations-Briefkästen zu sehen, mittels derer in den finsteren Zeiten der Republik jedermann unerkannt seinen Nachbarn den staatlichen Untersuchungsbehörden ans Messer liefern konnte. Nicht unpassend dazu folgt eine große, reichlich martialische *Waffensammlung*, in der wirklich sehenswerte und seltene Exponate zu sehen sind, z. B. Pistolen, die gleichzeitig als Degen verwendet werden konnten.
Danach steigt man in den ersten Stock hinunter zum prachtvollsten und größten Raum des Palastes, zur *Sala del Maggior Consiglio* (Sitzungssaal des großen Rats). Hier ist der Hit des Dogenpalastes untergebracht – das *Paradies* von Tintoretto, eines der größten Ölgemälde der Welt! Ein wirklich unglaubliches Menschengewimmel auf 25 m Länge, entstanden 1588–90 unter tatkräftiger Mithilfe seiner Schüler. Im Deckenfries sind 76 *Dogenporträts* aneinander gereiht, ein Feld ist jedoch schwarz – der betreffende Doge wurde als Verräter entlarvt und 1355 einen Kopf kürzer gemacht. In der reich vergoldeten Decke Gemälde von Veronese, Tintoretto u. a. Vom Fenster herrlicher Blick auf die Piazzetta mit den beiden Säulen und der Mole davor!
Über den berühmten *Ponte dei Sospiri* (Seufzerbrücke) gelangt man hinüber in die venezianischen Staatsverliese, die *Prigioni*. Sie sind nur durch einen schmalen Kanal vom Palazzo Ducale getrennt. Die Gefangenen, die durch das filigrane Gitterwerk der Brücke einen letzten Blick in die Freiheit werfen konnten, blieben meist lebenslänglich in den engen Zellen. Der Gefängnisneubau stammt aus dem 16. Jh., doch wurden auch die alten Zellen im Dogenpalast weiterhin genutzt: die stickigen

*Pozzi* (Brunnen), deren Feuchtigkeit so mancher Insasse nicht überlebte, und die nicht minder berüchtigten *Piombi*, direkt unter dem bleiernen Dach gelegene Kammern, die im Sommer höllisch heiß wurden. Hier saß im 18. Jh. Casanova fest und konnte schließlich unter abenteuerlichen Umständen fliehen.

• *Öffnungszeiten/Preise*: April bis Okt. tägl. 9–19 h (letzter Eintrtt 17.30 h), Nov. bis März 9–17 h (letzter Eintritt 15.30 h). Eintritt nur mit Sammelticket "I Musei di San Marco". Wer sich mehr für die düstere Geschichte des Dogenpalastes als für die kostbaren Deckengemälde interessiert, kann mit Voranmeldung an einer englischsprachigen **Führung durch die Geheimgemächer** des Gebäudes teilnehmen – Inquisitionszimmer, Folterraum, Pozzi etc. (ca. 13 €, ✆ 041/5224951).

## Als es Casanova nicht mehr aushielt

*"In den Pozzi steht das Wasser stets zwei Fuß tief, und wenn der Gefangene nicht den ganzen Tag bis zu den Knien im Salzwasser verbringen will, muss er sich auf ein Holzgerüst setzen, wo er auch seinen Strohsack hat, und wo er am Abend sein Wasser, seine Suppe und seine Portion Brot entgegennimmt. Dieses muss er gleich essen, bevor es ihm die riesigen Wasserratten aus den Händen reißen."* Die wohl eindrücklichste Beschreibung der berüchtigten Pozzi und Piombi verdanken wir Giacomo Casanova. Der berühmte Frauenheld und Glücksritter geriet am 26. Juli 1755 in die Fänge der Inquisition – in der Serenissima stand damals das Spitzeltum in voller Blüte. Die öffentlich aufgestellten Denunziationskästen, mittels derer jeder jeden in aller Anonymität bei der Inquisitionsbehörde anschwärzen konnte, wurden auch Casanova zum Verhängnis. Die Anklage lautete auf Atheismus, Libertinage und Ausübung der Schwarzen Kunst – aber wie damals üblich erfuhr der Gefangene weder für was noch wie lange er büßen sollte.

*Casanova und seine Frauen*

Die Aussicht, sein Leben mit dreißig Jahren in den venezianischen Verliesen zu beschließen, steigerte den Freiheitsdurst des Abenteurers ins Unermessliche, und schließlich gelang es ihm, nach vielen Bohrarbeiten die Bleiplatten zu lupfen und über die Dächer des Palazzo Ducale zu entweichen. Er seilte sich ins Innere des Palastes ab und wurde vom Nachtwächter, der glaubte, einen arbeitsamen Beamten versehentlich über Nacht eingeschlossen zu haben, in die Freiheit entlassen. Soweit die Darstellung Casanovas in seiner Biografie – der Wahrheitsgehalt wird von Forschern allerdings stark angezweifelt. Casanova verließ eiligst das venezianische Staatsgebiet und kehrte erst 18 Jahre später – er war inzwischen begnadigt worden – zurück. Dass er fortan selber neun Jahre als Spitzel für die Inquisition arbeitete, ist ein anderer Fall.

**Mercerie**: Neben der Basilika San Marco durchquert man den Torbogen der *Torre dell'Orologio* (Uhrturm), auf deren Dach zwei Mohren die Stunde schlagen. Hier beginnen die Mercerie, die Hauptgeschäftsstraße Venedigs. Ein touristischer Trampelpfad, der mit etlichen Windungen hinüber zur Rialto-Brücke führt (→ San Polo).

**Teatro La Fenice**: Bis Oktober 1995 gehörte das über 200 Jahre alte Opernhaus zu den Renommiertheatern Italiens. Seine glorreichste Zeit erlebte es unter Verdi, der hier 13 Jahre lang arbeitete. Unter anderem entstanden im Fenice "Rigoletto" und "La Traviata". Venezianer und Touristen teilten sich die Ränge während der hochkarätigen Konzerte, Opern- und Theateraufführungen.

### Phönix aus der Asche – ein drittes Mal?

Am 30. Oktober 1995 gegen 21 Uhr heulen die Sirenen in der Lagunenstadt: Das weltberühmte Teatro La Fenice steht in hellen Flammen! Doch als die Feuerwehr eintrifft, ist es bereits nicht mehr möglich, ins Innere des 204 Jahre alten Gebäudes vorzudringen. Gegen Mitternacht bricht das Dach zusammen, beißender Rauch legt sich über ganz Venedig. Zuschauerraum, Bühne und Büroräume des "schönsten Theaters Italiens" (Startenor Luciano Pavarotti) werden völlig zerstört, die hoch aufgetürmten Trümmer brennen noch tagelang. Lediglich das Archiv mit Tausenden von Dokumenten zur Musikgeschichte bleibt unversehrt, darunter auch etwa hundert Originalbriefe von Giuseppe Verdi. Die Schuldigen an der Katastrophe: entweder Arbeiter, die mit der Renovierung des Gebäudes beschäftigt waren, oder ein Kurzschluss im überalterten System der elektrischen Leitungen.
Bereits zum dritten Mal war "La Fenice" damit ein Raub der Flammen geworden: Ein erstes Mal brannte das Opernhaus während der Bauarbeiten von 1792 und schon 1836 wurde es abermals von einem Feuer verwüstet. Jedoch, "La Fenice" – Phönix aus der Asche – trägt seinen Namen wohl zu Recht: Dank internationaler Hilfe wurde noch im Winter 1995 mit dem Wiederaufbau begonnen und 2003 soll tatsächlich die Wiedereröffnung bevorstehen.

**Palazzo Grassi**: Der Palast aus dem 18. Jh. wurde 1984 vom Autokonzern Fiat gekauft und einer kompletten Restaurierung unterzogen. Ein anspruchsvolles Ausstellungsprogramm hat seither den internationalen Ruf des Kulturtempels gefestigt – z.B. fand hier 1998 eine viel beachtete Maya-Schau statt. Erkundigen Sie sich in den Informationsbüros nach aktuellen Ausstellungen.

**Museo Fortuny**: am Campo San Beneto. Im Palast des 1949 verstorbenen Stoffdesigners, Malers und Fotografen Mariano Fortuny sind ständig wechselnde Ausstellungen, besonders aus dem Bereich der Fotografie, zu besichtigen. Der bizarre Modezar komponierte hier in der ersten Hälfte unseres Jahrhunderts nach geheimen Rezepten seine herrlich plissierten Stoffe, in die er die Damen der oberen Zehntausend hüllte.

*Öffnungszeiten/Preise*: Zum Zeitpunkt der letzten Recherche wegen Restaurierung geschl.

**Sonstiges**: Auf dem viel begangenen Weg vom Markusplatz zu den Gallerie dell'Accademia im Viertel Dorsoduro kann man mehrere Kirchen besichtigen – die barock überladene *San Moisè*, *San Fantin* beim Teatro La Fenice und *Santo Stefano* am schönen gleichnamigen Platz.

*Der Dogenpalast – einstiges Machtzentrum der Seerepublik*



## Dorsoduro

Im Viertel südwestlich von San Marco liegen zwei der wichtigsten Museen Venedigs und eine der letzten Gondelwerften. Besuchenswert ist auch der *Campo di Santa Margherita*. Trotz seiner Größe wirkt der lang gestreckte Platz intim wie ein Wohnzimmer, hier findet man Marktstände, nette Trattorie und Cafés, aber nur vergleichsweise wenige Touristen.

**Gallerie dell'Accademia**: unmittelbar beim Ponte dell'Accademia. Die wichtigste Gemäldegalerie Venedigs besitzt eine großartige Sammlung von venezianischen Malern des 14.-19. Jh., die in etwa 30 Sälen chronologisch geordnet ist, u. a. Giovanni Bellini, Mantegna, Tintoretto, Tizian, Veronese und Tiepolo. Hier lohnt es sich, einige Stunden zu verbringen – früh kommen!
Zu den zahlreichen Höhepunkten gehören die opulenten Bilderbögen des venezianischen Lebens von Carpaccio (15. Jh.), vor allem die "Legende der heiligen Ursula", die sanften Madonnen von Bellini (für die angeblich die schönsten Dirnen der Stadt Modell standen), außerdem das "Gastmahl im Haus des Levi" von Veronese. Ursprünglich hieß es "Das heilige Abendmahl", doch Veronese sah sich auf öffentlichen Druck genötigt, das sehr weltlich gestaltete Bild umzubenennen.
*Öffnungszeiten/Preise*: Mo 8.30–14 h, Di–So 8.30–19 h (im Sommer Di–Sa bis 22 h, So bis 20 h); Eintritt ca. 6,20 €.

**Peggy-Guggenheim-Sammlung**: im Palazzo Venier dei Leoni direkt am Canal Grande, Nähe Santa Maria della Salute. *Peggy Guggenheim* (1898–1979), Kunstsammlerin, Wahlvenezianerin und Ehrenbürgerin der Stadt, erwarb den Palazzo 1949 und richtete hier eine exquisite Kollektion der Kunst aus der ersten Hälfte unseres Jahrhunderts ein. Schwerpunkte sind Surrealismus und Kubismus. Heute

wird die Sammlung von der Guggenheim-Stiftung New York verwaltet, ein drittes Guggenheim-Museum wurde 1997 in Bilbao (Spanien) eröffnet.
Alexander Calder (der Erfinder der Mobiles gestaltete Ohrringe für Peggy Guggenheim und schmiedete ihr Bett zusammen), Man Ray (porträtierte sie), Max Ernst (war kurze Zeit mit ihr verheiratet), Brancusi, Dubuffet, Magritte, Dalí, de Kooning, Pollock, Braque, Kurt Schwitters, Chagall, Marcel Duchamp, Kandinsky und Klee – sie alle sind hier vertreten. Im Skulpturengarten kommen Juan Miró und Hans Arp hinzu. Eine eigene Abteilung bildet die Giacometti-Sammlung von Guggenheim und Nasher. Und zu guter Letzt begibt man sich in den kleinen Vorgarten zum Canal Grande, wo Marino Marinis Bronzeskulptur "The Angel of the City" (Engel der Zitadelle) das pure Glück ausstrahlt. Peggy Guggenheim liegt in ihrem Garten begraben, Seite an Seite mit ihren "beloved babies", wie sie ihre Hunde nannte.

*Öffnungszeiten/Preise*: Mi–Mo 10–18 h (April bis Okt. Sa bis 22 h), Di geschl.; Eintritt ca. 6,20 € DM.

## Peggy Guggenheim: Das Leben als Vernissage

Als exaltierte Millionenerbin – ihr Großvater mütterlicherseits war einst aus Baiersdorf bei Erlangen ausgewandert und hatte sich zum Großbankier emporgearbeitet, vom Vater, der beim Untergang der Titanic starb, erhielt sie ein Vermögen aus Kupferminen – fand Peggy Guggenheim im Paris der zwanziger Jahre ersten Zugang zur avantgardistischen Kunstszene Europas. Marcel Duchamp und André Breton brachten sie dem Surrealismus näher, mit Samuel Beckett hatte sie eine Affäre. In London eröffnete sie ihre erste Galerie, u. a. mit Werken von Jean Cocteau und Kandinsky, und wurde dadurch schlagartig bekannt. Dank ihres großen Vermögens wurde sie bald zu einer der wichtigsten Kunstsammlerinnen der Welt. Während der Nazizeit ermöglichte sie vielen Künstlern die Flucht aus den besetzten Gebieten, darunter auch Max Ernst, den sie 1941 heiratete. Nach dem Krieg wuchs ihre Kunstsammlung beständig, sie suchte ein geeignetes Domizil und fand es in Venedig. Der Palazzo Venier dei Leoni fungierte gleichzeitig als Wohnhaus und Museum, viele Jahre lang gab sich hier die internationale Kunstszene ein Stelldichein. Kurz vor ihrem Tode vermachte sie Sammlung und Palast der Stiftung ihres Onkels Solomon in New York, der zeitlebens über ihren Hang zur Avantgarde gelästert hatte.

**Santa Maria della Salute**: hoch aufragende barocke Kuppelkirche aus weißestem Marmor. Die "Salute" gilt als das Meisterwerk des venezianischen Architekten Baldassare Longhena. Erbaut wurde sie zu Ehren Mariä, nachdem die Pest 1630 die Einwohnerzahl der Stadt um 50.000 Menschen dezimiert hatte. Der perfekt symmetrische Zentralbau steht ausgesprochen pittoresk an der hübschen Landspitze am Ausgang des Canal Grande, schräg gegenüber von San Marco (Traghetto Giardini Reali – Fondamenta Dogana). Seit Generationen grüßt die hoch über die Häuser ragende Kuppel die ankommenden Schiffe. Auf den Stufen kann man ideal relaxen und dem geschäftigen Verkehr auf dem Kanal zuschauen.
Der runde Innenraum beeindruckt in seiner klar gestalteten Monumentalität. Am dritten Altar links die "Ausgießung des heiligen Geistes" von Tizian. In der Sakristei eine großartige "Hochzeit von Kanaa" von Tintoretto. Vortrefflich ist die Abend

"O sole mio" – Touristen lieben's mit Musik

stimmung eingefangen, gerade dringen noch die letzten warmen Sonnenstrahlen in den Raum.

*Öffnungszeiten/Preise*: tägl. 9–12, 15–17.30 h, bei Sakristeibesuch Spende erbeten.

**Squero von San Trovaso**: Am Rio San Trovaso arbeitet eine der letzten Gondelwerften Venedigs. Den Handwerkern über die Schulter schauen kann man allerdings nicht. Man muss sich mit dem Blick vom gegenüberliegenden Kanalufer auf die Holzbaracken und den zum Kanal abfallenden Platz begnügen. Im Sommer wird draußen gearbeitet. Seit dem 17. Jh. werden im Squero von San Trovaso Gondeln gefertigt, heute kaum mehr als ein halbes Dutzend pro Jahr. Der Stückpreis – Handarbeit garantiert – bewegt sich um die 15.000 €.

**Fondamenta delle Zattere**: die Flanierzone am Südrand des Dorsoduro. Schöne Lage direkt an einem der Hauptschifffahrtswege der Stadt, Panoramablick übers Wasser auf die vorgelagerte Insel Giudecca. In der *Chiesa ai Gesuati* Deckengemälde von Tiepolo und eine dramatische "Himmelfahrt" von Tintoretto (links vom Altar).

**San Sebastiano**: Kirche aus dem 16. Jh. am gleichnamigen Platz im Westen von Dorsoduro, berühmt wegen der zahlreichen Decken-, Wand und Altargemälde von *Paolo Caliari* (1528–88), genannt "Veronese", der hier auch begraben liegt. Thematisch beschäftigen sich die Fresken hauptsächlich mit dem Martyrium des heiligen Sebastian. Tipp: Wer sich näher mit dem 1528 in Verona geborenen Maler beschäftigen will, sollte sich die Villa Barbaro bei Masèr ansehen (→ S. 100).

*Öffnungszeiten/Preise*: Mo–Sa 10–17, So15–17 h; Eintritt ca. 1,60 € oder Chorus Pass.

**Ca' Rezzonico**: Der mächtige Barockpalast am Canal Grande ist Sitz des *Museo del Settecento Veneziano*, dessen reich ausgestattete Räumlichkeiten einen lebendigen Einblick in die Wohn- und Lebenskultur des 18. Jh. geben. Einige Räume im oberen Stockwerk besitzen Freskos von Giambattista Tiepolo und seinem Sohn Giandomenico.

*Öffnungszeiten/Preise*: **Museo del Settecento Veneziano** – Sa–Do 10–17 h, außerhalb der Saison 9–16 h, Fr geschl., ca. 6,20 €.

## San Polo

Dieses zentrale Viertel ist durch den Canal Grande von San Marco getrennt, die Rialtobrücke stellt die Verbindung her. Hier findet man die Frari-Kirche, aber auch einige der nettesten Plätze der Stadt und zahlreiche originelle Handwerksläden.

*Treffpunkt der Massen – Ponte Rialto, die berühmteste Brücke Venedigs*

**Rialtobrücke**: Sie kennt man natürlich bestens von zahllosen Fotografien und Filmen. Erbaut im 16. Jh. (vorher stand hier eine Holzbrücke), war sie bis ins 19. Jh. die einzige Brücke über den Canal Grande. Die 50 m lange, auf über 12.000 Pfähle gebaute Brücke ist auf ihrer gesamten Länge beidseitig mit Souvenirläden zugebaut. Unterhalb der Brücke zentrale Vaporetto-Station.
An der Westseite der Brücke erstreckt sich ein langer Budenmarkt bis hin zur *Calle de la Beccarie* mit vormittäglichem Obst- und Gemüsemarkt (Mo-Sa) und dem benachbarten größten Fischmarkt der Stadt (Di-Sa). Am *Campo della Pescheria* setzt ein Traghetto auf die andere Seite des Canal Grande über (→ Unterwegs in Venedig).
An der Ostseite der Brücke beginnen die *Mercerie*, die wichtigste Geschäftsstraße von Venedig. Sie führt direkt zur Piazza San Marco (→ San Marco).

**Campo San Polo**: einer der größten Plätze der Stadt. Abends verwandelt er sich in einen beliebten Treffpunkt und großen Kinderspielplatz. Im Café am Platz kann man die Szenerie in aller Ruhe genießen.

**Basilica dei Frari**: am Campo dei Frari. Eine der bedeutendsten Kirchen Venedigs mit einer Unmenge von Kunstwerken und zahlreichen Grabmälern von Dogen und anderen illustren Venezianern. Die bis auf die Portale völlig schmucklos gehaltene, monumentale Backsteinkirche der Franziskaner ist ein Werk der Gotik.
Der gewaltige Innenraum wird dominiert vom marmorverkleideten Chor mit seinem prachtvollen Gestühl und den pompösen Grabdenkmälern im Hauptschiff.

Über dem Altar in leuchtenden Farben das berühmte, fast 7 m hohe Tiziangemälde "Mariä Himmelfahrt", ebenfalls von Tizian ist die "Madonna der Familie Pesaro" am zweiten Altar des linken Seitenschiffs. Tizian soll hier auch begraben liegen. Sein Grabmal ist von der Fassade aus gesehen das zweite rechts im Hauptschiff. Mystisch-eindrucksvoll zeigt sich das pyramidenförmige Grabmal des Bildhauers Antonio Canova (→ Possagno, S. 102) neben dem heutigen Haupteingang im linken Seitenschiff – eine verschleierte Gestalt verschwindet durch eine halb geöffnete Tür ...

*Öffnungszeiten/Preise*: Mo–Sa 9–18 h, So 13–17.30 h; Eintritt ca. 1,60 € oder Chorus Pass.

**Scuola Grande di San Rocco:** Das ehemalige Hauptgebäude der größten venezianischen "Bruderschaft" steht unmittelbar hinter der Frari-Kirche am Campo San Rocco. Der Venezianer Tintoretto (1518–1594) hat den Renaissancepalast in mehr als zwanzigjähriger Arbeit mit 56 herrlichen Wand- und Deckengemälden ausgeschmückt und sich so gleichsam sein eigenes Museum geschaffen – die größte Tintoretto-Sammlung der Welt!

Im oberen Stockwerk findet man die Bilder des jungen Tintoretto, darunter in der *Sala dell'Albergo* dramatische Passionsszenen und eine imposante "Kreuzigung", sowie an der Decke den "Heiligen Rochus", den Schutzpatron der Bruderschaft. Mit diesem ersten Gemälde setzte sich Tintoretto 1564 gegen drei Mitbewerber durch, die – wie von der Scuola gefordert – lediglich Entwürfe geliefert hatten. Im Erdgeschoss sind die Werke des gereiften Meisters zu betrachten – u. a. eine grandiose "Verkündigung", die "Flucht nach Ägypten" und der schreckliche "Betlehemische Kindermord".

*Öffnungszeiten/Preise*: April bis Okt. tägl. 9–17.30 h, Nov. bis März 10–16 h; Eintritt ca. 4,70 €.

> Die **Bruderschaften** waren Interessenverbände venezianischer Kaufleute und Handwerker, die sich unter religiösem Vorzeichen zusammentaten, aber mit sehr weltlichen Dingen beschäftigten. Sie verliehen Geld, fungierten als Versicherungen und Banken, vermittelten Jobs und vertraten die Interessen ihrer Mitglieder im Wirtschaftsleben der Lagunenstadt. Ihre Versammlungshäuser ließen sie sich oft luxuriös ausstatten. Tintoretto war selber Mitglied der Scuola San Rocco, die übrigens heute noch existiert.

**Chiesa di San Rocco:** Die Kirche gegenüber der Scuola besitzt ebenfalls einige Tintoretto-Gemälde, z. B. an der inneren Fassadenwand und im Chor.

## Santa Croce

Das am wenigsten aufregende Viertel der Stadt, nah am Bahnhof und an den Autoparkplätzen. Doch auch hier tun sich dem Müßiggänger einige hübsche Ecken auf.

**Ca' Pesaro:** direkt am Canal Grande. Bedeutendster Barockpalast der Stadt, im Inneren die *Galleria d'Arte Moderna* mit Werken aus dem 19. und 20. Jh., u. a. sind Rodin, Chagall und Klee vertreten (derzeit wegen Restaurierung geschl.), und das *Museo d'Arte Orientale* mit einer reichen Sammlung fernöstlicher Stücke.

*Öffnungszeiten/Preise*: **Museo d'Arte Orientale** – Di–So 8.15–14 h, Mo geschl.; Eintritt ca. 2,10 €.

**San Stae:** vom Ca' Pesaro nur durch zwei Kanäle getrennt. Die klassizistische Komposition verrät Palladio-Einfluss, die Seitenaltäre ähneln griechischen Tempeln. Es gibt eine Reihe von Deckengemälden, darunter "Das Martyrium des heiligen Bartolomeus" von Tiepolo. Für den Stifter der Stae-Kirche, Alvise Mocenigo II, wurde eine hübsche Grabplatte in den Fußboden eingelassen: Sensenmänner, Knochen und Dogenkappen erinnern an die Vergänglichkeit menschlichen Tuns. Die Kirchentreppe lädt zum Verweilen ein und zum Betrachten des geschäftigen Lebens auf dem Canal Grande.

*Öffnungszeiten/Preise*: Mo–Sa 10–17, So 13–17 h; Eintritt ca. 1,60 € oder Chorus Pass.

**Palazzo Mocenigo:** Etwas landeinwärts von San Stae steht dieser Palazzo an der Salizzada di San Stae. Er beherbergt das *Centro Studi di Storia del Tessuto e del Costume* mit einer herrlichen Sammlung von historischen Stoffen und Kostümen, Gemälden, antikem Mobiliar und Leuchtern aus Murano-Glas.

*Öffnungszeiten/Preise*: April bis Okt. Di–So 10–17, Nov. bis März Di–So 10–16 h; Eintritt ca. 1,60 € oder Sammelticket "I Musei di San Marco".

**Campo San Giacomo dell'Orio:** von Touristen nur wenig besuchter Platz mit ein paar Ruhebänken, Platanen, einer Trattoria (→ Essen) und einer namenlosen, kleinen Bar, in der die Venezianer unter sich bleiben – ein Ort der Ruhe. Die Kirche am Platz wurde seit dem 13. Jh. mehrmals umgebaut und bietet nichts Aufregendes.

## Cannaregio

Der ruhige Norden der Stadt erstreckt sich vom Bahnhof weit nach Osten. Reines Wohnviertel mit kleinen Plätzen, schmalen Kanälen und versteckten Gassen. Interessant ist besonders das ehemalige jüdische Viertel im Nordwesten.

**Lista di Spagna:** touristischer Trampelpfad seitlich vom Bahnhof, flankiert von zahlreichen Restaurants und Hotels, in der Verlängerung auch Marktstände.

**Ghetto:** ein tragisches Relikt. Das erste jüdische "Ghetto" Europas ist vom Bahnhof über die Verlängerung der Lista di Spagna zu erreichen. Benannt ist es nach der Metallgießerei (gettare = gießen), die hier vorher stand. Der Name bürgerte sich später als Bezeichnung für alle Judenviertel ein.

Seit 1516 mussten die Juden Venedigs in diesem abgeschlossenen Quartier eingepfercht wohnen. Die Religionsausübung war ihnen im Gegensatz zu vielen anderen Ländern jedoch gestattet, deshalb kamen ständig neue Flüchtlinge an. Wegen Platzmangels wurden die Häuser bis zu acht Stockwerke hoch gebaut, ein Klein-Manhattan in Venedig. Napoleon ließ das Ghetto 1797 öffnen, doch die nachfolgenden Österreicher machten das bald wieder rückgängig. Im Juli 1944 – Italien hatte bereits kapituliert – fielen Nazis und italienische Faschisten gemeinsam ins venezianische Ghetto ein. Eine Gedenktafel und Flachreliefs an der Mauer der *Schola Spagnola* im Ghetto Vecchio erinnern an die Deportationen.

Am Campo Ghetto Nuovo, dem großen Platz im Zentrum, steht das *Museo Ebraico*, das auch Führungen in drei der insgesamt fünf erhaltenen Synagogen aus dem 16. Jh. organisiert.

• *Öffnungszeiten/Preise*: **Museo Ebraico** – 10–16.30 h, am Sabbat und an jüdischen Feiertagen geschl., Eintritt ca. 2,60 €; englischsprachige Führungen stündlich von 10.30–15.30 h, deutschsprachige Führungen nach Vereinbarung, ca. 6,20 €. ✆ 041/715359.

**Ca' d'Oro**: am Canal Grande. Einer der schönsten gotischen Paläste Venedigs, reich geschmückt und mit leicht orientalischem Einschlag. Leider ist von den früheren Goldverzierungen, die dem Palazzo seinen Namen gaben, nichts mehr erhalten. Im Inneren die *Galleria Franchetti* mit vielen zweitrangigen und einigen bedeutenden Werken, darunter "Heiliger Sebastian" von Mantegna und "Venus am Spiegel" von Tizian.
Wenige Meter hinter dem Palazzo verläuft die *Strada Nova*, eine breite Flanier- und Einkaufsgasse mit zahlreichen Verkaufsständen aller Art.
*Öffnungszeiten/Preise*: Mo 8.15–14, Di–Sa 8.15–19.15 h; Eintritt ca. 3,20 €.

### Tizian, Tintoretto, Tiepolo: Die großen Drei der venetischen Kunst

**Tizian** (1488/90–1576), eigentlich Tiziano Vecellio, geboren in Pieve di Cadore (→ S. 114), gestorben in Venedig. Er kam schon als Kind nach Venedig und ging bei Bellini in die Lehre, arbeitet dabei zeitweise mit Giorgione zusammen (→ Castelfranco Veneto, S. 97). Im Allgemeinen wird er als Klassiker der venezianischen Hochrenaissance bezeichnet, bediente sich aber in vielen Bildern bereits der freieren Gestaltung des Manierismus. Zwei bedeutende frühe Gemälde hängen in der Frari-Kirche. Vor allem in seiner Spätphase gelang ihm eine tiefe seelische Durchdringung der Themen. Tizian war ein großer Porträtist und hat u. a. auch Kaiser Karl V. gemalt. Seine Werke hängen in allen wichtigen Museen der Welt (z. B. Uffizien, Louvre, Alte Pinakothek und Prado).

**Tintoretto** (1518–1594), eigentlich Jacopo Robusti, geboren und gestorben in Venedig, lebte und arbeitete fast ausschließlich in der Lagunenstadt. Er gilt als Hauptmeister des venezianischen Manierismus und leitete bereits die Hinwendung zum Barock ein. Er war für den Dogenpalast und die Scuola di San Marco tätig, sein Bild "Das Wunder des heiligen Markus" erregte in seiner kühnen Malweise einen Skandal (heute in den Gallerie dell'Accademia). Sein Hauptwerk ist die umfangreiche Ausgestaltung der Scuola di San Rocco mit fast sechzig Ölgemälden an Decken und Wänden (→ S. 167).

**Tiepolo**, Giambattista (1696–1770), geboren in Venedig, gestorben in Madrid. Der letzte große Maler des venezianischen Spätbarock (Rokoko) schuf zahlreiche Altar- und Tafelbilder für venezianische Kirchen, seine eigentlich Domäne war aber die Freskenkunst. Wandbilder gestaltete er u. a. für den Erzbischöflichen Palast in Udine (→ S. 204), berühmt sind die Wand- und Deckengemälde in der Würzburger Residenz. Sein letztes großes Werk war die Ausstattung des Königsschlosses in Madrid. Seine Malereien sind geprägt von leuchtend hellen Farben ("Tiepolo-Blau").

**Santa Maria dei Miracoli**: Hier stimmt einfach alles – ein ungewöhnlich idyllisches Fleckchen am Zusammenfluss dreier Kanäle, der stille *Campo Santa Maria Nova* und gleich daneben eine der schönsten und ungewöhnlichsten Renaissancekirchen der Stadt.
Der Bildhauer und Architekt Lombardo ließ sich 1481–89 allerhand einfallen, als er diese Kirche erbaute: Prächtige Inkrustationen schmücken die Fassade, und der Marmor wirkt fast wie Stoff mit Batikornamenten. Er setzte die großen Blöcke mit jeweils gleicher Maserung nebeneinander und wechselte sie nach jedem Fenster.

Die ruhige Stimmung lädt zum Verschnaufen ein. Manchmal lässt der Messner himmlische Tonbandchöre erschallen und hofft auf ein irdisches Trinkgeld. Ins Tonnengewölbe der Decke sind zahlreiche Porträts eingelassen – der Gag ist jedoch der Spiegel, der im Mittelgang liegt. Wenn man in ihn hineinblickt, sieht man die reich geschnitzte und bemalte Decke besser als mit bloßem Auge. Ausprobieren! Aber aufpassen, dass man nicht das Gleichgewicht verliert bzw. ob der Tiefe des Spiegels einen Höhenkoller bekommt.

*Öffnungszeiten/Preise*: Mo–Sa 10–17, So 13–17 h; Eintritt ca. 1,60 € oder Chorus Pass.

**Madonna dell'Orto:** In der rechten Chorkapelle dieser gotischen Kirche im Norden des Cannaregio liegt Tintoretto begraben, mehrere seiner Gemälde schmücken den Innenraum. Sein Wohnhaus, die *Casa di Tintoretto*, liegt ganz in der Nähe an der Fondamenta dei Mori (Cannaregio 3399). Hier verbrachte er die letzten zwanzig Jahre seines Lebens.

*Öffnungszeiten/Preise*: Mo–Sa 10–17, So 13–17 h; Eintritt ca. 1,60 € oder Chorus Pass.

## Castello

Der östliche Zipfel Venedigs, mit seiner riesigen Werft *(Arsenale)* früher der industrielle Motor der Stadt, ist heute weitgehend ruhig und ohne großartige Sehenswürdigkeiten.

Während die westliche Hälfte des Castello um den *Campo dei Santi Giovanni e Paolo* noch relativ nah bei San Marco liegt und häufig besucht wird, verirren sich nur wenige Touristen in die Zone um das Arsenale, was gerade den Reiz dieses Viertels ausmacht. In der Nähe liegen außerdem die einzigen nennenswerten Grünanlagen der Stadt.

**Riva degli Schiavoni/Riva dei Sette Martiri:** Von San Marco die Uferstraße nach Osten geht es über den *Ponte della Paglia*, wo sich morgens bis abends die Massen drängen, um die berühmte Seufzerbrücke zu knipsen. An den zahlreichen Haltestellen der Vaporetti entlang gelangt man zur *Chiesa della Pietà* mit Deckengemälden von Tiepolo und weiter zum großen *Museo Storico Navale* (→ Arsenale) und zu den öffentlichen Grünanlagen, den *Giardini Publici*.

**San Zaccaria:** landeinwärts der Riva degli Schiavoni. Die Kirche gehörte zu einem Benediktinerinnenkloster, in dem der venezianische Hochadel seine Töchter unterbrachte. Der ursprünglich byzantinische Bau hat zahlreiche Umwandlungen erfahren, romanische und gotische Elemente sind auszumachen, aber auch solche der Frührenaissance. Beeindruckende Marmorfassade, am zweiten Altar links "Madonna mit Heiligen" von Giovanni Bellini.

*Öffnungszeiten*: tägl. 10–12, 16–18 h; Eintritt frei.

**Campo Santa Maria Formosa:** Der weite Platz ist praktisch seit der Renaissance unverändert geblieben. Zwischen den alten Palazzi und der gleichnamigen Kirche Biertische, Marktstände und spielende Kinder.

**Santi Giovanni e Paolo:** nur wenig nördlich von Santa Maria dei Miracoli (→ Cannaregio). Monumentaler gotischer Backsteinbau auf einer großen freien Piazza, erbaut vom Dominikanerorden und neben der Frari-Kirche der größte gotische Sakralbau Venedigs. Beim Eintreten wird man von der Weite des Raums fast erschlagen. Meterdicke Säulen tragen das hohe Schiff, in dessen Seitenwänden zahlreiche Grabmäler von berühmten Dogen und Feldherren der Republik Venedig eingelassen sind.

Seitlich neben der Kirche die *Scuola di San Marco* mit interessanten perspektivischen Reliefs in der Fassade, heute als öffentliches Krankenhaus in Betrieb (keine Besichtigung). Vor der Kirche bedeutendes Reiterdenkmal des "Bartolomeo Colleoni" aus Bergamo (→ dort), 1488 geschaffen vom Florentiner Andrea del Verrocchio. Einige nette Cafés runden das Gesamtbild ab.

*Öffnungszeiten*: **Santi Giovanni e Paolo** – Mo–Sa 7.30–12.30, 15.30–19 h, So 15–18 h.

*Die Seufzerbrücke – für viele eine Brücke ohne Wiederkehr*

**Fondamente Nuove**: Hier starten die Boote zu den Laguneninseln San Michele, Murano, Burano und Torcello (→ Lagune von Venedig). Blumenstände am Kai signalisieren die Funktion von San Michele – die Insel ist der Friedhof Venedigs.

**Arsenale**: Die riesige Werft der expansiven Seerepublik Venedig war noch bis zum Ersten Weltkrieg in Betrieb. Sie war gleichsam eine Stadt in der Stadt, bot einst bis zu 16.000 Menschen Arbeit und war im 18. Jh. eine der größten und leistungsfähigsten der Welt. Der Zutritt zu dem ummauerten Komplex ist leider nicht möglich, lediglich zur Biennale von 1999 öffnete sich kurzzeitig die Welt der venezianischen Kriegsmarine (→ Kasten). Am Haupttor wachen vier antike Löwenskulpturen aus Griechenland – eine (mit rekonstruiertem Kopf) stammt vom berühmten panhellenischen Heiligtum auf der Kykladeninsel Delos.

Das nahe *Museo Storico Navale* am Canale dell'Arsenale gibt Aufschluss über die Arbeiten in der Werft, zeigt zahlreiche Schiffsmodelle (darunter prächtige alte Gondeln des 17. Jh. und den berühmten "Bucintoro", das Staatsschiff der Dogen), außerdem Dokumente zur Geschichte der venezianischen und italienischen Marine.

*Öffnungszeiten/Preise*: **Museo Storico Navale** – Mo–Fr 9–13.30, Sa 9–13 h, April bis Okt. Di und Do 14.30–17 h, So geschl., ca. 1,60 €.

**Isola di San Pietro**: ruhige Insel hinter dem Arsenale. Hier steht die klassizistische Kirche *San Pietro di Castello*, die bis Anfang des 19. Jh. der Dom Venedigs war. Der marmorne Bischofssitz hat eine außergewöhnliche Rückenlehne. Es handelt sich um eine Grabstele mit arabischer Ornamentik und auch einigen Schriftzeichen – Koranverse, die hinter dem Rücken des Erzbischofs von Venedig Allahs Lob priesen. Vor der Kirche ein schönes Wiesenstück für die gemütliche Siesta.

*Öffnungszeiten/Preise*: **San Pietro di Castello** – Mo–Sa 10–17, So 13–17 h, Eintritt ca. 1,60 €.

**Giardini Garibaldi, Giardini Pubblici, Parco delle Rimembranze**: Nach dem Trubel im Zentrum herrscht in den Grünanlagen erholsame Ruhe – abgesehen von der

Zeit der Biennale von Venedig (→ Kasten). Mit den Vaporetti 1, 52 und 82 kommt man von den Giardini wieder nach San Marco zurück.

### Kunstspektakel pur: Die Biennale von Venedig

Die älteste und bedeutendste internationale Ausstellung zeitgenössischer Kunst findet alle zwei Jahre von etwa Mitte Juni bis Anfang November statt. 1995 konnte die Biennale ihren 100. Geburtstag feiern. In ihrer Geschichte hat sie einige Höhepunkte zu verzeichnen, etwa 1948, als die von den Nazis vertriebenen Künstler und die Sammlung von Peggy Guggenheim (→ Dorsoduro) vorgestellt wurden, oder die große Pop-Art-Ausstellung von 1964. Doch gab es, seit am 30. August 1895 der italienische König Umberto das Ausstellungsgelände in den Giardini einweihte, auch immer wieder Streit. Bei der 1. Biennale reichte noch die Darstellung von fünf nackten Frauen zum Skandal. Heute steht vor allem das Konzept zur Diskussion. Einige halten das Konzept der rund dreißig Länderpavillons für ein Relikt aus dem nationalistischen Denken des 19. Jh., das es schleunigst abzuschaffen gilt, andere finden, die Biennale sei eher ein aufgeblasenes PR-Spektakel als ein Querschnitt des modernen Kunstschaffens. Um auch jungen und unbekannten Künstlern eine Chance zu geben, wurde 1980 der so genannte "Aperto" ins Leben gerufen, ein nach allen Seiten offener, sich frech und unbekümmert gebender Kunstzirkus – und 1995 wieder storniert. 1999 wiederum integrierte der Biennale-Direktor Harald Szeemann das mächtige, ansonsten verschlossene Gebiet des Arsenale, die militärische Schiffswerft der Serenissmia, ins Ausstellungsgeschehen.

Infos unter: www.labiennale.org

## Giudecca und San Giorgio Maggiore

**Giudecca**: Bis auf die *Redentore-Kirche* von Palladio findet man hier keine großen architektonischen Werke, die Giudecca ist volkstümlich geblieben, ein Viertel, in dem weniger Prominenz als vielmehr in erster Linie Venezianer wohnen. Der Wiener Maler Friedensreich Hundertwasser bildet eine Ausnahme, ebenso das Cipriani, eine der teuersten Nobelherbergen der Stadt. Der Inselcharakter ist auf Giudecca deutlicher spürbar als anderswo in Venedig – und die Preise sind günstiger.

**San Giorgio Maggiore**: markante Kirche auf der kleinen Insel gegenüber vom Markusplatz, erbaut von Palladio in seinem typischen Stil. Die Fassade in Form eines antiken Tempels, im Chor zwei Gemälde von Tintoretto, "Der Mannaregen" und "Das Abendmahl". Der Rundblick vom Campanile aus ist vielleicht noch origineller als vom Campanile di San Marco. An die Kirche schließt sich der Komplex eines früheren Benediktinerklosters an, das mit dem Einmarsch Napoleons die Pforten schließen musste. Heute ist hier die *Fondazione Giorgio Cini* untergebracht, die regelmäßig Sonderausstellungen moderner Kunst zeigt, oft recht spektakulärer Art (✆ 041/5289900).

Zu erreichen ist San Giorgio Maggiore mit Vaporetto-Linie 82.

*Öffnungszeiten/Preise*: **San Giorgio Maggiore** – tägl. 10–12.30, 14.30–17 h; Eintritt frei, **Campanile** ca. 1,60 €.

### Die Lagunenstadt literarisch: Tod in Venedig

Die Aura des Morbiden, die das bröckelnde Venedig umweht, war schon immer eine unerschöpfliche Inspirationsquelle für Autoren. Thomas Mann setzte mit seiner Novelle "Der Tod in Venedig" (opulent verfilmt von Visconti) einen ersten venezianischen Meilenstein in der neueren Literaturgeschichte. Der Titel wurde gleichsam zum Programm, denn nach dem Nobelpreisträger kamen hauptsächlich die Schreiber von Kriminalromanen zum Zuge, die im venezianischen Irrgarten die klassischen Elemente des Unheimlichen und der verwirrenden Suche bestens ansiedeln konnten.
Die amerikanische Autorin *Donna Leon*, die seit über zwanzig Jahren in Venedig lebt, hat nun das Genre in den neunziger Jahren wieder neu belebt. Mit ihrem sympathischen Commissario Brunetti hat sie eine Detektivfigur geschaffen, die vor allem in Deutschland zunehmend Freunde findet. Mit detaillierter Orts- und Milieukenntnis und einer guten Portion Sozialkritik ausgestattet, siedelt sie ihre Romane hauptsächlich dort an, wo sie selber wohnt, nämlich in der Gegend um die Rialto-Brücke. Kein Autor hat Venedig bisher so oft zum Schauplatz gemacht wie Donna Leon. Mittlerweile sind acht Bücher ins Deutsche übersetzt, weitere werden folgen. Ins Italienische dürfen ihre Romane nicht übersetzt werden, da sie ihre Freunde und Bekannte in Venedig nicht brüskieren will, die wohl viel Vertrautes entdecken würden. Übrigens, trotz der Masse von Venedigkrimis sind Mord und Totschlag in der Lagunenstadt eine Seltenheit, die Kriminalitätsrate ist eine der niedrigsten in Italien.

# Lagune von Venedig

**Die Lagune bietet viele Möglichkeiten, je weiter man sich vom Rummelplatz Venedig entfernt, desto beschaulicher wird die Szenerie. Eine großartige Naturlandschaft, die leider durch das Eingreifen des Menschen erheblichen Schaden genommen hat. Das Wasser gilt in weiten Teilen als hochgradig verseucht (→ S. 136).**

Von der Riva degli Schiavoni (hinter San Marco) tuckern die Vaporetti 1, 51, 52 und 82 zum vorgelagerten *Lido di Venezia*, die Nr. 20 fährt auf die Klosterinsel *San Lazzaro*. Auf die Inseln *San Michele* und *Murano* kommt man mit den Nrn. 41 und 42 ab den Fondamente Nuove an der Nordseite der Stadt, nach *Murano*, *Burano* und *Torcello* mit der Nr. 12. Für einen Besuch der geschäftigen Hafenstadt *Chioggia* am Südrand der Lagune nimmt man ab Lido di Venezia zunächst den Bus Nr. 11, muss allerdings im weiteren Verlauf mehrmals zwischen Fähre und Bus wechseln (Details S. 177).

▸ **Lido di Venezia**: Wer die Novelle "Der Tod in Venedig" von Thomas Mann oder deren Verfilmung von Luchino Visconti mit der herrlichen Musik von Gustav Mahler kennt, hat bereits einen perfekten Eindruck von der elegant-dekadenten Atmosphäre am Lido um die Jahrhundertwende bekommen. Viele Szenen wurden im "Grand Hotel des Bains" am Lungomare Marconi 17 verfilmt.

Die 12 km lange Insel schiebt einen schützenden Riegel vor die Lagune. Der ebenso lange Sandstrand an der Meerseite gilt seit über hundert Jahren als einer der edelsten Badeplätze Italiens, Hotels im Liberty-Stil, Restaurants und Souvenirstände stehen dicht an dicht. Das Wasser ist jedoch keinesfalls sauber, und der Eintritt zu den "stabilimenti" kostet ein kleines Vermögen. Frei zugängliche Strandpartien gibt es nur an den äußersten Enden des Lido, weit außerhalb der Exklusivregion mit ihren teuren Hotels und Villen.

Sehenswert ist der malerisch verwilderte *Jüdische Friedhof*, den man erreicht, wenn man von der Vaporetto-Station etwa 500 m am Wasser entlang nach links geht. Das ruhige, von Kanälen umgebene Örtchen *Malamocco* im Südwesten war einst der Hafen Venedigs, die Kirche Santa Maria Assunta besitzt einen Nachbau des Campanile von San Marco.

Die bequemste Art, den Lido zu erkunden, bietet ein Fahrrad. Verleihstellen, auch mit Tandems, findet man am Gran Viale Santa Maria Elisabetta, nahe der Vaporetto-Station. Sportliche strampeln – mit zwei Ferryboat-Pausen – bis Chioggia.

Öffnungszeiten/Preise: **Jüdischer Friedhof** – April bis Sept. So–Fr 9.30–12.30, 15.30–18 h, Okt. bis März 9.30–14 h, Sa geschl.

Alljährlich Anfang September bringen die Filmfestspiele **Mostra Internazionale del Cinema** im Palazzo del Cinema Abwechslung an den Lido. Für den Siegerfilm vergibt die Jury zum Abschluss den "Goldenen Löwen". 1998 sorgte Festivalleiter Felice Laudadio für einen kleinen Skandal, als er die Mostra "dumm und arrogant" nannte und anregte, dass die Filme künftig ohne Wettbewerbszwang laufen sollten. Die wenigen für die Öffentlichkeit bestimmten Tickets (ca. 16–30 €) bekommt man nur am Tag der Aufführung (Auskunft bei "Ente Autonoma La Biennale di Venezia", San Marco 1364/a, Ca' Giustinian, ✆ 041/5218711, 📠 5204163).

▸ **San Lazzaro degli Armeni:** Die dem Lido vorgelagerte Insel der armenischen Mönche ist ein Ort der Stille. Der Vaporetto Nr. 20 fährt nur einmal täglich ab San Zaccaria (Riva degli Schiavoni) hinüber und wieder zurück (Abfahrtszeiten sind auf die Führungen im Kloster abgestimmt).

Im Mittelalter unterhielten die Benediktiner auf San Lazzaro ein Leprakrankenhaus, 1717 überließ die Republik Venedig die Insel armenischen Mönchen, die aus dem Osmanischen Reich vertrieben wurden. Die *Mechitaristen* (benannt nach dem Mönch Mechitar) machten San Lazzaro zu einem der bedeutendsten Zentren der armenischen Kultur. Heute wohnen, studieren und meditieren im Kloster noch 27 Mönche und Schüler, die aus dem gesamten Mittelmeerraum kommen.

Zu sehen sind neben armenischen Keramik- und Silberarbeiten auch ägyptische Mumien und buddhistische Schriftrollen. Einmalig ist die in einem neuen, klimatisierten Raum untergebrachte Bibliothek mit kostbaren Handschriften und Miniaturen aus diversen privaten Sammlungen. Die klostereigene Druckerei aus dem 18. Jh. wird nicht mehr gezeigt, dient aber gelegentlich noch für den Druck von Plakaten.

Öffnungszeiten/Preise: tägl. 15.30–17 h, nur mit Führung (auch in deutscher Sprache); Eintritt ca. 5,20 €. ✆ 041/5260104.

▸ **San Michele:** Die Friedhofsinsel liegt nicht weit von den Fondamente Nuove entfernt, dicht vor der Nordküste Venedigs. Die eng belegten Grabfelder vermitteln ein anschauliches Bild der venezianischen Sozialstruktur. Zu den berühmten Toten, die einst auf der Trauergondel nach San Michele gerudert wurden, gehören der

*Die Menschen in der Lagune lassen sich vom Touristenrummel nicht stören*



Dichter Ezra Pound und der Komponist Igor Strawinsky. Infolge Platzmangels auf der Insel werden die Toten heute auf dem Festland bestattet.
*Öffnungszeiten*: tägl. 8.15–16 h, im Sommer bis 18 h.

▸ **Murano**: Das Inselstädtchen wirkt mit seinen schmalen Kanälen, Brücken und niedrigen Häuschen wie eine Miniaturausgabe von Venedig und ist Standort der berühmten venezianischen Glasindustrie. Bereits seit der Gründung Venedigs im 5. Jh. spielte die Glaserzeugung eine große Rolle. Im Mittelalter verlegte man dann sämtliche Manufakturen aus der brandgefährdeten Stadt nach Murano. Der politische Niedergang Venedigs stürzte die Glasindustrie in eine schwere Krise, doch Ende des 19. Jh. kam es durch das Interesse italienischer Künstler zu einer Renaissance. Zunächst begnügte man sich mit der Nachbildung historischer, bis ins Mittelalter zurückreichender Formen, doch bald entstanden gestalterisch völlig neue Produkte, die auch auf der Biennale viel Anklang fanden. Zahlreiche europäische Künstler und Designer wetteiferten schließlich miteinander – u. a. entwarfen Picasso, Cocteau und Le Corbusier Einzelstücke und Serien aus Muranoglas. Heute arbeiten hier wieder zahlreiche Glasbläsereien. Anschauen ist überall frei und kostenlos. Die Werkstätten sind als *fornace* ausgeschildert, gearbeitet wird in der Regel bis 16 h.

Im sehenswerten *Museo Vetrario*, untergebracht im Palazzo Giustinian an der gleichnamigen Fondamenta, sind Meisterwerke der Glasbläserei von der Antike bis in die Neuzeit ausgestellt. Die nah gelegene Backsteinkirche *Santa Maria e San Donato* fällt durch ihren mächtigen Glockenturm auf, im Inneren schöner Mosaikboden und ein byzantinisches Mosaik in der Apsis. Im Dom *San Pietro Martire*, südlich vom Canal Grande di Murano, ein wertvolles Bellini-Gemälde "Madonna mit Heiligen" und prächtige Leuchter aus Kristallglas.

• *Öffnungszeiten/Preise*: **Museo Vetrario** – Do–Di 10–17 h, außerhalb der Saison 10–16 h, Mi geschl.; Eintritt ca. 4,20 € oder Sammelticket.

• *Essen*: **Busa – alla Torre (82)**, Campo Santo Stefano, unter großen Segeltuchschirmen sitzt man auf einer ruhigen Piazza, die vom Dom durch einen malerischen Kanal getrennt ist. Das Haus aus dem 11. Jh. soll das älteste von Murano sein. Nur mittags geöffnet, Mo geschl.

▸ **Burano**: ausgesprochen malerisches Örtchen mit farbenfroh bemalten Häusern, ruhig und idyllisch – falls nicht zu viele Touristen unterwegs sind. Man lebt vom Fischfang, außerdem von Herstellung und Verkauf von Spitzen, den Klöpplerinnen kann man bei der Arbeit zusehen (die meisten der heute in Venedig verkauften Spitzen sind jedoch maschinell in Fernost hergestellt und importiert). Besuchenswert ist die *Scuola dei Merletti*, eine hundert Jahre alte Klöppelschule mit angeschlossenem Museum.

• *Öffnungszeiten/Preise*: **Scuola dei Merletti** – Mi–Mo 10–17 h, außerhalb der Saison 10–16 h, Di geschl.; Eintritt ca. 4,20 € oder Sammelticket.

• *Essen*: **Al Gatto Nero**, Fondamente della Giudecca 88, malerisch wie alle Häuser auf Burano, Fischspezialitäten zu mittleren Preisen, Straßenbestuhlung. Oft von Gruppen frequentiert. Mo geschl.

▸ **Torcello**: schöne Fahrt durch die Lagune zu den Wiesen und Weingärten der abgelegenen kleinen Insel. Im frühen Mittelalter war Torcello Bischofssitz mit über 10.000 Einwohnern, heute leben hier gerade noch eine Handvoll Menschen, die z. T. als Schafzüchter arbeiten. Zwei alte Kirchen und die Grundmauern eines Baptisteriums aus dem 7. Jh. sind die letzten Zeugen vergangener Größe. Gelegentlich ist die Insel von (vorwiegend englischen und amerikanischen) Touristen überlaufen, vielleicht, weil Hemingway eine Zeitlang hier wohnte.

An der Piazza Torcello trifft man auf die Kirche *Santa Fosca*, eine romanische Kreuzkuppelbasilika des 11. Jh. Durch einen Laubengang kommt man zur benachbarten Kathedrale *Santa Maria Assunta*, die in ihren Anfängen aus dem 7. Jh. stammt und als älteste Kirche der Lagune gilt. Der heutige Bau stammt im Wesentlichen aus dem 11. Jh. Im Inneren findet man prächtige Mosaiken auf Goldgrund. Das Glanzstück unter ihnen ist das über sechs Bilderstreifen verlaufende "Jüngste Gericht" an der Rückwand. Rechts unten werden die Qualen der Verdammten geschildert: Luzifer, mit dem Antichrist auf den Knien, thront auf einem doppelköpfigen Ungeheuer, das die Unglücklichen verspeist, Feuerqualen und von Würmern durchzogene Schädel. Der frei stehende *Campanile* kann bestiegen werden, an klaren Tagen genießt man einen herrlichen Blick über die Lagune. Im gegenüberliegenden *Museo dell'Estuario* sind archäologische Funde aus der Lagune, Kunstgegenstände aus verschiedenen Jahrhunderten, Mosaiken und Schmuck zu sehen.

• *Öffnungszeiten/Preise*: **Santa Maria Assunta** – tägl. 10.30–17.30 h, außerhalb der Saison 10–16.30 h; Eintritt ca. 2,60 €.
**Campanile** – April bis Okt. tägl. 11–16 h; Eintritt ca. 2,10 €.
**Santa Fosca** – dieselben Öffnungszeiten wie Santa Maria Assunta, Eintritt frei.
**Museo dell'Estuario** – Di–So 10.30–17 h, außerhalb der Saison 10–16.30 h, Mo geschl., Eintritt ca. 1,60 €.
**Sammelticket** kostet ca. 5,20 €.

**Für Genießer**: siebentägige Kreuzfahrt mit dem Fluss-Kreuzfahrtschiff "Casanova" der Peter-Deilmann-Reederei durch die Lagune von Venedig und den Po hinauf bis in die Geigenbauerstadt Cremona (Lombardei). Unterwegs u.a. Ausflüge nach Padua, Bologna, Ferrara, Verona, Mantua und zum Gardasee. Kostenpunkt pro Pers. ab 1020 €, zu buchen in Reisebüros oder direkt bei der Reederei (www.deilmann.de).

*Fischerboote und Marktstände am Canale della Vena in Chioggia*



## Chioggia

(ca. 54.000 Einwohner)

**Äußerst geschäftige Stadt am Südrand der Lagune, hier wird hart gearbeitet. Einer der größten Fischerhäfen der Adria, laut und nicht sonderlich sauber, jedoch authentisch. Ausländische Touristen kommen höchstens mal mit dem Dampfer von Venedig, um sich kurz umzuschauen.**

Die Altstadt auf einer Insel ist durch drei Brücken mit dem Festland verbunden. Beherrschend ist die breite Hauptstraße *Corso del Popolo*, im nördlichen Teil Fußgängerzone, mit langen Laubengängen und diversen Kirchen. Wie die Gräten eines Fischs zweigen davon die schmalen grauen Seitengässchen mit niedrigen Häuschen ab, wo der Rummel schnell der Stille weicht. Der *Canale della Vena* verläuft parallel zum Corso und wird von mehreren hübschen Brücken überquert.

Die Neustadt *Sottomarina* erstreckt sich am langen Sandstrand, wo sich das gewohnte Bild bietet – Badeanstalten, Pizzerien und Bars in den Sand gesetzt, dahinter Hotelfronten ohne Ende. An der nördlichen Landspitze einige Campingplätze und eine lange Mole mit großen Fischernetzen.

### Anfahrt/Verbindungen/Information

• Anfahrt/Verbindungen: **PKW**, von Sottomarina ist das "centro storico" über eine lange Brücke zu erreichen, gebührenpflichtige Stellplätze gibt es entlang des Corso del Popolo.

**Bahn**, Stichbahn ab Rovigo, vom Bahnhof ca. 1 km über die Brücke Ponte Lungo in die Altstadt, nach Sottomarina mit dem Stadtbus weiterfahren.

**Schiff**, Chioggia ist von Venedig etwas umständlich zu erreichen. Zunächst mit dem Vaporetto zum Lido, dort Bus 11 bis Alberoni an der Südspitze und übersetzen auf den Litorale di Pellestrina. Weiter per Bus bis Pellestrina und in 25 Min. mit dem Dampfer nach Chioggia. Gesamtdauer etwa 1,5 Std., Abfahrt/Ankunft in Chioggia am Nordende des Corso del Popolo.

• *Information*: in Sottomarina, Lungomare Adriatico 101 (gegenüber Hotel Miramare). Tägl. 9–12, 15–18 h, Juli/August durchgehend 8–19.45 h. ✆ 041/401068, ✆ 5540855, Internet: www.chioggia-apt.net, E-Mail: apt-07@mail.regione.veneto.it

## Übernachten

Die übliche Hotelarmada findet man in Sottomarina am Strand. Stimmungsvoller wohnt man in den gerade mal vier Herbergen der Altstadt. Die Lage aller Hotels und Campingplätze ist auf den Stadtplänen verzeichnet, die man kostenlos im Informationsbüro erhält.

**** **Grande Italia**, Piazzetta Vigo 1, perfekte Lage am Nordende des Corso del Popolo, direkt am Anleger der Motorschiffe nach Venedig. Das Relikt der guten alten Zeit mit Stuck und Deckenmalereien wurde vor wenigen Jahren völlig renoviert. Gut ausgestattete Zimmer, Frühstücksraum/Ristorante mit edlen Holztüren und Kronleuchtern, unter dem Dach Fitnessraum mit Sauna. DZ mit Frühstück und Blick zur Piazzetta oder Lagune ca. 110–160 €, mit Blick zur benachbarten Gasse ca. 95–130 €. ✆ 041/400515, ✆ 400185, Internet: www.hotelgrandeitalia.com, E-Mail: hgi@hotelgrandeitalia.com

* **Clodia**, Calle Forno Filippini 876, sobald man von Sottomarina kommend die Altstadtinsel erreicht, rechts abbiegen, nach wenigen Metern trifft man auf das Hotel. Zwar liegt es unmittelbar am lauten Hafen, bietet aber gerade deswegen eine interessante und authentische Umgebung. Direkt beim Hotel kann man das Fahrzeug abstellen. Der Padrone bereitet gerne das Essen zu, das man morgens am nahen Fischmarkt ausgesucht hat. Nur Zimmer mit Etagendusche, DZ ca. 46 €. ✆ 041/400813.

* **Locanda Val d'Ostreghe**, Calle Sant'Andrea 763, vom Corso del Popolo im nördlichen Teil bei der Chiesa di Sant'Andrea zu Fuß den Vena-Kanal überqueren (Achtung: per PKW nur aus der entgegengesetzten Richtung zu erreichen). Einige Zimmer über einem einladenden, traditionsreichen Lokal (→ Essen), die meisten mit Etagendusche. DZ mit Bad ca. 42 €, ohne ca. 36 €. ✆ 041/400527.

• *Camping*: Am Lungomare Adriatico und an der Nordspitze von Sottomarina gibt es zahlreiche Plätze, die (bis auf Adriatico) alle direkt am Strand liegen. Geöffnet sind sie April/Mai bis Ende September.

** **Adriatico**, der erste Platz, wenn man auf dem Lungomare von Süden kommt. Etwas beengte Verhältnisse, da schnell voll, sanitär mäßig. Um zum Strand zu kommen, muss man die Straße überqueren. Mit Pool. ✆/✆ 041/492907, ✆ 5548567.

*** **Europa**, kurz vor der Einfahrt nach Chioggia, gut begrüntes Gelände direkt am Strand. Vermietung von Bungalows mit TV. ✆/✆ 041/5540300.

** **Grande Italia**, in Richtung nördlicher Landspitze, Grüngelände mit Bäumen, zwischen Straße und Strand gelegen. ✆/✆ 041/5506877.

** **Tropical**, Nähe nördliche Landspitze, kleines, angenehm bescheidenes Gelände. ✆ 041/403055, ✆ 5500593.

**** **Isamar**, bei Sant'Anna, einige Kilometer südlich von Sottomarina. Großer, komfortabler Platz mit Olympia-Schwimmbecken und weiteren Pools, Tennis, Spielplatz und (schalldichter) Disco. ✆ 041/498100, ✆ 490440.

## Essen

In Chioggia isst man preiswerter als in Venedig. Am Wochenende wird es jedoch sehr voll und oft hat man Probleme einen Tisch zu finden.

**Bella Venezia**, Calle Corona 51 (Seitengasse nach Westen im nördlichen Teil des Corso), hübsch gemacht mit Puttenengeln und den gestreiften venezianischen "Paline" (Pfähle) vor der Tür, netter kleiner Innenhof. Hier kehren gerne mal Touristen ein, gute und nicht ganz billige Fischküche.

**Locanda Val d'Ostreghe** (→ Übernachten), traditionelle Trattoria mit hübschem, grünbedachtem Innenhof. Gute Fischküche, Menüs für ca. 16 € oder teurer à la carte. Mi geschl.

**Vecio Toghero**, Calle Scopici (über die Calle Pigna, eine Seitengasse nach Westen im nördlichen Teil des Corso). Neben traditioneller Fischküche auch Pizze, Betischung auf ruhiger Seitengasse. Di geschl.

**Bollicine**, kleine Trattoria in schöner Lage direkt am Vena-Kanal, kurz vor dem Ponte Vigo (→ Sehenswertes).

• *Markt*: **Fisch-, Obst- und Gemüsemarkt** am Canale della Vena, jeden Donnerstag großer **Markt** am Corso del Popolo.

**Sehenswertes:** Die Kirchen von Chioggia liegen fast alle am langen Corso del Popolo. Der *Dom Santa Maria Assunta* am südlichen Straßenende wurde nach Plänen von Baldessare Longhena gebaut, im prächtigen Innenraum findet man einige venezianische Gemälde aus dem 18. Jh., darunter einen Tiepolo (nur während der Messe geöffnet). An der Südseite des Doms schließt sich eine schmale, schattige Grünfläche an, umgeben von einer Balustrade mit steinernen Löwen und Frauenskulpturen ohne Kopf. Es ist das *Refugium Pecatorum*, an der Madonna mit Kind im Zentrum defilierten einst die zum Tode Verurteilten vorbei. Nördlich vom Dom steht das gotische *Oratorio San Martino* mit kurzem, achteckigem Turm. Im Inneren ein Polyptychon von Veronese.
An der Stelle, wo die Zufahrtsstraße von Sottomarina in den Corso einmündet, steht *San Giacomo* – außen nüchtern, innen barock. Ein Stück weiter nördlich sieht man vom Corso etwas zurückgesetzt ein niedriges, längliches Gebäude, den *Granaio*, einen ehemaligen Kornspeicher. An der Fassade eine Madonna von Sansovino. Durch die Laubengänge kommt man zum belebten Fischmarkt und weiter zum Obst- und Gemüsemarkt am *Canale della Vena* (Dienstag- bis Samstagvorm.). Hier hat man am ehesten den Eindruck eines "Klein-Venedig", wie Chioggia oft genannt wird.
Zurück am Corso, passiert man kurz darauf die Barockkirche *Sant'Andrea*, deren romanischer Glockenturm aus dem 12. Jh. noch erhalten ist.
Ganz im Norden des Corso, kurz bevor man zur Bootsanlegestelle kommt, überquert der *Ponte Vigo*, Chioggias schmuckste Brücke, den Vena-Kanal. Wer auf der anderen Seite die Calle Santa Croce entlanggeht, gelangt zu einer weiteren Brücke, die zum Inselchen *San Domenico* führt. Hier steht der Gebäudekomplex des Dominikanerklosters. Die Kirche mit Gemälden von Tintoretto und Carpaccio ist leider nur zu Messezeiten geöffnet.



# Littorale del Cavallino (Marina di Venezia)

Der schmale Festlandstreifen östlich von Venedig mit Zentrum Lido di Jesolo ist Mittelpunkt eines gigantischen Badebetriebs. An Wochenenden wälzen sich endlose Autoschlangen auf der "Strada Jesolana" zum viele Kilometer langen Sandstrand, in regelmäßigen Abständen sind Bushaltestellen eingerichtet. Über ein Dutzend Campingplätze gibt es hier, darunter die riesigen und komfortabel ausgestatteten Plätze "Marina di Venezia" und "Union-Lido Vacanze" (→ Venedig/Camping).

▶ **Punta Sabbioni:** Landzunge gegenüber Venedig, Vaporetto 14 pendelt mindestens stündlich zwischen Lido und Stadt. Speziell für Badeurlauber aus Jesolo und Umgebung bequeme Venedig-Anfahrt, PKW kann man auf zahlreichen bewachten Parkplätzen abstellen (ca. 6 €/Tag).

- *Übernachten*: ** **Camping Miramare**, ein für die Stadtbesichtigung sehr günstiger Platz, nur 700 m von der Vaporetto-Station entfernt. April bis Oktober. ✆ 041/966150, 📠 5301150. Dieser und weitere Plätze → Venedig/ Camping.
- *Essen*: **All'Ancora**, auf der Punta Sabbioni, wenige Meter von der Anlegestelle der Motorschiffe von und nach Venedig. Großes Lokal, das auf Pfählen direkt übers Wasser gebaut ist. Nicht selten kommen Besucher mit dem eigenen Boot von Venedig herübergetuckert, eigene Anlegestelle unterhalb der Plattform. Schmackhafte Fischküche, Festpreismenü um die 16 €.

*Der Leuchtturm – beherrschende Landmarke von Lido di Jesolo*

## Lido di Jesolo

**Der Traumstrand der fünfziger Jahren ist aktuell wie eh und je. Auf 15 km Länge ziehen sich Hotelfronten und schnurgerade Straßenzüge hinter einem oft bis zum letzten Liegestuhl gefüllten Strand aus feinstem Dolomit-Sand.**

Vom Fischerdörfchen *Cortellazzo* an der Piave-Mündung über das üppig grüne *Jesolo Pineta* mit seinem halben Dutzend Campingplätzen und das geschäftig-urbane *Jesolo Centro* bis *Jesolo Faro* mit seinem weithin sichtbaren Leuchtturm an der Mündung des Flusses Sile erstreckt sich die gigantische Urlaubsmaschine. Verblüffend: Fast stundenlang kann man hier laufen (O-Ton Werbung: "Fußgängerzone Jesolos, mit 8 km die längste Europas"), es schaut alles irgendwie gleich aus. Trotzdem erfreut sich diese Mammutbadewanne ungebrochener Beliebtheit. Abwechslung in den Badealltag bringen die diversen Sport- und Spaßmöglichkeiten, Radausflüge ins nahe Lagunengebiet oder eine Motorschiff-Exkursion nach Venedig.

### *Information*

**APT Nr. 5 Jesolo-Eraclea**, Piazza Brescia 13, zentral an der Via Aquileia. Großes Büro mit viel Material, darunter ein exzellenter Stadtplan und kleine Führer für Radtouren in die Umgebung. Es wird Deutsch gesprochen. Mo–Sa 9–19 h, So geschl. ✆ 0421/370601, 370608, Internet: www.jesolo.it, E-Mail: info.apt@jesolo.it

### *Übernachten*

Hotels aller Preisklassen wie Sand am Meer – vom mondänen "Park Hotel Brasilia" bis zur Ein-Stern-Pension. Mindestaufenthalt von drei Tagen ist oft Bedingung, im Sommer außerdem oft Pflicht zur Halb- oder Vollpension. Relativ ruhig wohnt man im östlichen Ortsteil Jesolo Pineta.

****** Casa Bianca al Mare**, Piazzetta Casa Bianca 1, ganz zentral, trotzdem sehr ruhig. 1923 erbaute Türmchenvilla im Liberty Stil, bevorzugte Lage direkt am Strand. Eins der ältesten Häuser am Ort, mit Privatpark, Pool und Restaurantterrasse, davor eigener Strandabschnitt. Exquisites Wohnen in teils mit Antiquitäten eingerichteten Zimmern. DZ mit Frühstück ca. 105–160 €. ✆ 0421/370615, ℻ 371659, Internet: www.hotelcasabianca.com, E-Mail: info@hotelcasabianca.com

***** Trevi**, Via Padova 26, Nähe Piazza Marina. Großes, gepflegtes Haus in zweiter Reihe am Strand, zu erkennen am auffallenden Wandfresko. Von Familie Saramin sehr aufmerksam und herzlich geführt, dementsprechend viele Stammgäste. Restaurant, Pool, Privatstrand, Unterwassermassage, Solarium, Parkplatz. DZ mit Frühstück ca. 55–85 €. ✆ 0421/971762, ℻ 370948.

***** Edelweiss**, Via Andrea Bafile 341, zentrale Lage Nähe Piazza Mazzini. Seit 1949 als Hotel in Betrieb, unten antik mit Polstermöbeln, die vierzig Zimmer modern eingerichtet. Parkplatz, Privatstrand und Restaurant. DZ mit Frühstück ca. 58–95 €. ✆ 0421/370306, ℻ 371538, Internet: edelweisshotel.it, E-Mail: info@edelweisshotel.it

• *Ferienwohnungen*: Fast zwanzig Agenturen vermitteln Ferienwohnungen, z. B. **Adriatica**, Piazza Marconi, ✆ 0421/93202, ℻ 93203, Internet: www.adriaticaimmobiliare.com, E-Mail: adriatica@adriaticaimmobiliare.com

• *Camping*: Die meisten Zeltplätze liegen im östlichen Ortsteil **Jesolo Pineta**. Eine Ausnahme bildet der weiträumige *** **Camping International** am westlichen Ortsausgang, kurz vor dem Leuchtturm. Das großzügige und streng bewachte Baumgelände besitzt einen 5000 qm großen Poolbereich und ein komplettes Sportzentrum. ✆ 0421/971826, ℻ 972561, E-Mail: campint@marcoinet.it

## Essen & Trinken/Nachtleben

• *Essen*: Obwohl das Essen von der Stange in Lido di Jesolo nahezu perfektioniert wurde und man in den hunderten von Abfütterungslokalen an der Via Bafile zu jeder Tages- und Nachtzeit alles bekommt, gibt es auch hier einige echte kulinarische Tipps.

**Alla Darsena**, großzügiges Restaurant im Ortsteil Jesolo Pineta, kurz vor Cortellazzo. Viele Sitzplätze im Freien, gute Fischgerichte, *fritto misto*, *zuppa di pesce* u. ä. Etwas höhere Preise. Mitte Mai bis Mitte September tägl. geöffnet, sonst Mi und Do geschl.

**La Taverna**, mitten im Örtchen Cortellazzo an der Piave-Mündung. Gianni Bettio bietet täglich frischen Fisch und leckere Meeresfrüchte. Mo-Abend und Di geschl.

**Il Vecchio Marina**, Via Roma destra 120/c, etwas außerhalb in Richtung Littorale del Cavallino, sympathisch geführte Trattoria in einem restaurierten Landhaus, Fisch und Meerestiere auf venezianische Art. Mo geschl.

**Alla Grigliata**, Via Buonarroti 17, Holzhütte beim großen Wasserpark Aqualandia. Die Brüder Luigi und Manola bieten hier hervorragende Fleischgerichte aller Art – saftige Steaks, Grillspieße und Würste, alles über offenem Grill gebraten. Im Sommer tägl. geöffnet, sonst Mi geschl.

**Il Fagiolo**, Via Andrea Bafile 205, zwischen Piazza Drago und Piazza Brescia. Im Trubel Jesolos eine Rückbesinnung auf die venetische Küche – *pasta e fagioli*, *baccalà* und *seppie in umido*, aber auch Pizza vom holzbefeuerten Grill.

• *Nachtleben*: Die Discogeneration hat Lido di Jesolo schon seit langem entdeckt. Den Ragazzi aus ganz Europa stellt sich lediglich eine einzige Frage: Rimini oder Jesolo? Die Hauptstraße Via Andrea Bafile wird abends zur kilometerlangen Fußgänger- und Vergnügungungszone, ein Ballungszentrum des Trubels ist die zentrale Piazza Mazzini. Ab Mitternacht locken gut zwanzig Discos, z. B. das legendäre **Matilda**, Via Bafile 362, das **Papaya**, Via Aquileia 176, und der **King's River Club**, Via Equilio 56.

**Sound Garden Hard Rock Café**, Via Aleardi/Piazza Mazzini, Rock Club häufiger mit Livemusik, tägl. 22–4 h. Programm unter www.soundgardencafe.com.

**Terrazzamare**, Alternative zu den teuren Discos – große, sehr beliebte Freiluftbar kurz nach der Einfahrt zum Camping Internazionale am Fluss Sile, der am Leuchtturm ins Meer mündet. Ab 23 h ist es hier oft brechend voll, gute Kontaktmöglichkeiten, Eintritt frei.

**La Caneva**, Via Antiche Mura 13, gediegene Enoteca im alten Ort Jesolo, 4 km landeinwärts von Lido di Jesolo. Mauro Lorenzon bietet die besten Weine Venetiens, aber auch Tropfen aus aller Welt. Mi geschl.

*Baden/Sport & Spiel/Fahrrad/Internet*

• *Baden*: neben den kostenpflichtigen Liegestuhl- und Sonnenschirmreihen gibt es auch reichlich gebührenfreie Strandzonen, z. B. am **Westende** beim Leuchtturm und vor den Campingplätzen in **Jesolo Pineta**. In regelmäßigen Abständen liegen Strandbars, z. B. die freundlich geführte **Tapas Bar** kurz vor dem Leuchtturm.

• *Sport & Spiel*: Spaßbaden im riesigen Wasserpark **Aqualandia** (Via Buonarroti 15), Ausgehen im **Luna Park Jesolandia** (Via Equilio), Abenteuer an Bord des Piratenschiffs **Jolly Roger**, Tennis, Fußball, Basketball und Rollerskater im **Play Village** (Via Roma Destra), außerdem Minigolf, Bocciaspielhalle, Fitnesscenter, Hallenbad und die **Pista Azzurra** (Via Roma Destra), eine der weltweit größten Go-Kart-Bahnen.

• *Fahrrad*: Eine schöne Tour führt entlang des Flusses Sile am Rande des Lagunengebiets.
Verleih bei **MGE-Freeway**, Piazza Nember, **Basso Francesco**, Via Trentin, und **Good Bike**, Viale Venezia.

• *Internet*: Internet Cafés sind u. a. **Salagiochi Sirenetta**, Via Bafile 416, und **Jouer&Jouer**, Via delle Meduse 8.

### Alte Seilschaften, neu belebt?

Der österreichische Rechtspopulist Jörg Haider wurde im Juli 2000 unter heftigen Protesten zum Ehrenbürger Jesolos ernannt. Der Bürgermeister des beliebten Urlaubsorts ist ein Ex-Mitglied der rechtsnationalen Lega Nord. Demonstranten lieferten sich Straßenschlachten in der Nähe des Rathauses, auch in Venedig kam es zu Protesten. Haider hatte vorgeschlagen, das Veneto und Friaul-Julisch Venetien sollten sich von Italien abspalten und mit Kärnten eine "Großregion" bilden.

# Venedig/Hinterland

## Mestre und Margera

**Die wild gewachsene Industriezone am Festland setzt einen grotesken Kontrast zur Schönheit der Lagunenstadt. Vor dem Zweiten Weltkrieg wohnten hier nur etwa 30.000 Menschen, heute sind es schon über 200.000, die die "Bronx" der Lagune bevölkern. Nicht wenige davon sind Venezianer, die der feuchten, ständig vom Hochwasser bedrohten Serenissima mit ihren astronomischen Preisen den Rücken gekehrt haben.**

Mestre ist eine der hässlichsten Städte im Land mit dem größten Hochstraßennetz und vergammelten Betonvorstädten, in denen soziale Probleme kumulieren – organisiertes Verbrechen, Drogenhandel, Prostitution. Andererseits findet die Jugend hier Arbeit, großstädtisches Leben, Abwechslung und Nachtleben – alles das, was es in der romantischen Stadt der Palazzi, Gondeln und Kanäle nicht gibt.
Von den angesprochenen Schattenseiten der Randbezirke spürt man im Zentrum zwar nur wenig, Sehenswürdigkeiten gibt es allerdings bis auf einen mittelalterlichen *Uhrenturm* (Rest der früheren Burg) und die Kirche *San Lorenzo* aus dem 18. Jh. (mit romanischem Campanile) keine. Überlegenswert jedoch: Man kann sein Auto deutlich kostengünstiger als in Venedig selber abstellen und ist per Zug in wenigen Minuten über den 3,5 km langen Damm in der schönsten Stadt Italiens.

• *Anfahrt/Verbindungen*: Das Abstellen eines PKW im **Parkhaus Serenissima**, direkt gegenüber vom Bahnhof, kostet ca. 6 € pro Tag. Der **Bahnhof** liegt ganz zentral, häufige Züge fahren nach Padua und Venedig.

# "Riviera del Brenta" (Brenta-Kanal)

**Für den Weg von Venedig nach Padua oder umgekehrt sollte man sich Zeit nehmen. Wesentlich schöner als die schnurgerade Autobahn ist die SS 11, die malerisch entlang des sattgrünen Brenta-Kanals verläuft. Beidseits des von üppigen Trauerweiden und Pappelalleen flankierten Wasserwegs stehen zahlreiche Villen und Palazzi aus den letzten Jahrhunderten, außerdem säumen Schleusen und Brücken den Kanal.**

Bereits im 16. Jh. begann man mit der Kanalisierung der Brenta, die vorher immer wieder für Überschwemmungen gesorgt hatte. Seitdem ließ sich der venezianische Adel die natürlichen Vorzüge der "Riviera del Brenta" nicht entgehen, denn man konnte gänzlich im Grünen wohnen, aber doch nur einen Katzensprung von der Stadt. So entstanden an den Ufern des Kanals Dutzende von großzügigen Landhäusern, in denen es sich die Hautevolee gut gehen ließ. Heute sind die Prachtbauten teilweise heruntergekommen und leer stehend, teilweise aber noch immer bewohnt. Einige wenige können im Rahmen einer Führung besichtigt werden. Die Anfahrt per PKW ist problemlos und auch Linienbusse zwischen Venedig und Padua stoppen an einigen der Villen. Am reizvollsten sind aber sicherlich die touristischen Fährangebote auf dem Kanal (→ Kasten). Wer will, kann in Kanalnähe, mit etwas Glück sogar direkt am Kanal, auch eine Unterkunft finden.

## Unterwegs mit dem "Burchiello": Kreuzfahrt zwischen venezianischen Villen

"Burchielli" nannte man zur Zeit der Serenissima die Boote, die die adligen Sommergesellschaften von der Lagunenstadt zu ihren Villen am Brenta-Kanal brachten. Mehrere Schifffahrtsgesellschaften haben heute den Flussverkehr auf den Spuren der alten Adelsfähren wieder aufgenommen. Da zwischen Venedig und Padua ein Höhenunterschied von 10 m besteht, müssen unterwegs neun bewegliche Brücken und fünf Schleusen passiert werden.

- Zwischen März und November fährt das komfortable, vollklimatisierte Motorschiff **Il Burchiello** 3 x wöch. auf dem Brenta-Kanal von Venedig nach Padua bzw. umgekehrt (Rückkehr jeweils mit Bus oder Eisenbahn). Dauer der Fahrt einen ganzen Tag (ca. 9–18.40 h), unterwegs Besichtigungsstopps bei den Villen Gradenigo, Foscari (La Malcontenta), Barchessa Valmarana und Pisani. Kostenpunkt ca. 58 € pro Pers., für Kinder und Jugendliche von 6–17 Jahre ca. 34 € (Preise incl. Besichtigung, Villa Pisani muss jedoch extra gezahlt werden). Mittagessen wird angeboten und muss ebenfalls extra bezahlt werden, ca. 24 €. Abfahrt möglich in Padua (Piazzale Boschetti) oder Venedig (San Marco, Pontile Pietà Riva degli Schiavoni). Buchen kann man in den meisten Reiseagenturen im Umkreis von San Marco.
  Adresse: SITA S.p.A. Divisione Navigazione "Il Burchiello", Via Orlandini 3, 35121 Padova, ✆ 049/8774712, 📠 8763044, Internet: www.ilburchiello.it, E-Mail: info@ilburchiello.it
- Die modernen Motorschiffe **I Battelli del Brenta** fahren von April bis Oktober mehrmals wöch. von Venedig nach Padua und von Venedig nach Strà und umgekehrt. Unterwegs u. a. Besichtigung der unten genannten Villen, außerdem der Mühlen von Dolo. Kostenpunkt ca. 60 € (Preis incl. Besichtigung, Villa Pisani muss jedoch extra gezahlt werden), Mittagessen fakultativ.
  Adresse: I Battelli del Brenta, Via Porciglia 34, 35121 Padova, ✆ 049/8760233, 📠 8763410, Internet: antoniana.it/battellidelbrenta, E-Mail: battelli@antoniana.it

## Sehenswürdigkeiten von Ost nach West

▸ **Villa Foscari "La Malcontenta":** Ende des 16. Jh. entwarf der geniale Palladio (→ Vicenza) südlich von Mestre den eleganten, quadratischen Komplex mit ionischer Säulenvorhalle für die Dogenfamilie Foscari – die einzige Palladio-Villa am Brenta-Kanal. "La Malcontenta" (Die Unzufriedene) wurde sie genannt, weil eine lebenslustige Angehörige der Familie hier zeitweise zwangsweise leben musste. Den Hauptsaal schmücken allegorische Fresken von Giambattista Zelotti.

*Öffnungszeiten/Preise*: Mai bis Oktober Di und Sa 9–12 h; Eintritt ca. 6,30 €.

▸ **Villa Barchessa Valmarana:** Erbaut im 17. Jh. in *Mira*, dem Hauptort am Brenta-Kanal. Die zwei bis heute erhaltenen Bauten waren einst die Seitenflügel eines mächtigen Herrenhauses, das 1908 abgerissen wurde, um die darauf erhobene Luxussteuer zu vermeiden. Einer der beiden Bauten kann besichtigt werden, er enthält Originalmöbel aus dem früheren Haupthaus und Fresken vom Tiepolo-Schüler Michelangelo Schiavoni, genannt "Il Chiozzotto".

*Öffnungszeiten/Preise*: April bis Okt. Di–So 9.30–12, 14.30–17.30 h, Mo geschl.; Eintritt ca. 4,20 €.

▸ **Molino di Dolo:** In *Dolo* ist eine Mühle des 16. Jh. quer über den Kanal gebaut. Im angeschlossenen Restaurant Al Cristo kann man direkt über dem rauschenden Wehr essen und in einem benachbarten Laden kulinarische Produkte der Region kaufen.

▸ **Villa Pisani:** Die imposanteste aller Brenta-Villen wurde von 1736–56 für eine Dogenfamilie am östlichen Ortsausgang von *Strà* errichtet. Wie ein Schloss wirkt der repräsentative Prachtbau in einem weitläufigen Park und tatsächlich ließen sich gekrönte Häupter, Eroberer und Diktatoren immer gerne in "Klein-Versailles" blicken, darunter Gustav von Schweden und Alexander von Russland. Napoleon erwarb sogar den Palast und 1934 fand hier das erste Treffen von Mussolini und Hitler statt.

An der markanten *Fassade* stützen gigantische Riesen eine Terrasse, durch eine monumentale Säulenhalle gelangt man in das Innere mit zahlreichen Sälen im typischen Prachtstil des Rokoko. Höhepunkt ist der über zwei Stockwerke reichende Ballsaal, in dem Tiepolos gewaltige Deckenfresken die Familie Pisani rühmen. Hinter dem Palast erstreckt sich ein schöner *Park* mit Springbrunnen, Teichen, Pavillons und einem Labyrinth aus Buchsbaumhecken, in dessen Mitte ein Aussichtsturm steht.

*Öffnungszeiten/Preise*: April bis Sept. tägl. 9–18 h, Okt. bis März 9–16 h; Eintritt ca. 5,20 € (nur Park die Hälfte), frei unter 18 und über 65 Jahren.

### *Übernachten und Essen am Brenta-Kanal*

• *Mira und Umgebung*: **** **Villa Margherita**, Via Nazionale 416, an der Durchgangsstraße, schräg gegenüber steht die Villa Barchessa Valmarana. Das ehemalige Gästehaus der Adelsfamilie Contarini aus dem 17. Jh. liegt inmitten eines großen Parks und ist heute wohl die beste Unterkunft am Brenta-Kanal, sehr aufmerksam geführt von Familie Dal Corso. Die elegant-liebevolle Einrichtung mit bequemen Polstermöbeln, Fresken, Spiegeln und Stuckdekorationen ist ausgesprochen gemütlich. Die 19 Zimmer sind jeweils verschieden voneinander und bis ins Detail durchkomponiert. In einem Nachbarbau des 19. Jh. befindet sich das hervorragende Restaurant des Hauses, in dem der Fisch nach alter venezianischer Tradition zubereitet wird (Di-Abend und Mi geschl.). DZ mit Frühstück ca. 145–250 €, Rabatt wird gewährt. ✆ 041/4265800, ℻ 4265838, Internet: www.villa-margherita.com, E-Mail: hvillam@tin.it

*** **Riviera dei Dogi**, Via Don Minzoni 33, scdhön restauriertes historisches Haus, etwas abseits der Durchgangsstraße. DZ mit Frühstück ca. 70–100 €. Fahrradvermietung benachbart. ✆ 041/424466, ℻ 424428.

** **Vecia Brenta**, Via Nazionale 403, gutes Fischrestaurant (Mi geschl.) mit Zimmervermietung, 8 Zimmer, DZ mit Frühstück ca.

65–80 €. ✆ 041/420114, 📠 5600120, E-Mail: rescossa@libero. it

**Ostello di Mira**, ca. 5 km südlich von Mira in der Località Giare, nahe der vom WWF geschützten Lagune "Valle Averto". Moderne und saubere Jugendherberge mit kleinen Schlafsälen (ca. 13 €/Pers.) und DZ (ca. 16 €/Pers.), Frühstück im Preis inbegriffen. Busstopp nach Venedig ist 20 Fußminuten entfernt. März bis Sept. ✆ 041/5679203, 📠 5676457, Internet: digilander.iol.it/ostellomiravenezia, E-Mail: ostellomira.venezia@tin.it

** **Camping Serenissima**, kleiner Platz bei Oriago, nur wenige Meter seitlich von SS 11 und Kanal. Häufige Busverbindungen nach Venedig. Details siehe unter Venedig/Übernachten, S. 146.

**Nalin**, etwas südlich außerhalb von Mira, Via Argine sinistra Novissimo 29, am Seitenarm Canale Novissimo (beschildert). Bekannte Adresse für Fisch und Meeresfrüchte. So-Abend und Mo geschl.

• *Dolo und Umgebung*: *** **Villa Ducale**, Riviera Martiri della Libertà 75, am Ortsausgang von Dolo, direkt an der Durchgangsstraße. Gediegene Villa des 19. Jh. mit herrlichem Statuenpark. Im Salon Kamin und schwere Polstermöbel, elf komfortabel eingerichtete Zimmer, teils mit Stilmöbeln. DZ mit Frühstück ca. 115–160 €. ✆/📠 041/5608020, Internet: www.villaducale.it

** **Villa Goetzen**, Via Matteotti 6, schöne, alte Villa direkt am Fluss, auf der anderen Seite allerdings von der SS 11 tangiert. Kleiner Restaurantgarten an der Flussseite. DZ mit Frühstück ca. 65–90 €. ✆ 041/5102300, 📠 412600, E-Mail: villagoetzen@libero. it

*Historische Barke vor der Villa Pisani*

### Riviera Fiorita: Erinnerung an große Zeiten

Alljährlich am zweiten Sonntag im September wird der Brenta-Kanal zwischen Malcontenta und Strà zum Schauplatz einer prächtigen Regatta, die an die längst vergangene Epoche der venezianischen Villenkultur erinnert. Zum Gedenken an das Treffen des Dogen Alvise Mocenigo mit dem französischen König Henri III., das im Jahre 1574 in der Villa dei Contarini in Mira stattfand, bewegt sich ein langer Zug von historischen Schiffen mit farbenprächtig kostümierten Ruderern langsam den dicht mit Zuschauern gesäumten Kanal entlang. Auch viele Anwohner nehmen mit ihren festlich geschmückten Booten daran teil. Ein buntes Rahmenprogramm rundet das Ereignis ab.

Provinz Venedig

# Küste östlich von Venedig

Brettflach und etwas eintönig, eine Landschaft, die in ihrer Weite und Ausprägung an Holland erinnert – Wasserläufe, grüne Wiesen, endlose Felder, sogar die typischen Zugbrücken über die "Grachten" sind hier und dort vertreten. Von den großen Pinienwäldern, die hier einst lagen, sind nur noch Reste erhalten. Lohnend: Für ausgedehnte Radtouren bietet sich die Umgebung aller Badeorte an.

▸ **Eraclea Mare:** Pluspunkt in diesem Ferienort ist der mit 50.000 Bäumen größte Pinienwald an der oberen Adria, die Hotels und Ferienwohnungen liegen z. T. direkt in der Pineta. Der Strand davor ist weitgehend mit betonierten Molen geschützt und erstreckt sich von der Mündung des Piave im Westen kilometerweit nach Osten bis *Porto Santa Margherita* bei Cáorle.

• *Information*: **IAT**, Via Marinella 5, ✆ 0421/66134, ℻ 66500, E-Mail: apt05ve@provincia.venezia.it

• *Übernachten/Essen*: *** **Park Hotel Pineta**, Via della Pineta 30. Schöne Lage im Pinienwald, Pool und Parkplatz, ca. 200 m zum Strand. DZ mit Frühstück ca. 80–100 €. ✆ 0421/66063, ℻ 66196, E-Mail: info@parkhotelpineta.com

** **Da Luigi**, in Torre di Fine, Via Dante Alighieri 25. 10 DZ mit Frühstück für ca. 50 €. Das Ristorante des Hauses ist bekannt für seine leckere Meeresküche (Mi geschl., außer Juni bis August). ✆ 0421/237407, ℻ 237447.

*** **Camping Portofelice**, Viale dei Fiori 15. Schattiges Wiesengelände, 400 m landeinwärts vom Strand. Pool, Spielplatz, Beachvolleyball. ✆ 0421/66411, ℻ 66021, Internet: www.portofelice.it, E-Mail: info@portofelice.it

## Cáorle

(ca. 12.000 Einwohner)

**Die üblichen Außenbezirke sind schnell vergessen, Cáorle ist ein wirklich schmuckes Ferienstädtchen – freundliche, bunt getünchte Häuser, breite Bummelstraßen, nette Fischerpinten. Jeder spricht Deutsch. Der Kanal aus dem Hinterland endet in einem engen Fischerhafen, ein Wald von Masten und Takelage mitten in der Stadt. Die Fischerboote kommen vormittags vom nächtlichen Fang zurück, oft wird direkt ab Boot verkauft.**

Zum Meer hin erstreckt sich ein breiter Promenierdamm, der den Ortskern gegen Wind und Wellen schützt, beiderseits vom Ort liegen lange Sandstrände: im Osten die gut 100 m breite *Spiaggia di Levante*, im weiten Bogen gekrümmt, die Sonnenschirmparade dezent vom Wasser entfernt – im Westen die *Spiaggia di Ponente*, mehrere Kilometer lang bis zur Livenza-Mündung, die mit der Autofähre überquert werden kann. Eine Alternative dazu, allerdings mit einem Umweg verbunden, bildet eine Brücke im Hinterland. Westlich der Livenza-Mündung liegt der moderne Ortsteil *Porto Santa Margherita*, mit 800 Anlegestellen einer der größten Häfen Venetiens.

• *Information*: **APT** am Kreisverkehr am Fischerhafen, Piazza Papa Giovanni. In der Hauptsaison durchgehend 8–20 h geöffnet. Reichlich Prospektmaterial, Auskünfte in deutsch. ✆ 0421/81085, ℻ 218623.

• *Übernachten*: Die Altstadt ist für die Einheimischen reserviert, fast alle Hotels reihen sich in den gesichtslosen Neubauvierteln hinter den zwei Stränden – nur über die Straße, und man ist am Meer (kostenpflichtige Badeanstalten). In "zweiter Reihe", also ohne Seeblick in den Parallelgassen zur Strandstraße, sind die Unterkünfte etwas günstiger. Am besten besorgt man sich bei der Info-Stelle Hotelliste und Stadtplan und studiert dann das Preis-Leistungs-Lage-Verhältnis. Im Sommer herrscht in praktisch allen Häusern Pensionspflicht.

*Im Fischerhafen von Cáorle*



**** **Airone**, Via Pola 1, eins der letzten Hotels im Westen, kurz vor den Campingplätzen in der Pineta. Gepflegt, mit schönem Garten, Swimmingpool, Tennis und privatem Strandabschnitt. DZ mit Frühstück ca. 100–130 €. ✆ 0421/81570, ✆ 82074.

*** **International Beach Hotel**, Viale Santa Margherita 57, aufmerksam geführtes Haus mit ausgezeichneter Küche, Pool und kostenlosem Radverleih. DZ mi Frühstück ca. 65-115 €. Tel. 0421/81112, Fax 211005, Internet: www.internationalbeachhotel.it

*** **Sara**, Piazza Veneto 6, eins der zentrumsnächsten Häuser, gleichzeitig nur wenige Meter von der Spiaggia di Levante, nett und familiär geführt. DZ mit Frühstück ca. 65–100 €. ✆ 0421/81123, ✆ 210378.

** **Alla Scogliera**, Via Madonna dell'Angelo 10, ebenfalls ganz zentrale Lage, direkt an der Straße hinter dem breiten Damm, nur ein Katzensprung zum Oststrand. DZ mit Bad 35–55 €, im Sommer Pensionspflicht. Angenehme Straßenbar. Mitte Mai – Mitte September. ✆ 0421/81171.

• *Camping*: Am Oststrand liegen drei Campingplätze, der Strand ist dort zumindest in der Nebensaison nicht mit kostenpflichtigen Liegestuhlreihen vollgestellt.

* **Sole**, in der schattigen Pineta, direkt am Meer. ✆ 0421/81908, ✆ 0434/208703.

** **Jolly**, großes Gelände nicht direkt am Meer (2 Fußminuten entfernt), dichte Pineta und Pappeln. ✆ 0421/81586.

** **Falconera**, am Ende des Oststrands, an der Einfahrt zur Lagune. Stellplätze unter Pappeln, freundliches Personal, gute Sanitäranlagen (Warmwasser gratis), Pizzeria gleich vor dem Eingang. Günstige Nebensaisonpreise. ✆ 0421/84282, ✆ 210018..

** **Santa Margherita**, der einzige Zeltplatz am Weststrand, nahe der Livenza-Mündung. ✆ 0421/81276, ✆ 81160.

**** **Centro Vacanze Pra'delle Torri**, Pluspunkt dieser großen Ferienanlage mit Hotel, Bungalows und Zeltplatz ist die großzügige Poollandschaft mit mehreren Becken, Rutsche und Whirlpool. Weiterhin gibt es Tennis, Fußball und Golf. Etwa 3,5 km ins Zentrum. ✆ 0421/299063, ✆ 299035, Internet: www.pradelletorri.it

• *Essen*: Cáorles große Fischerflotte bringt tägliche Beute in den Ort. Die Restaurants servieren Fisch und Meerestiere sowie den typischen *broeto* (Fischsuppe) mit Polenta.

**Duilio**, Strada Nuova 19 (im Hotel Diplomatic), beliebtes Fischrestaurant am Kanal, der zum Hafen führt. Hübsch zum Sitzen, ausgezeichnete Qualität und große Weinkarte. Etwas höhere Preise. Mai bis August tägl. geöffnet, sonst Mo geschl.

**All'Anguila**, Calle Falconera, wenige Schritte von der Piazza Pio X., großes, aufmerksam geführtes Restaurant, Sitzplätze im Hof und im liebevoll maritim ausgestatteten Innenraum. Gute Meeresküche – Muscheln, Krabben, Krebse u. v. m.

**Da Nappa** und **Mauro**, zwei einfache Fisch-Trattorie nebeneinander an der ruhigen Piazza San Pio X, vis-à-vis vom Dom – Polenta und Fisch, auch Pizza.

**Caorlina**, große Fischtaverne am Campo Squero (Kanalhafen), große Auswahl, schön zum Draußensitzen.

**Antica Taverna al Porto**, originelles altes Haus am Ostende der Fußgängerzone.

• *Cafés*: Zahlreiche große Eiscafés konkurrieren in der Fußgängerzone miteinander. Mal einen *sgropin* versuchen – halbflüssiges Vanille- und Zitroneneis mit einem Schuss Prosecco.

• *Shopping*: kleiner, überdachter **Fischmarkt** beim Fischerhafen am Ende vom Kanal (Kreisverkehr).

**Obst- und Gemüsemarkt** ist am Samstag.

• *Ausflüge*: Auf den Spuren Hemingways durch die **Lagunen** tuckern – täglich fahren Motorschiffe durch die Schilfkanäle hinter dem Porto di Falconera (ca. 12 €). Weiterhin gibt es tägliche Bootsfahrten ins nahe **Venedig** (ca. 22 €), zu den Inseln der **venezianischen Lagune** (ca. 26 €) sowie **Nachtfahrten** vor Cáorle (ca. 8 €). Alle Boote starten im Fischerhafen.

• *Feste*: **Cáorle vivistoria**, am dritten Sonntag im September, nachgestellt wird in historischen Kostümen die Befreiung der Dorffrauen aus Piratenhand.

**Sehenswertes:** Cáorle war einst eine der bedeutendsten Städte an der oberen Adria, erst mit der Entstehung Venedigs büßte die Stadt ihre kulturelle und wirtschaftliche Stellung ein. Und wie Venedig war auch Cáorle eine auf Pfählen errichtete Lagunenstadt. Erst Anfang des 20. Jh. wurden die Kanäle zugeschüttet und sind seitdem Fußgängergassen (im Informationsbüro ist ein Modell der früheren Stadt ausgestellt). Dass die Häuser so farbenfroh gestaltet sind – nicht unbedingt typisch für die Badeorte der Adria – geht auf Anregung eines einheimischen Kunstmalers zurück.

*Der romanische Campanile zeugt von der früheren Bedeutung Cáorles*

Zeugnis der früheren Bedeutung Cáorles ist die romanische *Kathedrale* aus dem 11. Jh. mit ihrem frei stehenden runden Glockenturm. Über dem Altar eine byzantinische Pala d'Oro, eine reich verzierte Gold- und Silberarbeit. Zweite wichtige Kirche Cáorles ist die exponiert am Westende des langen begehbaren Uferdamms stehende Chiesa *Madonna dell'Angelo*. Die benachbarte kleine Grünfläche mit dem malerischen Strandblick fungiert als beliebter Picknickplatz. Ebenfalls reizvoll: Die aufgeschütteten Felsbrocken des *Damms* wurden von jungen Künstlern zu fantastischen Skulpturen umgestaltet, bei einem Bummel trifft man auf die unterschiedlichsten Gesichter, Tierfiguren und Phantasiegestalten.

▸ **Cáorle/Umgebung:** Die weit verzweigte Lagunenlandschaft um Cáorle steht unter Naturschutz, viele Wasservögel nisten hier. Die verschilften Wasserwege, die so genannten "Valli", kann man mit Ausflugsbooten durchkreuzen – bis zur angeblichen "Hütte Hemingways", der der Lagune in seinem Roman "Across the river and into the trees" ("Über den Fluss und in die Wälder") ein Denkmal gesetzt hat (→ Ausflüge).

*Viel Luft und Platz – kilometerlange Sandstrände in Bibione*



## Bibione

(ca. 1600 Einwohner)

**Zehntausende von Bambini bauen Sandburgen und planschen im seichten Uferwasser. Bibione ist ein beliebter Familienbadeort, besitzt zwar keinerlei historischen Kern, dafür einen lang gestreckten Pinienwald und einen kilometerlangen, breiten und weißen Sandstrand.**

Bibione zieht sich weit durch die Pineta, dahinter erstecken sich große Lagunenseen. Geschäfte und Lokale werben mit deutscher und italienischer Aufschrift – vom "Friseur" bis zur "Eisdiele" und "Gaststätte" ist alles vertreten. Auch ein hochmodernes *Thermalbad* mit Fitnesszentrum und Kurbetrieb (Bade-, Schlamm- und Inhalationstherapie) gibt es (✆ 0431/441111, ℻ 441199, Internet: bibione.com/thermae). Besonders hübsch ist ein Ausflug zum Leuchtturm an der Mündung des Tagliamento.

• *Information*: Viale Aurora 101. ✆ 0431/442111, ℻ 439997.

• *Übernachten*: Am Kreisverkehr an der Ortseinfahrt liegt **ABA**, die Agentur des Hotelierverbands von Bibione, wo Zimmer vermittelt werden. Am folgenden Corso del Sole reiht sich eine Vermittlungsagentur an die andere. Hotelverzeichnisse gibt es bei **Diapason**, Corso del Sole 166, ✆ 0431/438453, ℻ 439939.

*** **San Marco**, Via delle Ortensie 2, im Ortsteil Pineda, hübscher Garten mit schattigen Bäumen und Pool. DZ ca. 60–90 €. ✆ 0431/43301, ℻ 438381.

** **Franz**, Via Alemagna 2, ebenfalls Garten mit Pool. DZ ca. 45–75 €. ✆ 0431/438195, ℻ 43518.

• *Camping*: Vier große Plätze buhlen um die Gunst der Besucher, alle liegen direkt am Strand.

**** **Internazionale**, komfortabler Platz in der Pineta, aber auch Wiesenplätze mit wenig Schatten. Großer Pool mit Rutsche, außerdem Kinderspielplatz, Disco, Kino, Tennis u. v. m. ✆ 0431/43231, ℻ 43620.

Weiter westlich folgen die Plätze *** **Il Tridente** (✆ 0431/439600) und ** **Lido** (✆ 0431/438480, ℻ 439193.).

**** **Capalonga**, großes, gut ausgestattetes Gelände am Westende der Halbinsel von Bibione, direkt an Lagune. ✆ 0431/438351.

• *Shopping*: **Markttag** ist Dienstag.

**Lignano**, der Nachbarort Bibiones, zählt zu den größten Badestädten der Adria. Er gehört bereits zur Region Friaul-Julisch Venetien und wird durch den Fluss Tagliamento von Bibione getrennt, eine große Brücke führt hinüber. Infos auf S. 213.

*Wassermühle in Portogruaro*

# Adriaküste/Hinterland

## Portogruaro

(ca. 25.000 Einwohner)

**Ruhiges historisches Städtchen im östlichen Veneto, ca. 30 km landeinwärts der Adria, schönes Ziel für einen Ausflug von einem der nahen Badeorte Cáorle, Bibione und Lignano (Friaul-Julisch Venetien).**

Ins Zentrum gelangt man durch eines der drei erhaltenen Tore der früheren Stadtbefestigung – *Porta San Gottardo*, *Porta San Giovanni* und *Porta Sant'Agnese*. Der sympathische Altstadtkern gruppiert sich um die beiden arkadengesäumten Hauptstraßen Via del Seminario und Corso Martiri della Libertà mit zahlreichen Palazzi aus Mittelalter und Renaissance. An der Piazza della Repubblica steht der gotische *Palazzo Municipale* mit Schwalbenschwanz-Zinnen und Außentreppe, daneben der mächtige *Dom* mit beachtlich schiefem Glockenturm. Wenige Schritte hinter dem Dom ein besonders malerisches Fleckchen am Flüsschen Lémene, das in mehreren Armen die Stadt durchzieht: eine Loggia mit winziger Fischerkapelle und zwei alte Mühlen unter prächtigen Trauerweiden. Einen Besuch wert ist das liebevoll gestaltete *Museo Archeologico Nazionale Concordiese* in der Via del Seminario 22 mit Funden aus der nahen Römerstadt Concordia Sagittaria.

*Öffnungszeiten/Preise*: **Museo Archeologico Nazionale Concordiese** – tägl. 9–20 h, Eintritt ca. 2,10 €, unter 18 und über 65 J. frei.

• *Information*: Corso Martiri della Libertà 19, Mo–Fr 8–14, Mo und Mi außerdem 14.30–17.30 h. ✆ 0421/73558, ℻ 72235.

• *Übernachten*: *** **Antico Spessotto**, Via Roma 2/Ecke Via Garibaldi, zentrale Lage wenige Schritte vom Dom. Liebevoll gepflegtes Haus im venezianischen Jugendstil, bereits vor fast hundert Jahre eröffnet. Zimmer mit TV und Mini-Bar, gutes Restaurant (Mo geschl.) und Parkplatz. DZ ca. 65 €, Frühstück extra. ✆ 0421/71040, ℻ 71053.

* **Querin**, Via del Seminaro 37, einfache Zimmer über einer Trattoria.

• *Essen*: **All'Ombra della Torre**, kleine, mit viel Holz eingerichtete Trattoria "im Schatten" der Porta San Giovanni, hinten hinaus winzige Terrasse zu einem Kanal. Spezialisiert auf Nudelgerichte.

**Osteria al Campanile**, hübsche Osteria/Bar hinter dem Dom, einige Plätze auch im Freien. Mo geschl.

**Valentino**, Via Cavour 41, familiär geführte Trattoria in der Nähe der Porta Sant'Agnese. Mi und im Juni geschl.

▶ **Concordia Sagittaria:** 2,5 km südlich von Portogruaro, ehemaliger römischer Militärstützpunkt an der Kreuzung zweier Heerstraßen, im 3. Jh. n. Chr. Standort einer großen Pfeilfabrik, der es seinen Namen (Pfeil = "sagittaria") verdankt. Heute ein offen und luftig gebautes Landstädtchen mit zahlreichen archäologischen Fundstellen.

An einem weiten, offenen Platz im Zentrum steht die *Kathedrale* aus dem 15. Jh., im Inneren sind Säulenkapitelle, Skulpturen und Sarkophage aus römischer Zeit ausgestellt. Das benachbarte romanische *Baptisterium* in Form eines griechischen Kreuzes ist mit mittelalterlichen Fresken ausgemalt. Besonders sehenswert ist aber unter der Piazza die großflächige Ausgrabung der frühchristlichen *Basilica Apostolorum* aus dem 4. Jh., als das Städtchen Bischofssitz war.

An der Straße nach Santo Giusto (westliche Ausfallstraße) Reste einer römischen *Flussbrücke* aus dem 2. Jh. n. Chr.

*Öffnungszeiten/Preise*: **Basilica Apostolorum** – tägl. 9–19 h, Eintritt frei.

In Sesto al Reghena, 10 km nördlich von Portogruaro, steht die ehemalige Benediktinerabtei **Santa Maria in Sylvis**. Informationen dazu unter Friaul/Provinz Pordenone, S. 199.



# Provinz Rovigo

**Das Polésine, der Landstrich zwischen Etsch und Po, ist der südlichste Teil des Veneto: Halb Land, halb Meer, ist das Gebiet von zahlreichen Kanälen durchzogen. Immer wieder musste man hier gegen Überschwemmungen ankämpfen, oft waren weite Teile überflutet. Mit Dämmen und raffinierten Schleusensystemen haben bereits die Römer versucht, den Lauf des Po zu regulieren und das Land urbar zu machen.**

Nahe Chioggia (→ Provinz Venedig) münden die Flüsse Brenta und Etsch in die Adria. An den kilometerlangen Sandstränden südlich davon hat der Pauschaltourismus seine viel besuchten Nischen, hauptsächlich Familien fühlen sich hier wohl. Ein besonders reizvolles Ziel ist die große *Isola Albarella*. Das südlich sich anschließende *Podelta* wird dagegen von Badegästen kaum besucht. Es gehört zu den eigentümlichsten Landschaften im Veneto und eignet sich hervorragend für stille Touren abseits vom Touristenstrom. Doch auch einen Ausflug in die schöne Renaissancestadt *Ferrara* sollte man sich nicht entgehen lassen.

| | |
|---|---|
| Rovigo | S. 192 |
| Adria | S. 193 |
| Küste und Isola Albarella | S. 193 |
| Podelta | S. 194 |
| Emilia-Romagna | S. 197 |


# Rovigo

(ca. 51.000 Einwohner)

**Die Hauptstadt des Polésine gehört nicht zu den attraktivsten Städten des Veneto. Historisches Ambiente konnte lediglich im unmittelbaren Zentrum um die Piazza Vittorio Emanuele und die Piazza Garibaldi bewahrt werden.**

An der Piazza Vittorio Emanuele mit dem *Palazzo Pubblico* bildet die hohe venezianische Löwensäule einen markanten Blickfang, an der anderen Platzseite steht ein Uhrturm aus dem 18. Jh. Die *Pinacoteca dei Concordi* am gleichen Platz besitzt zahlreiche Werke venetischer Künster, u. a. von Giovanni Bellini, Tiepolo, Palma Vecchio und Palma Giovane, Mabuse und Giambattista Piazzetta. An der nahen *Piazza Matteotti* erheben sich noch zwei Türme einer mittelalterlichen Burg, auch ein altes Stadttor, die *Porta Bortolo*, ist an der Piazza Roma erhalten. Von den Kirchen lohnt an der Piazza XX Settembre die achteckige *Beata Vergine del Soccorso*, auch Rotonda genannt, mit ihrem hohen Campanile einen Blick. Im opulent geschmückten Inneren des Barockbaus hängen zahlreiche Gemälde des 17. Jh.

*Öffnungszeiten/Preise*: **Pinacoteca dei Concordi** – Mo–Fr 9.30–12, 15.30–18.30 h, Sa 10–12 h, So geschl., ca. 2,60 €.

• *Information*: Via Dunant 10, Seitengasse der Durchgangsstraße Corso del Popolo. Mo–Sa 9–12.30, Di u. Do auch 15–17.30 h. ☏ 0425/361481, ℻ 30416.

• *Übernachten/Essen*: *** **Granatiere**, Corso del Popolo 235, zentral gelegenes 20-Zimmer-Haus, DZ ca. 60–80 € DM, Frühstück extra. ☏ 0425/22301, ℻ 29388.

* **Cauccio**, Viale Oroboni 50, nettes und preiswertes Restaurant (Mo geschl.) mit Zimmervermietung. DZ ca. 50–60 €. ☏ 0425/31639.

▸ **Villa Badoer**: Palladio-Villa in *Fratta Polésine*, etwa 17 km westlich von Rovigo, erbaut um 1560. Das Herrenhaus besitzt einen mächtigen Eingangsbereich mit ionischen Säulen, zu dem eine breite Freitreppe hinaufführt. Flankiert ist es von zwei eleganten bogenförmigen Kolonnaden, in denen die Räume für Personal und Vieh untergebracht waren. Im Inneren schöne Groteskenmalereien von Giallo Fiorentino.

*Öffnungszeiten/Preise*: Sommer Di–So 10–12, 15–19 h, Winter 9–12, 14–17 h, Mo geschl., Eintritt ca. 5,20 €.

▸ **Abbazia di Vangadizza**: Ruinen eines mittelalterlichen Klosters mit schief stehendem Glockenturm, Marienkapelle und Kreuzgang in *Badia Polésine*, etwa 25 km westlich von Rovigo.

*Öffnungszeiten/Preise*: wegen Besichtigung an den Custode wenden, Eintritt frei.

• *Übernachten*: **** **Le Magnolie**, Via delle Zuccherificio, Leserempfehlung für dieses elegante und sehr ruhig gelegene Hotel in einem Park mit kleinem See, auf dem Schwäne und Enten schwimmen. DZ ca. 65–95 €, Frühstück extra. ☏ 0425/51666.

### Erholung pur: die Isola Albarella

Die 500 ha große, 4 km lange und 1,5 km breite "Ferieninsel" ist durch einen Damm mit dem Festland verbunden. Hier sind die Gäste ganz unter sich, außer Hotels und Ferienhausanlagen gibt es keinerlei Bebauung, dafür ausgedehnte Grünzonen mit viel Wald und zahlreichen Wasserarmen. Albarella steht unter Naturschutz, nur Autorisierte dürfen das Auto benutzen. Man fährt Rad und lässt sich in der kleinen Inselbahn herumkutschieren. Ein langer, flacher Sandstrand schließt die Insel zum Meer hin ab. In der Hauptsaison großes Sportangebot, mehrere Schwimmbäder, Disco, Kino, Kinderspielplätze, Restaurants – alles da.

▸ **Adria**: Das kleine Städtchen, von der die gesamte Ostküste Italiens ihren Namen hat, lag einst direkt am Meer. Doch in den letzten paar hundert Jahren ist das Delta des Po mehr als 25 km ins Meer vorgedrungen, und so dümpelt Adria – erbaut auf den Ruinen der etruskischen Stadt Hátria – heute etwas schläfrig ein ganzes Stück landeinwärts.

Die Altstadt liegt am schiffbaren *Canale Bianco*, der von einer hübschen Fußgänger- und Radfahrerbrücke überquert wird. Nördlich vom Kanal steht die große Backsteinkirche *Santa Maria Assunta* aus dem 18. Jh. mit frei stehendem Glockenturm. Am Piazzale degli Etruschi kann man ein *Archäologisches Museum* mit etruskischen und römischen Funden der Region besuchen. Unterm Strich: nichts Spektakuläres, lohnt aber für einen entspannenden Stopp.

*Öffnungszeiten/Preise*: **Museo Archeologico** – Mo–Sa 9–19, So 14–19 h, Eintritt ca. 2,10 €.

• *ÜbernachtenEssen*: *** **Molteni**, Via Ruzzina 4, gemütliches Albergo in ruhiger Seitengasse direkt am Kanal. Mit Parkmöglichkeit und ordentlichem Restaurant. DZ ca. 45–70 €, Frühstück extra. ☏/℻ 0426/42520.
**Al Naviglio**, Via Leonardo da Vinci 33, netter Familienbetrieb mit ordentlicher Meeresküche. Sa geschl.

Provinz Rovigo

## Küste südlich der Etschmündung

Ein 9 km langer Sandstrand zieht sich bis zur Insel Albarella am Nordrand des Podeltas, dahinter erstreckt sich eine ausgedehnte Lagunenlandschaft, umgeben von einem dichten Piniengürtel. Dieser Küstenstrich ist ein bevorzugtes Ziel für Pauschalurlauber. Unterkunft findet man im großen Feriendorf *Rosolina Mare*, in der Bungalowsiedlung *Rosapineta* oder auf der *Isola Albarella* selber, Aufenthalte sind zu buchen über alle großen Reiseveranstalter.

Am Ende der Landzunge südlich von Rosolina Mare liegt bei Porto Caleri der reizvolle *Giardino Botanico Litoraneo* mit der typischen Lagunenflora.

*Öffnungszeiten/Preise*: **Giardino Botanico Litoraneo** – April bis September Di, Do und So 10–13, 16–19 h.

• *Information*: **IAT** in Rosolina Mare, Via dei Ligustri 3, ☏ 0426/68012, ℻ 664543.

• *Übernachten*: Neben einem Dutzend Hotels der Kategorien * bis *** gibt es mehrere große Campingplätze, z. B. in Rosolina Mare **La Margherita** (☏/℻ 0426/68212) und **Vittoria** (☏ 0426/68128), bei Rosapineta den Platz **Rosapineta** (☏ 0426/68033, ℻ 68105).

• *Fahrradverleih*: in Rosolina Mare **Giuseppe Crivellari**, Strada Sud 218, ☏ 0426/68462, und **Gabriella Pozzato**, Via dei Ginepri 9.

*Fischerboote im Delta*

# Nördliches Podelta

**Das weite Mündungsgebiet des größten italienischen Flusses, der sich hier in mehrere Arme spaltet, ist eine stille und eigentümliche Landschaft, die den Abstecher sehr lohnt. Schmale Straßen, immer dicht an Wasserläufen und auf Deichen, riesige Reisfelder, üppige Wiesen und Schilf, bewaldete Flussinseln, einsame Bauernhäuser – die Szenerie erinnert an Flandern. Eigenes Fahrzeug ist Voraussetzung. Dass es sich um Italiens dreckigsten Fluss handelt, ist auf den ersten Blick nicht zu erkennen – eine Rundfahrt macht Spaß, Baden muss ja nicht sein. Nach dem Krieg hat man das Wasser des Po übrigens noch problemlos trinken können ...**

Das Delta des Po gehört zu den größten Feuchtgebieten Italiens, fast 400 Arten von Wasservögeln haben in dem gewaltigen Biotop ihre Nistplätze, darunter auch Fischadler. Seit Ende der Achtziger steht ein Großteil der endlosen Schilflandschaft als *Parco Nazionale del Delta del Po* (www.parks.it) unter Naturschutz, auch die Bebauung außerhalb der Ortschaften ist weitgehend verboten. Ein Rest des Waldes, der einst weite Teile des Deltas bedeckte, ist im Süden erhalten (→ Kasten, S. 197).

Die harte Wirklichkeit des Lebens im Delta bleibt flüchtigen Besuchern meist verborgen: Erst in den vierziger Jahren ging man daran, die weiten Lagunen und Sumpfzonen systematisch urbar zu machen. Über zwanzig Jahre arbeiteten die Deltabewohner daran, die Anbauzonen zu vergrößern – immer wieder aufs neue wurden Gräben gezogen, musste Wasser abgepumpt werden. Einen schweren Rückschlag gab es in den fünfziger und sechziger Jahren. Damals bohrte die Indus-

trie nach Methan, das Delta sank um 2,5 m! Dämme brachen, zahllose Felder und Ländereien wurden überflutet, viele Familien mussten aufgeben und wegziehen. Heute wird vor allem Reis angebaut, aber auch Weizen, Zuckerrüben, Gerste, Soja und verschiedene Gemüse. Seit Jahrhunderten funktioniert hier das Prinzip des Tagelohns – Großgrundbesitzer geben den Arbeitssuchenden im Delta Saisonarbeit zur Pflanzzeit und zur Ernte (meist März bis Mai und September bis Weihnachten), den Rest des Jahres müssen sich diese nach anderen Beschäftigungen umsehen. Die Fischer haben sich zu Kooperativen zusammengeschlossen, hauptsächlich Aal wird hier gefangen, etwa 50 bis 60 Tonnen jährlich. Auch die *grisoleri* genannten Schilfsammler sind im Delta noch aktiv, die traditionellen Schilfhütten namens *casoni* sind bis auf museale Relikte jedoch weitgehend verschwunden.
Für einen Badeaufenthalt ist das Podelta nicht geeignet, denn das Meerwasser ist mit Schwermetallen belastet. Mit modernen Kläranlagen kann man zwar die Abwässer der Badeorte reinigen – gegen die Gifte, die der Po aus dem Hinterland heranschwemmt, ist man aber bisher machtlos. Trotzdem mausert sich mittlerweile der Fremdenverkehr – bei Porto Barricata am Flussarm Po delle Tolle wurde ein komfortabler Campingplatz errichtet, der sich als Standort für ausgedehnte Delta-Touren zu Fuß oder mit dem Rad anbietet.

### Der Po: Italiens dreckigster Fluss

Italien als der größte Industriestaat am Mittelmeer hat schwerste Probleme mit der Reinhaltung des Wassers. Vor allem der Po, in dessen Einzugsgebiet 16 Millionen Menschen leben, schwemmt tonnenweise Gift und Schwermetalle ungeklärt ins Meer – Abwässer aus den großen Industriestädten der Poebene (vor allem Turin und Mailand) und Düngemittel aus der Landwirtschaft, dazu kommt die Belastung durch die großflächige Schweinezucht für den Parmaschinken. In nackten Zahlen sind das jährlich etwa 234 Tonnen Arsen, 65 Tonnen Quecksilber, 89 Tonnen Nickel, 75 Tonnen Phenole, 20.000 Tonnen Phosphor, 82.000 Tonnen Stickstoff und 64.000 Tonnen Kohlenwasserstoffe. Die sichtbaren Folgen vor der Küste: Übermäßiger Algenwuchs (der Stickstoff aus den Phosphaten mobilisiert die Zellteilung) und fehlender Sauerstoff – die Fische sterben. Zwar sind inzwischen aus Angst um ausbleibende Touristen und auf Grund internationaler Vereinbarungen an der Adriaküste zahlreiche Kläranlagen in Betrieb, jedoch nützen diese nicht viel, solange Turin und Mailand ihren Dreck ungeklärt in den Po einleiten.

▶ **Tagestour durch Podelta und Hinterland**: Wir starten in *Rovigo* und fahren über *Adria*, *Loreo* und *Donada* zur "Strada Romea" (SS 309 Venedig-Ravenna), die wir überqueren und in Richtung *Porto Levante* weiterfahren, das im nördlichen Bereich des Deltas direkt am Meer liegt. Von dort geht es auf reizvoller, schmaler Straße am Meer und an Deichen entlang nach Süden bis *Ca'Venier* am Hauptarm des Po. Hier kann man alle halbe Stunde mit dem Traghetto nach *Porto Tolle* übersetzten. Jetzt fährt man wieder westwärts über *Ca'Vendramin* nach *Taglio di Po*, wo die Venezianer 1604 durch ein aufwendiges Schleusensystem den Lauf des Po nach Süden umgelenkt haben. Weiter oben auf dem Deichweg mit Panoramablicken bis *Corbola*, dort über die Pobrücke auf die nördliche Flussseite und nach *Bellomba* abbiegen. Über *Crespino*, *Polesella* und *Occiobello* immer am Po entlang, bei *Stienta* biegt man ab nach *Badia Polésine*, kann das dortige Kloster besichtigen (→ oben) und nach *Rovigo* zurückkehren.

In Ariano nel Polésine, 10 km südlich von Corbola, zeigt das **Centro Turistico Culturale San Basilio** archäologisches und dokumentarisches Material zur Geschichte des Deltas (Juni bis September Mi–Mo 9.30–12.30, 15.30–18.30 h, sonst nur an Sonn- und Feiertagen 14–18 h).

▸ **Rundtour auf der Isola della Donzella im Podelta:** Bei *Taglio del Po* von der SS 309 nach *Porto Tolle* abzweigen, dem Hauptort im Podelta. Weiter über *Tolle* und *Scardovari* am Po delle Tolle entlang bis *Porto Barricata* am Südende der Halbinsel – hier liegt der oben erwähnte nagelneue Campingplatz (→ Übernachten). Seitlich der Straße verläuft etwas erhöht ein Damm, dahinter liegt ein großer, einsamer Jachthafen. Eine echte Rarität ist hier die originelle Schwenkbrücke, die noch von einem Brückenwächter für Motorboote geöffnet wird. Auf der anderen Seite der Brücke das offene Meer und die lange *Spiaggia Barricata* mit feinem, grauem Sand und niedrigen, bewachsenen Dünen.

Weiter führt die Straße in Richtung Westen auf einem Deich um die Meeresbucht *Sacca degli Scardovari* herum – eine Wattlandschaft wie in Norddeutschland und eine Domäne der Fischer, die hier in einfachen Verschlägen mit Wellblechdächern hausen und überall Holzgestelle ins niedrige Wasser gesetzt haben, an denen sie Muscheln und Krabben züchten. Weltferne Atmosphäre mit schönen Fotomotiven. Zurück nach Porto Tolle über Donzella oder bei Santa Giulia den Flussarm überqueren und auf der Westseite des Flusses nach Ca'Vendramin, von dort nach Porto Tolle.

• *Information*: **Pro Loco** in **Porto Tolle** an der Durchgangsstraße (nördliche Straßenseite), Largo Europa 2. Di–Fr 9.30–12.30 h, Sa 9–13, 15–18 h, So 9–13 h. ✆ 0426/81150, ℻ 380584.

**Internet**: www.hatria.it/proloco/prolocpt.html

• *Übernachten*: * **Klaus**, Viale G. di Vittorio 52, Porto Tolle, DZ mit Klimanlage und TV ca. 45–62 €. Mit Ristorante/Bar. ✆ 0426/81018.

* **Italia**, Via G. Matteotti 471, in Porto Tolle, östlicher Ortsausgang. DZ ca. 35–45 €. Mit Trattoria. ✆ 0426/81003.

* **Al Cacciatore**, in Scardovari, Via Roma 74, DZ ca. 40 €. ✆ 0426/89000.

**Rifugio Parco Delta del Po**, Jugendherberge in der Località Gorino Sullam 43 (Taglio del Po), 54 Betten in 9 Zimmern. ✆ 0426/88254.

**** **Camping Barricata Beach**, moderne, großzügig konzipierte Anlage bei Porto Barricata am Ausfluss des Po delle Tolle. Brettflaches Wiesengelände mit noch jungen Bäumchen, bisher wenig Schatten, hauptsächlich Wohnmobile sieht man hier. Mit Restaurant, Bar, Pool für Erwachsene und Kinder, Spielplatz, Waschmaschine, Fahrradverleih, Tanzfläche (nur Hochsommer). Zahlreiche Bungalows mit Reihenhauscharakter stehen zur Vermietung. ✆/℻ 0426/389270.

• *Essen*: **Da Brodon**, alteingesessener Familienbetrieb in der Località Ca'Dolfin, ca. 9 km östlich von Porto Tolle. Serviert werden diverse Risotti, *anguille di Scardovari* (Aal), Fisch und Krustentiere aus dem Delta. Etwas höhere Preise. Mo geschl.

**Giusy**, Trattoria bei Donzella, Via Gramsci 2, geboten ist z. B. *pesce con polenta*. Do geschl.

• *Unternehmungen*: **Bootsfahrten** durch Teile des Naturparks bietet Marino Cacciatori, Via G. Matteotti 304, Porto Tolle, ✆/℻ 0426/380314, E-Mail: cacciatori@deltapocard.it

**Fahrräder** verleihen in Porto Tolle Vittorio Cacciatori, Via Bologna 1, ✆ 0426/82501, und Mountain Bike Tour, Via delle Industrie 21, ✆ 0426/380349.

## Ausflug in die Emilia-Romagna

Der Südteil des Deltas gehört bereits zur Region Emilia-Romagna, die Grenze überschreitet man bei Mesola. Schöne Fahrt auf der Strada Romea (SS 309) zwischen Küstenpineta, Kanälen und großen Lagunenseen.
Seit Ende der Achtziger steht ein Großteil der endlosen Feuchtgebiete unter Naturschutz, Teile des Naturparks können besichtigt werden, z. B. bei **Bosco Mesola** ein bescheidener Rest des riesigen Waldes, der einst das ganze Delta bedeckte. Zahlreiche Wildtiere – darunter der seltene "cervo delle dune" (Dünenhirsch) und viele Wasservögel – haben hier ein letztes Refugium. Besichtigung nur Sa/So und an Feiertagen 8–18 h, ausschließlich zu Fuß oder per Fahrrad (Verleih am Eingang, ca. 2,60 €/Std.).
Hauptort des Gebiets ist das Bilderbuchstädtchen **Comacchio** am Rand der Valli di Comacchio, des größten Lagunensees Italiens. Der ehemalige Küstenort liegt heute mehrere Kilometer landeinwärts und ist wie Venedig, Chioggia und Cáorle auf Inseln erbaut, malerische Kanäle durchziehen das Zentrum. Vielbestaunt wird immer wieder "Trepponti", eine elegante Treppenkonstruktion am Zusammenfluß dreier Kanäle (wenige Meter von der Durchgangsstraße). Im *Palazzo Bellini* sind Funde aus einem römischen Schiffswrack ausgestellt, das erst vor wenigen Jahren im Lagunensee gefunden wurde. Das Wrack selber kann im *Museo Nave Romana* nebenan besichtigt werden (Öffnungszeiten: Di–So 10-13, 15–19 h, Mo geschl., Eintritt ca. 4,20 €, über 65 und Stud. bis 25 die Hälfte).
Größte Sehenswürdigkeit im südlichen Delta ist aber die **Abbazia di Pomposa**. Die Klosterkirche ist vollständig mit bunten Fresken der Bologneser Schule des 14. Jh. ausgemalt, der Boden besteht fast vollständig aus Mosaiken (tägl. 9–18 h, Eintritt ca. 4,20 €).
Schließlich sollte man sich auch einen Ausflug ins nahe **Ferrara** nicht entgehen lassen, das die mächtige Familie der Este zu einem der wichtigsten Renaissance-Zentren Italiens ausbaute, zeitweise war es gleichbedeutend mit Florenz, Mailand und Venedig. Auf Spuren des ehemaligen Reichtums trifft man heute auf Schritt und Tritt: Mitten im Zentrum dominiert das riesige Kastell der Este, wenige Schritte entfernt erhebt sich der monumentale Dom, eine 9 km lange, fast vollständig erhaltene Mauer umgibt die Altstadt. Schon seit dem 13. Jh. begannen die Este, das Stadtbild zu prägen, und Ende des 15. Jh. vergrößerte Ercole I d'Este Ferrara fast um das Doppelte. Mit langen, schnurgeraden Straßen und großzügigen Palazzi ließ er nördlich vom Zentrum einen geschlossenen Renaissancekomplex errichten, der für seine Zeit revolutionär war. Im reizvollen Gegensatz dazu stehen heute die eng gekrümmten Pflastergassen des mittelalterlichen Viertels im Südosten des "centro storico". Ferrara ist von Rovigo auf der Autobahn A 13 und von Comacchio auf einer autobahnähnlichen Schnellstraße (gebührenfrei) schnell zu erreichen.

• *Übernachten*: in Comacchio * **Tre Ponti**, Via Marconi 3, modernes Albergo an der Durchgangsstraße, DZ mit Etagendusche ca. 43 €, kein Frühstück. ✆/℻ 0533/312766; in Ferrara ** **San Paolo**, Via Baluardi 13, modern eingerichtetes Albergo am Südrand des Centro Storico, vis à vis der Stadtmauer. Zimmer mit Teppichboden und TV, gute Bäder, sehr sauber. DZ ca. 58-75 €, kein Frühstück. ✆/℻ 0532/762040, ℻ 768333, Internet: hotelsanpaolo.it

*Im Frühjahr blüht überall der Klatschmohn*

# Provinz Pordenone

| | |
|---|---|
| Pordenone | S. 198 |
| Sacile | S. 199 |
| Sesto al Reghena | S. 199 |
| Spilimbergo | S. 199 |
| Grotten von Pradis | S. 200 |


**Die Westprovinz des Friaul, deren Ostgrenze der Fluss Tagliamento bildet, wird touristisch meist links bzw. nördlich liegen gelassen, zumal sie keinen Zugang zum Meer besitzt.**

Doch zumindest das autobahnnahe *Pordenone* ist mit seinen schönen venezianischen Palazzi allemal einen Bummel wert. Und die in Sesto al Reghena gelegene Abtei *Santa Maria in Sylvis* sollte man auf jeden Fall besuchen, zumal es eine Autobahnausfahrt ganz in der Nähe gibt.

## Pordenone (50.000 Einwohner)

**Die Industriestadt am Noncello ist Stammsitz des bekannten Haushaltsgeräteherstellers Zanussi, dessen Elektroherde und Kühlschränke in vielen Einbauküchen zu finden sind. Die Altstadt ist recht hübsch und besitzt einige ansehnliche Baudenkmäler, die venezianischen Einfluss verraten.**

Der arkadengesäumte Corso Vittorio Emanuele führt, flankiert von zahlreichen Palästen aus Mittelalter und Renaissance, quer durchs Zentrum. Eins der schönsten Gebäude ist der prächtige *Palazzo Gregoris*, unweit vom Informationsbüro. Das

Südende des Corso markiert der elegante gotische *Palazzo Comunale* mit spitzbogiger Loggia, zwei kleinen seitlichen Campanilen und vorgebautem Uhrturm, auf dessen Dach wie am Markusplatz in Venedig zwei Mohren die Glocke schlagen. Gegenüber steht der spätgotische Dom *San Marco* mit einem hohen romanisch-gotischen Campanile. Am ersten Seitenaltar rechts das Gemälde "Madonna della Misericordia" des einheimischen Malers Giovanni Antonio de' Sacchis (1483–1539), genannt "Il Pordenone". Auch das unvollendete Bild hinter dem Altar stammt von ihm, ebenso einige der Fresken an den Vierungspfeilern, von denen das Porträt des Heiligen mit der Lanze ein Selbstbildnis des Malers sein soll. Das *Museo Civico* im benachbarten Palazzo Ricchieri besitzt eine große Sammlung von Gemälden, darunter weitere Werke von Pordenone, sowie Skulpturen und Holzschnitzarbeiten. Am nahen Fluss Noncello erstrecken sich schattige, grüne Rasenflächen.

*Öffnungszeiten/Preise*: **Museo Civico** – Di–Fr 9.30–12.30, 15–18 h; Eintritt ca. 2,10 €.

• *Information*: **APT** am Corso Vittorio Emanuele 38. Mai bis Sept. Mo–Fr 9–13, 15–18 h, Okt. bis April 9–13, 15–17 h. ✆ 0434/21912, ℻ 523814.

• *Übernachten*: **** **Villa Ottoboni**, Piazzetta Ottoboni 2, großes, elegantes Haus mit Garage. DZ mit Frühstück ca. 75–110 €. ✆ 0434/208891, ℻ 208148.

*** **Park Hotel**, Via Mazzini 43, zwischen Bahnhof und Corso Vittorio Emanuele. DZ ca. 75–110 €. ✆ 0434/27901, ℻ 522353, E-Mail: parkhotel.pn@tin.it

** **Montereale**, Via Montereale 18, nördlich v. Zentrum. DZ ca. 45–65 €. ✆/℻ 0434/551011.

• *Essen*: **La Vecchia Osteria del Moro**, Via Castello 2, schönes altes Lokal in einem ehemaligen Kloster, serviert werden hervorragende Weine und typische friaulische Gerichte mit Anleihen bei anderen Regionen. Menü um die 25–30 €. So geschl.

**Da Zelina**, Piazzetta San Marco 13, in einem der ältesten Häuser hinter dem Palazzo Comunale, gute Adresse für Fisch und Pizza. Sa-Mittags und Mo geschl.

**Caffè Municipio**, Corso Vittorio Emanuele 56, das erste Café am Platz.

▶ **Sacile**: zwischen Pordenone und Vittorio Veneto, hübsches Städtchen mit historischem Kern am Fluss Livenza, bekannt für die *Sagra dei Osei*, einen großen *Vogelmarkt* am letzten Sonntag im August.

▶ **Sesto al Reghena**: in diesem kleinen Örtchen südlich von Pordenone steht die eindrucksvolle ehemalige Benediktinerabtei *Santa Maria in Sylvis*, gegründet von den Langobarden im 8. Jh. Die wehrhafte Anlage mit ihrem schönen weiten Hof und dem dahinterliegenden ruhigen Park war einst von einer Mauer umgeben, erhalten ist davon nur noch der Torturm samt Graben. Bevor man die Kirche betritt, durchquert man eine ungewöhnlich tiefe Vorhalle mit einigen Fresken, in der Architekturfragmente und Gemälde ausgestellt sind. Die romanische Kirche selbst ist vollständig mit Fresken ausgemalt, bemerkenswert ist "Christus am Baum des Lebens" im südlichen Querschiff. In der Krypta unter dem erhöhten Chor steht der mit Reliefschnitzereien verzierte Marmorsarkophag der heiligen Anastasia.

*Öffnungszeiten*: **Santa Maria in Sylvis** – tägl. 8–19 h (im Sommer 12–14.30 h geschl.), Eintritt frei.

▶ **Spilimbergo**: Das kleine Städtchen auf einer Terrasse oberhalb des Tagliamento-Tals wurde durch die beiden Erdbeben von 1976 schwer mitgenommen (→ S. 204). Stark zerstört wurde dabei auch das Kastell, das lange dem Kärntner Adelsgeschlecht Spengemberch gehörte, woraus sich der Stadtname ableitet. Lediglich der *Palazzo Dipinto* mit seinen farbenfrohen Fassadenfresken aus dem 15. Jh. blieb unversehrt. Der benachbarte gotische Dom *Santa Maria Maggiore* besitzt mit der *Porta Moresca* ein besonders schön gestaltetes Reliefportal. Im Inneren sind Fresken des 14. und 15. Jh. erhalten, besonders bemerkenswert sind die von Pordenone bemalten Orgelflügel.

▸ **Grotten von Pradis**: Höhlensystem mit bizarren Auswaschungen und Tropfsteinen im Kalkmassiv einer engen Wildbachschlucht bei *Clauzetto*, nördlich von Spilimbergo. Besichtigung im Juli/August täglich, sonst nur sonntags bei gutem Wetter (✆ 0427/80329), in einer der Grotten ist eine Imbissbar untergebracht (nur im Sommer geöffnet).

# Provinz Udine

**Die größte Provinz des Friaul ist auch touristisch die Nummer Eins, denn hier liegt mit Lignano das größte Seebad der Region. Aber auch im Hinterland findet man einige interessante Ziele.**

Udine ist ein guter Ausgangspunkt für verschiedene Ausflüge: Reizvoll ist zunächst sicher ein Abstecher ins nahe Weinstädtchen *Cividale del Friuli* – oder man fährt nach *San Daniele del Friuli*, dessen Schinken dem Konkurrenzprodukt aus Parma versucht den Rang abzulaufen. Das sympathische Lagunenstädtchen *Marano Lagunare* besitzt einen kleinen Naturpark, kultureller Höhepunkt ist *Aquileia* mit dem größten frühchristlichen Mosaikboden Europas. Die nahe Badestadt *Grado* schließlich ist im Friaul das wohl sympathischste Ziel für Badegäste. Streng genommen gehört sie zwar bereits zur Provinz Gorizia, doch um nicht unnötig blättern zu lassen, haben wir sie im geografischen Kontext bei Aquileia belassen.


| | |
|---|---|
| Udine | S. 200 |
| Villa Manin | S. 205 |
| San Daniele del Friuli | S. 205 |
| Gemona | S. 207 |
| Venzone | S. 207 |
| Colli Orientali del Friuli und Cividale del Friuli | S. 207 |
| Palmanova | S. 211 |
| Marano Lagunare | S. 214 |
| Aquileia | S. 215 |
| Grado | S. 218 |

# Udine

(ca. 96.000 Einwohner)

**Angenehme Stadt mit wenig Hektik und vielen Fahrradfahrern, guter Stopover auf dem Weg zur oberen Adria. Dank ihrer Vergangenheit als Sitz des Patriarchen von Aquileia findet man im Zentrum einige bedeutende Bauten der Gotik und Renaissance – im Inneren oft geschmückt mit den typischen Rokokogemälden und -fresken des Venezianers Tiepolo (1696–1770).**

Heute ist Udine eine sichtlich wohlhabende Stadt, in der Alt und Neu eine gelungene Mischung eingehen. Moderne Geschäfte und Boutiquen laden in der verkehrsberuhigten Innenstadt zum Bummeln ein, mit Nachlassen der Tageshitze trifft man sich an der altertümlichen Piazza Matteotti (tagsüber Markt) oder bummelt über die Piazza Libertà mit den altehrwürdigen Repräsentationsbauten. Besonders

*Bummel über den Marktplatz von Udine*

hübsch: Einige stattliche Kanäle durchkreuzen die Stadt. Hier zu sitzen und an schwülen Sommerabenden ein Gläschen Wein, *tajut* genannt, zu genießen, ist eine der Lieblingsbeschäftigungen der Udineser.

## Anfahrt/Verbindungen/Information

• *Anfahrt/Verbindungen*: **PKW**, Udine liegt an der Autobahn A 23 von Villach nach Triest bzw. Venedig. Aus Westen kommend, schnelle Fahrt über Pordenone und durch die Ebene des Tagliamento-Flusses. Parken ist kein größeres Problem, auf blaue "P"-Schilder achten; ein großer Gratis-Parkplatz liegt an der großen Piazza Primo Maggio, hinter dem Castello.

**Bahn**, häufige Verbindungen nach Venedig und Triest, der Bahnhof liegt südlich vom Zentrum, die Via Roma führt geradeaus in die Altstadt.

**Bus**, Busstation rechts vom Bahnhof (wenn man rauskommt), Viale Europa Unità.

• *Information*: **APT**, Piazza Primo Maggio 7, großer freier Platz hinter dem Castello. Gute Stadtpläne. Mo–Sa 9–13, 15–18 h, So geschl. ✆ 0432/295972, ℻ 504743.

## Übernachten/Essen (Karte Seite 203)

• *Übernachten*: **** **Astoria Italia (6)**, Piazza XX Settembre 24, bestes Haus am Platz, klassizistischer Palast im Zentrum, seit 1850 als Hotel geführt. Mit Garage. DZ ca. 100–150 €, Frühstück extra. ✆ 0432/505091, ℻ 509070, Internet: www.hotelastoria.udine.it, E-Mail: astoria@hotelastoria.udine.it

*** **Europa (11)**, Via Europa Unità 47, direkt beim Bahnhof, gepflegtes Stadthotel mit Parkgarage, kürzlich völlig renoviert. DZ ca. 70–90 €, Frühstück extra. ✆ 0432/294446, ℻ 512654.

*** **San Giorgio (9)**, Piazzale Cella 4 (vom Bhf. den Viale Europa Unità nach Westen), gute Mittelklasse, vorne laut, Zimmer aber großteils nach hinten (dort Bahngeräusche), jeweils TV, Minibar und Aircondition. Mit Parkplatz. DZ ca. 73–100 €, Frühstück extra. ✆ 0432/505577, ℻ 506110.

** **Quo Vadis**, Piazzale Cella 28, am selben Platz wie San Giorgio, DZ ca. 53–58 €, Frühstück extra. ✆ 0432/21091, ℻ 21092.

* **Da Brando (10)**, ebenfalls Piazzale Cella (Nr. 16), einfache Zimmer mit Etagendusche

für ca. 26–32 €. ☏/℻ 0432/502837.

• *Essen*: In den zahlreichen Osterie von Udine kann man gut essen oder auch nur einen "tajut" zu sich nehmen. Die bekannten Friauler Spezialitäten wie *minestra di orzo e fagioli* (Gersten-/Bohnensuppe) oder *musetto con provada* (Kochwurst mit marinierten Rüben) werden häufig serviert, letzteres allerdings hauptsächlich im Winter.

**Al Giardino (3)**, Via Paolo Sarpi 8a, ordentliches Mittelklasselokal mit kleinem Gastgarten hinter dem Haus. Im Angebot z. B. *ossobuco*, *baccalà* oder Gulasch mit Polenta. Es wird Deutsch gesprochen.

**Alla Colonna**, Via Gemona 98, nördlich vom Zentrum, geschmackvoll ausgestattete Osteria mit schönem Hof und guter traditioneller Küche. So geschl.

**Al Trombone (1)**, Via Pracchiuso 27 (hinter Piazza Primo Maggio), sehr hübsch gemacht, drinnen gepflegte Holztäfelung, hinten großer Hof unter Markisen, immer gut besucht, vor allem von Familien, auch Pizza im Angebot. Mo geschl.

**All'Allegria (7)**, Via Grazzano 18, südwestlich vom Zentrum, typisches altes Wirtshaus in einem einfachen volkstümlichen Viertel. Echte venezianisch-friaulische Küche, z. B. *baccalà* oder *minestra di orzo*. Mo geschl.

**Al Marinaio (8)**, Via Cisis 2, die Via Grazzano noch ein Stück weiter hinunter. Ebenfalls alteingesessen, Sitzplätze im Laubengang vor dem Haus, ähnliches Angebot wie im Allegria. Di geschl.

• *Osterie, Bars & Cafés*: **Alla Ghiacciaia (5)**, Via Zanon 13, Osteria mit Speisenangebot, eins der schönsten Plätzchen der Stadt. Man sitzt auf einer übergrünten, schmalen Terrasse mit Blumen oder speist im rustikalen Innenraum. Gute Küche, z. B. *risotto ai fiori di zucca* (Risotto mit Zucchiniblüten). Mo geschl.

**Al Cappello (4)**, Via Paolo Sarpi 5, hübsches Plätzchen mitten im Zentrum, an der Decke hängen zahlreiche Hüte (Name!), vom Gebirgsjägerkäppi bis zum Sommerstrohhut. Gute Weinauswahl und leckere Appetithäppchen, mittags auch einige warme Gerichte. Auch Sitzplätze im Freien. So-Nachm. und Mo geschl.

**Contarena**, Piazza della Libertà, großes, elegantes Jugendstilcafé unter den mächtigen Arkaden des Palazzo d'Aronco, angebaut ans Rathaus.

**Teresina (2)**, Via Paolo Sarpi 10b, gemütliche Kneipe mit kleiner Terrasse nach hinten, vor allem abends beliebter Treff. So geschl.

**Casa della Contadinanza**, nette Gaststube im Arkadenhaus oben auf dem Burghügel. Drinnen schwere Holzbalkendecke und gemalte Wappen, draußen Tische im Laubengang (→ Sehenswertes).

## Sehenswertes

Die Geschichte Udines reicht bis ins frühe Mittelalter zurück, doch das heutige Stadtbild haben die Venezianer im 15. und 16. Jh. geprägt.

**Piazza Libertà:** Der elegante Platz am Fuß des Burghügels ist Udines architektonisches Schmuckstück und Mittelpunkt, der venezianische Einfluss ist nicht zu übersehen. Der großzügige *Palazzo Comunale* ähnelt mit seiner weißrosagestreiften Marmorfassade dem Dogenpalast von Venedig, im Untergeschoss die *Loggia del Lionello*, eine luftige Arkadenhalle mit spiegelndem Marmorboden. Gegenüber die lang gestreckte *Loggia di San Giovanni* und der *Uhrenturm*. Zwei Mohren schlagen die Glocke – exakt wie beim venezianischen Vorbild am Markusplatz. Auf der erhöhten Platzmitte zwei überlebensgroße Statuen, Herkules und Cacus – flankiert von Justitia und einem Brunnen, auf dem der geflügelte Löwe Venedigs thront.

Nördlich an die Piazza schließt sich die Shoppingzeile *Via Mercatovecchio* an, in deren alten Laubengängen sich moderne Geschäfte eingerichtet haben.

**Burghügel:** Linker Hand der Loggia di San Giovanni geht es erst durch den *Arco Bollani*, dann einen elegant geschwungenen gotischen Arkadengang entlang hinauf zum äußerlich nüchternen *Castello* aus dem 16. Jh., das bei den Erdbeben von 1976 schwer beschädigt wurde. Im Inneren die *Galleria d'Arte Antica* mit Werken venezianischer und friaulischer Künstler, darunter Tiepolo und Caravaggio, sowie ein *Archäologisches Museum*.

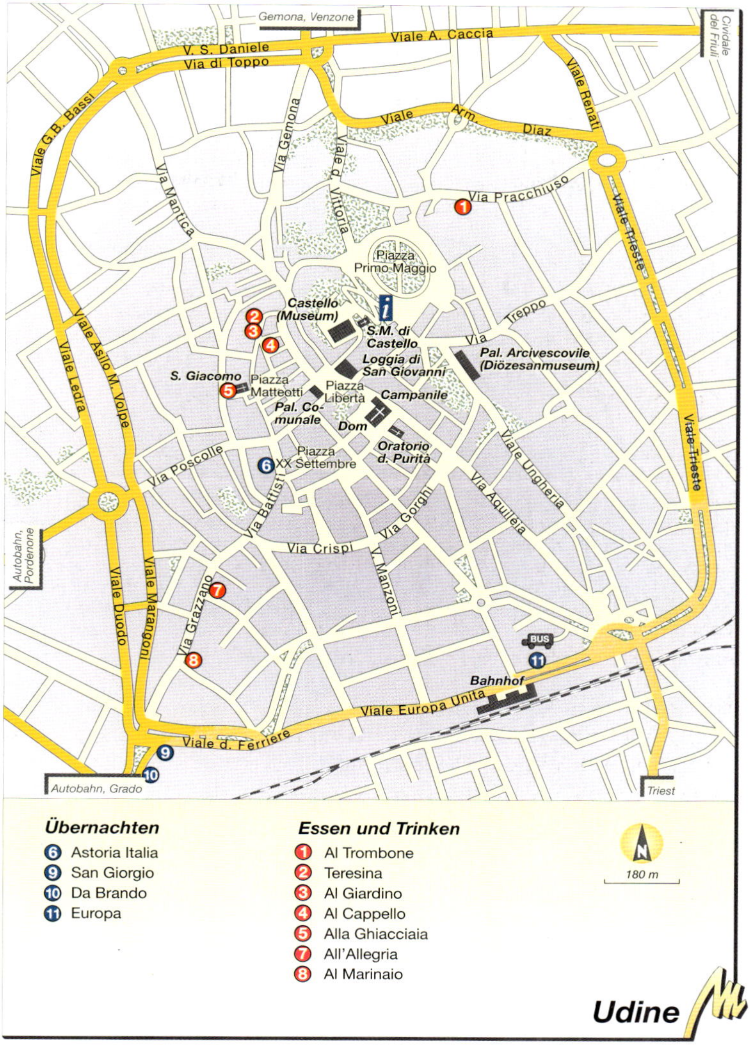




In der benachbarten Kirche *Santa Maria di Castello*, der ältesten der Stadt, findet man Fresken aus dem 13. Jh. Hinter der Burg eine satte Rasenfläche, von der man einen schönen Blick über die Stadt in die nahen Berge hat. Die *Casa della Contadinanza* an der Nordostseite wurde 1913 nach alten Plänen des 15. Jh. erbaut (→ Essen).

Öffnungszeiten/Preise: **Museen im Castello** – Di–Sa 9.30–12.30 h, 15–18 h, So-Nachmittag und Mo geschl.; Eintritt ca. 2,10 €, Schül./Stud. ermäß., So-Vormittag Eintritt frei.

## Erdbeben: Die Geißel des Friaul

Schon aus den Jahren 1390, 1511 und 1640 sind schwere Erdbeben aus dem Udiner Raum überliefert. Am Abend des 6. Mai 1976 ist es wieder soweit: Nur eine einzige Minute bebt die Erde – doch die Schäden sind schrecklich. Das Epizentrum des Bebens mit Stärke 6,5 auf der Richter-Skala liegt nördlich von Udine um die Städte Gemona und Venzone, die fast völlig dem Erdboden gleichgemacht werden, aber auch Udine selbst ist hart betroffen. Insgesamt werden in 17 Gemeinden etwa 20.000 Wohnungen zerstört, mehr als 50.000 weitere schwer beschädigt, fast tausend Menschen sterben. Am 15. September folgt ein heftiges Nachbeben und vollendet das Vernichtungswerk.
Wissenschaftler erklären das Erdbeben als Folge der so genannten Kontinentaldrift, d. h. des Zusammenstoßes der europäisch/asiatischen Kontinentalplatte mit der afrikanischen Scholle, die auf dem zähflüssigen Erdinneren schwimmen und im Mittelmeerraum aufeinandertreffen. Diese gewaltigen Kräfte waren einst auch verantwortlich für die Auffaltung der Alpen.

**Piazza Matteotti**: Nur wenige Schritte westlich der Piazza Libertà liegt der historische Marktplatz Udines. Mit Kopfsteinpflaster, Marktbuden, einigen Cafés und langen Laubengängen ein Platz mit viel Atmosphäre. Die weiß verschnörkelte Kirche *San Giacomo* besitzt einen Balkon über dem Portal, auf dem früher für die Händler und Marktbesucher Gottesdienste stattfanden. Und wem der Platz irgendwie bekannt vorkommt – ein bekannter deutscher Fußballstar, der in Udine unter Vertrag steht, hat ihn in einer TV-Werbung für italienische Autos als malerische Hintergrund-"Location" genutzt.

**Dom**: ebenfalls nicht weit von der Piazza Libertà und an seinem hässlichen oktogonalen Ziegelturm leicht zu erkennen. Ursprünglich gotisch, wurde er im 18. Jh. vollkommen umgebaut und bietet architektonisch nichts Bemerkenswertes. Im Inneren stehen zahlreiche aufwendige Altäre mit Ölgemälden, darunter mehrere Werke von *Tiepolo* (erste, zweite und vierte Kapelle rechts). Im Campanile zeigt das *Museo del Duomo* eine kleine Kapelle mit Fresken des Vitale da Bologna. Das Deckenfresko Mariä Himmelfahrt im nahen *Oratorio della Purità* stammt von Tiepolo (Besichtigung nach Anmeldung beim Sakristan des Doms).

*Öffnungszeiten/Preise*: **Museo del Duomo** – Di–Sa 9–12, 16–18 h, So 16–18 h, Mo geschl.; Eintritt frei.

**Palazzo Arcivescovile**: beim Dom die verkehrsreiche Via Vittorio Veneto überqueren, weiter bis zu einer Grünfläche. Prunkstücke des einstigen Patriarchensitzes, der nach der Aufhebung des Patriarchats (1751) zum erzbischöflichen Palast gemacht wurde, sind die großartigen Fresken von *Tiepolo* im Treppenhaus und in der Galerie (zweiter Stock) – Szenen aus dem Alten Testament, gemalt 1726–30.
Seit 1994 ist im Palast das *Diözesanmuseum* untergebracht: im Erdgeschoss ein Lapidarium, im ersten Stock Gemälde, Goldschmiedewerke und eine umfangreiche Sammlung von Holzskulpturen, im zweiten Stock eine Bibliothek, der "Baldachinsaal" mit Fresken von Giovanni da Udine, der "Gerichtssal" mit dem großen Fresko "Salomons Urteil" von Tiepolo und die oben erwähnte "Galerie", deren Wände die bedeutendsten Fresken Tiepolos schmücken. (Erläuterungen zu Tiepolo unter Venedig → S. 169).

*Öffnungszeiten/Preise*: **Diözesanmuseum und Galerie** – Mi–So 10–12, 15.30–18.30 h, Mo/Di geschl.; Eintritt ca. 3,70 €.

▸ **Villa Manin**: prachtvolle, schlossartige Villa in *Passariano* bei Codroipo, etwa 25 km westlich von Udine. Erbaut wurde sie im 18. Jh., Ludovico Manin, der letzte Doge Venedigs (1789–97), bewohnte sie. 1797 unterzeichnete hier Napoleon den Friedensvertrag von Campoformido, der das Ende der Republik Venedig besiegelte. Heute wird der Palast (Napoleon: "Zu groß für einen Grafen, zu klein für einen König") mit seinen halbkreisförmigen Laubengängen, die an den Petersplatz in Rom erinnern, als Ausstellungs- und Kongresszentrum genutzt. Besichtigt werden können einige der freskengeschmückten Innenräume, die Pferdeställe, Waffenkammern und das Zimmer Napoleons. Im Seitentrakt befindet sich das noble "Ristorante del Doge" (Mo geschl.). Rundum erstreckt sich ein großer Park mit Teichen und Statuen.
*Öffnungszeiten*: **Palast** – Sommer Di–So 9–18.30 h, Winter Di–So 9–13.30 h, an Feiertagen 9–12.30, 15–18 h, Mo geschl.; **Park** – April bis Okt. tägl. 9–18 h.

*Überlebensgroßer Blickfang auf der Piazza Libertà*

# Tal des Tagliamento-Flusses

Der Tagliamento teilt Friaul-Julisch Venetien in eine West- und Osthälfte und bildet die Grenze zwischen den Provinzen Pordenone und Udine. Vor allem im nördlichen Bereich haben die Erdbeben von 1976 schwere Zerstörungen verursacht.

## San Daniele del Friuli

(ca. 7500 Einwohner)

**Hier dreht sich alles um "prosciutto". Die berühmte Schinkenstadt des Friaul liegt etwa 27 km nordwestlich von Udine, wenige Kilometer östlich vom Tagliamento.**

Eine Schönheit ist das etwas nüchterne Hügelstädtchen nicht gerade, zudem wurde es durch die Erdbeben von 1976 schwer mitgenommen. Doch hier sind es nicht die architektonischen Feinheiten, sondern die kulinarischen, um die es geht. In den Gassenzügen um die zentrale Piazza mit dem Dom bietet jedes Lokal Schinken bis zum Abwinken – statt Pizzerien gibt es hier "prosciutterie".
Sehenswürdigkeiten gibt es nur wenige: Oberhalb vom Dom führt eine schmale Gasse zu einer kleinen, hübschen *Kirche*, die allerdings fast leer ist. Beschildert ist dort auch der Fußweg zur *Burg*. Die großen Fabrikhallen für die Schinkenproduktion liegen an der Ausfallstraße nach Süden. Mindestens zwölf Monate muss jede Keule dort reifen, bis sie das begehrte San-Daniele-Siegel erhält.

*Alles Schinken*

## Sagra del Prosciutto

Das größte Schinkenfest der Welt findet alljährlich vier Tage lang im August statt, das Ende fällt immer auf das letzte Wochenende des Monats. Tausende sitzen dann an langen Tischen im Stadtzentrum und kosten die hauchdünn aufgeschnittenen Scheiben. Die großen Hersteller haben ihre Hallen in der Ebene südlich der Stadt für Führungen geöffnet, eine spezielle Buslinie fährt sie alle an. Auskünfte erteilt das **Consorzio del Prosciutto di San Daniele**, Via Andreuzzi 8, ✆ 0432/977515, ℻ 940187.

• *Information*: Via Roma 3, ✆/℻ 0432/940765.

• *Übernachten*: *** **Alla Torre**, Via del Lago 1, gepflegtes Haus ganz zentral beim Hauptplatz. DZ ca. 50–75 €. ✆/℻ 0432/954562.

*** **Friuli**, Via Garibaldi 35, kleiner Stadtpalazzo mit Laubengang, zentrumsnah. Etwas günstiger als das Torre. ✆ 0432/957162.

• *Essen*: **Alle Vecchie Carceri**, Via Guarnerio d'Artegna 25, bei der kleinen Kirche (→ oben). Nettes Lokal mit gemütlichem Innenhof. Typische Friaul-Gerichte, z. B. *minestra di orzo e fagioli*, *gnocchi di ortiche* (Brennesselklößchen) oder *càrnici* (karnische Ravioli) mit Kartoffeln, Rosinen und Kräutern. Zu empfehlen ist *sella di agnello alla mentuccia* (Lammrücken mit Minzeblättern). Menü um die 26–35 €. Mo-Abend und Di geschl.

**Antica Osteria Al Ponte**, Via Tagliamento 13, unterhalb vom Stadthügel. Sehr beliebte Trattoria mit schön überdachtem Garten. Fleisch vom Grill, *orzo e fagioli*, hausgemachte Nudeln. Mo und Di geschl.

**Antico Caffè Toran**, ganz zentral am Hauptplatz, Café mit warmer Küche, vor dem Haus Terrasse, schön zum Schauen.

**Da Catine**, etwas südlich außerhalb im winzigen Örtchen Aonedis, sympathische Trattoria, neben leckeren Fleischgerichten und Schinken auch viel Vegetarisches. Mo-Abend und Di geschl.

• *Shopping*: Ein Schinkenbein (ca. 10–11 kg) kostet um die 170 DM, erhältlich z. B. im Antico Caffè Toran.

**Bottega del Prosciutto**, unterhalb vom Dom, reich bestückter Laden mit Schinken und vielen anderen kulinarischen Kostbarkeiten.

**Dok dall'Ava**, Via Gemona 29, an der Durchgangsstraße unterhalb vom Hügelzentrum. Großes Schinkenzentrum, wo man speisen und natürlich den *prosciutto* auch kaufen kann. Di geschl.

**Prolongo**, Via Trento e Trieste 115, weiterer Schinkenproduzent mit Hausverkauf.

▸ **Gemona del Friuli:** Hauptort im unteren Tagliamento-Tal, 30 km nördlich von Udine. Die beiden verheerenden Erdbeben von 1976 haben weite Teile des historischen Stadtzentrums in Trümmer gelegt. In einer einzigartigen Gemeinschaftsleistung hat man es wieder aufgebaut.

Schönster Straßenzug ist die zum Dom führende Via Bini mit ihren restaurierten Laubengängen. Der beim Erdbeben teilweise zusammengestürzte *Dom* in der Oberstadt stammt aus dem 14. Jh. und ist eine der schönsten Kirchen des Friaul. Er besitzt eine herrliche Fassade mit drei kunstvollen Rosetten und einer Statuenreihe mit thronender Madonna in der Mitte, rechts bildet die 7 m hohe Figur des heiligen Christophorus einen markanten Blickfang. Im Inneren eine Krypta mit Fresken. Der aus der Renaissance stammende *Palazzo Comunale* (Rathaus) mit Arkaden und Triforenbalkon wurde nach dem Erdbeben ebenfalls wieder aufgebaut.

• *Information*: Via Caneva 15.

• *Übernachten*: *** **Pittini**, Piazzale Stazione 1, DZ ca. 45–60 €, Frühstück extra. ✆ 0432/971195, 📠 971380.

**Camping Ai Pioppi**, Grasplatz, 1 km von Gemona del Friuli entfernt. März bis Okt. ✆ 0432/981276, 📠 980358.

• *Essen*: **Falomo**, Via Bini 11, zentral gelegene Trattoria/Pizzeria, günstige Preise. Mi geschl.

▸ **Venzone**: Nachbarort von Gemona, malerisches 3000-Einwohner-Städtchen am Tagliamento-Fluss. Das "centro storico" ist vollständig von einer mittelalterlichen Doppelmauer mit 14 Türmen umgeben. Enge Gässchen gruppieren sich um die zentrale Piazza mit dem gotischen *Palazzo Comunale* und einigen Straßencafés, die nahen Ausläufer der Alpen bilden eine reizvolle Kulisse.

1965 wurde Venzone zum Nationaldenkmal ernannt. Doch die Erdbeben von 1976 zerstörten die Altstadt völlig, kaum ein Haus blieb stehen. Auch die beiden großen Kirchen, die Brücken und fast alle Türme der Stadtmauer brachen in sich zusammen. Innerhalb von zehn Jahren wurde Venzone wieder detailgetreu aufgebaut, teilweise unter Verwendung des früheren Mauerwerks. Erst 1995 konnte der gotische *Dom* wieder zur Benutzung freigegeben werden. Die Ruine der zweiten Hauptkirche blieb als Mahnmal stehen, ähnlich der Kaiser-Wilhelm-Gedächtniskirche in Berlin. Touristen verirren sich nur selten in den kleinen Ort, man wird aufmerksam und freundlich aufgenommen.

• *Übernachten/Essen*: *** **Carnia**, im gleichnamigen Ortsteil, Via Canal del Fero 28. Größeres Haus mit bekannt guter Küche regionaler Prägung (Mo geschl.). DZ mit Bad je nach Saison 40–65 €. ✆ 0432/978013, 📠 978187.

**Caffè Vecchio**, Via Mistruzzi 2, schöne alte Trattoria im Zentrum. Di geschl.

# Colli Orientali del Friuli

Großes DOC-Weinbaugebiet östlich von Udine, dessen Ursprünge bis auf die Zeit Cäsars zurückgeht. Die "Colli Orientali" ziehen sich von Tarcento im Norden über Cividale del Friuli bis weit nach Süden, wo sie nahtlos ins Weingebiet Collio mit Zentrum Cormòns (→ S. 225) übergehen.

*Blick vom Ponte del Diavolo auf Cividale*

## Cividale del Friuli

(ca. 11.500 Einwohner)

**Stimmungsvolles Städtchen am steilen Flusstal des Natisone, guter Ausgangsort für eine Tour durch das Weinbaugebiet Colli Orientali del Friuli.**

Julius Cäsar gründete hier 50 v. Chr. ein römisches Lager, das namengebend für die gesamte Region wurde: "Forum Iulii" wurde zu Friaul. Später bauten die Langobarden Cividale zu ihrer Hauptstadt aus. Heute ist im Stadtkern vor allem das Mittelalter präsent. An Wochenenden ist Cividale ein beliebtes Familienausflugsziel – über den Ponte del Diavolo schlendern, den Tempietto Longobardo besichtigen, ein Gläschen trinken ...

• *Anfahrt/Verbindungen*: **Bahnhof** liegt nordwestlich vom Zentrum. In die Altstadt geht's den Viale Marconi geradeaus und am Ende links durch die Porta Arsenale Veneto.

• *Information*: Corso Paolino d'Aquileia 10, Hauptstraße der Altstadt. Mo–Fr 9–13, 15–18 h. ✆ 0432/731461, ℻ 731398.

• *Übernachten*: *** **Locanda al Castello (1)/(2)**, Via del Castello 20 (Località Fortino), Hotelschloss in ruhiger Hügellage, die Zimmer gehören zu einem großen, empfohlenen Restaurant mit schöner Terrasse (Mi geschl.), Parkplatz. DZ ca. 60–85 €, Frühstück extra. ✆ 0432/733242, ℻ 700901, E-Mail: castello@du.nettunus.it

** **Pomo d'Oro (5)**, Piazza San Giovanni 20, freundliches Albergo in der Altstadt (hinter dem Hauptplatz Piazza Diacono), DZ mit Frühstück ca. 55 €. ✆/℻ 0432/731489.

** **Casa del Pellegrino**, Pilgerherberge im Wallfahrtsort Castelmonte, 10 km östlich. DZ ca. 50 €. Tel. 0432/731161, Fax 730150.

• *Essen*: **Taverna Longobarda (7)**, Via Monastero Maggiore 5, altes Stadthaus an einer Seitengasse im Zentrum, schattige Terrasse. Als Primi die hausgemachten *gnocchi di zucca* (Kürbisklößchen) oder *gnocchi di patate* (Kartoffelklößchen) versuchen, danach die zahlreichen Fleisch- und Wildgerichte: *porchetta con polenta* (Spanferkel mit Polenta), *cinghiale* (Wildschwein), *lepre* (Hase) u. a. Di-Abend und Mi geschl.

**Dominissini (6)**, Stretta Jacopo Stellini 18, gemütliche, kleine Trattoria mit weinüberranktem Hof, bei der Kirche San Francesco Gässchen hinein. Sa geschl.

• *Cafés/Weinstuben*. **Caffè Longobardo (3)**, Piazza Paolo Diacono, direkt am Hauptplatz, größtes Café der Stadt, untergebracht in einem altehrwürdigen Stadtpalast mit malerischem Portikus. Man sitzt auf der Piazza oder stilvoll im ersten Stock.

**L'Elefante (4)**, liebevoll eingerichtete Weinschenke am hinteren Ende der Piazza Diacono, Holztische vor der Tür, drinnen uriggemütlich. Mi geschl.

**Coffee Store (8)**, auf der Ostseite vom Fluss, schöner Blick rüber auf die Altstadt. Ein Tresen draußen zur Straße hin, der Innenraum warm und behaglich mit Holz eingerichtet, schöner Platz zum genussvollen Degustieren.

• *Shopping*: In den **Pasticcerie** wird überall frische "gubana civiladese" angeboten, ein leckerer Nusskuchen mit Grappawürzung. Rechts neben dem Turm des Doms findet man eine Weinhandlung des **Consorzio Tutela Vini DOC**, wo die Weine der "Colli Orientali del Friuli" angeboten werden (Mo–Fr 8.30–12.30, 15–18.30 h, Sa 8.30–12.30 h. Sa-Nachmittag und So geschl.).

**Sehenswertes**: Größter Anziehungspunkt ist zunächst der eindrucksvolle *Ponte del Diavolo*, der nur wenige Meter vom Dom elegant den Natisone überspannt. Pittoresk fallen hier die Steilfelsen zum grünen Flusstal ab. Wer will, kann sogar zum Wasser hinuntersteigen (über die Brücke und bei der Cafébar rechts runter).

Zu den bedeutendsten Baudenkmälern zählt der *Dom* mit dem *Museo Cristiano* (Zugang vom rechten Kirchenschiff). Größte Sehenswürdigkeiten sind hier das oktogonale Taufbecken des Callixtus (8. Jh.) und ein großartig skulptierter Altarblock aus dem frühen Mittelalter. Er ist Ratchis gewidmet, der im 8. Jh. vom Herzog von Friaul

*Der größte Stuhl der Welt steht in Manzano*

zum König der Langobarden aufstieg und später als Benediktinermönch sein Leben in Monte Cassino verbrachte. Ein *Archäologisches Museum* mit vorrömischen, römischen und langobardischen Stücken ist im Palazzo Pretorio neben dem Dom untergebracht. Gegenüber vom Dom erinnert eine Bronzestatue an den Stadtgründer Iulius Caesar.
In der nahen Via Monastero Maggiore 5 (Seitengasse der Hauptstraße) lädt ein Schild ein, das *Ipogeo Celtico* zu besuchen, eine Grabstätte keltischer Fürsten aus vorchristlicher Zeit.
Hinter dem Dom führen alte, kieselgepflasterte Gässchen zum überaus sehenswerten *Tempietto Longobardo* aus dem 9. Jh., der malerisch über dem Natisone thront. Feine Stuckarbeiten, sechs Großreliefs, die die "Prozession der Jungfrauen und Märtyrerinnen" darstellen, sowie ein Chorgestühl aus dem 15. Jh. lohnen den Besuch des Langobardentempelchens. Am Weg zum Tempietto passiert man eine "Antica Casa Medieovale" mit einer traditionellen Kunsthandwerkstatt, außerdem kann man einer Stelle bequem ins Flusstal absteigen (Riva della Broscandola).
Beim weiteren Streifzug durch die Stadt stößt man auf der *Piazza Foro Giulio Cesare* auf ein neuzeitliches, eher eigenartiges Denkmal: eine Frau, angelehnt an eine von zwei Säulen, die von Masken gekrönt sind. Es erinnert an die in Cividale geborene Schauspielerin *Adelaide Ristori* (1822–1906), einst Star der Pariser Theaterszene, heute vergessen. Die weibliche Maske symbolisiert die italienische Seele, die männliche das tragische Genie – so will's die Fixierung der Geschlechterrollen.

• *Öffnungszeiten/Preise*: **Archäologisches Museum** – Sommer Mo 9–14 h, Di–So 9–19 h, Winter 8.30–14 h; Eintritt ca. 2,10 €, frei unter 18 und über 60 Jahren.
**Tempietto Longobardo** – April – September 9–13 und 15–18.30 h, Oktober – März 10–13 und 15.30–17.30 h; Eintritt ca. 2,10 €.
**Keltisches Ipogäum** – tägl. 8–18 h, falls geschl., ist der Schlüssel in der Bar "All'Ipogeo" erhältlich, montags im Informationsbüro.

▶ **Rocca Bernarda**: Weingut in schöner Hügellage südlich von Ipplis, geführt von Maltesermönchen, die einen guten Wein produzieren und verkaufen (✆ 0432/716273). Die für den Namen verantwortliche Burg aus dem 16. Jh. ist leider für die Öffentlichkeit nicht zugänglich.

▶ **Manzano**: Das Städtchen am Fluss Natisone ist bekannt für seine umfangreiche Stuhlproduktion. Symbolträchtig steht in der Mitte eines Kreisverkehrs am südlichen Ortsausgang ein gut 30 m hoher Holzstuhl, angeblich der größte der Welt.

▶ **Abbazia di Rosazzo**: weitgehend schlicht gehaltene Abtei in panoramareicher Hügellage, ursprünglich erbaut im 11. Jh., später zerstört und wieder aufgebaut. Seit dem Mittelalter ein Zentrum des friulanischen Weinanbaus, im angeschlossenen

Weingut werden Seminare veranstaltet. Zu besichtigen ist ein Kreuzgang des 16. Jh., außerdem ein wunderschöner Rosengarten mit Statuen.

• *Übernachten/Essen*: **Campiello**, in San Giovanni al Natisone, südlich von Manzano, Via Nazionale 46. Komfortables Haus mit einem der besten Fischrestaurants der gesamten Region, dazu werden die edelsten Tropfen der Gegend serviert. Menü um die 35–45 €. So geschl. DZ mit Frühstück ca. 55–80 €. ✆ 0432/757910, ℻ 757426.

**Al Mulino**, bei Corno di Rosazzo (östlich von Rosazzo), Località Visinale. Restaurant in einer ehemaligen Wassermühle am Fluss Judrio, leckere regionale Gerichte. Mittlere Preise. Mi geschl.

• *Shopping*: **La Lozeta**, in Dolegnano, östlich von San Giovanni al Natisone, Via dell' Abbazia 11. Nicht nur Wein, sondern exzellente Feinkost aller Art verkauft das Ehepaar Pesle in seiner Villa hoch über den Weinbergen. Tägl. 10–18 h. ✆ 0432/757470, Internet: www.lalozeta.com

**Tipp**: Die älteste Grappabrennerei Friauls ist "Nonino Uè" im Örtchen Percoto, 4 km westlich von Manzano, Via Aquileia 104. Seit über hundert Jahren ist sie in Familienbesitz und in nunmehr fünfter Generation werden hier qualitativ hochwertige Tresterprodukte hergestellt. Verkostung nach Anmeldung unter ✆ 0432/676331.

# Küste von Lignano bis Grado

**Zwischen den Mündungen des Tagliamento im Westen und dem Isonzo im Osten erstreckt sich ein riesiges, flaches Lagunengebiet mit Flussläufen und Kanälen, kilometerlangen Stränden, verschilften Sumpf- und Feuchtgebieten, zahllosen kleinen Inseln und breiten Sandbänken.**

Die großen Pinienwälder, die einst die Küste bedeckten, sind allerdings seit langem der Urbarmachung zum Opfer gefallen. Die üppig grünen Wiesen, endlosen Felder und langen Baumreihen wirken landschaftlich vielleicht etwas eintönig, besitzen aber trotzdem einen eigentümlichen Reiz. An mehreren Stellen wurden außerdem geschützte Naturreservate aufgebaut, wo man versucht, die frühere Vogelpopulation wieder aufleben zu lassen.

Dank ihrer hervorragenden Sandstrände sind hier mit *Lignano* und *Grado* zwei der wichtigsten Badeorte der oberen Adria entstanden. Kulturell ist bis auf die Ausgrabungen von *Aquileia* wenig geboten, einen Abstecher wert ist aber auch das kleine Fischerstädtchen *Marano Lagunare*.



### Palmanova: Symmetrie ohne Makel

Die Kleinstadt von etwa 5500 Einwohnern liegt auf halbem Weg zwischen Udine und der Küste um Grado, am Schnittpunkt der Autobahnen nach Venedig, Triest und Udine. Zwar gänzlich überwuchert, aber noch vollständig erhalten ist die 7 km lange Stadtbefestigung mit ihren neun gewaltigen Bastionen, die von den Venezianern im 16. Jh. als Grenzfestung gegen die Türken und die Habsburger in Form eines neunzackigen Sterns angelegt wurde. Die hochtrabenden Pläne, die die Venezianer mit dem stolzen Bollwerk hatten, wurden allerdings nie Wirklichkeit. Anstatt wichtigster Brückenkopf der Serenissima auf dem Festland und eine der stärksten Festungen Europas zu werden, fristete das Städtchen als unattraktive Garnisonsstadt sein Dasein. 1797 marschierte Napoleon ein, unterzeichnete hier die Kriegserklärung gegen Venedig und besiegelte damit das Ende der tausendjährigen Republik.

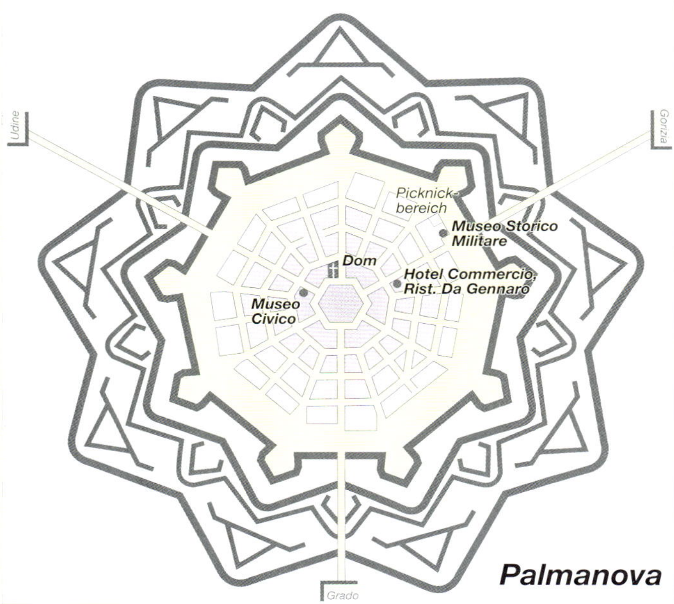


Ins "centro storico" gelangt man durch eins der drei monumentalen Stadttore und trifft zwangsläufig auf die riesige, sechsseitige Piazza Grande, die das verkehrsberuhigte Zentrum der Stadt bildet. Hier kann man mit Blick auf die strahlend weiße Marmorfassade des *Renaissancedoms* in einem der Cafés sitzen und die Weite des fast völlig leeren Platzes in sich aufnehmen. Sechs Straßen, deren Beginn durch Statuen markiert ist, gehen von hier nach allen Seiten strahlenförmig aus. Die konzentrisch angeordneten Nebenstraßen wiederholen das Sechseck. Es heißt, dass die Stadtplaner der Renaissance das Modell der "città ideale" bei der gemeinen Hausspinne abguckten.

Das *Museo Civico* am Borgo Udine 4 zeigt Relikte der Stadtgeschichte aus venezianischer und napoleonischer Zeit. Ein *Museo Storico Militare* ist im Osttor untergebracht, das auch heute noch militärische Sperrzone ist. Links neben dem Tor kann man auf den dicht mit Gras, Büschen und Bäumen bewachsenen Wall hinaufsteigen, dort findet man Picknickbänke und kann den Blick über die imposante Maueranlage ins Grüne schweifen lassen. Parallel zum Wasserlauf, der sich um die Mauer zieht, verlaufen Wege durchs Grün, die zum Spazierengehen oder Radfahren genutzt werden können.

- *Öffnungszeiten/Preise*: **Museo Civico** – Mo–Mi u. Sa/So 9.30–12.30, Fr 17–19 h, Do geschl., Eintritt ca. 2,60 €; **Museo Storico Militare** – 9–12, 15–17 h, So 9–12 h, Eintritt ca. 2,10 €.
- *Übernachten/Essen*: ** **Commercio**, Borgo Cividale 15, ordentliches Albergo, wenige Meter von der Piazza. DZ mit Frühstück ca. 40–55 €. ✆ 0432/928200, ℻ 923568. Daneben das gepflegte Restaurant/Pizzeria **Da Gennaro**, Do geschl.

*Lignano – größte Badestadt der oberen Adria*

## Lignano

(ca. 6000 Einwohner)

**Moderne Badestadt auf einer weit nach Osten vorstoßenden Landzunge, bestehend aus den drei Ortschaften Riviera, Pineta und Sabbiadoro – letztere ganz an der Zungenspitze und das städtisch-touristische Zentrum Lignanos.**

Davor erstreckt sich ein riesiges Strandareal, gut 8 km lang, mit Uferstraße und dichter Pineta (großteils eingezäunt) sowie mehreren Dutzend gebührenpflichtiger Badeanstalten (Tipp: Kostenfreie Strandabschnitte sind in der Broschüre "Lignano for you" eingezeichnet). Im Sommer herrscht der totale Trubel: zahllose Hotels, Diskotheken, Ristoranti, der Strand eine einzige Sonnenschirmparade – selbstverständlich spricht "man" Deutsch. Vor allem für Familien mit Kindern ist viel geboten: Aquasplash, Zoo, Lunapark und der neue Themenpark Gulliverlandia, der die Illusion vermittelt, sich inmitten reichhaltiger Meeresfauna zu befinden.

Lignano besitzt mit 6300 Liegeplätzen in acht Hafenanlagen die größte Marina der Adria. Ebenfalls sehenswert: Zwischen Sabbiadoro und Lignano steht am Viale Centrale die kleine Kirche *Santa Maria del Mare* aus dem 15. Jh., im Inneren sind einige historische Fresken erhalten.

• *Anfahrt/Verbindungen*: **PKW**, gut ausgebaute Schnellstraße ab **Latisana**, von der A 4 Venedig-Triest Ausfahrt Latisana.

**Bahn**, nächste Bahnstation ist **Latisana** (Lignano-Bibione) an der Strecke Venedig-Triest, von dort fahren häufige Busse (Busabfahrt nicht weit vom Bahnhof).

**Taxi** unter ✆ 0431/422510, 71864, 70360.

• *Information*: **APT**, Via Latisana 42, großes Büro im Ortsteil Sabbiadoro, viele Prospekte, Zimmervermittlung. In der Hochglanzbroschüre "Lignano for you" werden die Hotels mit Fotos vorgestellt. Tägl. 8.30–13.15, 15–20 h. ✆ 0431/71821, 📠 70449, 899278, Internet: www.aptlignano.it, E-Mail: info@aptlignano.it

• *Übernachten*: Wer in einem der über 150 Hotels nächtigen will (es werden in der

Regel mehrere Tage Aufenthalt erwartet), wendet sich am besten an die Info-Stelle. Am Ortseingang von Lignano Pineta gibt es außerdem mehrere Agenturen zur Vermittlung von Ferienwohnungen.

Auf den Campingplätzen ist ein Mindestaufenthalt von drei Tagen obligatorisch.

**** **Camping Sabbiadoro**, sehr großer Platz in zentraler Lage zwischen Pineta und Sabbiadoro, reichlich Schatten durch Laubbäume, großer Pool, 250 m zum Strand. Im Sommer gilt Hundeverbot. Mai bis August. ✆ 0431/71455, 📠 721355, Internet: www.netanday.it/lignano/campsab

**** **Camping Pino Mare**, bei Lignano Riviera, direkt an der Mündung des Tagliamento. Guter Baumbestand und eigener Wasserpark, davor breiter Strand, der hier ein riesiges Dreieck bildet. ✆ 0431/428512, 📠 427480, Internet: www.sil-lignano.net/pinomare

• *Essen*: **Bidin**, Viale Europa 1, alteingesessener Familienbetrieb, aufmerksam und freundlich geführt, gilt wegen seiner hervorragenden Meeresküche als eins der besten Restaurants der Badestadt. Mi-Mittag geschl.

**Farmacia dei Sani**, Via Latisana 44/a, in der beliebten "Apotheke für die Gesunden" kann man die Weine der Region kosten, dazu Antipasti und leckere Pasta essen. Di geschl.

**Isola Augusta**, großes Weingut in der Nähe der Autobahnausfahrt Latisana (SS 14, Palazzolo della Stella). In der rustikalen Gastwirtschaft **La Trattoria** sitzt man gemütlich unter einem Laubengang und einem großen Vordach, serviert wird herzhafte "cucina casalinga" mit Nudeln aus eigener Produktion. In der **Bottega del Vino** können Sie die Weine des Hauses erstehen. ✆ 0431/588790.

• *Sport*: Golf, Minigolf, Reitstall, Bowling, Boccia, Inline-Skater, Rollschuhbahn, Windsurf- und Segelschulen, Tennis, Squash, Tontaubenschießen ...

**Aquasplash**, an der meerabgewandten Nordseite der Landzunge (Viale Europa), riesiger Wasser-Vergnügungspark mit zahlreichen Rutschen und einem 5000 qm großen See.

• *Nachtleben*: Mehr als zehn **Diskotheken** warten auf Vergnügungswillige.

## Marano Lagunare

(ca. 2100 Einwohner)

**Sympathisches Örtchen in reizvoller Lagunenlandschaft, durch einen langen Kanal, der als Fischerhafen dient, mit der Lagune verbunden. In der Thunfischfabrik am Ortsrand wird "tonno" aus aller Herren Länder verarbeitet, u. a. aus Argentinien und Japan.**

Durch eine kleine Fußgängerzone gelangt man auf die zentrale Piazza Vittorio Emanuele, die heimelig wie ein Wohnzimmer wirkt. Hier steht das Wahrzeichen Maranos, der Uhrturm. *Torre millenaria* heißt er bei den Einheimischen, weil keiner so recht weiß, wie alt er ist. Venezianische Herrscherwappen und in die Fensterbögen eingelassene Büsten schmücken ihn, aus einem der Bögen schaut – fast menschlich – ein freundliches Löwengesicht. Schräg gegenüber fast unscheinbar der *Palazzo dei Provveditori*, im 16. Jh. Sitz der venezianischen Gouverneure, heute werden hier antike Möbel verkauft.

**Tipp**: Direkt am westlichen Ortsrand wurde 1992 das Naturschutzgebiet "Valle Canal Novo" eingerichtet, das von der Piazza in wenigen Minuten zu erreichen ist. Der Spaziergang durch die romantische Lagunenlandschaft, über Holzbrücken durch mannshohes Schilf und vorbei an schnatternden Entenfamilien lohnt sich allemal. Hier bekommt man einen Eindruck davon, wie Hemingway Anfang des 20. Jh. die Lagune noch erlebt hat. Am Ende des Wegs trifft man auf ein nach Art der traditionellen Schilfhütten ("Casone") gebautes Haus, das eine kleine Dokumentation zur Lagune beherbergt und als Beobachtungspunkt dient.

• *Öffnungszeiten/Preise*: **Valle Canal Novo** – Februar bis Mitte Juni Di–So 9–17 h, Sa 9–18 h, So 9–19 h, Mo geschl.; Mitte Juni bis Mitte Sept. Di 9–13.30 h, Mi–So 9–13.30, 16–20 h, Mo geschl., Mitte Sept. bis Jan. Di–So 9–17 h, Mo geschl.; Eintritt ca. 2,60 €.

*Vollendetes Stillleben – Aquileias romanische Basilika mit Zypressen*

- *Übernachten/Essen*: *** **Jolanda**, Via Udine 7/9, am Ortseingang rechts, das einzige Hotel in Marano, gut ausgestattet, mit Parkplatz und Garten. DZ ca. 65–85 €. ✆ 0431/67700, ℻ 67988.

**Stella d'Oro**, gemütliches Plätzchen an der zentralen Piazza, Mo/Di geschl.

**Vedova Raddi – alla Laguna**, Piazza Garibaldi 1, am Beginn des Kanals, gilt als erstes Fischrestaurant am Ort. Mi geschl.

- *Ausflüge*: **Mini-Kreuzfahrten** in der Lagune bietet Geremia mit Boot Saturno. ✆ 0431/67177, ℻ 67891.

## Aquileia

(ca. 3500 Einwohner)

**Das heute unbedeutende Städtchen am stillen Flusslauf besitzt eine monumentale romanische Basilika mit einem einzigartigen Mosaikboden und ist außerdem die wichtigste römische Ausgrabung im Nordosten Italiens.**

Das antike Aquileia war wirtschaftliches Zentrum der oberen Adria und zeitweise eine der größten Handelsstädte des römischen Imperiums. Über 100.000 Einwohner lebten hier und trieben über ihren Meereshafen – das heutige Grado – Handel mit dem östlichen Mittelmeer und dem germanischen Norden. An der Küste wurden die ankommenden Waren auf kleine Schiffe verladen, die sie den Fluss Natissa hinauf bis in die Stadt transportierten.

Auch in frühchristlicher Zeit konnte Aquileia seine Bedeutung behalten und spielte eine Vorreiterrolle bei der Verbreitung des Christentums, bis die Hunnen Attilas im 5. Jh. die Stadt dem Erdboden gleichmachten. Im 11. Jh. kam Aquileia unter dem Patriarchen Poppone zu neuer Blüte.

- *Anfahrt/Verbindungen*: **PKW**, Aquileia liegt direkt an der Zufahrtsstraße von Cervignano nach Grado.

**Bahn**, nächster Bahnhof ist **Cervignano** an der Strecke von Venedig bzw. Udine nach Triest, Busse pendeln nach Aquileia.

- *Information*: am Platz vor der Basilika. 9–12.40, 14–17 h, Do geschl. ✆ 0431/919491.
- *Übernachten*: Es gibt nur zwei Hotels, aber es werden auch Privatzimmer angeboten (auf Schilder achten).

*Größter Mosaikboden aus frühchristlicher Zeit*

*** **Patriarchi**, direkt an der Durchgangsstraße, bei der Einfahrt zur Basilika. 22 gut ausgestattete Zimmer. Mit Parkplatz. DZ mit Frühstück 63–85 €. ✆ 0431/919595, 📠 919596, Internet: www.hotelpatriarchi.it, E-Mail: info@hotelpatriarchi.it

* **Aquila Nera**, ordentliches Albergo an der zentralen Piazza Garibaldi 5, ruhig, gute Küche. DZ je nach Saison 42–50 €, Dusche/WC auf Etage. ✆ 0431/91045.

**Casa Corazza**, Via S. Zilli 3, nordöstlich vom Ort, schön restauriertes Bauerngehöft aus dem 19. Jh., mit Zimmervermietung, traditionell-rustikal eingerichtet, moderne Sanitäranlagen. ✆ 0431/918913, 📠 919333.

** **Camping Aquileia**, am nördlichen Ortsrand Straße nach Osten nehmen (beschildert). Wiese mit viel Baumschatten, Restaurant, Pool und Kinderbecken. Mitte Mai bis Mitte September. ✆ 0431/91042, 919583, Internet: www.campingaquileia.it

**** **Camping Belvedere Pineta**, 5 km in Richtung Grado, in einem Pinienhain am Rand der Lagune. Badestrand, Pool mit Kinderbecken, Minigolf, Tennis. Vermietung von Bungalows. Mai bis September. ✆ 0431/91007, 📠 918641.

• *Essen*: **La Colombara**, ca. 1 km von Camping Aquileia (Straße weiter Richtung Triest fahren), beliebtes Fischrestaurant mit großem Parkplatz. Mo geschl.

**Aquila Nera**, am Hauptplatz von Aquileia (→ Übernachten), bodenständige friaulische Hausmannskost, ein besonderes Lob verdienen die Weine.

**All'Anfora**, populäre Pizzeria/Fischlokal an der SS 352, 2 km nördlich von Aquileia.

**Ai due Leoni**, großes Self-Service-Lokal an der platanengesäumten Straße nach Grado.

• *Cafés*: **Mosaico**, hübsches Café im Gässchen rechts vor der Basilika, unter schlanken Zypressen vor dem Haus kann man Nusscremetore und Eis schlemmen.

• *Shopping*: **Bottega della Grappa**, am nördlichen Ortsausgang, Weinbrandverkauf der Distilleria Aquileia. Mo–Sa 9–12, 15.30–19.30 h, So geschl. Besichtigung der Destillerie auf Anfrage.

## Sehenswertes

**Basilika**: Der romanische Bau aus dem 11. Jh. steht auf frühen Vorgängerbauten und wurde im 14. Jh. noch einmal grundlegend umgestaltet. Ein Portikus verbindet die Fassade mit dem vorgebauten *Baptisterium* (nicht zu besichtigen).

Der weite und lichte *Innenraum* wird durch zwei Säulenreihen in drei Schiffe unterteilt, die Holzdecke in Form eines Schiffskiels stammt aus dem 16. Jh., der Altarraum liegt etwas erhöht und ist mit verblassten byzantinischen Fresken aus dem 11. Jh. ausgemalt. Der wellige *Mosaikboden* zieht sich über die ganze Länge des Kirchenschiffs und stammt aus dem 4. Jh. Er gilt mit seinen 760 qm als das **bedeutendste und größte frühchristliche Mosaik Europas** und wurde erst Anfang unseres Jahrhunderts entdeckt. Beim Umbau im Mittelalter hatte man einfach einen zweiten Boden über das Meisterwerk gezogen. Dargestellt sind hauptsächlich Meeresszenen in erstaunlich realistischer Weise: u. a. Engel und Apostel, die auf Fischfang gehen (bekannte christliche Symbolik), die Episoden um Jonas, der von einem Ungeheuer verschlungen (Tod Christi) und wieder ausgespien wird (Auferstehung), der Kampf von Hahn (Christus) und Schildkröte (Mächte der Finsternis), außerdem Fische und Meerestiere aller Art. Auf einigen Porträts sind Stifter dargestellt, die sich um den Bau der Kirche verdient gemacht haben (Standorte der einzelnen Motive und Hinweise zu den Mosaiken im deutschsprachigen Faltblatt, das in der Kirche erhältlich ist).

Die *Cripta degli Affreschi* unter dem Altar ist mit hübsch bunten, naiv anmutenden Fresken des 12. Jh. ausgemalt, die Leben und Tod des heiligen Hermagoras, der von Petrus zum Bischof von Aquileia geweiht wurde, zum Thema haben. In vergitterten Wandschränken sind außerdem reich geschmückte Reliquien aus Knochenresten ausgestellt.

Besonders sehenswert ist die lang gestreckte *Cripta degli Scavi*, links vom Kirchenschiff (Zugang gleich hinter der Fassade). Auf einem gläsernen Steg schreitet man über die weitläufigen Mosaikböden früherer Basiliken und Häuser mit filigranen Mustern von Blumen, Tieren und Ornamenten. Vor allem im hintersten Abschnitt gibt es wunderschöne Darstellungen von bunten Vögeln, Hummern, Widdern, Hahn und Schildkröte etc. Deutlich erkennt man aber auch, dass das Fundament des Glockenturms einen Großteil der Pracht vernichtet hat.

- *Öffnungszeiten/Preise*: Mai bis Okt. tägl. 8.30–19 h, Nov. bis April 8.30–12.30, 14.30–17.30 h. Eintritt in die Kirche frei, Sammeleintritt für beide Krypten ca. 1,60 €, man erhält deutschsprachige Hinweisblätter.

**Römische Stadt:** sehr stark zerstört. Was die Hunnen stehen gelassen hatten, verwendeten die Venezianer später als willkommenen Steinbruch. Erhalten sind das *Forum* (nicht zu übersehen, da direkt an der Durchgangsstraße), Reste von Häusern, eine Grabstätte *(sepolcreto)* und der Flusshafen. Die Thermen und ein Amphitheater sind verschüttet.

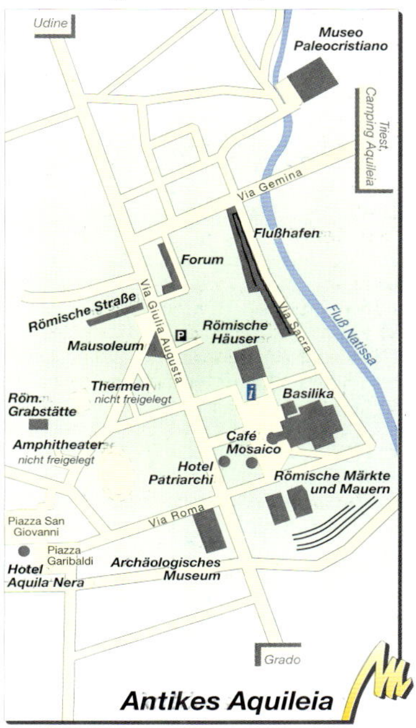

Antikes Aquileia

Besonders schön ist der etwa 1 km lange Spaziergang auf der Zypressenallee *Via Sacra* den halb zugewachsenen Fluss entlang Richtung Norden. Beginn des Wegs hinter der Basilika, man kommt an den Hafenanlagen des *Porto Fluviale Romano* vorbei und erreicht die Straße zum Campingplatz. Dort in der Nähe kann man noch das *Museo Paleocristiano* besuchen, das hauptsächlich frühchristliche Grabinschriften und Mosaiken besitzt.

Von der Basilika aus auf der anderen Seite der Durchgangsstraße liegt das *Museo Archeologico* (Eingang Via Roma 1) mit zahlreichen Funden aus römischer Zeit, darunter beachtliche Skulpturen und Porträtköpfe.

*Öffnungszeiten/Preise*: **Museo Paleocristiano** – tägl. 9–14 h, Eintritt frei; **Museo Archeologico** – tägl. 9–14 h, ca. 4,20 €.

*Beschaulich – die kleine Altstadt von Grado*

# Grado

(ca. 10.000 Einwohner)

**Weit draußen in der Lagune, über einen kilometerlangen Autodamm zu erreichen. Das kleine historische Fischerdorf ist zu einer modernen Badestadt gewachsen, deren sympathisch verwinkelter Kern aber ausgezeichnet erhalten und durch einen begehbaren Damm zum Meer hin geschützt ist. Zwei lange Sandstrände liegen zu beiden Seiten benachbart.**

Bereits zur k.u.k.-Zeit genoß Grado einen guten Ruf als Thermalkurort, der Adel und das vermögende Bürgertum aus der Habsburger Monarchie kamen zuhauf zur Sommerfrische. Auch heute gibt es einen großen Thermalbereich, und der mit Mineralien angereicherte Sand wird für Kuranwendungen genutzt. Die lange *Spiaggia Principale* östlich vom alten Ortskern ist gänzlich mit kostenpflichtigen Badeanstalten belegt, an der Inselspitze westlich vom Zentrum liegt dagegen der frei zugäng-

liche Strand *Costa Azzura*. Generell fallen die Strände sehr flach ins Wasser ab, man kann Hunderte von Metern hinauslaufen – ideal für Kinder. Ebbe und Flut machen sich jedoch deutlich bemerkbar.

**Tipp**: Fisch ist für Grado fast so wichtig wie Touristen. Die drittgrößte Fangflotte Italiens ist hier stationiert und die morgendliche Versteigerung auf der Mole ist immer ein eindrucksvolles Schauspiel.



## *Information*

**APT** im Viale Dante Alighieri 72, Fußgängerzone hinter dem Strand, parallel zum Lungomare. Unterkunftslisten, Preislisten für Badeeinrichtungen sowie diverses weitere Material. Mo–Fr 9–18, Sa/So 9–18.30 h. ✆ 0431/899220, 📠 899209, Internet: www.aptgrado.com, E-Mail: aptgrado@tin.it

## *Übernachten*

Etwa 100 Hotels, ein Großteil im Sommer mit Pensionspflicht. Besonderer Tipp sind die Villen aus österreichischer Zeit.

**** **Ville Bianchi (14)**, Viale Dante Alighieri 50. Fünf alte Villen aus der k.u.k.-Zeit in einem großen Parkgelände hinter dem Strand. Beim letzten Check war uns eine Renovierung angebracht erschienen – diese ist auch prompt geschehen. Nun präsentieren sich die Häuser sehr gepflegt und unaufdringlich-elegant möbliert. Die Zimmer besitzen behagliche Parkettböden, teils große Balkone und TV, auch Apartments für Familien wurden eingerichtet. DZ mit Frühstück ca. 125–160 €, im Sommer Pensionspflicht,

Vollpension im DZ ca. 90–105 €/Pers. ✆ 0431/80169, ✆ 877000.

**** **Villa Erica (12)**, Viale Dante 69, Villa aus der Jahrhundertwende, seit 1907 als Hotel betrieben. Innen stark modernisiert, die nicht allzu großen Zimmer gemütlich mit Teppichböden und Balkonen. Garage. DZ mit Frühstück ca. 125 €. ✆ 0431/82601, ✆ 80101.

*** **Villa Reale (13)**, Via Colombo 11/Ecke Viale Dante, in der Fußgängerzone, prächtige herrschaftliche Villa einer Familie aus Wien, in dritter Generation aufmerksam und freundlich geführt von Maria Vianello. In den behaglichen Zimmern Parkettböden, schöner Garten, ruhig, Garage. Ein Haus voll alter "Grandezza" und Atmosphäre. DZ ca. 120–160 €, Frühstück extra. ✆ 0431/80015, ✆ 80520, E-Mail: grado.villa.reale@libero.it

*** **Marea (2)**, Via dei Provveditori 6, direkt am aufgeschütteten Damm vor der Altstadt, sehr ruhig, vorne raus Panoramablick aufs Meer, freundlich geführt und erfreulich günstig. DZ ca. 52–65 €. ✆/✆ 0431/81206.

** **Sirenetta (1)**, Via Milano 1, in unmittelbarer Nähe zum frei zugänglichen Weststrand, allerdings durch eine Straße vom Strand getrennt. DZ ca. 68–80 €. ✆ 0431/80404, ✆ 80807.

* **Villa Marin (4)**, Via dei Provveditori 20, dieselben Vorzüge der Lage wie "Marea", genauso ruhig, aber teurer. DZ mit Frühstück ca. 75–87 €. ✆ 0431/80789, ✆ 85534.

* **Al Sole Meuble (15)**, Viale del Sole 31, schräg gegenüber vom Thermalwasser-Park, wenige Schritte zur großen Strandzone. 9 Zimmer, Parkplatz, kleiner Garten. DZ mit Frühstück ca. 45–53 €. ✆ 0431/80370.

• *Camping*: Mehrere Zeltplätze liegen östlich vom Ort direkt am Strand (im Zentrum gut ausgeschildert).

** **Al Bosco**, der ortsnächste Platz, ca. 3 km ab Zentrum, naturbelassenes Gelände in einem schönen Wäldchen mit dichtem Baumbestand. Bar und kleines, rustikales Restaurant, Sanitäranlagen okay. Mai bis September. ✆ 0431/80485, ✆ 81008.

4 km weiter die komfortabel ausgestatteten Vier-Sterne-Plätze **Punta Spin** (April bis September, ✆ 0431/80732, ✆ 83530, Internet: www.puntaspin.com), **Europa** (April bis September, ✆ 0431/80877, ✆ 82290, Internet: www.campingeuropa.it) und **Tenuta Primero** (Mai bis Mitte September, ✆ 0431/896900, ✆ 896901, Internet: www.tenuta-primero.com). Auf diesen Plätzen werden auch Mobil Homes und Bungalows vermietet, ca. 75–110 €/Tag. Tenuta Primero hat einen eigenen großen Bootshafen.

## *Essen & Trinken/Sonstiges*

In den Gassen der Altstadt findet man diverse gemütliche Fischtrattorie mit Tendenz zu Schick und Eleganz, z.T. schön zum Draußensitzen. Regionale Spezialität ist der *brodetto*, eine reichhaltige Fischsuppe, zu der traditionell außer Fisch nur Öl, Pfeffer und Essig verwendet werden dürfen.

**Alla Fortuna – "Da Nico" (7)**, Via Marina 10, in strategisch günstiger Lage wenige Schritte vom Hafen, hübsch ausstaffiert. Nico Mazzolini bereitet frischen Fisch und Meeresfrüchte nach traditionellen Rezepten zu, allabendlich findet sich hier ein fröhliches Volk ein – früh kommen, um einen Platz zu ergattern. Nicht ganz billig. Reservierung unter ✆ 0431/80470. Do geschl.

**All'Androna (6)**, Calle Porta Piccola 4, mitten in der Altstadt hinter der Kirche Santa Maria delle Grazie, abends stimmungsvoll illuminiert, schön zum Draußensitzen. Di geschl.

**De Toni (5)**, Piazza Duca d'Aosta 37, an der Meeresseite der Altstadt, gepflegtes Ristorante mit sehr gutem Service. Mi geschl.

**Vittoria (9)**, Piazza Biagio Marin, schön gelegenes Freiluftlokal bei der Ausgrabung der frühchristlichen Basilica del Campo (→ Sehenswertes).

**In Piasèta (3)**, Campo Porta Nuova, nette Pizzeria an einem kleinen Platz am Beginn der Altstadt, nicht teuer.

**Al Casone**, Gourmet-Tipp am Golfplatz gegenüber von Camping Tenuta Primero, östlich von Grado. Man speist in einem schilfgedeckten Lokal, das den traditionellen Fischerhütten der Lagune nachempfunden ist.

• *Weinstuben* (Enoteche): **Santa Lucia (8) (Gustibus 2000)**, Via Marina 28, wenige Schritte vom Restaurant Da Nico entfernt. Gepflegte und edel aufgemachte Enoteca mit reicher Auswahl an regionalen und überregionalen Weinen. Hinten kleine Terrasse zum Verkosten.

**Al Gìal (10)**, Via Marina/Ecke G. Caprin, große, aufwendig auf alt getrimmte Osteria im Neubauviertel – netter Ort, um ein Gläschen zu genießen. Mi geschl.

*Im Fischerhafen von Grado*

**Vini Pregiati (11)**, Viale Europa Unità 52, populäre Weinprobierstube in der Fußgängerzone.

• *Sport*: **Parco Termale Acquatico**, großer Thermalwasser-Park östlich vom Stadtkern, unmittelbar hinter der Strandpromenade. 85 m langes Meerwasserbassin mit Rutschen, künstlichen Wasserfällen, Hydromassage, Gegenstromkanal, Whirlpool, begrünten Liegeflächen und Spielgelegenheiten für Kinder. Tageskarte kostet für Erw. ca. 8,50 €, Kinder 5 €.

**Golfplatz**, beim Camping Tenuta Primero, schön gelegen zwischen Seen und Kanälen, 1 x 18 und 1 x 9 Löcher. ✆ 0431/81371.

• *Parken*: in der Saison große Probleme. Stellplatz in der Innenstadt kostet ca. 1,10 €/Std., 5,20 €/Tag und 16 €/Woche.

**Sehenswertes:** Der malerische, kleine *Hafen* hinter der Altstadt ist durch einen Kanal mit der Lagune verbunden – hier kann man den Fischern zusehen, die ihre Netze sortieren, oder einen der täglichen Bootsausflüge in die Lagune mitmachen.

Das historische Zentrum mit seinen geduckten, grauen Häusern und engen, gepflasterten Gassen steht unter Denkmalschutz und ist für den motorisierten Verkehr gesperrt. Es wirkt schlicht und natürlich und scheint trotz des Touristenrummels so unberührt wie eh und je. An einem freien Platz erhebt sich die Pfarrkirche *Sant'Eufemia*, ein großer Backsteinbau aus dem 6. Jh., deren gesamter Innenraum von einem herrlichen Mosaikboden eingenommen wird. Gleich daneben stehen gewaltige römische Sarkophage und ein großes, helles *Baptisterium* mit sechseckigem Taufbecken und ebenfalls Mosaikboden. Wenige Schritte entfernt die Kirche *Santa Maria delle Grazie*, in der eine Marienstatue verehrt wird. Ihr ursprünglicher Boden – ebenfalls Mosaik – liegt ein ganzes Stück tiefer als der heutige und ist mit Gittern abgesperrt.

Die hübsche, überdachte *Markthalle* findet man an der Piazza Duca d'Aosta meerwärts der Altstadt. Mit wenigen Schritten kommt man von dort zum Damm, der als bevorzugte Flanier- und Sonnenpromenade fungiert und von dem man schnell Ost- und Weststrand erreicht.

Östlich der Altstadt hat man vor kurzem auf der Piazza Biagio Marin die Ausgrabung der frühchristlichen *Basilica del Campo* mit schönem Mosaikboden und Friedhof restauriert. Sie stammt wahrscheinlich aus derselben Zeit wie die Vorgängerbauten der Basilika von Aquileia (ca. 5. Jh. v. Chr.). Darunter liegen die Ruinen eines römischen Landhauses. Sehr geschickt und publikumswirksam wurde das Ausgrabungsfeld unter dem heutigen Straßenniveau abgesteckt, abends ist es eindrucksvoll illuminiert.
Gediegene Kuratmosphäre herrscht in den modernen Straßenzügen östlich der Altstadt. Am Fischerhafen beginnt der *Viale Europa Unità*, die quirlige Flanier- und Einkaufsstraße mit zahlreichen Cafés, Ristoranti und Boutiquen. Er trifft auf den *Viale Dante*, die lange Fußgängerzone, die sich parallel zum Lungomare und Strand nach Osten zieht. Hier durchquert man bald nach dem Informationsbüro den großen *Parco delle Rose* und trifft auf das Hallenbad, die modernen Seethermen und den großen Thermalwasser-Park *Parco Termale Acquatico* (→ Sport).

▸ **Grado/Umgebung**: In der Lagune landeinwärts von Grado ragt der Turm der Kirche *Santa Maria di Barbana* hervor. Als Dank für die Errettung von der Pest ist sie seit dem Mittelalter am ersten Sonntag im Juli Ziel einer eindrucksvollen Schiffsprozession, "perdòn" genannt. Häufige Überfahrten gibt es im Sommer ab Canale della Schiusa (→ Stadtplan).
Etwa 10 km östlich von Grado liegt das Lagunenschutzgebiet *Valle Cavanata*, beschildert an der Straße nach Monfalcone. Auf über 300 Hektar erstrecken sich ausgedehnte Feuchtzonen, Wald- und Wiesenstücke sowie ein Strandbereich mit Flachwasser. Allein 283 verschiedene Vogelarten leben hier.

**Tipp**: Einen Bootsausflug in die Lagune sollte man sich nicht entgehen lassen. z. B. mit dem Motorschiff Delfino Verde, zu buchen bei Ribi & Co., Viale Europa Unità 5, ✆ 0431/80166. Dabei werden u. a. die Laguneninsel San Giuliano mit einer Fischzucht und einer Anfang des 19. Jh. wiederaufgebauten Kirche sowie die Insel Mòta di Poli mit einem zum Museum umgestalteten Casone angelaufen.

# Provinz Gorizia

**Die Flussebene des Isonzo und das nördlich daran anschließende Hügelland werden im Norden und Osten von Slowenien in die Zange genommen.**

Bester Ausgangspunkt für Touren ist der Hauptort *Gorizia*. Von hier aus kann man dicht entlang der slowenischen Grenze auf der Weinstraße durchs sanft-hüglige *Collio* ins Weinbaustädtchen *Cormòns* fahren, aber auch die Schlachtfelder des Ersten Weltkriegs besichtigen, die vor allem südlich von Gorizia im Bereich des Isonzo liegen. Zwölf Schlachten wurden hier insgesamt zwischen 1915 und 1917 ausgetragen, von deren schrecklichen Ausmaßen der größte Militärfriedhof Italiens bei Redipuglia zeugt.

| | |
|---|---|
| Gorizia | S. 223 |
| San Floriano | S. 225 |
| Cormòns | S. 226 |
| Gradisca d'Isonzo | S. 226 |
| Monte San Michele | S. 228 |
| Redipuglia | S. 228 |

*Impressionen vom Isonzo*

# Gorizia (Görz)

(ca. 43.000 Einwohner)

**Die Provinzhauptstadt am Isonzo ist eine geteilte Stadt: Der unter Tito gegründete Ostteil nennt sich Nova Gorica und gehört bereits zu Slowenien, während im historischen Görz mit seiner mittelalterlichen Burg die italienische Flagge weht.**

Seit dem Mittelalter regierten die aus Tirol stammenden Grafen von Görz über die Stadt. Mit ihrem Aussterben fiel sie Ende des 15. Jh. an die Habsburger. Deren Herrschaft dauerte über 400 Jahre und hat das Stadtbild nachhaltig geprägt: Die zwiebeltürmige Barockkirche Sant'Ignazio und die behäbigen Paläste im Zentrum geben Gorizia einen typisch österreichischen Anstrich. Allerdings wurden große Teile der Stadt im Ersten Weltkrieg zerstört. 1918 ging die Donaumonarchie unter, und Görz wurde zwischen Italien und Slowenien aufgeteilt. Der Wiederaufbau erfolgte im wenig ansprechenden klassizistischen Stil, so dass Gorizia heute nicht zu den schönsten Städten im Norden Italiens zählt.

• *Anfahrt/Verbindungen*: **PKW**, Parkmöglichkeiten u. a. am zentralen Piazzale della Vittoria (Kirche Sant'Ignazio) und an der Piazza Cavour (Dom), man kann aber auch bis zur Burg hinauffahren.
**Bahn**, gute Verbindungen nach Triest, Udine und Venedig. Bahnhof am Ende des Corso Italia, südwestlich vom Zentrum.

• *Information*: Via Diaz 16/Ecke Corso Verdi. ✆ 0481/386225, ℻ 386277.

• *Übernachten*: *** **Nanut**, Via Trieste 118, in Bahnhofsnähe, südlich vom Zentrum, gepflegtes Haus mit Garten, Pool, Parkplatz und ordentlicher Küche (→ Essen). DZ ca. 47–65 €, Frühstück extra. ✆ 0481/20595.
*** **Palace**, Corso Italia 63, vor kurzem renoviert, zentrale Lage, Parkplatz. DZ ca. 47–65 €. ✆ 0481/82166, ℻ 31658.
* **Sandro**, Via Santa Chiara 18 (Nebenstraße zum Corso Verdi), zentrale Lage,

anständige Zimmer in einem mit Weinlaub und Puttenstuck hübsch verzierten Haus. DZ mit Bad ca. 40 €. ✆ 0481/533223.
Weitere Möglichkeiten im knapp 10 km entfernten Gradisca d'Isonzo (→ Umgebung).

• *Essen*: **Al Chiostro**, wenige Meter vom Dom, schön schattige Lage im Laubengang der Piazza Sant'Antonio. Mo geschl.

**Tre Soldi Goriziani**, Corso Italia 38, hübsches Lokal mit grünem Hof im Zentrum, karstische Küche incl. diverse Strudel. Mo geschl.

**Alla Luna**, Via Oberdan 13, alteingesessene und preiswerte Trattoria, gute traditionelle Küche nach österreichischer Art. So-Abend und Mo geschl.

**Nanut**, Via Trieste 11, gehört zum gleichnamigen Hotel, große Trattoria, wo man auch im Freien sitzen kann, maßvolle Preise. Sa und So geschl.

**Ai Coltivatori**, Località Lucinico, Via Giulio Cesare 3, südlich außerhalb, Trattoria mit altösterreichischem Ambiente und interessanter Speisenauswahl. Nur abends geöffnet, Do geschl.

• *Cafés/Weinstuben*: **Caffè Garibaldi di Elvio Ferigo**, Corso Italia 49, Ecke Viale XXIV Maggio. Historisches Café, in dem schon der Duca d'Aosta, Held der Isonzo-Schlachten, verkehrte. Inhaber Elvio Ferigo hatte bereits eine vielseitige Sportler-Karriere hinter sich, als er das Garibaldi übernahm. Seine eigene Biografie und diejenige des Cafés vermischen sich in der reichen Fotoausstellung an den Wänden. Zu den unzähligen Sportauszeichnungen kommen mittlerweile ein gastronomisches und ein önologisches Diplom hinzu. Von der Decke hängen zwei teure Lüster – fast schon symbolisch für die Geschichte der Stadt – aus Murano der eine, aus Österreich der andere. Sa und So-Nachm. geschl.

Eine namenlose **Osteria** findet man beim Dom, Piazza Cavour 1. Die Colle-Weine gehen hier für 0,50 € das Glas über den Tresen, die Flasche für 3,50 € – Weinfässer und alte Männer, eine Stehkneipe aus dem 19. Jh.

**Sehenswertes:** Bei einem Bummel kann man sich auf die Gegend um den Dom und das darüber liegende Burgviertel beschränken.

An der zentralen Piazza Cavour in der Unterstadt steht der barocke Dom *Santi Ilario e Taziano* mit dem Grab Leonardos, des letzten Grafen von Görz. Um die Ecke, an der nahen *Piazza Sant'Antonio*, ein schattiger Laubengang, der einst zu einem Franziskanerinnenkloster gehörte. Wenige Meter entfernt führt die schmale *Via Rastello* zur großen Piazza della Vittoria. In den Laubengängen der verkehrsbefreiten Straße glänzen keine schicken Boutiquen, hier herrschen vielmehr Tante-Emma-Läden vor. Überdies sind auffallend viele Antiquitätenhändler tätig, als ginge es darum, eine ganze Epoche zu verscherbeln. An der großen Piazza della Vittoria steht die barocke Jesuitenkirche *Sant'Ignazio* mit einem großen Fresko im Chor.

Über dem Stadtzentrum thront die mittelalterliche Grafenburg, die von den Habsburgern erweitert wurde. Beim Aufstieg durch die Oberstadt *Borgo Castello* mit ihren gut erhaltenen Palazzi kommt man an den Musei Provinciali vorbei – aufgeteilt in ein kleines *Museo di Storia e Arte* (Archäologie, Geschichte, Kultur, traditionelle Mode und örtliche Seidenproduktion) und das *Museo della Grande Guerra* (Isonzo-Schlachten des Ersten Weltkriegs).

Das *Castello* selber gehört zu den eindrucksvollsten im Friaul: eine Konstruktion wie aus dem Schulbuch, im Erdgeschoss die Verliese mit Holzpritschen und Eisenringen an der Wand. Vom Rundturm hat man einen ungestörten Blick auf Gorizia, Nova Gorica und die Schlachtfelder des Ersten Weltkriegs. Im Sommer werden in der Burg kunsthistorische Ausstellungen gezeigt.

• *Öffnungszeiten/Preise*: **Museo** – Sommer Di-So 10–19 h, Mo geschl., Winter 10–13, 14–19 h, Mo geschl.; Eintritt ca. 3,20 €.

**Castello** – April bis Okt. 9.30–13, 15–19.30 h, Mo geschl., Nov. bis März 9.30–18 h, Mo geschl.; Eintritt ca. 3,10 €.

*Wehrhaft – das mittelalterliche Kastell von Gorizia*

# Collio

Das sanfte Hügelland des Collio liegt im unmittelbaren Grenzbereich zu Slowenien, nach Süden hin abgegrenzt durch die Isonzo-Ebene. Hier wachsen die anerkannt besten Weißweine des Friaul. Kosten kann man sie in den zahlreichen Weingütern an der *Strada del Vino* von Gorizia über San Floriano nach Cormòns.

▶ **Oslavia**: Nördlich von Gorizia liegt in 178 m Höhe die Gedenkstätte von Oslavia, die mit Wachtürmen und einem massiven Zentralbau wie eine Festung angelegt ist. Hier ruhen 57.740 überwiegend unbekannte Soldaten, die im Ersten Weltkrieg in der Umgebung der Stadt gefallen sind.

**Tipp**: "Josko Gravner" gehört zu den anerkanntesten Weinproduzenten im Collio und ist für viele Kenner die beste Adresse. Seine Weine werden nach ganz Europa exportiert. Das Weingut liegt an den Hängen nördlich von Gorizia, in der Località Lenzuolo Bianco. Anmeldung obligatorisch unter ✆ 0481/30882.

▶ **San Floriano del Collio**: etwa 7 km nordwestlich von Gorizia in steiler Hügellage. Ein Weindörfchen, das seinen guten Ruf dem Adelsgeschlecht der Formentini verdankt, die seit dem 16. Jh. das örtliche Castello besitzen und hier eine Luxusherberge und ein edles Restaurant eröffnet haben. Wer nicht so viel Geld ausgeben möchte, ist dennoch nicht vergebens nach San Floriano gekommen: Ein kleines *Weinmuseum* am Ort widmet sich der Geschichte und dem Anbau der Colle-Weine.

- *Öffnungszeiten* **Museo del Vino** – Mo–Fr 8–17 h, Sa und Feiertage 14–19 h, So geschl.
- *Übernachten/Essen*: **** **Golf**, Via Oslavia 2, zwei restaurierte alte Gebäude außerhalb des Kastells, auch ein Teil des Kastells wird genutzt. Es gibt 15 Zimmer, die mit Mobiliar

Provinz Gorizia

des 18. und 19. Jh. eingerichtet und nach Weinen benannt sind, jeweils mit TV und Minibar. DZ mit Frühstück 110–180 €, je nachdem ob man im Golf Hotel, dem Castello oder im Turm des Castello nächtigt.

Dass man beim gräflichen Paar Formentini nicht nur die edelsten Colle-Tropfen findet, sondern auch vorzüglich tafelt, versteht sich von selbst. Das Restaurant **Castello Formentini** an der Piazza Libertà ist montags und Di-Mittag geschl., ein Menü kostet um die 30–45 € (✆ 0481/884034). Die Zeit zwischen den kulinarisch-önologischen Höhepunkten des Aufenthalts kann man mit dem Golfschläger totschlagen – 9 Löcher im schlosseigenen Gelände – oder im hauseigenen Pool. ✆ 0481/884051, ℻ 884052.

**Dvor**, traditionelle Gostilna (Trattoria) an der Durchgangsstraße etwas unterhalb der Hügelspitze. Biergarten unter Kastanienbäumen, weiter Blick. Do geschl.

▸ **Cormòns:** kleines, unspektakuläres Marktstädtchen und Weinbauzentrum des Collio in üppig grüner Umgebung. Hier findet man einige besonders gute Adressen, um die regionale Küche zu kosten und einen Tropfen zu trinken.

• *Information*: **APT** an der Piazza XXIV Maggio 22 (Enoteca).

• *Übernachten/Essen*: *** **Felcaro**, nördlich vom Zentrum, Via San Giovanni 45. Gemütliche Villa aus der Jahrhundertwende mit moderner Dependance, Pool, Tennis. DZ mit Frühstück ca. 60–100 €. Gutes Restaurant, im Sommer sitzt man schön im Freien (Mo geschl.). ✆ 0481/60214, ℻ 630255, E-Mail: hfelcaro@tin.it

**La Subida**, in der Località Monte, etwas nordöstlich außerhalb (beschildert). Mehrere rustikale Apartments für ca. 65–90 €, Tennisplatz, Pool und Kinderspielplatz. Josko Sirko bietet in seiner zum Haus gehörigen Trattoria **Al Cacciatore** friaulisch-slowenische Küche mit hervorragenden Wildgerichten und einen bestens sortierten Weinkeller. Sa und So mittags und abends, Mo, Do und Fr nur abends, Di und Mi geschl. ✆ 0481/60531, ℻ 61616.

**Al Giardinetto**, Via G. Matteotti 54, im Zentrum, kurz unterhalb vom Dom. Giorgio Zoppolatti bietet in seiner weit über die Stadtgrenzen bekannten Trattoria, die seit Anfang des 20. Jh. in Familienbesitz ist, fantasievolle Speisen österreichischer und friaulischer Art. Im Sommer kann man auch draußen sitzen. Für das Gebotene maßvolle Preise. Achtung: Plätze sind limitiert, Reservierung nötig, ✆ 0481/60257. Mo und Di geschl.

**Tipp**: Die "Enoteca di Cormòns" im Palazzo Locatelli an der Piazza XXIV Maggio 22 ist die größte Enoteca der Region. Sie bietet Weine von zwei Dutzend Produzenten, die sich in der Genossenschaft Cantina Produttori di Cormòns zusammengeschlossen haben. Man kann in mehreren Innenräumen oder im schönen Innenhof sitzen. Hier erhält man auch den berühmten "vino della Pace", der aus 500 Rebsorten aus aller Welt gekeltert wird. Di geschl. ✆ 0481/630371.

## Gradisca d'Isonzo (ca. 6700 Einwohner)

**Etwa 10 km südwestlich von Gorizia. Das Städtchen hat eine ähnliche Geschichte durchgemacht wie Gorizia, die Spuren der k.u.k.-Monarchie sind hier noch augenfälliger – in den Gassen der Altstadt wähnt man sich fast in Alt-Österreich.**

Erst 1921 wurde Gradisca italienisch. Am Palazzo del Monte di Pietà, einem der vielen Paläste aus dem 18. Jh. im historischen Stadtkern, erinnert eine Tafel daran, dass die Stadt unter Vittorio Emanuele III und Mussolini "zu Italien und damit zu neuem Glanz" gefunden habe. Dass an derselben Fassade eine Gedenktafel für die Opfer des Befreiungskriegs 1943–45 angebracht ist, zeugt nicht gerade von politischem Instinkt.

Von der venezianischen Herrschaft im 15. Jh. sind weite Teile der Stadtmauer – ein unregelmäßiges Fünfeck – erhalten, am nördlichen Rundturm prangt noch der

*Gradisca – die Zitadelle*

Löwe. Beim nördlichen Stadttor *Porto Nuova* runzelt ein freundlicher Leonardo da Vinci die Stirn. Der Meister kam persönlich nach Gradisca, um Verbesserungen an der Stadtbefestigung anzubringen. Nördlich außerhalb der Mauer erstreckt sich eine Grünanlage mit mächtigen Kastanienbäumen.
Eine mittelalterliche Zitadelle (nicht zugänglich) schließt im Süden die Altstadt ab. Von hier ist es ein Katzensprung zur langen, schmalen Hängebrücke über den Isonzo – unten wird gefischt und gebadet.

• *Information*: im Palazzo Torriani an der Via Ciotti. ✆ 0481/99217, ✆ 99880.

• *Übernachten*: *** **Franz**, Viale Trieste 47, an der viel befahrenen Durchgangsstraße, modernes und gut eingerichtetes Haus mit Parkplatz. DZ ca. 75–100 €, Frühstück extra. ✆ 0481/99211, ✆ 960510.

** **Al Trieste**, Viale Trieste 2 (am südlichen Ende der riesigen Piazza d'Italia). Ein prüfender Blick der Dame des Hauses – wer besteht, findet hier ein sauberes und freundliches Domizil. DZ mit Bad ca. 40–50 €. ✆ 0481/99100.

* **Al Pellegrino**, Piazza Marconi 5 (unweit vom Nordende der Stadtmauer), DZ mit Bad 35 €, ohne 30 €, bescheidene Zimmer. In neapolitanischen Händen, lebendiger Pizzagarten. ✆ 0481/99918.

• *Essen*: **Al Ponte**, Viale Trieste 122, viel gelobtes Ristorante etwas außerhalb vom Zentrum, schöne Sitzgelegenheiten unter einer überdachten Pergola, fantasievolle Gerichte (auch vegetarisch), dazu gute Weine, etwas teurer. Seit 1970 in Familienbesitz. Mo-Abend und Di geschl.

**Al Commercio**, Via della Campagnola 6, in der Altstadt. Die Trattoria von Bruno Treppo bietet eine leckere Mischung aus österreichischer und italienischer Küche, darunter auch viel Fisch und Meeresgetier. Durchschnittspreise. So-Abend und Mo geschl.

**Mulin Vecio**, Via Gorizia 2, jenseits der Grünanlage, die vor der nördlichen Stadtmauer liegt. Preiswerte und sehr stimmungsvolle Osteria in einer ehemaligen Mühle. Schinken, Würste und eingelegtes Gemüse gehören zu den Spezialitäten. Mi und Do geschl.

**Al Pellegrino** (→ Übernachten), großer, bei der einheimischen Jugend beliebter Pizzagarten. Do geschl.

**Antica Trattoria alla Viole**, Via Gioricia 44, einige Kilometer außerhalb in Farra d'Isonzo, am Weg nach Gorizia. Gilt als eine der ältesten Trattorien der Gegend, typische Küche und nettes Ambiente. Di geschl.

**Devetak**, traditionelle Trattoria in San Michele del Carso, 7 km außerhalb. Alteingesessener Familienbetrieb, Zutaten aus eigener Herstellung, hervorragende Weine. Mo und Di geschl.

• *Weinstuben*: **La Serenissima**, Enoteca in der Via Cesare Battisti (Altstadt), eine der besten Adressen, um die Weine des Collio zu testen, auch Verkauf.

• *Cafés*. **Centrale**, Piazza d'Italia, hier ist "Schlagobers" vermutlich kein Fremdwort – nobles Café mit eindeutig österreichischem Einschlag.

• *Shopping*: Di und Sa **Markt** im Stadtpark. **Marco Felluga**, Via Gorizia 121, schräg gegenüber der Trattoria alla Viole in Farra d'Isonozo (→ Essen). Einer der bedeutendsten Weinproduzenten des Friaul. ✆ 0481/99164, Internet: www.marco-felluga.it

▸ **Monte San Michele:** etwa 8 km südlich von Gorizia, 4 km östlich von Gradisca, ausgeschildert. Von den zwölf Isonzo-Schlachten wurde die Hälfte auf diesem strategisch bedeutsamen Hügel ausgetragen. Zahlreiche Gedenkstätten gibt es im Gelände, von "Cima 3" aus sieht man weit über die Isonzo-Ebene, auf der anderen Seite bis zum Meer. Im *Museum* eine ausführliche Dokumentation mit Fotos und Karten des Linienverlaufs der verschiedenen Schlachten. Am meisten beeeindruckt die Besucher die taktische Kommandostelle der 3. Armee, ein Stollen mit mehreren Ausgängen, Kanonenstellplätzen und Munitionsdepots. Ganz in der Nähe zwei Unterstände der Österreicher – die feindlichen Maulwürfe näherten sich unterirdisch bis auf 50 m.

*Öffnungszeiten/Preise*: **Museum** – Mitte Mai bis Sept. 9–11.45 und 15–17.45 h, Okt. bis Mitte Mai 9–11.45 h, Mo geschl., frei.

## Redipuglia: Italiens größter Militärfriedhof

Der Friedhof von Redipuglia liegt 7 km südlich von Gradisca an der Nationalstraße nach Triest. Nachdem der Hügel südlich der Straße den Gebeinen angeblich wegen Witterungseinflüssen nicht bekam, wurde 1938 eine gigantische Gedenkstätte nördlich der Straße errichtet – ein Beispiel übersteigerter faschistischer Architektur und heute die größte Gedenkstätte Italiens. Eine Treppe von 22 Stufen, jede 2 m hoch und 12 m breit, birgt nach militärischer Hierarchie und alphabetischer Reihenfolge geordnet, die Überreste von 40.000 identifizierten Gefallenen der Isonzo-Schlachten. Zuoberst steht eine Votivkapelle, beidseits von ihr zwei Sammelgräber für weitere 60.000 nicht identifizierte Soldaten. Am Fuß der Treppe ruht unter einem 75 Tonnen schweren Steinblock der *Herzog von Aosta*, Kommandant der 3. Armee, die in den Isonzo-Schlachten eine Hauptrolle spielte, nebenbei Anhänger des Faschismus von Anbeginn an. Im Gegensatz zum hier beerdigten Fußvolk überlebte der General alle Schlachten und entschlief friedlich 1931. Im Grab ist das etwas pathetische Testament des Herzogs zu lesen: Er fühlt das nahe Ende kommen *(La sera scende sulla mia giornata)*, dankt seiner Frau Hélène für die Pflege und hofft, dass auch seine beiden Söhne ein Leben führen wie er nach dem Motto "Für König und Vaterland" *(Tutto per la patria e il re)*. Schließlich folgt der Wunsch, bei seinen Soldaten beerdigt zu werden. Die Leichname von Hélène und den Söhnen wurden später hier beigesetzt. Gegenüber der Gedenkstätte, auf der anderen Straßenseite, ein *Museum* mit einer großen Waffensammlung, Schautafeln und einer ausführlichen Fotodokumentation der zwölf Isonzo-Schlachten bis zum italienischen Sieg.

Knapp 1 km weiter in Richtung Udine liegt bei *Fogliano* neben dem zivilen Friedhof der der Gefallenen Österreich-Ungarns mit 14.550 Gräbern – im Gegensatz zur Monumentalität von Redipuglia wirkt er angenehm bescheiden.

Blick von den Karsthöhen auf die östlichste Stadt Italiens

# Provinz Triest

**Der alleröstlichste Zipfel Italiens liegt schmal und schlauchförmig an die Küste geschmiegt, fast unmittelbar dahinter steigen die Karstberge an.**

An der Küste, der *Triestiner Riviera*, dominieren niedrige, teils dicht bewachsene Kalkfelsen, Sandstrände gibt es nur wenige. Touristisches Highlight ist ohne Zweifel *Schloss Miramare*, die wunderschöne Residenz des Erzherzogs Maximilian und seiner Gattin Charlotte – das traurige Schicksal des österreichischen Thronfolgers wäre eine melodramatische Verfilmung wert. *Triest* selber gehört in seinen strengen klassizistischen Zügen sicherlich nicht zu den attraktivsten Städten Italiens, doch das bergige Hinterland bietet die riesige Tropfsteinhöhle *Grotta Gigante* und die Karstschlucht *Val Rosandra* mit herrlichen Wandermöglichkeiten. Südlich von Triest ist Italien fast zu Ende, das dortige Küstenstädtchen *Muggia* lohnt nur bedingt einen Abstecher.

| | |
|---|---|
| Duino | S. 230 |
| Sistiana | S. 231 |
| Schloss und Park Miramare | S. 232 |
| Triest | S. 235 |
| Risiera di Santa Sabba | S. 244 |
| Muggia | S. 244 |
| Triestiner Karst (Grotta Gigante, Rupingrande, Val Rosandra) | S. 246 |

# Riviera Triestina

**Östlich der Industriestadt Monfalcone bilden weiße Kalkfelsen und eingelagerte Strände die Küste bis Triest. Von der in den Fels gesprengten Durchgangsstraße hat man immer wieder herrliche Panoramablicke, vor allem hinter Duino. Darunter versteckt sich eine Handvoll kleiner Küstenorte, die hauptsächlich als Jachthäfen fungieren und nur bescheidene Bademöglichkeiten bieten.**

Die westliche Grenze der Triestiner Riviera bildet die Timavo-Mündung. Bei *San Giovanni del Timavo* bricht der Fluss nach rund 40 km unterirdischem Lauf aus dem Karst. Der Ort war in der Antike heilig, heute ist er ein lauschiges Plätzchen mitten im Wald, ein paar Schleusen, die keineswegs stören, und knapp daneben die gotische Kirche *San Giovanni in Tuba* – ein Tipp für Romantiker. Man findet die Stelle direkt gegenüber dem Abzweig nach Gorizia, am rechten Straßenrand heulen zwei steinerne Wölfe.

## Duino

(ca. 8600 Einwohner)

**Die Perle der Triestiner Riviera – nicht unbedingt der Ort selbst, sondern seine unmittelbare Umgebung.**

Reizvoll ist ein Besuch des verträumten Hafens. Ein schöner Kiesstrand lädt zum Baden ein, zwei Restaurants kümmern sich um verwöhnte Gaumen, und die im Meer versinkende Sonne lässt jedes halbwegs romantisch veranlagte Herz höher schlagen.

Unmittelbar an den Hafen schließt sich die Steilküste an. Eine frühmittelalterliche Burg, das *Castello Vecchio*, thront als Ruine auf einem Felsen, während es im *Castello Nuovo*, das allerdings auch schon über 500 Jahre alt ist, mondän zugeht. Es gehört den Thurn und Taxis bzw. den "Torre e Tasso", wie der italienische Zweig der Fürstenfamilie sich nennt. Heute kommen vor allem Teilnehmer internationaler Kongresse in den Genuss der adligen Gastfreundschaft, früher waren es begnadete Dichter. Der berühmteste unter ihnen war Rainer Maria Rilke, der sich hier während langer Wanderungen zu den "Duineser Elegien" inspirieren ließ, einem Meisterwerk deutscher Lyrik.

**Tipp**: Der sog. "Sentiero Rilke" (Rilke-Pfad) führt etwa 2,5 km weit an der Steilküste entlang von Duino nach Sistiana. Hin und zurück benötigt man etwa eine Stunde, die Aussicht unterwegs ist ebenso betörend wie der Duft von Lavendel und Thymian. Der Weg beginnt bei der östlichen Einfahrt von der SS 14 nach "Duino Centro" und endet in Sistiana neben dem Informationsbüro. Achtung: Die Küstenregion zwischen Duino und Sistiana ist als Vogelschutzgebiet ausgewiesen, das Verlassen des Wegs ist deshalb verboten!

• *Übernachten*: ** **Villa Gruber**, am Hafen, altes Landhaus mit wunderschönem Garten. DZ ca. 73–80 €, Frühstück extra. ✆ 040/208115, ✆ 2071119.

* **Alla Dama Bianca**, am Hafen, sieben saubere Zimmer, fast alle mit Balkon, Speiseterrasse direkt über dem Meer, kleines, hoteleigenes Strandbad, freundliche Wirtin – unser Tipp. DZ ca. 62–75 €, Frühstück extra. ✆ 040/208137, ✆ 208258.

Einige wenige Zimmer auch im **Ristorante Al Cavalluccio** am Hafen.

• *Essen*: **Al Cavalluccio**, am Hafen. Guter Ruf und gute Küche, nicht ganz billig, dafür

*An der felsigen Triestiner Riviera sind Badestrände rar*

speist man in traumhafter Lage.

**Alla Dama Bianca**, im gleichnamigen Hotel. Die Wirtin hatte früher das Cavalluccio. Mit der "Weißen Dame" zeigt sie eine ebenso geschickte Hand. Ihr Mann Rino ist Fischer und versorgt das Lokal mit frischer Ware.

**Giardino alla Cernizza**, auf halbem Weg zwischen Dorf und Hafen. Angenehmes Gartenrestaurant mit ausgezeichneter Fischküche. In puncto Lage und Angebot kann es mit den vorgenannten nicht mithalten, dafür ist es billiger.

▶ **Sistiana:** Der zweite Ort der Triestiner Riviera liegt über einer von Karstfelsen umgebenen Bucht, unten gibt es einen großen Jachthafen mit einem kleinen Kiesstrand, ein größerer Kiesstrand liegt ein Stück weiter östlich. Ein schattiger Campingplatz blickt oberhalb der Steilküste auf den Hafen hinunter.

• *Übernachten/Essen*: * **Gruden**, in San Pelagio, knapp 5 km im Landesinneren, DZ ca. 40 €, Du/WC auf Etage, saubere Zimmer. Ein einfaches Hotel und ein vortreffliches Restaurant mit Terrasse. Das Gruden liegt an der Weinstraße des Carso, die im Hinterland von Villa Opicina (bei Triest) nach Sistiana führt. Also einmal den Weißwein sein lassen und den erdigen Terrano probieren, dazu Hausmannskost, als Primo sei hausgemachter *rottolo di spinacio* (Spinat in Teigwaren gehüllt) empfohlen. Restaurant Mo/Di geschl. ✆ 040/200151, 📠 200854.

**** **Camping Marepineta**, an der SS 14, Ortsausfahrt Richtung Duino. Großes, angenehm schattiges Gelände im Pinienwald über der Steilküste, das Meer liegt allerdings weit unten (im Sommer Pendelbus). Restaurant/Pizzeria, Pool, Tennis, Spielplatz, Vermietung von Mobil Homes und Wohnwagen. Es wird Deutsch gesprochen. Vor dem Gelände führt der Rilke-Weg vorbei. Mai bis Mitte September. ✆ 040/299264, 📠 299265, Internet: www.marepineta.com, E-Mail: info@marepineta.com

* **Camping Alle Rose**, weiter landeinwärts, keine schöne Lage, dafür preiswert. ✆ 040/299457.

**Tenda Rossa**, Restaurant mit herrlichem Meeresblick direkt an der SS 14 (km 143).

▶ **Grignano:** Der etwas gesichtslose Ort ist allenfalls einen kurzen Badestopp wert – entweder beim großen Jachthafen direkt über die Kaimauer springen oder ins gebührenpflichtige Strandgelände an der Westseite des Hafengeländes. Die paar

Ferienhäuser üben keinen großen Reiz aus, auch nicht das renommierte Internationale Zentrum für theoretische Physik, das hier seine Forschungen betreibt.
Das auf der Halbinsel über dem Ort gelegene *Schloss Miramare* sollte man sich hingegen keinesfalls entgehen lassen. Man erreicht es direkt von der SS 14 (Abfahrt beschildert) oder mit einem kleinen Spaziergang vom Hafen von Grignano aus. Von Triest fährt Bus Nr. 6 bis Bárcola, dann Nr. 36, auch Nahverkehrszüge stoppen in Grignano, im Sommer gibt es außerdem Bootsverbindungen ab Triest.

## Schloss und Park Miramare

**Das schneeweiße Habsburgerschloss thront mit seinem wunderschönen kleinen Hafen und dem weitläufigen Park bühnenbildgerecht auf einem Felsvorsprung direkt am Meer – ein Hollywood-Regisseur hätte es nicht besser platzieren können.**

Mitte des 19. Jh. fand der österreichische Erzherzog Maximilian, Bruder von Kaiser Franz Joseph, Gefallen an der Triestiner Riviera und wünschte sich hier eine Residenz. 1859 ließ er sich im zarten Alter von 27 Jahren mit seiner knapp 20-jährigen Gemahlin Charlotte im *Castelletto* (vom Hafen aus sichtbar) nieder und überwachte die schwierigen und enorm kostspieligen Bauarbeiten persönlich. Ein Jahr später zog das Paar dann ins noch längst nicht fertig gestellte Schloss ein. Maximilian hätte hier in Ruhe seinen zahlreichen Interessen nachgehen und ein sorgenfreies Leben führen können, die junge Charlotte hätte sich der Musik, Literatur und Malerei gewidmet. Doch packte ihn der Ehrgeiz, er nahm die Kaiserkrone von Mexiko an (und verzichtete dafür auf die österreichische Thronfolge). 1864 stach er von Miramare aus in See, 1867 wurde er in Mexiko von Aufständischen erschossen. Das Märchen von Miramare fand nicht statt, das Schloss wurde erst 1870 endgültig fertig gestellt und beherbergte nach Maximilian noch weitere gekrönte Häupter sowie im Zweiten Weltkrieg die deutsche Generalität. Erst als das Gerücht die Runde machte, dass jeder, der in Miramare wohnt, eines unnatürlichen Todes stirbt, ließ der Andrang nach. Heute stehen die großen, lichten Räume mit ihrem wertvollen historischen Mobiliar zur Besichtigung frei.

**Museo Storico del Castello di Miramare**: Der Rundgang durch die wunderbar restaurierten Räumlichkeiten ist ein Genuss. In jedem Raum findet man interessante Erläuterungen zu Entstehung und Einrichtung.
Die ersten beiden Räume im Erdgeschoss sind das spartanisch gehaltene *Schlafzimmer* und das *Arbeitszimmer* Maximilians. Sie besitzen wunderbare Holztäfelungen, sind aber niedrig wie Schiffskajüten gehalten. Maximilian hat hier seine Zeit als junger Matrose auf der Kriegsfregatte "Novara" festgehalten. Das Arbeitszimmer ist dem Heckraum dieses Schiffes nachgebildet, das Schlafzimmer soll eine Kabine darstellen.
Es folgen die prächtige *Bibliothek* mit etwa 3000 Bänden, dann der *Speisesaal* und das *Arbeitszimmer* Charlottes – beide mit herrlicher blauer Tapete. Das folgende achteckige Zimmer diente als *Musik-, Lese-* und *Malraum* für Charlotte. Weiter kommt man durch das *Schlafzimmer* Charlottes und die *Hauskapelle* in den großen *Windrosensaal* – so genannt, weil der Zeiger an der Decke mit einer Wetterfahne am Dach verbunden war. Er diente als Eingangsraum für Gäste, die vom kleinen Hafen heraufkamen, wurde aber auch als Spielzimmer genutzt.
Durch ein herrliches *Treppenhaus* aus Eichenholz im Renaissancestil steigt man in den ersten Stock hinauf, der erst nach der Abreise des jungen Paars nach Mexiko fer-

tig gestellt wurde. Der *"Herrschersaal"* – so genannt nach den zahlreichen Herrscherporträts an den Wänden – wurde später als Gästezimmer genutzt. Der Fußboden spiegelt die Motive der Deckenverzierungen wider. Das Bett ist ein Geschenk Kaiser Napoleons III. An dem kleinen schwarzen Marmortisch hat Maximilian die Annahme der mexikanischen Krone unterzeichnet.

Im *Audienzsaal* sieht man über den Türen Bilder der Habsburger Schlösser, darunter eins von Schloss Chapultepec, Maximilians Residenz in Mexiko.

Durch zwei Räume im *japanisch/chinesischen Stil* gelangt man in den *Historischen Saal* (auch: Cesare dell'Acqua-Saal) mit einigen bedeutenden Bildwerken zur Biografie Maximilians: das "Angebot der Krone Mexikos durch eine mexikanische Delegation", die "Abreise Maximilians und Charlottes" sowie der "Besuch der Kaiserin Elisabeth im Schloss".

Schließlich setzt der prunkvolle, zwei Stockwerke hohe *Thronsaal* mit seiner aufwendigen gotischen Holzdecke einen krönenden Schlusspunkt. An den Wänden hängen zwei riesige Gemälde: die "Allegorische Darstellung der Besitzungen Karls V.", dessen Nachkomme Maximilian war, sowie der "Stammbau der Familie Habsburg-Lothringen". Die Habsburger sind darin golden hinterlegt, die Lothringer "nur" silbern.

**Parco di Miramare:** Ebenso reizvoll wie der Schlossbesuch ist ein Spaziergang durch den wunderschön angelegten Park. Die Bepflanzung mit z. T. seltenen

Bäumen (darunter viele aus Mexiko und Kalifornien) wurde von Maximilian persönlich veranlasst und folgte einem präzisen Plan. Im hinteren Teil trifft man auf ein großes, bronzenes Standbild des Kaisers von Mexiko. Das *Castelletto* beherbergt heute eine kleine Ausstellung zur Meeresfauna und -flora (0,60 €). Vor der Küste von Miramare hat der WWF bereits vor über 20 Jahren einen geschützten *Meerespark* initiiert, der an einigen Wochentagen mit Schnorchel oder Atemgerät besichtigt werden kann (nur mit Führung, ca. 13 €, ✆ 040/224147).

**Tipp**: Im Park von Miramare wird im Juli/August abends "Luci e Suoni", ein aufwendiges Ton-Licht-Spektakel veranstaltet, in dem die Romanze von Miramare wiederauflebt (3 x wöch., meist Do, Fr und Sa, jeweils 21.30–22.45 h, ca. 5 €).

• *Öffnungszeiten/Preise*: **Schloss**, April bis September tägl. 9–18 h, Rest des Jahres bis 16 bzw. 17 h; Eintritt ca. 4,30 €, frei unter 18 und über 60. **Schlosspark**, April bis September tägl. 8–19 h, Rest des Jahres bis 16 bzw. 17 h, Eintritt frei.

*Schloss Miramare – pittoresker Bau mit prachtvollem Innenleben*

• *Übernachten*: *** **Riviera e Maximilian's Residence**, Strada Costiera 22, komfortables Haus oberhalb der Bucht von Grignano, herrlicher Blick die Küste entlang, Restaurant mit Panoramaterrasse. Lift zu einer großen, privaten Badeplattform unterhalb. DZ mit Frühstück ca. 100–140 €. ✆ 040/224551, ℻ 224300.

* **Mignon**, Via Junker 12, direkt im Hafen von Grignano, schöner Meeresblick. DZ mit Frühstück ca. 80 €. ✆/℻ 040/224611.

**Jugendherberge Ostello Tergeste** (IYHF), Viale Miramare 331, an der Zufahrt zum Schloss. Vom Bahnhof Triest aus: Bus Nr. 6 bis Bárcola, dann Nr. 36. Großartige Lage in einer Villa direkt am Meer. Übernachtung mit Frühstück ca. 11,50 €/Pers. ✆/℻ 040/224102.

• *Essen/Cafés*: Die **Miramare Bagno Bar** an der Zufahrt zum Schloss ist außerhalb der Saison ein ruhiges Fleckchen am Wasser.

**Von Grignano bis Triest:** Hinter dem Schloßfelsen von Miramare zieht sich entlang der Straße eine kilometerlange Küstenpromenade bis nach *Bárcola*, das bereits zu Triest gehört. Die Triestiner stellen hier mitgebrachte Liegestühle aufs Pflaster und springen über die Mauer ins Meer. Die Wasserqualität nimmt gegen Triest hin ab, dafür gibt's in Bárcola einen schattigen Pinienhain. Der 68 m hohe Leuchtturm *Faro della Vittoria* (einer der höchsten der Welt) steht oberhalb vom Ort und kann bis zur ersten Plattform bestiegen werden.

*Öffnungszeiten*: **Faro della Vittoria** – April bis Sept. 9–11, 16–18 h, sonst 10–15 h, Mi geschl.

*Am Canal Grande im Zentrum von Triest*

# Triest (Trieste)

(ca. 230.000 Einwohner)

**Hauptstadt der dünn besiedelten Region Friaul-Julisch Venetien, einstmals wichtigster Mittelmeerhafen der Doppelmonarchie Österreich-Ungarn. Eingeschlossen von karstigen Kalkhängen, liegt die Stadt in einer halbkreisförmigen Bucht nur wenige Kilometer vor der slowenischen Grenze. Die eigenartige Mischung aus riesigen Hafendocks, prächtigen Palästen der k.u.k.-Monarchie und Caféhausromantik prägt ihr Ambiente. Leider herrscht tagsüber in den Straßenschluchten ein schier unerträglicher Verkehr, was den Aufenthalt nicht immer angenehm macht.**

Die exponierte geografische Lage und die damit verbundene, wechselvolle Geschichte haben das Gesicht der Stadt geprägt, ungarische, slawische und vor allem österreichische Einflüsse sind spürbar: in der Architektur, im alltäglichen Leben, nicht zuletzt aber auch in der Küche.

Das Zentrum ist in strengen klassizistischen Linien gestaltet, zahlreiche monumentale Bauten spiegeln die Bedeutung Triests in den letzten Jahrhunderten, als die Stadt unter den Habsburgern bedeutender Freihafen war. Nach dem Ersten Weltkrieg und dem Auseinanderfallen des k.u.k.-Imperiums wurde die Stadt Italien zugeschlagen und zu einem Zentrum des Schiffbaus. Als Zeichen des Reichtums und der "Grandezza" entstanden überall prächtige Palazzi, u. a. die Börse, die Theater und das auch heute noch anerkannt gute Opernhaus. Nach der deutschen Besetzung im Zweiten Weltkrieg wurde Triest zum Zankapfel zwischen Italien und Jugoslawien, wirtschaftliche Not und soziale Krisen drohten den Glanz der einstigen Handels- und Wirtschaftsmetropole zu zerstören. Erst 1954 wurde Triest wieder italienisch, wobei das Hinterland jugoslawisch bzw. slowenisch blieb – ein schwieriges Erbe, denn der "Eiserne Vorhang" verhinderte jeglichen wirtschaftlichen Austausch. Seit der Demokratisierung der Balkanstaaten hofft man nun wieder, an die frühere Bedeutung anknüpfen zu können. Schon jetzt ist Triest wegen diverser Vergünstigungen und Steuernachlässe die italienische Metropole des Versicherungswesens.

## Anfahrt/Verbindungen/Information

• *Anfahrt/Verbindungen*: **PKW**, aus der BRD und Österreich auf der Tauernautobahn und der neuen A 23 von Villach über Udine schnell zu erreichen. An der Uferfront gibt es viele Stellplätze (z. T. gebührenpflichtig und bewacht), das **Parkhaus** "Silos" liegt z. B. neben dem Bahnhof (ca. 1 €/Std.), weitere Parkplätze im östlichen Hafenbereich (gegenüber Stazione di Campo Marzio).

**Bahn**, der Hbf. **Stazione Centrale** liegt an der Piazza della Libertà etwas nördlich von Hafen und der Altstadt. Gute Verbindungen gibt es u. a. nach Venedig und Milano, nach Villach und Salzburg, jeweils über Udine.

**Bus**, Busstation schräg gegenüber vom Bahnhof.

• *Information*: **APT**, Riva Tre Novembre 9, zentrales Auskunftsbüro an der Uferpromenade, wenige Schritte vom Caffè Tommaseo. Stadtpläne, Unterkunftsliste und reichlich Prospektmaterial, z. B. Wanderwege im Karst. Tägl. 9–19 h. ✆ 040/3478312, ℻ 3478320, Internet: www.triestetourism.it, E-Mail: apt@iol.it

**Hauptstelle** in der Fußgängerzone, Via San Nicolò 20 (3. Stock). Mo–Fr 9–19 h. ✆ 040/6796111, ℻ 6796299, E-Mail: info@triestetourism.it

**Tipp**: Wochenendgäste, die mindestens zwei Nächte in einem der Hotels in Triest oder Umgebung buchen, die in der so genannten "T for you"-Broschüre aufgeführt sind, erhalten Sonderpreise sowie Rabatte bzw. kostenlosen Eintritt in verschiedenen Restaurants, Museen u. ä. Die Broschüre ist im Informationsbüro erhältlich. Von unseren Empfehlungen nehmen die Hotels Continentale, Italia, Roma und Krizman an dieser Aktion teil.

## Übernachten

Etliche Mittelklassehotels in Bahnhofsnähe, einfache *locande* verstreut im Zentrum, in der untersten Kategorie kaum Preis- und Qualitätsunterschiede.

*** **Roma (1)**, Via Carlo Ghega 7, alteingeführter Familienbetrieb in Bahnhofsnähe, relativ komfortabel, geräumige Zimmer, Sanitäres okay, freundlich geführt. DZ mit Frühstück ca. 65–125 €. Garage kostet ca. 10 € extra. ✆ 040/3689980, ℻ 370040.

*** **Abbazia (2)**, Via della Geppa 20, ebenfalls Bahnhofsnähe, kleineres Haus in einer relativ ruhigen Gasse, gemütliche Lobby mit Polstermöbeln, akzeptabler Standard. DZ mit Frühstück ca. 100–120 €. ✆ 040/369464, ℻ 369769.

*** **Italia (3)**, Via della Geppa 15, modern ausgestattete Herberge mit 38 Zimmern. DZ ca. 75–120 €, Frühstück extra, Parkplatz extra. ✆ 040/369900, ℻ 630540.

*** **Continentale (13)**, Via San Nicolò 25, zentrale Lage in der Fußgängerzone, 53 gepflegte Zimmer mit TV. DZ mit Frühstück ca. 70 €. ✆ 040/631717, ℻ 368816.

** **Al Teatro (16)**, Piazza G. Bartoli 1, ganz zentrale Lage gleich bei der Piazza dell'Unità d'Italia. Großes klassizistisches Haus, in den Gängen abgetretene Teppichböden, Zimmer unterschiedlicher Größe mit Parkettboden, saubere Bäder. Auto kann abgestellt werden, kostet aber extra. Freundliches Personal. DZ mit Bad ca. 100 €, mit Etagendusche 75 €, Frühstück incl. ✆ 040/ 366220, ℻ 366560.

* **Centrale (9)**, Via Ponchielli 1, ordentliches Albergo in verkehrsberuhigter Straße am Kopfende des Canal Grande, neben der klassizistische Kirche Sant'Antonio Taumaturgo. 15 Zimmer, DZ mit Bad ca. 55 €, Frühstück extra. ✆ 040/639482, ℻ 370677.

* **Locanda Marina (4)**, Via Galatti 14, Nähe Bahnhof, mit 28 Zimmern das größte Ein-

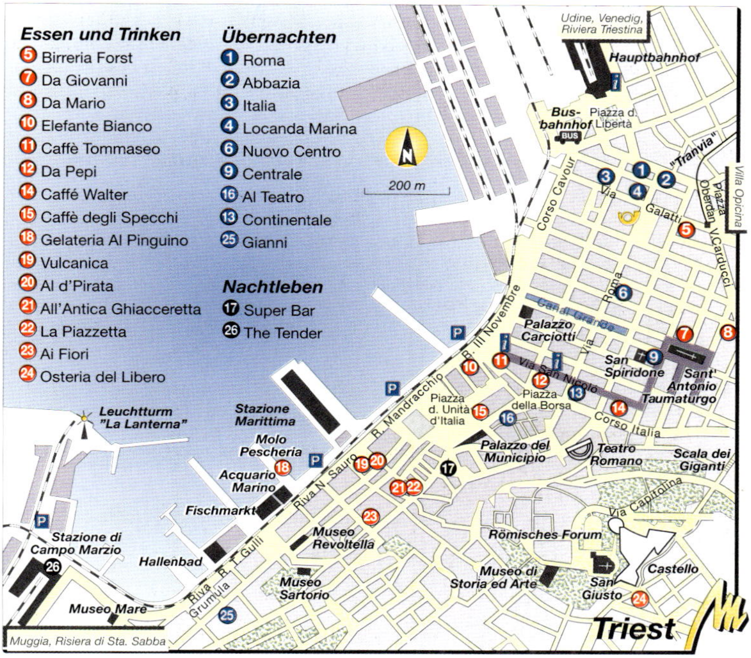


Stern-Albergo, sehr einfach, altes Mobiliar, aber nette, ehrliche Leute. DZ um die 43 €, nur Etagendusche, keine Frühstücksmöglichkeit. ✆/℻ 040/369298.

* **Nuovo Centro (6)**, Via Roma 13, Nähe Kanal, 18 Zimmer, leidlich sauber, DZ mit Etagendusche ca. 35–42 €, keine Frühstücksmöglichkeit. ✆ 040/300738, ℻ 3475258.

* **Gianni (25)**, Via Lazaretto Vecchio 22, Nähe Markthalle u. Hallenbad, nur 8 Zimmer, DZ mit Etagendusche ca. 43–48 €, keine Frühstücksmöglichkeit. ✆ 040/300738, ℻ 232118.

• *Außerhalb*: ** **Krizman**, Landgasthof in Rupingrande auf der Karstanhöhe (Triest/Umgebung). Gegenüber der Stadt herrscht hier wohltuende Ruhe. DZ ca. 60 €, Frühstück extra. Mit hübschem Gartenrestaurant. ✆ 040/327002, ℻ 327370.

• *Jugendherberge*: **Ostello Tergeste** (IYHF), 8 km außerhalb beim Schloss Miramare (→ Grignano/Schloss Miramare).

• *Camping*: ** **Obelisco**, bei Villa Opicina, einem Vorort hoch über Triest, nicht am Meer. Uriger Platz in einem Waldstück an steilem Hang, terrassenförmige Stellplätze, ziemlich eng, für Womos ungeeignet, ruhig. Viele Dauercamper, während unseres Aufenthalts nicht sonderlich gepflegt. Hinauf mit der kabelgezogenen Straßenbahn namens "Tranvia" ab Piazza Oberdan. Ganzjährig geöffnet. ✆ 040/211655, ℻ 212744.

In **Sistiana** an der Bahnlinie nach Italien liegen zwei weitere Plätze über einer schönen Bucht mit Kalkfelsen (→ Sistiana), Bus Nr. 44 ab Bhf. bringt einen näher zu den Plätzen als der Zug.

## *Essen und Trinken*

In der Triestiner Küche mischen sich venezianische, friulanische, ungarische, slawische, jüdische, griechische und österreichische Einflüsse. Neben den üblichen italienischen Gerichten stehen auch Knödel und Klöße, *porzina* (Kaiserfleisch) und

Prager Schinken, Schweinefleisch und Wiener Schnitzel, Gulasch und *jota*, eine dicke Bohnensuppe Kärntner Art, auf den Speisekarten. Daneben sind – wie in Venetien – auch die in Zwiebeln eingelegten Sardinen namens *sardoni in savor* sehr beliebt. An Süßspeisen gibt es z. B. Krapfen, Strudel und Wiener Sachertorte, aber auch slowenische Leckereien wie *presnitz* (Mandeltorte), *putizza* und *pinza*. Auf jeden Fall sollte man einmal einen frisch vom Fass gezapften *Terrano* versuchen, den erdigen, dunkelroten Wein aus dem Karst. Leider besitzen viele Restaurants keine Sitzgelegenheiten im Freien und auch an der langen Hafenfront gibt es nur wenige Lokale.

**Tipp**: Wer wenig Geld ausgeben, aber trotzdem gut und reichlich essen möchte, sollte eins der so genannten "Buffets" aufsuchen, wo hauptsächlich Schweinefleisch in allen erdenklichen Varianten angeboten wird – auch dies ein Überbleibsel der österreichischen Epoche. Hier steht man ungezwungen am Tresen und nimmt eine Jause ("rebechin") ein, kann aber meist auch an einem der wenigen Tische Platz nehmen.

**Harry's Grill**, im Hotel Duchi d'Aosta an der Piazza dell'Unità d'Italia. Das exklusivste Restaurant Triests, Spitzenlage, ausnehmend schön eingerichtet, entsprechende Kleidung nötig. Menü ab 40 € aufwärts. So geschl. Reservierung unter ✆ 040/365646.

**Elefante Bianco (10)**, Riva Tre Novembre 3 (Uferfront), elegantes "In"-Lokal mit halbrundem, verglastem Vorbau, warm beleuchtet. Italienische Küche vom Feinsten, gute Nudelgerichte mit Meereszutaten, die aus Slowenien importiert werden. Menü um die 35–40 €. Sa mittags und So geschl.

**Da Giovanni (7)**, Via San Lazzaro 14, Nähe Canal Grande. Kleine, nett rustikal eingerichtete Trattoria, wo die Schinken dekorativ von der Decke hängen. Diverse Vorspeisen, gute Fleisch- und Fischgerichte. So geschl.

**Al d'Pirata (20)**, Via Alberto Boccardi 16, intimes Lokal mit Zweiertischen, romantisch mit Kerzen beleuchtet. Keine Sitzplätze im Freien.

**Vulcanica (19)**, große, populäre Pizzeria an der Uferfront, Riva Mandracchio/Ecke Via Felice Venezian, gegenüber der Stazione Marittima. Abends eins der fröhlichsten Plätzchen der Stadt, große Freiluftterrasse, "vera pizza napoletana", nicht teuer.

**Birreria Forst (5)**, Via Giorgio Galatti 11, Nähe Piazza Oberdan. Großes, vom Ambiente her stark österreichisch geprägtes Wirtshaus – vorne Bar, Cafeteria und Birreria, hinten Restaurant. Deftige Fleischgerichte wie Gulasch und Schnitzel, dazu diverse Biere. So geschl.

**Da Pepi (12)**, Via della Cassa di Risparmio 3, das bekannteste einer ganzen Reihe von "Buffets", 1997 hundert Jahre alt geworden. Man kann den ganzen Tag warmes Essen bekommen, vorzugsweise deftige Fleischgerichte vom Schwein, es geht laut und ungezwungen zu. So geschl.

**Da Mario (8)**, Via Torrebianca 41, Seitenstraße der Via Carducci. Weiteres gemütliches Buffet mit kleinem Speisesaal und offener Terrasse vor der Tür, allerdings Mopedparkplatz gleich daneben. Sa/So geschl.

• *Altstadtviertel Cavana*: landeinwärts der Uferfront, etwa auf Höhe der Stazione Marittima.

**Ai Fiori (23)**, Piazza Hortis 7, gepflegtes Ristorante, dessen Fischküche einen ausgezeichneten Ruf genießt. Menü um die 30–45 €. So/Mo geschl.

**La Piazzetta (22)**, Piazzetta di Cavana 1, hübsch zum Draußensitzen auf kleiner, ruhiger Piazza, vorwiegend Fisch.

**All'Antica Ghiacceretta (21)**, Via dei Fornelli 2, wenige Schritte von der Piazzetta di Cavana, schlichte, helle Trattoria, sympathisch bodenständig geblieben, nur wenige Tische, die schnell belegt sind. Typische Triestiner Küche, z. B. *jota*, *baccalà*, *minestra di orzo e fagioli*. Nur abends, So geschl.

• *Außerhalb vom Zentrum*: **Antica Trattoria Suban**, Via Comici 2, im Vorort San Giovanni, 1865 als Landgasthaus gegründet, Panoramablick von der Terrasse, seit langem Garant für die hervorragende Zubereitung typischer Triestiner und slowenischer Spezialitäten, z. B. die berühmte *jota*, ein hervorragendes Risotto mit Kräutern und gute Fleischgerichte, darunter auch Cevapcici. Aus der k.u.k.-Küche wurde der *palacinche* (Palatschinken) in die Gegenwart gerettet. Menü um die 30–40 €. Reservierung sinnvoll (✆ 040/54368) und mit Taxi rausfahren. Mo-Mittag und Di sowie in der ersten Au-

*Blick auf den monumentalen Palazzo del Municipio*

gusthälfte geschl.

**Hosteria Bellavista**, Via Bonomea 52, herrliche Lage am Berghang mit tollem Blick auf Triest. Gutes Geflügel und hausgemachte Pasta. Menü um die 70 DM. So und Mo-Mittag geschl.

• *Self-Services*: **Brek**, Via San Francesco di Assisi 10/A (Seitenstraße zur Via Carducci), leckere Küche in gewohnter Qualität dieser hervorragenden Restaurantkette.

• *Osterie*: **Osteria del Libero (24)**, Via Risorta 7, ein Museumsstück am Hügel San Giusto, die älteste Osteria der Stadt.

• *Cafés*: Erst seit die Türken 1683 Wien belagerten, wurde das schwarze Gebräu namens "Kaffee" auch in Europa bekannt und bald begehrt. Seitdem ist Triest der wichtigste Einfuhrhafen für Kaffee im Mittelmeer geblieben. Dementsprechend viel Wert legt man hier auf Qualität, die Röstereien der Stadt machen bekannt guten Kaffee und die Kaffeehauskultur ist in Triest lebendig wie eh und je.

**Caffè degli Specchi (15)**, 1839 an der zentralen Piazza dell'Unità d'Italia eröffnet, galt das ehemalige Literatencafé mit seiner großen Terrasse einst als "Wohnzimmer" der Stadt, u. a. verkehrten hier Rilke und James Joyce. Der Name bedeutet "Café der Spiegel" – und so sieht's denn innen auch aus. Do geschl.

**Caffè Tommaseo (11)**, Riva Tre Novembre 5 (Uferfront), seit 1830 in Betrieb und damit das älteste Café der Stadt und eins der ältesten Italiens. 1997 wurde es allerdings umfassend modernisiert, womit der historische Touch weitgehend verschwunden ist. Mo geschl.

**Antico Caffè San Marco**, Via Cesare Battisti 18 a (Seitenstraße der Via Carducci), berühmtes Jugendstil-Café direkt neben der Synagoge (→ Sehenswertes). Spiegel, Holztäfelung und kaffeebraune Marmortischchen, air-conditioned – das ideale Zeitungscafé. Mi geschl.

**Caffè Walter (14)**, Via San Nicolò 31, in der Fußgängerzone, zur frühen Abendstunde Treffpunkt der jüngeren Generation, auf der Theke sind dann verführerische Leckereien aufgebaut.

**Gelateria Al Pinguino (18)**, Molo di Pescheria, gutes Eiscafé, man sitzt direkt am Kai unter riesengroßen Sonnenschirmen.

**Pasticceria/Caffè Pirona**, Largo Barriera Vecchia 12, Verlängerung der Via Carducci. Berühmt für seine typischen Triestiner Leckereien, z. B. presnitz (slowenische Mandeltorte), putizza und pinza.

• *Kaffeeröstereien*: In den zahlreichen Kafferöstereien Triests, "Torrefazioni" genannt, kann man nicht nur viele Kaffeesorten kaufen, sondern man trifft sich hier auch gerne auf ein Tässchen, verbunden mit einem zwanglosen Schwatz. Zu den bekanntesten zählen die Torrefazioni **Crem Caffè** an der Piazza Goldoni (Via Carducci) und **La Triestina** an der Piazza Cavana (Altstadt).

## Illycaffè: eine Triestiner Kaffeedynastie

Jeder, der Italien bereist, wird früher oder später auf das Logo "illycaffè" stoßen. Bereits in dritter Generation führt die Familie Illy ihr stetig expandierendes Kaffeeunternehmen. Was 1933 als kleine Kaffeerösterei des Großvaters begann, ist nun dabei, den Weltmarkt zu erobern. In Italien ist man im Bereich Gastronomie bereits Marktführer vor Lavazza und Segafredo. Der Umsatz verdoppelt sich alle fünf Jahre und der Exportanteil beträgt 39 %. In der Illy-Sippe mischen sich die verschiedensten Nationalitäten – neben Italienern haben auch Ungarn, Südafrika, Irland und Österreich ihren Platz in der Ahnengalerie. Vor allem das Interesse an technischen Innovationen war es, das den steilen Aufstieg der Illys ermöglichte. Schon der Großvater Francesco Illy – ursprünglich ein ungarischer Tischler – erfand eine verbesserte Herstellung des Espresso und auch sein Sohn Ernesto und der heutige Juniorchef Andrea – beide sind Chemiker – haben das Streben nach perfektem Geschmack und herausragender Qualität in den hauseigenen Labors fast bis zur Besessenheit entwickelt. Dass die Triestiner den Ideenreichtum und die Wirtschaftskraft der Illys schätzen, zeigt sich nicht zuletzt daran, dass Andreas älterer Bruder Ricardo Mitte der Neunziger zum Bürgermeister der Stadt gewählt wurde.

### *Shopping/Sport/Nachtleben* *(Karte Seite 237)*

• *Shopping*: **Fischmarkt**, Riva Nazario Sauro, große, alte Halle an der Hafenfront, auch Blumen, Obst und Gemüse gibt es dort. Di–Sa 8–14 h.

**Markthalle**, Via Carducci 36 d. Mo 8–14 h, Di–Sa 8–19 h.

**Wochenmarkt**, Di–Sa auf der Piazza della Libertà, hauptsächlich Kleidung und Haushaltswaren.

**Obst- und Gemüsemarkt**, Di–Sa auf der Piazza Ponterosso am Canal Grande, auf derselben Piazza jedes Wochenende großer **Klamotten- und Jeansmarkt**, auf dem sich hauptsächlich Slowenen eindecken.

Es gibt etwa 60 **Trödel- und Antiquitätenläden** in der Stadt (hauptsächlich im Altstadtviertel Cavana), in der Via del Bastione laden **Antiquariate** zum Stöbern ein. **Mercatino dell'Antiquariato** findet jeden dritten Sonntag in den Straßen der Altstadt statt.

**Enoteca Bischoff**, Via Mazini 21, eine der ältesten Enoteche der Stadt, gegründet 1777. Über 600 regionale Weine, dazu mehr als 3000 italienische und ausländische Tropfen, zudem Grappe, Rum, Whiskey und Liköre. 9–13, 16.30–20 h, Mo-Nachmittag und So geschl.

• *Sport*: **Hallenbad** "Bianchi" an der Hafenfront neben der Markhalle. Im August/September geschl., sonst tägl. geöffnet, ca. 5 €.

• *Nachtleben*: Abends schläft Triest weitgehend und selbst der mörderische Autoverkehr lässt dann spürbar nach.

**Super Bar (17)**, Largo Riccardo Pitteri, direkt hinter der Piazza dell'Unità d'Italia, gemütliche kleine Bar, allabendlicher Szenetreff.

**Bennigan's**, Via Ottaviano Augusto 2, populärer "Irish Pub" im südlichen Hafenbereich. Ebenso beliebt ist der nahe gelegene, mit viel Holz eingerichtete Pub **The Tender (26)** in der stillgelegten Stazione di Campo Marzio (→ Museen).

**Il Gabbiano**, Disco an der Riva Grumula 4 im südlicher Hafenbereich, nur an Wochenenden geöffnet. ✆ 040/306541.

## Sehenswertes

Um die ganze Atmosphäre und Verschiedenartigkeit der Stadt zu erleben, sollte man mehrere Spaziergänge unternehmen: durchs klassizistische Zentrum und ins benachbarte kleine Altstadtviertel Cavana, auf den Hügel von San Giusto und natürlich am Hafen entlang.

**Canal Grande**: Der breite Kanal mit seinen monumentalen Fassaden, Brücken und Booten ist sicher das bekannnestes Stück der City. Einige Straßenzüge in seiner Umgebung wurden vor kurzem dankenswerterweise in Fußgängerzonen umgewandelt (→ Stadtplan), seitdem macht das Bummeln wieder mehr Spaß.

Am Kopfende des Kanals steht die streng klassizistische *Kirche Sant'Antonio Taumaturgo* mit einem Vorbau im Stil griechischer Tempel, gleich in der Nähe die serbisch-orthodoxe *Kirche San Spiridone* aus dem 19. Jh. im neobyzantinischen Stil. Am Meerende des Kanals erhebt sich rechter Hand der riesige *Palazzo Carciotti*, heute Sitz der Hafenbehörden. Auf der sich anschließenden *Piazza Ponterosso* herrscht vor allem an Wochenenden reges Markttreiben.

*Klassizismus und Jugendstil prägen die Architektur in Triest*

**Piazza dell'Unità d'Italia und Umgebung**: einer der größten Plätze Italiens am Meer und ein wirklich repräsentativer Mittelpunkt der Stadt, wunderbar weit und offen angelegt. Diverse Palazzi umrahmen sie: links vorne der *Palazzo del Governo* mit farbigem Freskenmuster, rechts der *Palazzo Llyod Triestino*, an der Landseite der *Palazzo del Municipio* mit prachtvoller Fassadendekoration, davor ein hoher Brunnen, dessen Statuen die vier Kontinente darstellen.

Am Hang hinter der Piazza liegt ein *Römisches Theater*, entdeckt erst in den dreißiger Jahren, als die Faschisten hier für eines ihrer Bauvorhaben einen Teil der Altstadt abreißen ließen. Daneben steigt man zum Hügel San Giusto hinauf (→ unten). Nicht weit entfernt liegt die Piazza della Borsa mit der klassizistischen Einkaufspassage *Tergesteo* und der *Borsa Vecchia* (Alte Börse) vom Anfang des 19. Jh.

**Cavana**: Rechter Hand der Piazza dell'Unità d'Italia beginnen die schmalen, abends reichlich düsteren Gassen des kleinen Altstadtviertels. Von der weiträumigen, großzügigen Planung des sonstigen Zentrums ist hier nichts zu bemerken. Enge, verwinkelte Gassen und hohe, oft halb verfallene Häuser prägen das Bild, vieles ist baufällig und sanierungsbedürftig. Die Bora-Stürme fegen hier oft mit bis zu 100 km/h von den umliegenden Hängen herunter und richten schwere Schäden an.

**Tipp**: Eine Überraschung ist die 1912 errichtete Synagoge von Triest, denn sie ist eine der größten in Europa. Der riesige, syrischen Vorbildern nachempfundene Bau steht an der Via Gaetano Donizetti, einer Seitenstraße der Via Cesare Battisti (westlich der Via Carducci), und beherbergt ein hebräisches Museum (Besichtigung mit Führung nur Mo 16.30–18 h, Eingang an der Piazza Giotti). Nicht mehr weit ist es von hier zum üppig grünen *Giardino Pubblico Tommasini* am Ende der Via Battisti, einer angenehmen Abwechslung im Asphaltdschungel.

**Hügel von San Giusto**: Das historische Zentrum der Stadt bietet ein etwas krauses Durcheinander von römischen, mittelalterlichen und venezianischen Überresten, jedoch hat man einen wunderbaren Blick auf Stadt und Meer.
Die äußerlich schlichte *Cattedrale di San Giusto* aus dem 15. Jh. ist aus zwei Kirchen zusammengebaut, die hier eng nebeneinander standen. Die romanische Fassade ist einfach gehalten, einziger Schmuck ist eine große Rosette. Das Innere besteht aus fünf Schiffen, in einigen der Apsiden sind Mosaike und Fresken erhalten. Neben dem Dom liegen die Ruinen eines *römischen Forums*, das einst als willkommener Steinbruch für den Bau des Doms diente. Dahinter kann man ein venezianisches *Castello* aus dem 15. Jh. besichtigen, in dessen z. T. original ausgestatteten Räumen eine kleine Waffensammlung präsentiert wird.
Im *Museo di Storia ed Arte* an der Via Cattedrale 15, etwas unterhalb der Kathedrale, sind prähistorische Funde ausgestellt. Daneben (Zugang über das Museum) der *Orto Lapidario*, eine Inschriften- und Skulpturensammlung unter freiem Himmel. Hier findet man in einem klassizistischen "Tempel" auch das Grab des deutschen Archäologen und Historikers *Johann Joachim Winckelmann*, der zu den bedeutendsten geistesgeschichtlichen Persönlichkeiten seiner Zeit zählte und dessen Hauptwerk "Geschichte der Kunst des Altertums" Goethes treuester Begleiter auf seiner Italienreise war.

## Tod in Triest: Mord an Winckelmann

Der fünfzigjährige Winckelmann, im Auftrag des Kirchenstaates als Aufseher über alle Altertümer von Rom tätig, kam im Juni 1768 nach Triest. Er stieg in der Osteria Grande an der Piazza San Pietro ab (heute Piazza dell' Unità). Mit dem italienischen Koch Francesco Arcangeli, mit dem er sich wohl angefreundet hatte, teilte er ein Zimmer und wohnte eine Woche lang mit seinem späteren Mörder zusammen. Warum diese Vertrautheit entstand, ist ungeklärt, vermutet werden gelegentlich homosexuelle Neigungen. Am 8. Juni erstach Arcangeli den Archäologen im Handgemenge – wahrscheinlich ein Raubmord, denn Winckelmann führte eine Sammlung wertvoller antiker Münzen mit sich. Der flüchtige Täter wurde eine Woche später gefasst, zum Tode verurteilt und bei lebendigem Leib gerädert.

• *Wegbeschreibung*: Hinter der Piazza dell' Unità d'Italia am **Römischen Theater** vorbei zur kopfsteingepflasterten Via Capitolina hinauf, die auf den Hügel führt. Alternative: die gewaltige **Scala dei Giganti** von der Piazza Goldoni, unter der Treppe rauscht der Verkehr durch den Sandrinelli-Tunnel. Weitere Alternative: am Bahnhof den Bus Nr. 24 nehmen.

• *Öffnungszeiten*: **Kathedrale** – Mo–Sa 8–12, 14.30–18.30 h, So 8–13, 15.30–20 h; **Castello** – April–Sept. tägl. 9–19 h, Okt–März 9–17 h; Eintritt 1,10 € (mit Museum 1,60 €); **Museo di Storia ed Arte & Orto Lapidario** – Di und Do–So 9–13 h, Mi 9–19 h, Mo geschl., Eintritt ca. 1,60 €.

*Unter den Arkaden der Piazza dell'Unità d'Italia*

## Museen

Die folgenden Museen liegen direkt an der Hafenfront und in Straßenzügen dahinter.

**Aquario Marino:** Das Aquarium neben der Fischmarkthalle wirkt mit seiner schummrig-nasskalten Atmosphäre etwas trist und vernachlässigt. Ein paar arme Pinguine stehen etwas verloren herum. Im ersten Stock kann man ein paar Schlangenterrarien und Unterwasserfotografien betrachten.

Öffnungszeiten/Preise: März bis Okt. Di–So 9–19 h, Nov. bis Februar 8.30–13.30 h, Mo geschl., Eintritt ca. 2,60 €.

**Galleria d'Arte Moderna & Museo Revoltella:** Die beiden aneinander gebauten Palazzi (Eingang in der Via Armando Diaz 27 neben Piazza Venezia) bilden zweifellos den musealen Höhepunkt Triests. Ersterer wurde innen völlig entkernt und mit viel Beton avantgardistisch-verwinkelt und reichlich verwirrend zur Kunstgalerie umgebaut. Die sehenswerte Sammlung moderner Maler und Bildhauer des 19. und 20. Jh. beinhaltet so viele originelle Stücke, dass ein Rundgang auch denen Spaß machen kann, die normalerweise mit moderner Kunst nicht viel anfangen können.

Ein echtes Kontrastprogramm bietet der benachbarte Palazzo Revoltella. Er gehörte dem Baron *Pasqualle Revoltella* (1795–1869), der mit dem Bau des Kanals von Suez zu Vermögen gekommen war und bereits zu Lebzeiten plante, das Gebäude nach seinem Tod der Stadt Triest als Museum zu übereignen. Heute ist hier auf mehreren Stockwerken eine wunderbar erhaltene Inneneinrichtung des 19. Jh. zu besichtigen – Parkettböden mit Einlegearbeiten und vergoldete Kassettendecken, wertvolle Polstermöbel, Spiegel und Kronleuchter, aufwendige Skulpturengruppen aus Marmor und Gemälde Triestiner Maler. Besonders schön: die mit einer Geheimtür versehene Bibliothek Revoltellas im Parterre.

Öffnungszeiten/Preise: Mo u. Mi–So 10–13 und 15–19 h, Di geschl., Juli bis Sept. bis Mitternacht geöffnet; Eintritt ca. 6,50 €.

**Museo Sartorio**: am Largo Papa Giovanni XXIII, schräg genüber vom Palazzo Revoltella. Hier sind u. a. Keramik und Porzellan sowie kretisch-venezianische und slawische Ikonen ausgestellt. Im ersten Stock Inneneinrichtungen verschiedener Stilarten, zahlreiche Gemälde und das herrliche "Triptychon di Santa Chiara", das Paolo Veronese zugeschrieben wird.

*Öffnungszeiten/Preise*: Di–So 9–13 h, Mo geschl., ca. 2,60 €.

**Museo del Mare**: Am Südende des Hafens macht die Uferstraße eine scharfe Kurve. An der landeinwärts abzweigenden Via Campo Marzio findet man dieses Museum, in dem Schiffbau und Fischerei der Region dargestellt sind.

*Öffnungszeiten/Preise*: Di–So 8.30–13.30 h, Mo geschl., ca. 2,20 €.

**Museo Ferroviario**: In der 1960 stillgelegten Stazione di Campo Marzio der früheren "Wocheinerbahn" nach Österreich haben alte Dampfloks, Triebwagen und Pferdewagen der Triester Straßenbahnen ihre letzte Ruhe gefunden. Dokumente zur Eisenbahngeschichte Triests und eine umfangreiche Modelleisenbahn, die den früheren Bahnknotenpunkt Opicina im Jahre 1910 abbildet, runden die Ausstellung ab. Im nostalgisch eingerichteten Pub "The Tender" kann man seinen Durst löschen.

*Öffnungszeiten/Preise*: Di–So 9–13 h, Mo geschl., ca. 2,20 €.

## Außerhalb vom Zentrum

**La Lanterna**: Der ehemalige Leuchtturm auf der Mole Fratelli Bandiera am Westende des Hafens darf bis zur ersten Plattform bestiegen werden.

*Öffnungszeiten/Preise*: April bis Sept. Do–Di 9–11, 16–18 h, Mi geschl., Oktober bis März nur So 10–15 h.

**Konzentrationslager Risiera di San Sabba**: Die Region Friaul war im Zweiten Weltkrieg eine Hochburg der Faschisten. Die deutschen Besatzer erklärten Triest und Hinterland 1943 zu einem großdeutschen Gau, dessen Leiter in Gorizia saß. Das einzige Vernichtungslager auf italienischem Boden (Sammellager zum Weitertransport nach Deutschland und Polen gab es mehrere) wurde südlich vom Triester Stadtzentrum in einer früheren Reisfabrik eingerichtet. Seit 1943 wurden dort – unter Regie der deutschen SS – tausende von Menschen ermordet, genaue Zahlen sind nicht bekannt. Die Stätte ist heute zum Nationaldenkmal erklärt, eine Ausstellung erinnert an die Gräuel der Massenvernichtung.

- *Öffnungszeiten/Preise*: Anfang Apri bis Mitte Mai und 1. bis 5. Nov. Mo–Sa 9–18 h, So 9–13 h, restliche Zeit des Jahres Di–So 9–13 h, Mo geschl., Eintritt frei.
- *Anfahrt/Verbindungen*: Risiera di San Sabba liegt südöstlich vom Stadtzentrum, Via Ratto della Piliera 43, ein Stück hinter dem großen Palasport Stadion. Man nimmt die Ausfallstraße am Ostende des Hafens in Richtung Muggia, fährt aber nicht auf die Autobahn ab. Zu erreichen mit Bus 10.

**Tipp**: Auf den Spuren von *James Joyce*, der mehr als zehn Jahre in Triest lebte und hier Teile seines weltberühmten "Ulysses" schrieb, kann man mit einer englischsprachigen Broschüre des Fremdenverkehrsamts wandeln.

## Südlich von Triest

▸ **Muggia**: venezianisches Küstenstädtchen mit Werftindustrie am Beginn der Halbinsel von Istrien, fast schon in Slowenien. Im Sommer neben Bárcola der

*Elegant geformt – der Dom von Muggia*

zweite Badeort Triests. Die Küstenpromenade (Richtung Grenze) ist ähnlich wie dort, die Wasserqualität allerdings eher schlechter.

Der kleine Ortskern, der von einem Kastell überragt wird, ist leidlich intakt, von der Stadtmauer sind ein Turm und das Osttor erhalten geblieben. An der zentralen Piazza Marconi stehen der gotische *Dom* mit elegant geschwungener Schaufassade und der hübsche *Palazzo Comunale* mit Arkaden, an dessen Mauer ein prächtiges Löwenrelief prangt. Am Wasser unten ein dicht mit Fischerbooten belegtes Hafenbecken, eine kleine *Pescheria Comunale* (Di–Sa 8–14 h) und der wenig erfreuliche Ausblick auf die Industriezone von Triest.

• *Anfahrt/Verbindungen*: Mit dem **PKW** nimmt man die Ausfallstraße am Ostende des Hafens in Richtung Muggia, fährt dann auf die Autobahn ab und durchquert das riesige, teils verlassene Industrieviertel von Triest. Langsam fahren und die Abfahrt nach Muggia nicht verpassen, auch im Weiteren sorgfältig auf Schilder achten! Deutlich weniger stressig ist die Fahrt mit **Bus 20**, der tagsüber alle 30 Min. fährt. Schönste Alternative: mit der **Fähre** übersetzen.

• *Übernachten*: * **Corallo**, Via Roma 34, fast im Zentrum, ordentliche Zimmer, DZ mit Bad ca. 42 €, keine Frühstücksmöglichkeit. Wenn keine Reaktion auf das Klingeln erfolgt, im Ledergeschäft "Elena" (fast daneben) nachfragen. ✆/℻ 040/ 271431.

* **La Bussola**, Via Manzoni 5, preisgünstiges Albergo mit Restaurant im Hafen. DZ ca. 27 €, Frühstück extra. ✆/℻ 040/ 271266.

** **Camping San Bartolomeo**, 5 km westlich, kurz vor dem Grenzübergang nach Slowenien. Mai bis Sept. ✆ 040/271275.

• *Essen & Trinken*: Von den drei Restaurants am Hafen gehört der Trattoria **Risorta** neben der Fischhalle die Palme – großartige Terrasse zum Meer, hervorragende Fischgerichte, Menü um die 30 € aufwärts. So-Abend und Mo geschl.

**La Bussola**, ein paar Schritte weiter, ebenfalls mit Terrasse zum Meer, auch Pizza. Fr geschl.

**Buffet alla Marina**, günstiges Lokal neben La Bussola. Di geschl.

**Tipp**: Auf dem Hügel von Muggia Vecchia, etwa 30 Fußminuten über dem Ort, steht die romanische Wallfahrtskirche "Santa Maria Assunta" mit einigen mittelalterlichen Fresken, daneben ein Gartenrestaurant mit Grill im Wald. Schöner Spaziergang die Salita Muggia Vecchia hinauf (westlich vom Ortszentrum), oben weiter Blick auf die Bucht von Triest. Muggia Vecchia ist auch mit Bus 27 zu erreichen.

## Carso Triestino (Triestiner Karst)

**Eine Tagestour über das dicht bewachsene Karstplateau oberhalb von Triest tut den verkehrsgeplagten Nerven gut, lohnt landschaftlich wegen der berühmten Grotta Gigante und diverser schöner Wanderrouten, aber auch kulinarisch, um in den "Osmizze" (Buschenschänken) einzukehren, die überall ihren Wein aus Eigenanbau anbieten.**

Der Karst liegt zum größten Teil auf slowenischem Gebiet und auch der schmale Zipfel in Italien zeigt diese Prägung. Im Gegensatz zu den oft leuchtend bunt gestrichenen Fassaden venezianischer Palazzi wirken die Orte eher nüchtern, die Häuser sind in schlichten Grau- und Weißtönen gehalten und auch das Straßenleben zeigt sich ruhig und zurückhaltend.

▸ **Villa Opicina**: Villenvorort hoch über der Stadt, hinauf mit der kabelgezogenen Straßenbahn namens *Tranvia* ab Piazza Oberdan, sehr reizvolle Fahrt (7–20 h alle 20 Min., ca. 0,80 € einfach). Noch vor dem Ortseingang ein großer *Obelisk* – 1830 von den Österreichern errichtet zur Erinnerung an den Straßenbau zur adriatischen Küste – und schöner Panoramablick auf Triest. (Achtung: für die Rückfahrt nach Triest kein Ticketverkauf am Obelisk, sondern nur an der Endstation in Villa Opicina).

**Tipp**: Von Villa Opicina nach Visogliano oberhalb von Sistiana führt die "Strada del Vino Terrano" mit über zwanzig ländlichen Gasthäusern, die den Terrano DOC ausschenken, zu erkennen an kleinen Schildern mit roter Traube auf braunem Grund und eingezeichnet in der Broschüre "Triestiner Karst", erhältlich beim Informationsbüro in Triest.

▸ **Grotta Gigante:** Die mit fast 300 m Länge und 107 m Höhe zu den größten Einraum-Grotten der Welt zählende Tropfsteinhöhle (angeblich passt der gesamte Petersdom hinein!) liegt bei *Borgo Grotta Gigante*, etwa 3 km nordwestlich von Villa Opicina und 15 km nördlich von Triest. Entstanden ist sie durch den unterirdischen Verlauf des Flusses Timavo. Die enorme Höhe der Grotte wird auch wissenschaftlich genutzt, denn zwischen Gewölbe und Höhlengrund sind die zwei längsten Messpendel der Welt befestigt, die hier ungestört von atmosphärischen Einflüssen seismische Bewegungen kontrollieren.

• *Anfahrt/Verbindungen*: Mit der "Tranvia" nach **Villa Opicina** hinauf und von der dem Bahnhof gegenüberliegenden Busstation weiter mit Bus 42 (2 x pro Std.). Auch Taxis stehen hier bereit.
Man kann auch bereits in Triest/Piazza Oberdan in den Bus 42 einsteigen, doch damit entgeht einem die schöne Fahrt mit der Tranvia.

• *Öffnungszeiten/Preise*: **Grotta Gigante** – April bis Sept. Di–Sa 10–18 h, März u. Okt. 10–16 h, übrige Monate 10–12, 14–16 h, jeweils Mo geschl.; Eintritt ca. 6,80 €. Besichtigung nur mit Führung, warme Sachen mitbringen.

• *Essen*: **Salviarosmarino**, am Ortsausgang in Richtung Rupinpiccolo, großes, gepflegtes Restaurant mit schöner Terrasse unter schattigen Bäumen. Angeschlossen ein Fitnesscenter.

## Unterwegs auf der Napoleonica: Wandern oberhalb von Triest

Direkt am Obelisk beginnt in Richtung Nordwesten ein etwa 5 km langer Wanderweg, die **Napoleonica**. Ohne große Höhenunterschiede führt er entlang des Küstengebirges mit herrlichen Ausblicken bis ins Örtchen **Prosecco** (Achtung: kein Prosecco in Prosecco!). Auf halber Strecke passiert man den **Tempio Mariano**, eine eher monumentale als schöne Wallfahrtskirche auf dem **Monte Grisa** (334 m). Ihre ungewöhnliche, pyramidenförmige Architektur kann man bereits von der Küste aus gut erkennen.

▸ **Rupingrande:** wenige Kilometer nordöstlich der Grotta Gigante. Hier kann man die *Casa Carsica* mit traditionellen Hauseinrichtungen und Trachten aus dem Karst besichtigen. Auf einem Hügel über dem Ort thront die *Rocca di Monterupino*, eine ehemalige Burg, deren Ursprünge bis in prähistorische Zeiten zurückgehen, mit einer Wallfahrtskirche aus dem 16. Jh. Alle zwei Jahre findet am letzten Augustsonntag in Rupingrande das große Fest der *"nozze carsiche"* statt, die Karsthochzeit. Wohnen und gut essen kann man im beliebten Gasthof Krizman (→ Triest/Übernachten).

*Öffnungszeiten/Preise*: **Casa Carsica** – nur So 11–12.30, 15–17 h; Eintritt frei.

**Sgonico**: Wer sich näher für die Flora des Karst interessiert, findet südlich von Sgonico, an der Straße nach Gabrovizza, den *Giardino Botanico Carsiana* mit hunderten von typischen Karstpflanzen.

*Öffnungszeiten/Preise*: **Giardino Botanico Carsiana** – April bis Okt. Di–Fr 10–12, Sa/So 10–13, 15–19 h, Mo geschl.; Eintritt ca. 2,10 €.

## Val Rosandra: einmalige Gebirgsszenerie im südlichen Teil des Karstes

Die tiefe Schlucht des Flusses Rosandra liegt schon fast an der Grenze zu Slowenien. Die Rosandra hat's hier eilig und stürzt sich gelegentlich in Wasserfällen talabwärts. Vom leichten einstündigen Spaziergang bis zur anspruchsvollen Tageswanderung ist alles möglich, Klettern im Kalkfelsen inklusive. An zahlreichen Stellen bildet der Fluss Bassins, die genussvolles Baden ermöglichen. Einige Triestiner kommen alleine deswegen hierher. Überreste eines römischen Viadukts, ein Sanktuarium mitten in der Einöde, eine verfallenene Burg, Grotten, Wasserfälle und Badebecken – wie man sich diese paradiesische Landschaft erschließen kann, erfährt man im Rifugio M. Premuda am Ende der Zufahrtsstraße von Bagnoli della Rosandra. In der Berghütte des italienischen Alpenvereins hat man Übernachtungs- und Verpflegungsmöglichkeit, außerdem erhält man für ca. 8 € eine detaillierte Wanderkarte, allerdings nur zusammen mit einer italienischsprachigen Broschüre, dafür in wetterfester Plastikhülle. Das Personal gibt gerne auch persönliche Ratschläge (✆ 040/228147).

*Val Rosandra – wunderschönes Wandergebiet nahe der slowenischen Grenze*

Mit dem eigenen Fahrzeug muss man Triest in östlicher oder südöstlicher Richtung verlassen und Hinweisschilder nach Bagnoli della Rosandra (Nähe San Dorligo della Valle) suchen, der Ort ist ca. 8 km vom Stadtzentrum entfernt. An Werktagen kann man weiter nach Bagnoli Superiore und zum Rifugio M. Premuda fahren. Am Wochenende muss man im unteren Ortsteil parken. Wer mit öffentlichen Verkehrsmitteln fahren will, kann vom Bahnhof Triest Bus 40 oder 41 bis Bagnoli Superiore nehmen.

**Was haben Sie entdeckt?**

Bitte schreiben Sie uns, wenn Sie Kritik, Verbesserungen, Anregungen oder Empfehlungen haben. Was war Ihre Liebingstrattoria, in welchem Hotel haben Sie sich wohlgefühlt, welchen Campingplatz würden Sie wieder besuchen? Schreiben Sie an:


*Eberhard Fohrer*
*Stichwort "Venetien & Friaul"*
*c/o Michael Müller Verlag*
*Gerberei 19*
*91054 Erlangen*
*eberhard.fohrer@michael-mueller-verlag.de*

## Alles im Kasten


Venezianische Villen: halb Schloss, halb Bauernhof ... 10
Der Gardasee: Traumziel aller Windsurfer ... 30
Ein gewaltiges Unternehmen ... 31
Faszinierende Relikte: Felszeichnungen am Monte Luppia ... 42/43
Im Bardolino-Land ... 44
Entsetzliches Sterben:
Die Schlacht von Solferino und San Martino ... 48/49
Mantua (Mantova): Zentrum der Renaissancekunst ... 51/52
Romeo und Julia ... 65
Soave – Massen- oder Qualitätswein? ... 73
Palladio: Wegbereiter für den Klassizismus ... 77
Alles Grappa: Die Grappa-Brenner von Bassano del Grappa am Monte Grappa ... 84
Die Villa Barbaro: geniales Meisterwerk Palladios ... 100/101
Antonio Canova: Führender Bildhauer der napoleonischen Zeit ... 103
Die "Dama Castellana": Historisches Damespiel mit menschlichen Figuren ... 104
Die "Zattieri del Piave": Holz für Venedig ... 114/115
Genetische Analyse: Apostel Lukas in Padua? ... 128
Terme Euganee: Norditaliens schönste Kurlandschaft ... 129
Der das Wasser teilt: Das Unternehmen "Mose" ... 137
O Sole mio.... ... 138
Als es Casanova nicht mehr aushielt ... 161
Phönix aus der Asche – ein drittes Mal? ... 162
Peggy Guggenheim: Das Leben als Vernissage ... 164
Tizian, Tintoretto, Tiepolo: Die großen Drei der venetischen Kunst ... 169
Kunstspektakel pur: Die Biennale von Venedig ... 172
Die Lagunenstadt literarisch: Tod in Venedig ... 173
Alte Seilschaften, neu belebt? ... 182
Riviera Fiorita: Erinnerung an große Zeiten! ... 185
Erholung pur: die Isola Albarella ... 193
Der Po: Italiens dreckigster Fluss ... 195
Ausflug in die Emilia-Romagna ... 197
Erdbeben: Die Geißel des Friaul ... 204
Palmanova: Symmetrie ohne Makel ... 211/212
Redipuglia: Italiens größter Militärfriedhof ... 228
Illycaffè: eine Triestiner Kaffeedynastie ... 240
Tod in Triest: Mord an Winckelmann ... 242
Val Rosandra:
einmalige Gebirgsszenerie im südlichen Teil des Karstes ... 248

## Kartenverzeichnis


Übersicht Venetien/Friaul ........ Umschlagklappe vorn
Venedig ........ Umschlagklappe hinten

Villen im Veneto ........ 10
Gardasee ........ 29
Monte Baldo ........ 37
Felszeichnungen am Monte Luppia ........ 42
Verona ........ 57
Vicenza ........ 80
Bassano del Grappa ........ 85
Treviso ........ 93
Asolo ........ 99
Belluno ........ 117
Padova ........ 121
Basilica di Sant'Antonio ........ 127
Udine ........ 203
Cividale del Friuli ........ 209
Palmanova ........ 212
Antikes Aquileia ........ 217
Grado ........ 219
Schloß und Park Miramare ........ 233
Triest ........ 237


## *Zeichenerklärung für die Karten und Pläne*

### *Landkarten*

- Autobahn
- Hauptverkehrsstraße
- Landstraße
- Nebenstraße
- Piste
- Wanderweg
- Bebaute Fläche
- Grünanlage
- Gewässerfläche
- Strandfläche
- Badestrand
- Berggipfel
- Bushaltestelle
- Information
- Parkplatz
- Campingplatz
- Kirche, Kapelle

### *Stadtpläne*

- Hauptstraße
- Nebenstraße

## Fotonachweis

Alle Fotos stammen von Eberhard Fohrer außer:
*Azienda di Promozione Turistica Vicenza*: 74, 82
*Azienda di Promozione Turistica di Lignano Sabbiadoro*: 8, 213
*ASA*: 91, 95
*Giunta Regionale del Veneto*: 96, 125, 185
*Azienda di Promozione Turistica di Bibione*: 189
*Marcus X.* Schmid: 227, 241, 248

# Sach- und Personenregister


## A

Amarone, Rotwein 70
Anreise mit der Bahn 16
Anreise mit dem eigenen Kraftfahrzeug 11
Anreise mit dem Flugzeug 17
*Antonius, heiliger* 126
*Aosta, Herzog von* 228
Ärztliche Versorgung 23
Ausgrabung, römische (Aquileia) 215
AutoZüge 12

## B

Bàcari (Weinschenken) 152
Bardolino, Rotwein 43
*Bellini, Giovanni* 158, 163
Benetton 92
*Browning, Robert* 98
*Brustolon, Andrea* 117
Bus 17
Büttenpapier 153

## C

*Canova, Antonio* 102, 103
Cartizze, Prosecco 106
*Casanova, Giacomo* 161
*Cäsar, Julius* 208
Cicheti 94
*Cornaro, Caterina* 98

## D/E

Dama Castellana, Fest (Conegliano) 105
*Dante Alighieri* 66
Der Tod in Venedig, Novelle 173
*Donna Leon* 173
*Dunant, Henri* 48
*Duse, Eleonora* 98,102
Essen 19
Este, Geschlecht 132, 197

## F

Felszeichnungen, prähistorische 39
Festa del Redentore 142
Festa della Salute 142
*Fortuny, Mariano* 162

## G

Geld 24
Ghetto 168
*Giorgione, Maler* 97
*Giotto* 124
Glasindustrie 175
*Goethe, Johann Wolfgang von* 28, 32, 78, 125, 242
Gondeln 138
Gonzaga, Geschlecht 51
Göttliche Komödie 66
Grappa, Tresterschnaps 84
*Guggenheim, Peggy* 163

## H–L

*Hemingway, Ernest* 151, 176
Höchstgeschwindigkeit 15
Illy, Familie 240
Irredenta 9
Karneval 142
Karnevalsmasken 153
Ladiner 114
*Lukas, Evangelist* 128

## M

*Mahler, Gustav* 173
*Mann, Thomas* 173
*Mantegna, Andrea* 51
*Markus, Evangelist* 159
Marmorpapier 153
*Maximilian, Erzherzog* 232
Mitfahrzentralen 17
Mosaik 217
Mostra Internazionale del Cinema, Filmfestspiele 174
Muranoglas 154

## O/P

Opernfestival, Verona 60
Ora 30
Osmizze 22
Osteria 21
*Palladio, Andrea* 10, 75, 77, 184
Pannenhilfe 15
Papiere 12
*Petrarca, Francesco* 131
*Pieropan, Leonildo* 73
Polenta 20
Prosecco-Region 105

## R

Recioto, Rotwein 70
Regata storica 142
*Revoltella, Pasqualle* 243
*Rilke, Rainer Maria* 230
Riviera Fiorita 185
Romeo und Julia 64
Rotes Kreuz 48

## S

Schachspiel von Marostica 90
Schlacht von Solferino 48
*Shakespeare, William* 64
Skaliger, Geschlecht 32, 38, 63
Soave 72
Spitzen 153

## T

Tankstellen 16
*Thurn und Taxis* 230
Tiepolo 169, 184, 200, 204
*Tintoretto* 160, 167, 169, 172
*Tizian* 114, 169

## U/V

UNESCO-Liste 75
Verkehrsschilder 15
Verkehrsvorschriften 15
*Veronese, Paolo* 101, 163
Veroneser Theatersommer 61
Viacard 15
Vignette 12
Villen im Veneto 10
Visconti, Geschlecht 31, 49
*Visconti, Luchino* 173

## W

Weine 21
*Winckelmann, Johann Joachim* 242
Windsurfen 30

## Z

*Zanussi* 198
*Zattieri di Piave (Flößer)* 114
*Zeno, heiliger* 69

# Geographisches Register

## A

Abano Terme 128
Abbazia di Praglia, Kloster 129
Abbazia di Rosazzo, Kloster 210
Abbazia di Vangadizza, Kloster 192
Adria 193
Ansiei, Fluss 114
Aquileia 215
Arquà Petrarca 131
Asiago, Hochebene 88
Asolo 98
Auronzo di Cadore 114

## B

Badia Polésine 192
Bagnoli della Rosandra 248
Bagnoli Superiore 248
Baia delle Sirene, Strand 40
Bárcola 234
Bardolino 43
Bassano del Grappa 83
Battaglia Terme 129
Belluno 115
Belluno, Provinz 109
Bibione 189
Bocca di Navene, Sattel 52
Borghetto di Valeggio sul Mincio 49
Borgo Grotta Gigante 247
Bosco Chiesanuova 71
Bosco del Cansiglio, Wald 118
Bosco Mesola 197
Bozen (Bolzano) 14
Brenta-Kanal 183
Brentino 53
Brixen (Bressanone) 13
Bruneck (Brunico) 13
Burano, Insel 176

## C

Calmasino 44
Canazei 110
Cáorle 186
Caprino Veronese 53
Carso Triestino, Triestiner Karst 246
Casteletto 38
Castelfranco Veneto 97
Castello del Catajo, Schloss (Colli Euganei) 130
Castello di Avio, Burg 52
Castiglione delle Stiviere 49
Ca'Venier 195
Chioggia 177
Chiusa di Verona 53
Citadella 128
Cividale del Friuli 208
Clauzetto 200
Codroipo 205
Col San Martino 106
Colli Euganei, Hügel 130
Colli Orientali del Friuli, Weinbaugebiet 207
Collio, Weinbaugebiet 225
Concordia Sagittaria 191
Conegliano 103
Cormòns 226
Cortina d'Ampezzo 111
Custoza 51

## D–F

Dolo 184
Domegge di Cadore 114
Donzella 196
Duino 230
Dürrensee (Lago di Landro) 14
Eggentals (Valle d'Ega), Tal 110
Eraclea Mare 186
Este 132
Etschtal (Valadige) 52
Fanzolo di Vedelago 98
Fassa-Tal, Tal 110
Feltre 118
Ferrara 197
Follina 105
Fratta Polésine 192

## G

Galzignano Terme 129
Garda 40
Gardasee (Lago di Garda) 28
Gemona del Friuli 207
Giardini di Villa Barbarigo, Parkanlage 130
Gorizia (Görz) 223
Gorizia, Provinz 222
Gradisca d'Isonzo 226
Grado 218
Grignano 231
Große Dolomitenstraße 110
Grotta Gigante, Höhle 247

## H/I

Höhlensteintal (Val di Landro) 14
Ipplis 210
Isola Albarella 193
Isonzo, Fluss 211

## K/L

Karer-Pass, Pass 110
Karersee (Lago di Carezza), See 110
Lagazuoi, Berg 110
Lago di Caldonazzo, See 14
Lago di Garda 28
Lago di Lévico, See 14
Lago di Misurina, See 113
Lago di Pieve di Cadore, See 114
Lago di Santa Caterina, See 114
Lago di Santa Croce 118
Lazise 45
Lido di Jesolo 180
Lido di Venezia, Strand/Insel 173
Lido Foci del Sarca, Surfstrand 32
Lignano 213
Littorale del Cavallino, Landzunge 179
Longarone 115
Luvigliano 130

## M/N

Madonna della Corona, Wallfahrtskirche 53
Malamocco 174
Malcésine 32
Manzano 210
Marano Lagunare 214
Margera 182
Marostica 90
Masèr 100
Mestre 135, 182
Mira 184
Miramare, Schloss 232
Molina 71

Monsélice 133
Montagnana 132
Monte Altissimo, Berg 37
Monte Baldo 35
Monte Cristallo, Berg 113
Monte Grappa, Berg 88
Monte Luppia, Berg 42
Monte Rua, Berg (Colli Euganei) 130
Monte San Michele, Berg 228
Montegrotto Terme 129
Monti Bérici, Landschaft 83
Mori 52
Muggia 244
Murano, Insel 175
Nago 28
Natisone, Fluss 208
Natissa, Fluss 215

## P/O

Oderzo 107
Oslavia 225
Padua (Padova) 120
Padua, Provinz 119
Palmanova 211
Parco delle Cascate, Landschaft 71
Parco Giardino Sigurtà, Park 47
Passariano 205
Passo di Falzarego, Pass 110
Passo Tre Croci, Pass 113
Pedemonte 70
Peschiera del Garda 46
Piave, Fluss 114
Pieve di Cadore 114
Pineta, Lignano 213
Podelta, Flusslandschaft 194
Pordenone 198
Pordenone, Provinz 198
Pordoi-Joch (Passo Pordoi), Pass 110
Porto Barricata 196
Porto Levante 195
Porto Marghera 135
Portogruaro 190
Possagno 102
Pradis, Grotten 200
Pragser Wildsee 13
Punta Sabbioni, Landzunge 179
Punta San Vigilio, Landzunge 40
Punta Telegrafo, Berg 36
Pustertal (Val Pusteria), Tal 13

## R

Redipuglia, Militärfriedhof 228
Risiera di San Sabba, ehemal. Konzentrationslager 244
Riviera del Brenta 183
Riviera Triestina, Landschaft 230
Riviera, Lignano 213
Rivoli Veronese 54
Rocca Bernarda, Weingut 210
Rosapineta 193
Rosolina Mare 193
Rovigo 192
Rovigo, Provinz 191
Rupingrande 247

## S

Sabbiadoro, Lignano 213
Sabbionara 52
Sacca degli Scardovari, Bucht 196
Sacile 199
San Daniele del Friuli 205
San Dorligo della Valle 248
San Floriano del Colio 225
San Giorgio di Valpolicella 70
San Giovanni del Timavo 230
San Martino della Battaglia 47, 49
San Michele, Insel 174
Santa Giulia 196
Santa Maria in Sylvis, Kloster 199
Sant'Ambrogio di Valpolicella 54
Santuario Madonna del Frassino 47
Sass Pordoi, Berg 110
Scardovari 196
Sesto al Reghena 199
Sgonico 248
Sistiana 231
Soave 72
Solferino 49
Spiaggia Barricata, Strand 196
Spiazzi 53
Spilimbergo 199
Strà 184

## T

Tagliamento, Fluss 205, 207, 211
Taglio di Po 195, 196
Teolo 130
Toblach (Dobbiaco) 14
Tofana di Mezzo, Berg 113
Tolle 196
Tondi di Faloria, Berg 113
Torbole 28
Torcello, Insel 176
Torri del Benaco 38
Tratto Spino, Berg 36
Tre Cime di Lavaredo/ Drei Zinnen, Berg 113
Treviso 92
Treviso, Provinz 91
Triest (Trieste) 235
Triest, Provinz 229

## U–W

Udine 200
Udine, Provinz 200
Val di Fassa, Tal 110
Val Rosandra 248
Valeggio sul Mincio 47
Valpolicella, Weinbaugebiet 70
Valsanzibio 130
Valsugana, Tal 14
Venedig (Venezia) 135
Venedig, Provinz 134
Venzone 207
Verona 54
Verona, Provinz 27
Vicenza 75
Vicenza, Provinz 74
Vigo di Fassa 110
Villa Badoer, Landvilla 192
Villa Barbaro, Landvilla 100
Villa Barchessa Valmarana, Landvilla 184
Villa Contarini, Landvilla 128
Villa Emo, Landvilla 98
Villa Foscari, Landvilla 184
Villa Manin, Landvilla 205
Villa Opicina 246
Villa Pisani, Landvilla 184
Villa Rotonda, Landvilla 82
Villa Valmarana ai Nani, Landvilla 82
Vittorio Veneto 107
Volargne 54
Welsberg (Monguelfo) 13
Welschnofen (Nova Levante) 110

# Verlagsprogramm

Unsere Reisehandbücher im Überblick

**Deutschland:**
- Altmühltal
- Allgäu
- Berlin & Umgebung
- *MM-City* Berlin
- Bodensee
- Franken
- Fränkische Schweiz
- Mainfranken
- Nürnberg, Fürth, Erlangen
- Oberbayerische Seen
- Schwäbische Alb

**Niederlande:**
- *MM-City* Amsterdam
- Niederlande
- Nordholland – Küste, Ijsselmeer, Amsterdam

**Nord(west)europa:**
- England
- Südengland
- Irland
- Island
- *MM-City* London
- Norwegen
- Südnorwegen
- Südschweden
- Schottland

**(Süd-)Osteuropa:**
- Baltische Länder
- Kroatische Inseln & Küste
- Nordkroatien – Kvarner Bucht
- Polen
- *MM-City* Prag
- Slowenien & Istrien
- Ungarn
- Westböhmen & Bäderdreieck

**Griechenland:**
- Amorgos & Kleine Ostkykladen
- Chalkidiki
- Griechenland
- Griechische Inseln
- Nord- u. Mittelgriechenland
- Karpathos
- Korfu & Ionische Inseln
- Kos
- Kreta
- Kreta – der Osten
- Kreta – der Westen
- Kreta Infokarte
- Kykladen
- Lesbos
- Naxos
- Paros/Antiparos
- Peloponnes
- Rhodos
- Samos
- Samos, Chios, Lesbos, Ikaria
- Santorini
- Skiathos, Skopelos, Skyros, Alonnisos – Nördl. Sporaden
- Thassos, Samothraki
- Zakynthos

**Südosteuropa:**
- *MM-City* Istanbul
- Türkei – Mittelmeerküste
- Türkei – Südküste
- Türkei – Westküste
- Zypern

**Frankreich:**
- Bretagne
- Côte d'Azur
- Korsika
- Languedoc-Roussillon
- *MM-City* Paris
- Provence & Côte d'Azur
- Provence Infokarte
- Südwest-Frankreich

**Italien:**
- Apulien
- Chianti
- Elba
- Gardasee
- Golf v. Neapel
- Italien
- Italienische Riviera & Cinque Terre
- Kalabrien & Basilikata
- Liparische Inseln
- Oberitalien
- Oberitalienische Seen
- *MM-City* Rom
- Rom/Latium
- Sardinien
- Sizilien
- Toscana
- Toscana Infokarte
- Umbrien
- *MM-City* Venedig
- Venetien & Friaul

**Schweiz u. Malta:**
- Tessin
- Malta, Gozo, Comino

**Nordafrika u. Vorderer Orient:**
- Sinai & Rotes Meer
- Tunesien

**Spanien:**
- Andalusien
- Costa Brava
- Costa de la Luz
- Ibiza
- Katalonien
- Madrid & Umgebung
- Mallorca
- Mallorca Infokarte
- Nordspanien
- Spanien

**Kanarische Inseln:**
- Gomera
- Gran Canaria
- *MM-Touring* Gran Canaria
- Lanzarote
- La Palma
- *MM-Touring* La Palma
- Teneriffa

**Portugal:**
- Algarve
- Azoren
- Madeira
- *MM-City* Lissabon
- Lissabon & Umgebung
- Portugal

**Lateinamerika:**
- Dominikanische Republik
- Ecuador

Aktuelle Informationen zu allen Reiseführern finden Sie im Internet unter www.michael-mueller-verlag.de

Gerne schicken wir Ihnen auch das aktuelle Verlagsprogramm zu.

**Michael Müller Verlag GmbH, Gerberei 19, 91054 Erlangen**
Tel.: 0 91 31 / 81 28 08-0; Fax: 0 91 31 / 20 75 41;
E-Mail: mmv@michael-mueller-verlag.de

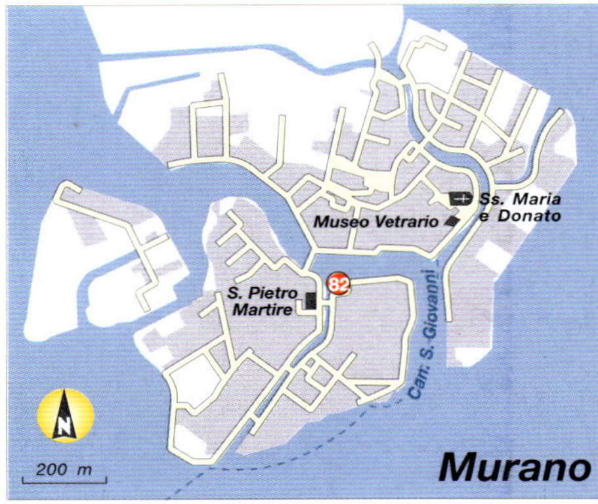


# Übernachten, Essen und Trinken in Venedig

### Übernachten

- 5 Florida
- 6 Abbazia
- 7 Santa Lucia
- 8 Caprera
- 9 Rossi
- 15 Bernardi Semenzato
- 28 Domus Civica
- 30 Falier
- 31 Casa Peron
- 34 Locanda Sturion
- 38 Foresteria Valdese
- 39 Ca' Foscari
- 44 San Samuele
- 49 Al Gambero
- 51 Serenissima
- 53 San Gallo
- 56 Doni
- 57 Paganelli
- 59 La Residenza
- 61 Bucintoro
- 62 Santo Stefano
- 65 Do Pozzi
- 66 Flora
- 68 Accademia Villa Maravegie
- 71 Agli Alboretti
- 74 La Calcina
- 75 Seguso
- 76 American
- 77 Alla Salute da Cici
- 78 Messner
- 79 Istituto Canossiano
- 81 Ostello di Venezia

### Essen und Trinken

- 1 Al Bacco
- 2 Gam Gam
- 3 I Quattri Rusthegi
- 4 Al Paradiso Perduto
- 10 All'Anfora
- 11 Da Crecola
- 12 Capitano Uncino
- 13 La Zucca
- 14 Vini da Gigio
- 16 Da Gianni
- 17 Alle Oche
- 18 Osteria da Fiore
- 19 Do Spade
- 20 Do Mori
- 21 Antico Dolo
- 22 Alla Madonna
- 23 Fiaschetteria Toscana
- 24 Malibran
- 25 Al Milion
- 26 Da Alberto
- 27 Brodo di Giuggiole
- 29 Antico Gafaro
- 32 Giardinetto
- 33 Da Ignazio
- 35 Rosticceria Gislon
- 36 Alle Testiere
- 37 Al Mascaron
- 40 Da Codroma
- 41 Causin dal 1928
- 42 Il Caffè
- 43 Antico Capon
- 45 Al Bacareto
- 46 Acqua Pazza
- 47 Al Volto
- 48 Ostaria a la Campana
- 50 Le Bistrot de Venise
- 52 Chat Qui Rit
- 54 Caffè Quadri
- 55 Caffè Florian
- 58 Da Remigio
- 60 Al Covo
- 63 Tav. San Maurizio
- 64 Vino Vino
- 67 Harry's Bar
- 69 Antica Locanda Montin
- 70 Ai Cugnai
- 72 Nico
- 73 Da Gianni
- 80 Altanella
- 82 Busa alla Torre